Ohevapoto
Oheva roa.
Teboói.
Terouuhah
Whatterreero.
Temanno
Oo-ahe
Oura.
Teoheow.
Whaterretuah.
Tetineoheva.
Whaneanea.
Oryroa.
Otaah.
Oremaroa
Oopati
Ohevatoutouai
Whareva.
Whaow
Huaheine
E.
Tatahieta
Ohetoottera
Otaheite
Mytea.
Ohevanue
Oirotah.
Oheteroa
Tometoaroaro
Itenue
Ohete maruiru
Ouropoe
Mannua.
Moutou
Tenewhammeatane

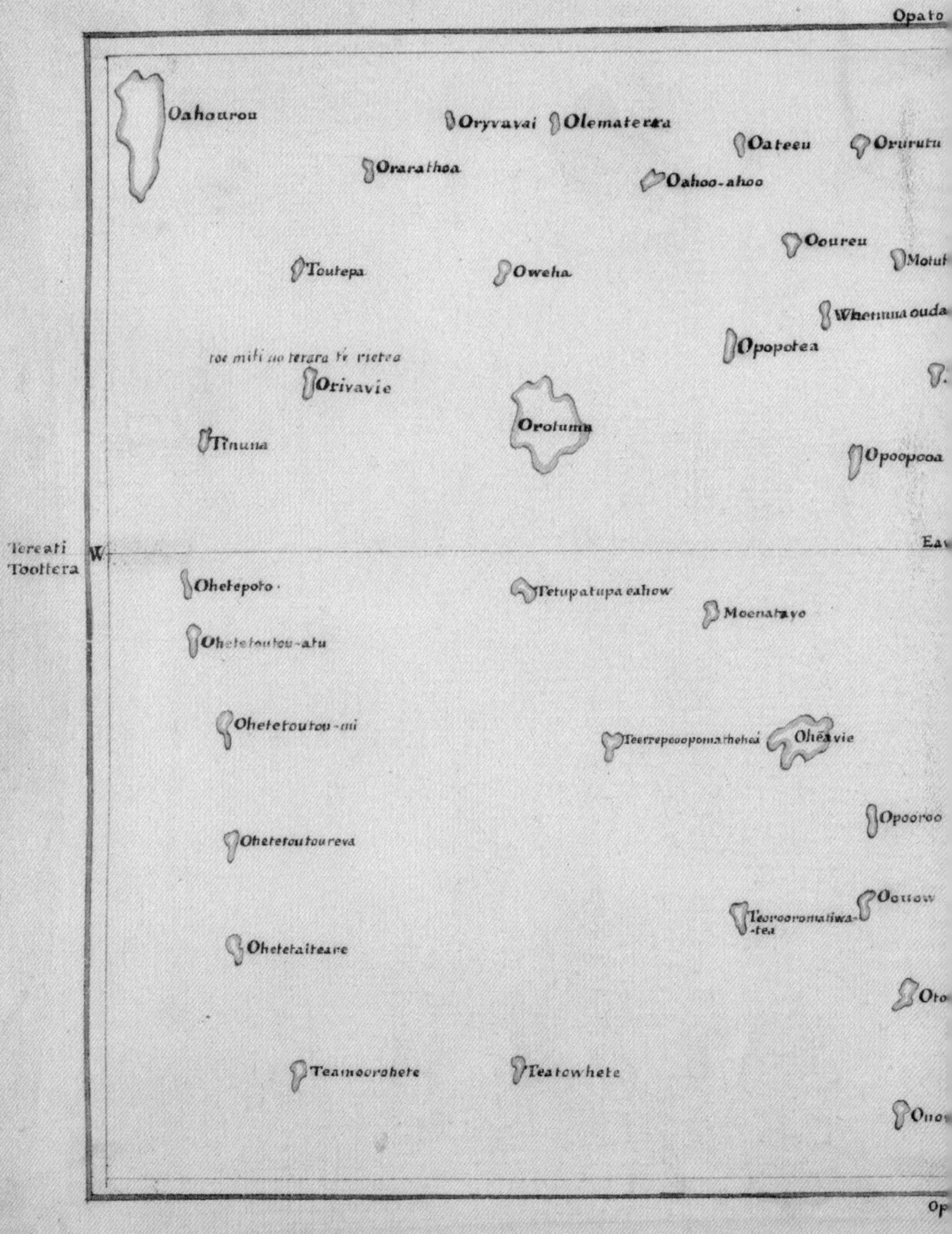

Opato

Oahourou

Oryvavai

Olematerea

Oateeu

Oururutu

Orarathoa

Oahoo-ahoo

Oouren

Motu

Toutepa

Oweha

Whennua ouda

Opopotea

roe miti no terara te rietea

Orivavie

Orotuma

Tinuna

Opoopooa

Tereati Toottera

W.

Ea

Ohetepoto

Tetupatupa eahow

Moenatayo

Ohetetoutou-atu

Ohetetoutou-mi

Teerrepooopomathehai

Oheavie

Opooroo

Ohetetoutoureva

Oouow

Teorooromatiwa-tea

Ohetetaiteare

Oto

Teamoorohete

Teatowhete

Ouo

Op

spot

context is all

SPOT 13
了不起的圖帕伊亞：庫克船長的傳奇領航員
*Tupaia: The Remarkable Story of Captain Cook's Polynesian Navigator*



作者：Joan Druett（瓊・楚特）
譯者：陳榮彬
責任編輯：冼懿穎
封面設計： 三人制創
美術編輯：Beatniks
校對：呂佳真

法律顧問：全理法律事務所董安丹律師
出版者：英屬蓋曼群島商網路與書股份有限公司台灣分公司
發行：大塊文化出版股份有限公司
台北市 10550 南京東路四段 25 號 11 樓
www.locuspublishing.com
TEL：(02)8712-3898　　FAX：(02)8712-3897
讀者服務專線：0800-006689
郵撥帳號：18955675　　戶名：大塊文化出版股份有限公司

總經銷：大和書報圖書股份有限公司
地址：新北市新莊區五工五路 2 號
TEL：(02)8990-2588　FAX：(02)2290-1658
製版：瑞豐實業股份有限公司

初版一刷：2015 年 2 月
定價：新台幣 450　元
ISBN：978-986-6841-62-0

Printed in Taiwan

國家圖書館出版品預行編目 (CIP) 資料

了不起的圖帕伊亞 : 庫克船長的傳奇領航員 / 瓊 . 楚特 (Joan Druett) 著 ; 陳榮彬譯 . -- 初版 . -- 臺北市 : 網路與書出版 : 大塊文化發行 , 2015.02
448 面 ; 14.8X20 公分 . -- (Spot ; 13)

譯自 : Tupaia : The Remarkable Story of Captain Cook's Polynesian Navigator
ISBN 978-986-6841-62-0( 平裝 )

1. 圖帕伊亞 (Tupaia, -1770) 2. 庫克 (Cook, James, 1728-1779.) 3. 傳記

787.778　　103027979

NEW ZEALAND
TIBE/2015/GUEST OF HONOUR
發現紐西蘭
樂讀新世界
open/♥◆■/

The assistance of Creative New Zealand towards the translation of this book is gratefully acknowledged by the publisher.

# 了不起的圖帕伊亞

## 庫克船長的傳奇領航員

The Remarkable Story of
Captain Cook's Polynesian Navigator

Joan Druett
瓊・楚特 著　陳榮彬 譯

# CONTENTS 目錄

獻給布萊恩．伊斯頓（Brian Easton）*

感謝他好心地暗示我應該把圖帕伊亞的故事寫下來，

也感謝他在參與我研究的過程中始終保持熱忱。

*紐西蘭經濟學家與專欄作家。

# 前言

過去兩百多年來，有一幅畫始終令人感到困惑，引發諸多揣測，畫中只見一位身穿亞麻披風的毛利人拿著一隻龍蝦與一位穿著紳士服裝的歐洲人交換他手裡的一塊布。這幅畫是由約瑟夫．班克斯（Joseph Banks）於一七七一年帶到英格蘭去的，他是個曾搭乘過詹姆斯．庫克船長（Captain James Cook）的奮進號（Endeavour）的科學家，該幅畫作如今已經成為一個重要圖像。它象徵著原住民與西方人的初次邂逅，因為深具渲染力，儘管作者不詳，但多年來曾一再被複製。班克斯去世後，該畫曾先後由大英博物館與大英圖書館持有，在收藏品清單裡，它只被簡單地記載為「主祭者的畫家」（The Artist of the Chief Mourner），只因它的作者與另一幅奇怪而引人注意的水彩畫是同一個人。

後來，謎底揭曉了。據約瑟夫．班克斯的傳記作者哈洛德．卡特（Harold Carter）所言，他在班克斯的遺物裡找到一封寫於一八一二年十二月的信，其中有這麼一段文字：

……從大溪地跟我一起過來的印地安人圖帕伊亞學會一種還挺聰明的作畫方式，所有野蠻人共有的諷刺天分讓他得以為我做了一幅諷刺畫，在畫裡我手持一根釘子，要把它交給一位賣龍蝦給我的印地安人，但是我的另一隻手緊抓龍蝦，死也不肯把釘子放掉，除非我已經獲得而且緊抓住我買到的東西……

四十三年的時間過去了，班克斯已經忘記當初他拿來換龍蝦的是一塊布，而非釘子。儘管如此，顯然所謂「主祭者的畫家」就是跟著庫克船長一起離開大溪地的非凡波里尼西亞人，在歐洲人與毛利人初次接觸，危機四伏的過程中，他扮演了中介者的角色。

他叫作圖帕伊亞。

圖帕伊亞是個很有天分的語言學家，也是懂得耍手段的政客，我們大可以稱他為十八世紀大溪地的馬基維利（Machiavelli）。一七六七年六月，當第一艘歐洲船艦海豚號（HMS Dolphin）抵達大溪地時，圖帕伊亞成為大溪地的首席外交官。到了一七六九年四月，奮進號在大溪地下錨時，他仍扮演同樣的角色，後來他也搭上奮進號，跟著一起離開。

他不害怕——波里尼西亞人從來不怕航海。接下來的兩百年，數以千計的波里尼西亞人也以一樣的自信與勇氣登上歐洲船艦，與英國水手和美國捕鯨人一起並肩工作。不過，圖帕伊亞有其特別之處，因為在他祖國的文化中，他是位領航長，對天文學與航海術都很有一套，也是太平洋的地理專家。平時他總是把自己特有的知識深藏心裡，除了他自己選擇的那一群人，不向其他任何人透露。但是，因為流亡在外……也因為幾乎遭敵人捕獲而被獻祭……他願意與人分享他的神奇學識。

然而，儘管圖帕伊亞如此慷慨、有才華，在廣為人知的庫克船長傳奇故事裡，他卻未曾佔有一席之地。這主要是因為在船隻返鄉的七個月以前，他便由於壞血症的併發症去世了。人一旦去世，他的諸多成就也很容易遭人遺忘——的確，如果故事裡面沒有圖帕伊亞這個人，歐洲人的成就也會顯得更為了不起。毛利人把圖帕伊亞奉為這趟航程的「海軍上將」，這有可能讓庫克船長感到憤慨。還有，圖帕伊亞從紐西蘭各個部落酋長所收到的神聖禮物，看來在對各國君主與博物館進行報告時，也非常重要。圖帕伊亞之所以該被遺忘的另一個要因在於，庫克船長曾經獲得皇家學會（Royal Society）贈勳——理由居然是他沒有任何一個手下死於壞血症，而這被視為偉大成就！

這位大溪地人在奮進號的成功航程中曾有過那麼多貢獻，但卻沒獲得認可，也未曾有人為其立傳，上述幾點可說是一部分原因。波里尼西亞人的歷史以口耳相傳，所以我們對於十八世紀太平洋地區的了解都來自於歐洲人的日記、遊記、航海日誌以及回憶錄，而且為了讓自己的說法較為圓滿，他們的話都有所偏頗。然而，近來因為民俗學家與人類學家開始注意波里尼西亞的神話與回憶錄，我們對於當時的太平洋也有了更多的了解。藉著參考這一種新穎而豐富的文獻，還有那些曾在陸地上與圖帕伊亞相處過，或曾與他在海上一起航行的人所寫的遊記與回憶錄，我們至少可以說說關於這個「非凡天才人物」的故事。

# 1 傳奇的開始

從誕生的那一刻開始，圖帕伊亞的生命可說是前途未卜。在他的故鄉賴阿特阿島（Raiatea），殺嬰是常見之事，理由之一在於人口過多，另一方面則是因為社會壓力所致。父親也許不想要認可他的孩子。從酋長的繼承人出生的那一刻起，他的統治者地位就變成了兒子的攝政王，他自身已不再是「ari'i」（酋長），所以他有可能就此下令把孩子悶死。

然而，等到圖帕伊亞哭出第一聲之後，他就安全了。事實上，他被照顧得很好。因為我們對波里尼西亞的社會已更為了解，再加上諸如圖帕伊亞身上的刺青圖樣等細節，我們也可以得知他出生於哪一個階級，這意味著我們可以明確地想像他早年的生活是怎麼一回事。當時的新生兒具有極其神聖的地位，有一段時間除了圖帕伊亞的母親，誰也不能抱他。她先用蒸氣浴把自己洗淨，然後在河水裡浸泡一下，接著才把嬰兒拿給父親看，父親在聖堂（marae）送禮物給他，承認父子關係，接著由一位祭司把臍帶埋起來，並且朗誦合宜的禱辭。接下來，圖帕伊亞的母親會把自己隔離，因為她已經感染了嬰兒的聖潔。任何他所碰過的東西也一樣變得很危險。被他擦肩而過的灌木叢也必須砍掉。

這一連串礙事的禁忌必須透過一連串褻瀆嬰兒的儀式才能免除掉，也就是說，為了要讓他變成「noa」（普通人），他們必須實施一連串叫作「amo’a」（除聖）的儀式。幾個月過後，他父親才能夠抱他，再過一段時間圖帕伊亞才被帶到叔伯舅舅面前，接下來才是其他家人。最後，他的兩手手肘內側都會被紋上一種特別圖案的刺青，就此宣稱他已成凡人，可以開始玩耍，試著認識這個世界。

所謂的世界包括海洋。圖帕伊亞在學會走路前就會游泳了。到了五歲，他已經聽過許多壯闊航程的故事，不只讓他覺得有趣，也讓他初次認識航海這個神祕的領域。接下來，不到一年他就被帶上船，學會海洋不只是一個廣袤無垠、沒有固定形體的水世界，偶爾有珊瑚礁或島嶼出現，而是由一條條適合航行的明確航道構成的網絡。很快的，他就已經搞懂在每條航道上一天平均可以航行多遠的距離，也可以辨認出薄暮時分在天空飛翔，尋找海岸的各種海鳥。隨著時間一天天過去，他也學會了海流與潮汐的模式，吸收了大量的星象知識。他熟知各種能夠指引方向的星星與星座，對他而言，「Matari’i」（卯宿星團）、「Ana muri」（畢宿大星）、「Ana mua」（心大星）與「Te matau o Maui」（天蠍星座的尾勾）就跟朋友一樣熟悉。他也是個捕魚的專家，有辦法預測風向與天候的改變，還有兩者如何影響魚群的聚集以及魚卵的孵化。

在家時，年幼的圖帕伊亞與玩伴衝浪摔角，練習箭術這種最為尊貴的運動，並且用一種類似鐵頭木棍的棒子練習打鬥。同時，透過觀察與幫助木匠、獨木舟匠，他學會了各種傳統技藝——年紀稍長後也開始協助祭司。被挑選出來去上學的，是少數傑出的男孩，他們聰明高大，外表毫無缺陷，機敏而步履穩健，而且出身世家，那叫作「fare 'aira'a upu」的學校是由身兼祭司身分的老師主持，圖帕伊亞就是學員之一。

他讀書的地方，是整個波里尼西亞地區最大的聖堂塔普塔普特阿（Taputapuatea），就位於賴阿特阿島南端的歐波亞海灘（Opoa）。藉由死記還有大家一起朗誦與歌唱的方式，他與同學們學會了歷史、地理與天文學。圖帕伊亞是個出色的學生，「因為天生好問，很早就顯得與眾不同」，至少第一批傳教士所聽到的說法是這樣。當他的靈力獲得認可後，學校開始把神聖的知識與儀式傳授給他，他學會了朗誦古代禱辭，連一個音節都不會出錯。他註定要成為被稱為「tahua」的祭司，常常跟賦予他大量天分的神祇溝通，而他的專長是向來備受重視的航海藝術。

等到圖帕伊亞十二歲時，他必須參加更多的儀式，包括「tatau」（紋身）與「tehe」（成年禮）。在第一種儀式裡，某位薪水很高的紋身師傅先用焦炭在他身上畫出圖案，然後用一根上面帶著尖銳鳥骨的棒子按圖戳刺他的皮膚，接著用桐樹燒出來的煤灰在傷口上染色。因為這儀式十分疼痛，紋身必須採取漸進的方式。假以時日，他的屁股會整片都變成黑的，而各種美麗的圖案則是紋在雙腿、雙臂、雙腳、髖部與軀幹上，不過頸部與臉部絕不能有圖紋。第二個儀式則為成年禮，另一個專家會用鯊齒做成的刀片幫圖帕伊亞割包皮，在傷口上撒灰止血。這意味著他獲准去探索異性的世界，好好享受了。

到了青少年時期的某個時刻，圖帕伊亞必須到一個叫作「arioi」（艾瑞歐伊）的組織去當三年學徒。「艾瑞歐伊」是一個由巡迴各地演出的藝術家與藝人所組成的行會，歷史悠久，當時正是它發展最為蓬勃的時刻，與歐洲的文藝復興類似。儘管任何人都能申請加入艾瑞歐伊，但獲准入會的人都是臉蛋好看，身形優美，聰明而且有表演、演說與演戲才能的人。他們也都是熱情的愛人，除了不准亂倫之外，談起戀愛來百無禁忌——而且依規定他們生的嬰兒都必須被處死，因為只有位階最高的艾瑞歐伊成員才准許養兒育女。低階成員若想要保住嬰兒的命，就得被逐出艾瑞歐伊。

圖帕伊亞獲准成為「taputu」（塔普圖）——艾瑞歐伊的第三級成員。識別這類成員的方式，是藉由他們身上一種從脊骨底部往外散開的線形圖紋，沿著髖部往外擴散彎曲，然後線條又在背部較窄處會合，這讓他獲准穿戴腰帶、花環，把有甜味的薑葉編成冠冕來戴。接著，在艾瑞歐伊幫他舉行一個入會的歡迎活動之後，他就開啟了自己的航程，就像父親與祖父過去所做的，開始扮演領航員的角色。

還在當學徒時，圖帕伊亞就學會了怎樣把航海日誌記在腦海裡，各種細節包括經過哪些航道、風向的模式與海象等等，都一清二楚，因此他才能在腦海裡回顧航程，知道自己出發的地方在哪裡。對於來自歐洲的領航員而言，這是一種叫作航位推測法（dead reckoning）的傑出技能。他不只非常清楚自己的出發地點在哪裡，被他背下來的東西還包括目標的方位，還有能夠把他帶往目標的航道細節——即便他不曾去過自己要去的地方。此刻，他開始用實際的經驗來磨練習得的技巧，他所做的事包括觀察海洋的波浪，透過海流與風被阻絕的情況來感應雙眼看不到的島嶼，利用投射在雲底的綠色湖影來察覺遠處的潟湖，藉由海水顏色的細微變化得知珊瑚礁就在附近，並且注意海藻的漂蕩模式與海鳥的飛行路線，這些都有助於他掌握航程。他並不掌舵、划槳或揚帆，也不維修獨木舟或者監督船上的載貨空間以及補給物的配給狀況。他的唯一職責很重要，就是為獨木舟領航。

身為觀星領航員，圖帕伊亞也被當成英雄，眉間的兩道深紋變成他的特色，還有眼神總是看來冷漠茫然，那是因為他必須長時間盯著遠方的地平線。高大的他背部挺直，外表威風凜凜，穿著飄逸的純白長袍，他本來很有可能是個令人害怕的人物。然而，像他這類觀星領航員卻都不專橫，特別是那些性喜享樂的艾瑞歐伊成員。他們對自己的地位很有信心，神態輕鬆，總是談笑風生，外向而客氣，很受小孩歡迎，因為他們都會講一些精彩的故事。

如果圖帕伊亞後來成為自大傲慢的人，那也是因為生活所迫。

圖帕伊亞這一類領航員所承繼的，是一個悠久而了不起的傳統。他們的遠祖來自於東南亞群島的厲害水手，在距離他們三千多年前突然駕船闖入西太平洋，在斐濟的諸島定居。大概在公元前一千年，他們在東加與薩摩亞兩地殖民，在當地發展出波里尼西亞的語言與文化。一千五百年就這樣過去了，之後，也許是因為人口過剩或者是戰爭的壓力所致，也可能只是天生熱愛冒險的刺激感，男男女女紛紛揚帆離開這兩個發源地，穿越廣袤的太平洋，像他們那樣大範圍的探險活動，可說是史無前例。

之所以能夠有這樣的成就，是因為他們把雙體舟發展成一種很穩固的船隻，能夠載運很重的植物、動物、補給品與人員。這種優雅的大船所到之處最遠包括東邊的復活島（Rapa Nui），而且也很可能曾在南美洲登岸，甜薯（kumara）的幼苗若非他們帶過去的，就是從南美被他們帶回波里尼西亞。當時地中海的水手也才剛開始試用縱帆（fore-and-aft sail），波里尼西亞人的獨木舟卻已經以大三角帆（lateen）為動力來源，完成前往夏威夷四千公里的艱難航程，然後又克服海洋橫流、赤道無風帶與逆向的信風，返抵家鄉。在哥倫布、麥哲倫與德瑞克（Drake）[1]等人的航海時代來臨的兩百年前，波里尼西亞人已經有辦法穿越怒濤洶湧的三千公里海域，抵達遙遠的南邊，發現崇山峻嶺與海灣深邃的紐西蘭諸島。

賴阿特阿島歐波亞海灘的塔普塔普特阿聖堂成為一個能夠連結許多航道網絡的交通樞紐，斐濟、東加、薩摩亞與馬克薩斯（Marquesas）諸島都在網絡裡。有些人會在那裡做點交易，特別是像大溪地這種高山很多、土地肥沃的島，還有像北庫克群島（northern Cooks）與土阿莫土群島（Tuamotus）這種地勢平坦、但幾乎無法種植的珊瑚島之間的交易。人們從珊瑚島把珍珠運過去，此外更驚人的是，還有大大小小的鐵釘，這種交易大概始於荷蘭船艦非洲號（African Galley）於一七二二年在土阿莫土群島發生船難後，當時殘骸都被拆掉，以便把鐵製品取下。他們拿那些東西與有高山的群島交換麵包果、芋頭、山藥、芭蕉、桑樹樹皮布以及可以用來幫土窯加熱的火山岩。東加島則是因為出產熱帶鸚鵡，所以能輸出牠們頭上珍貴的紅色羽毛。北庫克群島裡面的馬尼希基島（Manihiki）出口的珍珠殼可以用於神聖的儀式。

此外，賴阿特阿還出口無形的東西，那就是宗教。

所有大溪地人都篤信宗教，即使是最為世俗化的活動，也要聽從一些神明的旨意，但是在圖帕伊亞的時代，最興盛的宗教活動則是敬拜一種名為「歐羅」（Oro）的戰神。崇拜歐羅的文化就是源起於歐波亞海灘的塔普塔普特阿聖堂，然後才由搭乘壯觀船隻的艾瑞歐伊組織成員，從賴阿特阿島往其他島嶼散播出去，船隊宛如色彩鮮豔的鳥群。他們的雙體舟稱為「pahi」，優雅的船帆高窄彎曲，頂端掛著一面用信天翁羽毛編成的長長旗幡，迎風飄蕩，船帆是草蓆材質，遠高於船桅本身。船隊由塔普塔普特阿聖堂的獨木舟帶頭，儘管船上帶著一幅歐羅的聖像，傳教是他們的使命，但活動卻有一種節慶的氛圍。船殼之間的平台上擠滿了盛裝打扮的男男女女，臉上都塗著胭脂，漂亮的身體因為塗著香油而閃閃發光，頭上與胸前都戴著用花葉編成的花環，芬芳無比。圖帕伊亞或其他領航員為塔普塔普特阿聖堂的獨木舟領航，安全登陸後，艾瑞歐伊的首領從船尾的茅草小屋走出來。霎時間，鯊魚皮鼓的鼓聲大作，尖銳的鼻笛笛音陣陣響起，許多人載歌載舞。弧形船頭在灘頭一現身，活潑的人群就跳上岸，四處立刻變得五彩繽紛，騷動鼓譟，經過長久的航程後大家都餓壞了。

他們像一群蝗蟲壓境，但卻受到熱烈歡迎。當地村民傾巢而出，衝出來與他們見面，然後趕搭他們稱為「fare arioi」的大棚子，用於舉辦即將來臨的宴席與娛樂節目。艾瑞歐伊的成員先把歐羅的神像請到當地的聖堂，託人妥善保管，接著在隱蔽蔭涼的池子裡沐浴，為身體上油，好好打扮，穿上華服。然後所有人都聚集在棚子裡，艾瑞歐伊的首領為當地酋長獻上好禮（一定會有一隻肥美的豬），酋長也給予回禮，像是大塊的染色桑樹布料（艾瑞歐伊的女性成員把這種布大量地纏繞在身上，有時會因為布匹過重而暈倒）。隨後，豐富的饗宴上場，是竭盡當地資源籌辦的。一般來說，男女並不同席，女性也不准吃某些種類的魚和肉，但是每當艾瑞歐伊來訪，這些禁令就會暫時取消。等大家都吃飽喝足了，艾瑞歐伊就開始表演餘興節目，活動通常會持續一整晚，他們演出各種曲目，有鼓樂與歌唱表演，性感的舞蹈與帶有諷刺意味的喜劇。

每晚像這樣「盡興玩樂」了幾天後，艾瑞歐伊才離開。當地的果園與花園被一掃而空，酋長也暫時變窮了，但大家都對他讚譽有加。等到艾瑞歐伊再度光臨，還是會大受歡迎。他們必恭必敬地把歐羅的神像請到獨木舟上的專用船艙裡，又該是領航員上工的時候了。等到船隊安然返抵賴阿特阿島，眾人把神像請回聖堂後，他才返家，等待下次他的航海技術派得上用場時。

一七五七年，圖帕伊亞約莫三十歲，這種迷人的盛事成為過往雲煙。鄰近的波拉波拉島（Bora Bora）派戰士入侵賴阿特阿。在一場你死我活的激烈戰役中，圖帕伊亞的背部遭到用魟魚尾刺做成矛頭的高殺傷力長矛戳傷背部，就像十年後約瑟夫．班克斯所寫的，他被長矛直接刺穿胸腔，「那是他的國家製造的，矛頭裝著魟魚的尾骨」，長矛從接近胸骨的下方穿出。所幸圖帕伊亞設法逃離戰場，否則一定會被敵軍的祭司抓去獻祭。但他還是處於瀕死的狀態。

從人類開始打仗以來，胸廓的創傷原本就很常見，荷馬的《伊利亞德》（*Iliad*）就曾描述長矛穿刺胸膛的傷勢。傷者通常難逃一死，時至今日，胸廓的創傷仍被視為很嚴重的傷勢。許多傷者死於休克，倖存者必須入住加護病房。如果傷口會把空氣吸進去，就必須先把它封起來，以免肺部因為體外壓力而衰竭，倘若心臟遭到擠壓，還會立刻死亡。病人必須戴上氧氣罩，注射抗生素，以免感染。胸腔也得插管，藉以維持負壓狀態。必要的話，還得施以開胸手術來確認傷勢，修補心肺等重要器官。如果穿刺的部位在胸廓的低處，像圖帕伊亞那樣，胃部與肝臟也可能會受到牽連，橫膈膜也會受傷損。另一個併發症則是，因為鋸齒狀的矛頭很脆，他的傷口有可能受到碎片的感染。

朋友們把圖帕伊亞抬到負責包紮傷口的人那邊，他是另一種祭司。因為魟魚的尾刺有倒鉤，必須從胸前把矛頭拔出來，除了可能休克，他還要承受劇痛。他們必須把骯髒的碎片徹底洗淨移除，或者開刀拿出來，否則感染的風險很高。要不是圖帕伊亞身強體健，正值壯年，他也許會撐不過去。不過，接下來的數個月，除了在傷口敷上草藥外，還常常用乾淨的冷水清洗，他的復元狀況甚好，因此班克斯才會在一七六九年寫道，「手法像我看過的那些歐洲最厲害的外科醫生一樣，傷痕光滑而微小」。

圖帕伊亞被迫離開戰場後，戰局惡化。賴阿特阿的部隊被擊潰。被奉為「神聖酋長」的歐波亞海灘酋長遭俘，他的兒子（同時也是他的政治權力來源）被殺。許多賴阿特阿的島民逃離家鄉，祭司們竭盡全力延續歐羅的崇拜文化。他們複製了一尊歐羅的神像，託付給圖帕伊亞。他受命偷偷把神像帶上船，與神聖酋長的孫子莫阿（Maua）一起逃往大溪地。

此一任務看來千難萬難，因為聖堂裡主神的力量會轉移到新肖像上面，所以具有危險性。製造新神像的祭司以木棒為材質，把寬廣的一邊尾端削尖，有如繫繩栓的形狀。接著用一團凌亂的椰子纖維把那一根被稱為「to'o」的木頭緊緊綁住，在纖維上插著一排又一排紅色與黃色羽毛，直到插滿為止，因此這顏色鮮豔的神像才會被後來的傳教士稱為「插著羽毛的神」（feathered god）。再在神像外面裹上一層層桑樹皮料之後，被帶往塔普塔普特阿聖堂與主神的神像會合，許多祭司已經在那裡等候，他們必須先整晚禁食與祈禱。再必恭必敬地把偉大神像與新神像外面的東西脫掉，大祭司把新神像拿到手裡，將它的普通羽毛都換成主神像身上那些被稱為「noa」的神聖羽毛——那些羽毛因為多年來與神明密切相關，因此也變成了聖物。在歷經這段嚴肅的神力轉換過程之後，新舊神像又都被包裹起來，此刻新神像已經變得跟主神像一樣不可褻瀆，而且被交付到圖帕伊亞手裡。

被稱為「maro ura」、神聖地位第二高的圖騰也一併交給他，那是一條皇家纏腰布，是仿照大溪地所有男人穿戴的腰布，唯一不同之處在於，它跟新的神像一樣，上面也是布滿羽毛，原本寬大的尾端也削尖了。就任典禮上，新任最高酋長站在一顆聖石上，儀式的一部分就是要把這一條帶著羽毛的腰布纏在他赤裸的腰上。儘管此一儀式就相當於把王冠戴在歐洲君王的頭上，但其象徵意義卻遠勝於加冕，因為穿上皇家纏腰布之後，就算是肯定了神聖酋長與神明之間的直接關聯。

之所以說這一條皇家纏腰布很危險，是因為就任典禮前的準備工作。每次有一位新的神聖酋長就任，纏腰布就會變長一點，因為每次都得在寬大的那一端多縫上一片新的布（或者稱為垂片）。垂片的主要材質是上等的樹皮布，為了增加其強度，上面加了一層優質的堅韌亞麻，還打了一個個小洞。每一個洞裡都插著一小根光滑的羽毛，後面縫死後又把羽毛轉過來，與旁邊的那一根羽毛平整地排在一起，所以布的表面看來就像鳥身上的一整片羽毛。在戳第一個洞時，有人會被獻祭給歐羅。在縫第一根羽毛時，又獻祭了另一個人，使用的長針則是以人骨磨製出來，針也就此留在纏腰布裡面，沒拿出來。在把垂片加上去時，又獻祭了最後一個人。

因此，圖帕伊亞帶往大溪地的古代腰布在逐漸加長的漫長歷史過程中，有數以百計的人遭到獻祭。大家自然而然視它為一條恐怖而令人敬畏的腰布。

圖帕伊亞的船安然抵達大溪地島東南端的帕帕拉（Papara），它位於8字型大溪地島比較大的那半邊，由莫阿的叔公，一位名為阿莫・特瓦希土阿（Amo Tevahitua）的酋長保護他們。圖帕伊亞悄悄地把羽毛神像供奉在阿莫的家族聖堂裡，此後他的前景也改觀了。阿莫深知敏銳的他有潛力可以成為政治人物，也肯定他身為神像與腰布保管人的尊貴身分，因此任命他為顧問。後來圖帕伊亞成為阿莫之妻普莉雅（Purea）的情人，地位更加穩固。

普莉雅的全銜是「特・瓦西內・艾伊羅羅・阿圖阿・伊・阿胡拉伊・伊・法瑞普阿」（Te Vahine Airoro atua i Ahurai i Farepua），她是一個體態優雅的美女，有令人信服的人格特質，年紀跟圖帕伊亞一樣都是三十出頭。具貴族身分的大溪地女性可以繼承財產與地位，而普莉雅是一位阿胡拉伊族（Ahurai）公主，與大溪地和莫雷阿島（Moorea）的權貴家族都有親戚關係，不用靠她丈夫就有權有勢。她生了一個兒子，但是與丈夫的意願相左，不想讓兒子活下去。阿莫同意認可兒子的地位，將他命名為泰里伊雷雷（Teri'irere），但是對普莉雅極度不滿，因此轉而找了一個情婦。

其妻的報復方式則是把丈夫的顧問變成自己最寵信的人，穩固了圖帕伊亞的政治地位。此時他可以說就是大溪地的馬基維利了；不但對於國內政策有龐大影響力，在與許多戰力堅強的酋長交涉時，他也是顧問。圖帕伊亞同時讓大溪地所有島民都改信戰神歐羅，結果在他以難民身分於帕帕拉登岸的七年後，亦即一七六七年六月，也成為大溪地的最高祭司。

接著，那一艘沒有舷外撐架的獨木舟就抵達了。

譯註：

1 指英國航海家 Francis Drake。

## 2 海豚號

英國船艦海豚號的抵達應該並未讓大溪地人感到太驚訝。半人半神的茂宜（Maui）在古代就曾警告過大家，將來會有一艘「vaa ama ore」（沒有舷外撐架的獨木舟）來訪，在大家的記憶中，過去也一直有人說過類似的預言。一位叫作巴烏（Paue）的預言家曾預告過，一艘沒有舷外撐架的獨木舟將會來臨，船員們從頸部到膝蓋都用布緊緊包覆著。島民將會接受新的生活方式，他說，人們也不會再用槌子搥打的方式製造桑樹布料。三天後，當人們還在議論紛紛巴烏的預言時，他就猝死了。

先前，賴阿特阿島曾經出現過另外一則圖帕伊亞也許曾親耳聽過的預言。波拉波拉的戰士入侵賴阿特阿島時，他們曾把塔普塔普特阿聖堂旁邊一棵神聖的彌洛羅漢松（miro）砍掉，此一褻瀆神明的行徑，曾讓一位叫作瓦伊塔（Vaita）的祭司因為驚嚇而進入恍惚狀態。當他終於打開雙眼時，他宣稱，茂宜口中那種沒有舷外撐架的船就要來了，船上的船員都穿著緊包全身的衣服，古老的習俗將要被滅絕。「陸地與海洋上的聖鳥將會為我們哀悼，」他吟詠道。

所以，這實在不是什麼吉兆。

然而，當海豚號的雲朵狀船帆出現在東邊的地平線上時，還是有數以百計的島民熱烈地划船出海與它相會，興高采烈地迎接歐洲人。

那一艘沒有舷外撐架的船名為海豚號，是英國皇家海軍的六級驅逐艦（擁有二十四門大砲），當時船上水手的士氣極其低迷。當他們在一七六六年八月二十一日從英格蘭普利茅斯港（Plymouth）啟航時，大家都懷抱很高的希望，但後來卻諸事不順。儘管海豚號是一艘很棒的銅底船，而且也曾繞行世界一周，但它的兩艘僚艦（一艘補給船與一艘單桅帆船）都不適合航行。補給船因為船身裂漏而返航，單桅帆船則是在四月十一日，也就是他們進入太平洋那天的一場大霧後，失去了蹤影。

此後，這艘形單影隻的船就這樣在合恩角（Cape Horn）以西的廣袤大海上獨自航行，除了一些零星的環礁之外，再無任何發現，那些極度缺乏維生素的水手，也只獲得了少量的新鮮補給品而已。一七六七年六月十九日這一天，船上的情況實在非常危急。有三十人臥病在床，全都罹患了是海上長途航程中常見的惡疾壞血病，只有新鮮水果才能治癒他們，而船長薩謬爾．瓦歷斯（Samuel Wallis）以及大副威廉．克拉克（William Clarke）也因為某種膽汁熱（bilious fever）而病懨懨。二副托比亞斯．

佛諾（Tobias Furneaux）形同船上的指揮官，但也被迫必須盡可能仰賴他人相助，特別是領航員喬治・羅伯森（George Robertson）——高大而有自信的他，向來是個緝捕海盜的能手。

領航員一職可說是歷史遺緒，源起於船長與其餘高階軍官都是戰士，而非船員的時代，他們需要別人領航，好讓船隻就戰鬥位置，調整風帆，以便大砲能發揮最高戰力。這個人就是所謂的領航員，雖為低階軍官，但必須經驗豐富，而且數學能力極佳。他不只要具備卓越的領航能力，還要透徹地了解如何調整風帆，才能夠善用變化多端的風向。羅伯森不只會領航，他所寫的遊記也非常生動。

有鑑於船上的病號那麼多，如同羅伯森所言，當他看到瀰漫晨霧的海岸後方隱約矗立著樹林山巒，當然會感到「心中充滿無限希望」。大霧於早上八點散開，羅伯森眼前出現一座多岩半島，棕櫚樹優雅無比，隆隆怒濤拍打著灰色礁岩——還有許許多多帶有舷外撐架的獨木舟朝著他們疾駛而來。他與佛諾把船長找來，船長踏著蹣跚步伐走上甲板，四處張望，下令轉向收帆，以示談判與交易的意願。幾位船員把風帆轉向，帆面浮現波紋，風帆把彼此的作用相抵消。

獨木舟也紛紛放慢速度，停了下來。划舟者坐著，個個瞪大眼睛，「眼神極其詫異」，而船上的領袖好像在商議著什麼。海豚號的水手試著鼓勵他們靠過去，靠在欄杆上，傷疤處處、沾滿柏油的手上揮舞著珠鍊與緞帶。

最後，一位首領從帶頭的那一艘獨木舟上站起來，舉起一根長滿綠葉的芭蕉嫩枝，發表了一大篇演說，然後把嫩枝投入水裡。顯然那是一種象徵性的儀式，接下來，「一個充滿朝氣的年輕人」從船頭跳上海豚號後桅的鍊子，迅捷地沿著桅杆的支索往上攀爬，爬到遮掩船尾的布篷上。他待在那裡，對歐洲人大笑，他們則是聚集在底下，示意要他下來，對他大叫。最後他跳上甲板，接受了一些小首飾，他們教他握手，此舉令他覺得更好笑了。

他的幾個朋友因而信心大增，也把象徵著和平的芭蕉嫩枝丟過欄杆，爬上去與他會合。這些年輕人看起來都很俊美健康，古銅色的身軀直挺，高大而健壯。除了圍著白色腰布之外，身上再無長物，黑色長髮綁成頭髻，或者披散在肌肉結實的肩膀上。他們的雙腿、雙臂與屁股上都有黑色圖紋，英國人以為是漆上去的。他們的一口白牙堅固而平整，各個咧嘴微笑，特別是當英國水手焦急地想要表達自己需要新鮮食物時，如同羅伯森回憶道，「大家發出像公豬一般的呼嚕聲響，吵嚷不休，然後指著岸邊」，也有些人的「叫聲宛如公雞，只希望他們能了解我們需要家禽」。

事實證明，讓他們看看船上圍欄裡的那幾隻瘦小動物好像比較有用。儘管島民看到綿羊、火雞與鵝時感到驚訝，但他們對家禽和豬隻並不陌生，而當水手指示以鐵釘來交換牲畜與水果時，船上的訪客突然變得很合作，比手畫腳，表示他們願意從岸邊拿許多家禽與豬隻過來，還有椰子與香蕉。英國水手覺得很訝異：這些原住民居然已經知道鐵器的存在，但釘子能成為如此有用的交易物，也令他們很高興——對於海豚號的船員來講，人生突然間變得遠比剛剛還有希望。就連船上的羊也感染了歡樂的氣氛，用羊角去撞某個島民的屁股。那傢伙轉身用驚恐的眼神看著那隻長角的怪物，猛然跳下水。所有人都笑了出來。

接著氣氛突然變僵了。水手們注意到有幾位訪客在船上到處拉扯鐵製零件，想要把它們拆下來，一旦受阻便展現出攻擊性。嘈雜人聲四起之際，獨木舟船隊靠了過來。有個軍官於驚慌之餘下令為一門大砲裝上彈藥，隨即開砲。

甲板上的原住民興味盎然地看著水手把固定粗大鐵砲的繩結移除。砲管被填入一包用棉布袋裝的火藥，然後塞進九磅重的砲彈，接著是紙團[1]。他們火速將準備好的砲管推往砲門，盡可能把砲口往外推。

「預備……開火！」一副佛諾大吼。火藥爆炸後發出轟隆巨響。一陣濃煙湧現，大砲往後彈，扯了一下上面的繩索，輪子發出隆隆聲響，砲彈從船隊上空呼嘯而過，越過所有船隻掉落海面，相距只有幾呎之遙。

海豚號上那些被嚇壞的原住民早已跳下船逃走，不過其中有個特別調皮的傢伙仍保持清醒，順手把少尉預官伊伯特（Henry Ibbott）頭上那頂金邊帽子拿走。離開海豚號二十公尺以後，他在海面上轉身，揮舞著帽子，再把它戴上，動作充滿嘲諷意味。一群憤怒的海軍陸戰隊隊員用毛瑟槍指向那年輕人，但他仍不知害怕，只是大笑，為自己的膽量感到很高興。此一表現讓島民的膽子大了起來，他們又活力充沛地把獨木舟划了回來，包圍了海豚號。海豚號這才匆匆逃往大海上。

他們不可能開很遠。若想航向他們所知道的最近港口，也就是四千英里以外馬里亞納群島（Marianas）的天寧島（Tinian），根本就是判了自己死刑。在還未抵達前，他們早就死於壞血病了。水手們再度奉命就位，沿著大溪地的西北方航行。船員們看見渴求已久的纍纍果樹，還有一間間茅屋，以及許多往山裡面延伸的美麗谷地。陣陣微風把花果的香味往海上吹。岸上站著許多人，但沒有獨木舟出海來與他們交易。

下午過了一半之後，瞭望員發現一個礁岩的缺口。他們把風帆轉向，放下一艘小艇。小艇的指揮官是來自美洲殖民地的副領航員約翰．高爾（John Gore），他旗下的每個水手都手持重武器。他命令大夥兒探查潟湖的深度，藉此確認船隻是否開得進去。

小艇還沒開到礁岩就已經被許多獨木舟包圍。海豚號上的人員再度感到驚慌。他們又開了一砲。砲彈從船的上空呼嘯而過時，獨木舟船隊遲疑了一下，高爾趁機掉頭，把小艇開回母船。獨木舟上的划船手開始追趕，在後面丟石頭。高爾站起來，用槍打到一個原住民的肩膀。傷者跌下船，他的同伴也跟著下去，此事讓其餘的獨木舟陷入一陣混亂，小艇也藉此逃掉了。

太陽逐漸西下，他們還是持續沿著海岸行駛，與礁岩保持安全距離。一隊大型雙體獨木舟集結，從西北邊疾駛而來。他們越來越近——然後就不見了，持續往南行駛，並未企圖與海豚號接觸。在地平線的明亮背景下，船隊的陰影看來是如此壯大。

破曉時，海面一片空蕩蕩。先前在接近傍晚時，他們又看見另一個或許可以停靠的海灣，所以海豚號始終在礁岩附近徘徊，也就是整晚的位置都保持在岸邊不遠處，準備在破曉時靠岸。這次他們放下兩艘小船，一艘由高爾指揮，另一艘的指揮官是羅伯森。兩艘船上都擠滿了手持重武器的人員，大家都非常緊張。當他們離開母船時，可以看見已經有大量獨木舟從海灘出發。

與小船相遇後，獨木舟上的人憤怒地揮手，要他們離開，但船上的情況實在太危急了。船長與中尉都病到無法下床。好幾個水手幾乎快死了。高爾與羅伯森不理會島民，對海豚號發送信號，表示發現了一個海港。海豚號趕緊開進礁岩的缺口裡，在距離海岸兩英里處下錨。

他們把兩艘小船拉上來，海豚號上的人員等待著，觀察那些原住民會採取什麼行動。一艘獨木舟猶豫不決地緩緩開出海，朝海豚號駛來，接著其他船隻也開了過來，船上裝滿了椰子、水果，一些家禽與幾隻豬。事實證明，那些島民是很精明的交易者，在鐵釘到手之前，始終拒絕把貨物交出去，而且要求的東西常常比先前達成的共識還多。他們的舉止變得越來越不敬，甚至還會舉拳以對，但海豚號終於取得了新鮮食物。

飲用水是另一個必須先解決的問題。高爾與羅伯森再次被派出去尋找適當的河流。等到他們抵達海浪高漲的岸邊，又被一百多艘獨木舟給包圍了。獨木舟上的人叫囂挑釁，出聲警告。海灘上擠滿了幾千人，他們大吼大叫，許多人以不屑的神態招手示意，要小船上的人上岸。

羅伯森與高爾決定撤退，但發現為時已晚。才開到回程的三分之一，兩艘船就都已經遭到攻擊。許多雙體舟朝他們疾駛而去，獨木舟的前甲板上都裝有一個作戰用的平台，手拿棍棒的戰士就站在那裡，隨時投入戰鬥。高爾的手下還擊，用刺刀亂砍亂刺，設法擊退攻擊他們的人。然而，羅伯森不得不要求他的陸戰隊隊員開槍。

一陣槍響過後，兩個原住民掉下水，其中一個死了，另一個傷勢嚴重。同伴們跳下船，把他們拉回獨木舟上。他們越來越困惑，想要試著把死掉那個人扶起來坐好。

等到他們發現，那人被一根會冒火的神祕木棍隔空殺死時，羅伯森的船已經逃掉了。

有一段時間，島民們似乎學乖了。當獨木舟出海進行交易時，只要用毛瑟槍甚至望遠鏡朝著想要佔便宜的人比一比，立刻就沒有人敢偷東西或者耍詐。海浪還是高到無法讓船隻靠岸取水，所以他們用鐵釘賄賂原住民，要他們裝幾桶水，帶到小船上。然而，兩個無可取代的小桶子卻被偷了，羅伯森與高爾感到憤怒，要求他們歸還，但島民們卻帶了一批很迷人的女孩過來。

女孩們把長度到小腿的紗籠[2]拉起來，露出裸體，根據瓦歷斯船長聽人轉述後寫在航海日誌裡的紀錄，「使出一千種老套的手段，想要引誘他們上岸」。水手們的反應有點震驚，又有點著迷，這讓男性原住民笑了出來，等到他們為求謹慎而駕船離開時，那些女人輕蔑地朝著小船丟水果。隔天他們又想要弄一些新鮮的水，但又有桶子被偷了，而且一樣又有一群女孩被派來折磨水手。因此他們決定要試著尋找一個更好的下錨地點，於是沿著海岸繼續往西邊行駛。因此海豚號就來到了馬塔維灣（Matavai Bay）。

他們把那個海灣稱為皇家港（Port Royal）。到目前為止，那是最有希望靠岸的地方，海灣裡有一大片潟湖，圍繞著四周的是一座座樹木茂盛的山丘。有人把獨木舟拖到海灘上，但並沒有急著出海阻止海豚號駛進礁岩。穿越缺口時，海豚號擦到了一顆巨石，但終究下了錨。他們計畫要移往一個更好的下錨地點，那裡有一條河流通往一座高聳山丘的東邊，丘頂長著一棵特別高的樹。天色漸暗，但是他們把船錨放在小艇上駛往前方預先下錨，等到黎明時利用絞盤便能輕易地把海豚號拉到岸邊去。

入夜後，在礁岩上處處閃爍的亮光映襯下，夜色顯得更黑了。他們發送短刀與手槍給守夜人員，砲隊隊員也都集合起來。接下來的幾小時大家都很緊張。

到了日出時，四下看來都很平靜。早餐後，水手們開始把船拉往選定的下錨地點。瓦歷斯船長因為膽汁熱而無法離開他的船艙，大副克拉克的病情一樣很糟。指揮官還是佛諾，他手下最高階的軍官是羅伯森。當瓦歷斯從船尾瞭望台裡的廁所窗戶往外看時，大約有三百艘獨木舟聚集在海豚號周遭，令他感到非常不安，而且獨木舟越聚越多。不過，第一批獨木舟上載滿了豬隻、家禽與水果，所以看來交易將會如願進行，原住民為了獲取鐵釘而精明地討價還價，水手們則是小心地預防被騙或被偷。

接著，另一波獨木舟又來到船邊，這次載的是一群年輕裸女，她們跟隨著快節奏的迷人鼓音搖晃臀部。心癢難耐的英國水手爬上船舷或船索，找個視野比較好的位置。就在他們都看得入迷之際，另一支獨木舟船隊緩緩逼近——它們都是大型的雙體舟，根據瓦歷斯從瞭望台的窗戶所見，船上的人員都在吹奏海螺長笛，用粗糙的聲音唱歌。

他把佛諾找來，命令他吩咐砲手在後甲板的兩座大砲邊就位。

帶領這支新船隊的雙殼獨木舟看來富麗堂皇，船頭經過精細的裝飾——「船上有幾個島上的大人物，」羅伯森於事後回憶道。他接著表示，「事後我們發現該島的國王還有幾個達官顯貴都在那一艘獨木舟上。」有個充滿威嚴的人物盤腿坐在頂篷上，幾乎與海豚號的甲板同高。他的纏頭巾上布滿了花葉，脖子上也戴了好幾串花環。他的右手拿著一撮紅色與黃色的羽毛。

瓦歷斯覺得鬆了一口氣。最後他將與當地的君王見面，也可以與其協商交易協定，甚至簽訂併吞島嶼的合約。他從廁所的窗口把身子伸出去，客氣地邀請國王登船。令他感到訝異的是，酋長並未從頂篷起身，而是把那一撮羽毛交給某個船員，用手勢示意，要船員把羽毛交給船長。瓦歷斯走到船長室門口，接下羽毛，但壓根兒不知道那是「uratatae」——一種可以把諸神的惡意都傳到船上的信物。

為了回報那漂亮的信物，他高興地準備一些禮物，打算要送給國王，但卻意識到外面的海面上四處都陷入一片死寂。甲板上的船員看到那載著樂隊的獨木舟往比較遠的地方划，然後停了下來。坐在頂篷上的酋長慎重其事地把紅披肩披上肩膀。高爾看見他拿起一根用白布包起來的棍棒，將它高高舉起。

那是一個信號。所有的戰士齊聲高呼，跳上大型獨木舟上的戰鬥平台，一艘艘獨木舟往海豚號全速衝刺。一陣如冰雹般的石頭從天而降，穿越海豚號的繩索，砸在甲板上。沒有地方掩蔽的船員紛紛跌倒，許多人瘀傷或流血。士官大吼一聲，下達命令，陸戰隊員舉起毛瑟槍。子彈劈啪作響，大溪地人以聲勢更為驚人的咆哮聲回應，又有一陣石頭飛了過去。驚慌的號令聲響四起，他們把後甲板的兩門大砲推了出去。有人高喊：「發射！」火藥隨即爆炸。空中回響著兩管大砲的隆隆聲響。

潟湖湖面的景象變成夢魘的畫面。後甲板的兩門大砲裝填的是葡萄彈，那一袋袋小小的鐵彈會在發射後散開來。那種砲彈的功能不是用來警告，而是以船隻與人員為發射目標。湖水裡到處都是拚命游泳的原住民，他們急於逃走。瓦歷斯稍後曾寫下這麼一段辯解之詞：「我深信，當時船艦四周至少有三百艘船，平均算來有兩千人，此外岸上還有幾千人，以及許多船隻從四處不斷開過來。」

不斷有人吼叫下令，大砲裝上了彈藥，有些裝了葡萄彈，有些則是一般砲彈。舷側不斷發出可怕的轟隆隆聲響，砲聲此起彼落，這次瞄準了海灘上的人群。砲聲消逝後，海灣上四處回響著痛苦與恐懼的叫聲。許多屍體從海豚號旁邊漂過，船的四周海流都被染紅了。「我看見一個印地安女人的屍體從船頭的破浪處漂過，她的腹部中了一槍，」其中一個叫喬治．平諾克（George Pinnock）的少尉預官寫道。

五百公尺外，更多的雙體舟聚集在酋長的船邊，好像要召開緊急會議。他們緊張之餘先暫停行動，而海豚號則是等著看接下來會發生什麼事。船上的外科醫生約翰·哈金森（John Hutchinson）與其助手羅伯·桑德森（Robert Saunderson）在各層甲板之間忙個不停，幫那些被石頭砸傷的人包紮傷口，傷勢都不嚴重，也沒半個英國人陣亡。

幾艘大型獨木舟高舉旗幡，再次往海豚號衝過去，船上的戰士也朝它用彈弓發射石頭。海豚號的船身移動，往船隊的方向逼近，對它們開槍。船再度稍稍移動方向，船頭的兩門大砲瞄準了對方海軍將領的獨木舟。一聲令下之後，大砲發出兩聲震耳欲聾的隆隆聲響。船身因後座力而搖晃，潟湖湖面上出現陣陣漣漪。

煙霧散開後，出現在大家眼前的是裂成兩半的獨木舟。其他船隻則是落荒而逃，只有幾個勇士留下來搶救裂成兩半的船，把死傷人員帶走。岸上的人群則逃往山丘上，隱身於樹林裡，就此無影無蹤。太陽高掛天上，但不管是海灣的水域或是海灘上，都已是一片空蕩蕩。

譯註：

1 大砲的填料叫作「wad」，以紙或者乾草製成。

2 原住民穿的圍裙。

## 紅色三角旗

圖帕伊亞與阿莫．特瓦希土阿站在山丘上仔細端詳的那艘船艦，一定曾經很漂亮。不過，自從離家以來，她可說是飽經滄桑。吃水線以上的部分本來是用昂貴的藍漆漆成的，如今已經褪色，所以有些部分看來斑駁不堪，有些則是綠綠的，而它的船殼原本充滿光澤，有一條深黑色的吃水線，如今也因為鐵鍊生鏽而弄髒了。發霉也使它的船帆變得汙穢不堪。

然而，它還是一艘很壯觀的船。船的兩側各有一條黃赭色條紋，還有一整排方形砲門，船尾的一個個舷窗則散發著神祕微光，兩側的瞭望台看起來很優雅，一樣也裝有玻璃。它的三根船桅高高聳立，在正午的陽光下，漆成白色的船桅頂端看來非常醒目。當它初次出現在島民眼前時，許多人都以為它是一座浮島，因為它那幾片雲朵狀的船帆下方反射著海水顏色，就像礁島上方的雲朵也會反射內陸潟湖的顏色。如今，那些船帆鬆了開來，大家才發現它們是大塊帆布，在微風中風乾著。

無疑的，圖帕伊亞之所以帶著好奇心端詳它，不只是因為它的形體前所未見，也因為船上人員的行為舉止很奇怪。那些陌生人立刻就表明他們想要用鐵釘交易雞隻與水果。令人難以理解的是，居然會有人想用如此罕見而有價值的物品，來交換那麼容易取得而且可以被取代的東西，此外，他們壓根兒都不討價還價，也是一件怪事——因為那些外國人也表達得很清楚，他們一定要取得自己想要的東西，而且他們有威力強大的武器足以達成目的。在武器的掩護之下，他們大可以攻上岸來掠奪一切。但他們卻選擇用賄賂的。這倒是一件很新奇的事——居然有人能夠一手屠殺與毀滅他人，但另一手卻為其提供財富。

還有，儘管它的武器很可怕，但也很迷人。那種武器科技是如此新穎：除了會出火冒煙，還有竟然有人想得到用火來發射砲彈。過去他因為波拉波拉島的戰士入侵賴阿特阿而幾乎失去一切，因此難免會去想像，如果拿船舷的大砲來對付波拉波拉島的敵人會怎樣。那景象一定很迷人。

到了下午兩點，原本掛在船艦正中央甲板支架上的三艘小船被放到海面上。小船搖搖擺擺，船員跳進去時，激起水上的一陣陣漣漪。他們有許多人都穿著紅色外套，手拿毛瑟槍。划船的人穿著雜色衣服，主要是藍色。負責指揮的年輕軍官身穿鮮豔的藍色外套與絲質白色馬褲，戴上有金色鈕扣的三角帽。當小船往海岸前進時，太陽把他帽子上的扣子與蕾絲照得閃閃發亮。

那位軍官爬出船隻，十八個船員跟在他身後，另外還有三個少尉預官、一位陸戰隊士官，十二個陸戰隊隊員，然後，按照海軍部隊登陸時的慣例，在士官的高聲號令之下，他們開始操練與操槍，並且把槍扛上肩膀，士官每下一次令就會用靴子跺地。當然，此舉的目的是為了讓原住民開開眼界，嚇唬他們。那裡有幾百人在旁觀，他們站在河的對岸靜靜地看著，雙方的距離在手槍的射程之內。

負責留守船隻的是一個叫羅伯．莫里諾（Robert Molineux）的二十歲領航員助手，而他必須讓船漂浮在海面上，以備不時之需。這個年輕人皮膚黝黑，面容枯槁卻熱切，他吩咐手下把短管毛瑟槍的槍管對準群眾。許許多多的大溪地人都拿著象徵和平的芭蕉嫩枝來到現場，因此場面看來像是一片樹海。儘管如此，海豚號的砲口也還是瞄準著他們。

佛諾上尉向大溪地人比手畫腳，要他們派代表來協商交易事宜。他們派了一個人到山丘頂端去傳遞消息，之後有好一陣子沒有動靜。根據後來大溪地人向傳教士轉述的故事內容是，阿莫．特瓦希土阿當時正躲在一棵樹後面，怕到不敢動。此刻他實在是太害怕了，不敢自己前往海灘，又不願派他的高級顧問圖帕伊亞過去涉險，於是他命令一個地位較低的酋長法阿（Fa'a），去傳達和平的訊息。

法阿是一個留著白色長鬍的可敬長者，他怯生生地勉力走到佛諾站的地方。他帶著一根芭蕉嫩枝與一隻小豬，身邊有兩個跟他一樣的長者陪伴。他講話很快，但對方完全不了解他在說什麼，接著他就把豬放下來，嫩枝擺在牠上面。佛諾自己也發表了一段對方聽不懂的談話，給了老人一些鐵釘與「玩具」——都是一些像珠子與緞帶的爛東西。隨後他比手畫腳，希望對方能允許他從河流裡取水，法阿揮揮手臂，要他盡量取用。

船員拿水桶到清澈的河邊裝水，其中一人則是在大溪地的土地上豎起一根高高的桿子。佛諾高聲朗誦瓦歷斯艦長親自撰寫的一份文件，用宏亮的語調宣布大溪地已經被重新命名為「喬治三世島」（King George the Third Island），宣稱它是英國「透過征服而取得所有權」的島嶼。他們莊嚴地升起了一面三角旗，陸戰隊隊員開槍行禮。英國人用混著大溪地河水的白蘭地酒乾杯慶祝，隨後熱烈歡呼三次。鳥群於高空中盤旋，看起來像是被觸怒的眾神之陰影，群聚的大溪地人都瑟瑟發抖著。

海豚號的人員並未注意到群眾普遍感到悲痛。有幾個人急急忙忙渡河而來，獻上豬隻、水果與芭蕉嫩枝，但還沒拿到鐵釘就又趕著回去，此刻佛諾只想到他們不用再擔心缺乏補給品了。他在海灘上又留下許多鐵釘與玩具，隨即登船，帶著他的陸戰隊員與水手離去。直到他返回海豚號之後，才終於注意到大溪地人對那面三角旗的奇怪反應。

被佛諾升起後留在那裡飄揚的狹長三角旗，象徵著執行任務的英軍艦艇。旗面上除了比較寬的那一邊有個白色長方形方塊，裡面有一道鮮紅色聖喬治十字之外，整個都是紅色的。與圖帕伊亞從賴阿特阿島逃到帕帕拉時帶來的那條皇家纏腰布相較，它不但形狀與大小一樣，旗面的顏色剛好也是紅色：一種象徵太陽神歐羅的神聖顏色。

羅伯森不知道這件事，所以他搞不清楚為什麼法阿與那兩個老者接近那面三角旗的時候，會「戰戰兢兢，視之如同神祇」。他們在旗桿底部丟了幾根樹枝後，再次渡河而去，回來時帶著十二個人，他們全都帶著芭蕉的嫩枝，謙卑地朝著旗子一步步慢慢走過去。風起後，飄揚的旗子發出雷鳴似的劈啪聲響。他們全都嚇得逃開了。

後來有幾個勇敢的島民回來，他們帶著兩隻活豬，把豬隻擺在旗桿底部，好像是為了贖罪。三角旗靜靜地垂掛著，經過一番禱告與舞蹈，他們把豬隻帶到海灘上的一艘獨木舟上。法阿爬上獨木舟，旁人幫他把船推進水裡。他獨自把獨木舟划到海豚號旁邊。

當他站起來時，渾身顯然還顫抖著，手拿幾根芭蕉嫩枝，講了一大段話。最後他把兩隻豬送出去，拒絕接受任何東西，接著就趕快划船離開了。海豚號上的人員看著法阿回到海灘，離開獨木舟，急急忙忙渡河。他消失在樹林後，四下萬籟俱寂。所有人都不見了，好像全部棄島而去。熱帶的驕陽西落，天空一片鮮紅與金黃。

直到入夜後，才開始有了動靜。「夜裡我們聽見很多海螺、鼓以及管樂器的演奏聲，」瓦歷斯船長寫道。英國人看到有大量的光源在海岸上往前移動。光線越來越近，火炬在風中搖曳，歌聲與鼓聲也越來越大。海豚號的人員被這嚴肅的氛圍嚇到了，他們驟下結論，認為大溪地人是想要拿火把來燒船。他們把兩門大砲架在船樓上，面對著海灘上拿火把的遊行人群，兩門砲都裝填了一袋七十顆的毛瑟砲彈。夜裡的氣氛開始緊張了起來。

到了黎明時分，還是沒有獨木舟下水。海灘與潟湖上全都空無一人，看來宛如前晚一般。

唯一的差別是，紅色三角旗不見了。

三艘小船下水後打破了詭異的寂靜氛圍，船上總共乘載了六十個人。大家當然都很緊張。海豚號仍然只有佛諾這位軍官的體能狀況適合指揮登陸部隊，領航員羅伯森必須在船上留守，由助手高爾協助他。

沒有人從樹叢裡跑出來，但陸戰隊隊員的手裡還是緊握著毛瑟槍。取水的例行工作開始了。他們把空水桶滾往河邊，塞子孔朝上，將水桶往水裡壓。水桶的水滿了，往下沉之後，他們又把塞子塞緊，此時桶子比先前重多了，又被滾回船邊。他們划船回到海豚號的側邊，使勁把水桶搬過欄杆，把主帆的帆架拿來當起重機使用，將它們放進船艙保存起來。

工作進行了兩個小時，一切順利。時間來到了八點半，他們瞥見一隊獨木舟從海灣的西南邊往海豚號接近。在此同時，遊行隊伍也從山丘頂端蜿蜒走下，出現在他們眼前。帶隊的那個高個兒手執桿子，海豚號的三角旗高掛其上。他身後的群眾有許多人都拿著長棍子。戒備中的海豚號船員都覺得棍子看來像是長矛。

「我們不再懷疑了，他們肯定是想要再次試試手氣，跟我們打一仗，」瓦歷斯寫道。他蹣跚地走上甲板，大聲叫道：「各就各位！」隆隆的鼓聲響起。水手長與其助手把他們的哨子吹得嗶嗶作響，尖銳的聲音伴隨著雜沓的腳步聲一起轟鳴著。砲隊隊員解開船邊用來緊緊固定大砲的繩結，然後用滑車運到後面裝彈藥，接著將大砲砲口穿過砲門，盡可能往外伸出去。隊員們用長釘把砲管固定好，對準著往山丘下緩緩移動的人群。

有一艘小船已經出發了。划船手一邊大叫，警告佛諾，一邊發狂似地把船划向海灘。取水的部隊已經看到又有一群人從樹林之間慢慢走出來。這些手無寸鐵的原住民跟前一天一樣聳著肩，畏畏縮縮地漫步走向旗子，但是驚惶失措的佛諾不願冒險。河邊有很多石頭，他們認為，那是準備好用來打仗的。取水部隊啪啪啪涉水走到船邊，滾進船上。

原住民站直身子，衝出樹林，朝著被遺棄的水桶排成一條直線。瓦歷斯船長眼見自己的桶子被滾走，便下令朝著樹林開槍示警——但是根據羅伯森的記載，警告無用，海豚號被迫「朝著人最多的地方射了幾顆砲彈與幾袋葡萄彈」。島民們開始作鳥獸散，四處回響著尖叫聲。倖存者回到山丘丘頂後，跟站在那裡瞭望的幾百名婦孺會合。

此刻獨木舟船隊已經抵達河口，停了下來。羅伯森看見為首的那艘獨木舟上的酋長們派了一小隊人員前往山丘，顯然是要去下令的，山丘上的人開完會議後，那些人員又跑了回去。瓦歷斯待在瞭望台，他的視角狹窄，因此看不到那些人離開後又回去，以為獨木舟停下來是為了要載運更多戰士。等到船隊再度開始移動，莊嚴地慢慢往海豚號划過去時，他下令船側開砲。

一陣轟隆隆砲響過後，緊接著出現葡萄彈發射出去的啪啪聲響。片刻間鐵彈於空中彷彿天女散花般，四處瀰漫著陣陣黑煙。划船的人轉身逃走。有些人及時往海岬的後方奔逃，但大多數獨木舟都被棄置在海灘上。原本乘船的人衝進樹林裡，但是仍然無法躲開，因為另一陣砲彈是往林中射去的。斷裂的樹枝紛紛往他們頭上散落。他們急急忙忙逃往山丘——在丘頂停了下來，以為待在人群裡就會比較安全，想像著他們已身處在射程之外。

瓦歷斯心意已決，該是好好教訓這些暴民的時候了。他吩咐大家把砲管從砲架上拿下來，盡可能把砲口朝向高處，下令往丘頂射出四發砲彈。

兩聲轟隆砲響過後又響了兩次。砲彈凌空而去。島民沒有移動，看著頭兩顆砲彈還沒抵達丘頂就墜地，但接下來兩顆的殺傷力很大，它們彈到地上，在阿莫隱身的那棵樹前面炸出一條條凹洞。所有的大溪地人都被嚇得逃開，像驚弓之鳥一樣消失在山丘另一頭的山腳下。瓦歷斯對此感到心滿意足，據其紀錄，他們在知道船上的大砲能從那麼遠的距離傷人、殺人之後，「都嚇破了膽，兩分鐘內所有的人都逃得一乾二淨」。

四周一片寂靜，硝煙也逐漸飄走。完全散開後，可以看出丘頂與海灘上都沒有任何動靜。所謂的攻擊行動並未發生，唯一殘留的跡象，就只有匆忙間被丟在無人沙灘上或者擱淺在淺灘裡的獨木舟。

為了避免他們在夜裡又對海豚號發動攻擊，瓦歷斯派佛諾帶著陸戰隊在一旁留守，由木匠與一群人有效率地破壞所有獨木舟，包括其中看來最為隆重華麗的那一艘。根據其中某個操斧鑿船，叫作約翰．尼可斯（John Nicholls）的人描述，「其中有兩艘比一般獨木舟還大，舟身的雕工精細，很像多立克式的建築雕工」。

對於大溪地人的自尊而言，這實在是殘忍而蓄意的重擊。他們花上幾千個小時打造那些獨木舟，從仔細地挑選樹木到繁複的下水儀式，每個階段都由祭司為船賜福。

除了心理衝擊之外，這種破壞之舉實在一點意義也沒有，因為海豚號上的每個人都知道，他們不可能摧毀大溪地的每一艘獨木舟。他們甚至可以看見海岬後方還有十幾艘大型獨木舟正在航行。

那是倖存的帕帕拉船隊，阿莫與圖帕伊亞都在那裡頭。當他們離開時，有幾個英勇的戰士從丘頂衝下來，雖然註定不會成功，但還是想要試著阻止此一褻瀆神聖之舉，最後被毛瑟槍的子彈給趕開了。之後，那十幾艘獨木舟也穿越礁岩的缺口，往大海上逃逸了。

## 4 大溪地女王

為求謹慎，阿莫選擇逃走。有幾百人遭到屠殺，稍後大溪地的人說，那數量多如鳥群或魚群，而阿莫再也不想和那些嗜殺的異鄉人有任何瓜葛。他們一定會在揚帆而去之前，在鄉間掠奪一番，然後自古以來那種受戰爭傷害後休生養息的過程才會開始。但阿莫之妻普莉雅的想法不一樣——根據後來傳教士所聽到的說法，假使當時在場的是她而非阿莫，她一定會留下來「承受天譴，或者享受外國人給的好處」。這方面她無疑是受到圖帕伊亞的影響，因為他深信，與有權有勢的人搭上線，在政治與經濟上肯定是有利可圖的。

阿莫也許已經把這大好機會拱手讓給了他的對手，但仍有一值得欣慰之處。圖帕伊亞把海豚號的三角旗隨身帶走，因此能夠進行一次極具象徵性的儀式。首先，他們把三角旗上畫有聖喬治十字的長方形部分割下來，接在一幅白色長幡上，讓它飄揚在塔普塔普特阿聖堂獨木舟的船尾。剩下鮮紅三角形的部分，則是被縫在由圖帕伊亞帶往帕帕拉的那條皇家纏腰布上。

圖帕伊亞把象徵大英帝國的旗幟與皇家信物接在一起，也因此創下了歷史。過去歐洲也有人這樣做過。羅馬時代的皇帝每當拿到某位敗軍之將的黃金桂冠，總會把它接在自己的皇冠上，藉此增添自己的威信。同樣地，把三角旗接在他所護衛的那個皇家信物上，也能讓圖帕伊亞的威力更大。這同時還能提高阿莫的地位，因為儘管他在馬塔維灣遭逢慘敗，懦弱地撤退了，但此舉卻能稍稍彌補損失。

更重要的是，藉由把三角旗縫在羽毛纏腰布上，圖帕伊亞也把海豚號抵達大溪地的事件，置入該島的歷史脈絡中。皇家纏腰布記載著幾十年來的重要事件——但不是透過文字，因為大溪地人不知道如何書寫，而是藉由一些能夠引發回憶的物件。腰布上除了有來自鸚鵡頭部的鮮紅羽毛，其他裝飾物還包括神聖的鴿子的白羽毛，軍艦鳥的黑羽毛。此外上面也有一些鮮黃色羽毛，以及少數接上去的小羊毛球。對於像圖帕伊亞這種受過良好教育的祭司來說，那條皇家纏腰布簡直就是一本書——他們甚至能看出上面記載著發生在一百年前的重大震撼性事件。所以，藉由把三角旗上紅色的部分接在皇家纏腰布上，圖帕伊亞等於把海豚號抵達這件事縫在大溪地這塊掛毯上了。

此一儀式的確令人欣慰。但圖帕伊亞肯定也會不斷想著一件事：要不是阿莫膽怯退縮，他還真有可能與那些外國人訂下對他自己有政治利益的條約。

在馬塔維灣慘敗的十天後，圖帕伊亞得知仍有機會與那些異鄉人結盟。法阿離開河流後，去了一趟大溪地島的內陸地區，帶著一把小斧頭、一些鐵釘還有一件外套，藉此證明他自己仍是大溪地人與歐洲人之間的中間人，也讓大家知道，沒有任何一位北部的貴族得以與大船上的尊貴酋長有所接觸。

儘管北邊的人已經盡力了，但求和的過程並未如其所願。英國人完成毀壞獨木舟的任務後，便搭著那些小船回到海豚號，島民立刻把很多求和的禮物送往歐洲人登陸的地點，包括豬隻、家禽、水果、波里尼西亞狗（狗肉是一種通常只有酋長能吃的佳餚），還有六大綑桑樹布料。東西放好後，酋長們派出的眾多特使就回到河的另一邊，等待歐洲人的適切回應。

片刻間，他們的計畫好像會奏效似的，因為船艦上的小船又下水了，被划往那個堆滿了求和禮物的地方。接下來，令觀看者感到困惑的是，那些異鄉人居然把狗放掉。更糟的是，他們拒絕了那一批桑樹布料，而把豬、雞與水果拿走，留下了用來交換的鐵器。但卻拒絕桑樹布料，任由那六捆布孤零零地堆置在沙灘上。然而，他們得接受那具有神聖地位的桑樹布料，此一求和儀式才算成功。

製造桑樹布料的過程非常費工，必須由整個部落的居民出力完成。男人的任務是栽種桑樹，等到它長成柳條狀的細細小樹後就採收。此後改由婦女接手，她們剝下樹皮，把富含纖維的內層枝幹浸泡在河流裡，用特製的棒子把它搥呈扁平狀，如同一條條細細長長的布，黏接起來後再度搥打，直到那毛茸茸的布料達到至少一公尺寬，最多十公尺長。最後，再把布漂成明亮的白色，其中品質最好的則會被拿來染色。

因為桑樹布料是全村的力量、精神與合作的象徵，它也被視為一種最貴重的禮物，只有在重要場合才會拿來送人。透過獻上桑樹布料的儀式，戰敗者等於承認了入侵者的力量較為強大。一旦接受布料，就象徵著征服者取得了力量，如同酋長披上了「插著羽毛的神」之後，獲得了精神力量。但是那些歐洲人對此一無所知，輕蔑地拒絕了這重要的儀式。

佛諾不是個沒神經的傢伙。回到船上後，他注意到大溪地人群情激憤，因此了解了把船上不需要的布留在那裡，等於犯下了原住民不會輕易饒恕的大錯。為了取悅當地人，便又派人划著小船回去拿那六捆布。但這仍被視為惡兆，而且等到交易開始時，也印證了這一點。

英國人為傷者搭了一座帳篷，由陸戰隊隊員與水手看守著，砲手威廉・哈里遜（William Harrison）在帳篷入口負責以鐵釘和當地人交易補給品。不過，這並不意味著任何有水果或豬隻的人就能夠接近哈里遜先生。這位砲手只與法阿做交易，他是唯一獲准渡河的大溪地人，偶爾東西太重時，才有一個年輕人可以幫他搬貨，海豚號的船員認為那是他兒子。法阿先搞清楚交易者想要賣什麼，然後緩緩走到哈里遜的帳篷，替他們討價還價。成交後，他就會回到河流的另一邊，搬起貨物渡河，然後把協議好的物品帶回去。

此一交易方式不但對他這個老人形成沉重負擔，速度也慢，因而大幅減少了交易量。更糟的是，對於當地的貴族而言，這意味著他們沒機會與那位砲手見面，藉此開始形成在政治上對他們有利的同盟關係。酋長們聚集在河的對岸，滿懷希望，但哈里遜命令衛兵，如果有人膽敢把腳踏入水裡，就用毛瑟槍示警，而酋長們不但覺得這是前所未有的恥辱，也很害怕。

哈里遜不是笨蛋，他只是聽命行事。當他受命負責交易時，瓦歷斯船長說，「絕對不能讓他以外的任何人脫隊或者與原住民交易。」但這並不容易。儘管他決心只跟老法阿一個人做交易，但是帳篷裡的海豚號船員卻是個問題，因為他們已經開始變得不安於床，色心大發。除了那些正迅速痊癒的壞血病病患之外，還有負責守衛的水手與陸戰隊隊員也都是這樣——一旦他們窺見對岸那些裸露胸部的漂亮女孩後，每個人都想要「脫隊」了。

他們在六月三十日把帳篷搭了起來，當天瓦歷斯船長就在他的私人日誌裡面寫道：「那些女人特別喜歡賣淫」。他的手下也都同意（但他們比船長愉悅多了），就像那位遺失軍帽的年輕人——海軍少尉預官亨利．伊伯特（Henry Ibbott）在回憶時所說的，「那些女人一點也不會扭扭捏捏。」然而，一開始情況並不如瓦歷斯所想的那樣不堪。

雖然那些女孩如同所有大溪地人一樣，都像貓似的挑剔，但卻覺得那些體毛濃密、齒縫很大而且有體味的歐洲人非常性感，特別令她們著迷的是，儘管每個人的身體都那麼白，但臉部、手掌與前臂卻曬得如此黝黑。獲得鐵釘只是奇遇之餘的額外禮物。

根據羅伯森的說法，有個陸戰隊隊員首先逃過了哈里遜的法眼，他是個「可愛的愛爾蘭男孩」。這名那愛爾蘭男孩贏得女孩的芳心，缺點是必須要在那些充滿好奇心的島民面前做那件事，他們用當地的語言對他品頭論足。同船的水手也把他痛扁一頓，因為他居然做了那麼粗鄙的事，但就像他在事後對領航員坦承的，他實在是太想要擁有「第一個與女孩親熱的榮銜」，才會不管不顧。他們議定的價格是一根四吋長的鐵釘（在當時被稱為「三十便士釘」，因為每一百根四吋鐵釘的價格是三十便士），過沒多久，很多人都偷拔那種四吋長鐵釘，搞得船殼幾乎解體。

「島民只拿著兩隻雞，就比手畫腳，表示要交易長鐵釘；而木匠們在巡視船艦時也發現，所有的繫繩栓都被拆了，」瓦歷斯抱怨道，接著表示他「下令所有人竭力查出誰是小偷，跟他們說，如果他們找不到東西，大家就都不用上岸了」。然而，令他感到挫折與擔憂的是，偷竊的事件還是屢見不鮮。女孩們所要求的釘子越來越大，也越來越長（因為釘子象徵陽具，此事也在倫敦的酒吧裡被引為笑談），水手們必須發揮創意，設法把船殼的重要設備拆下，取得鐵釘。

性交易的熱絡也導致法阿難以找到與哈里遜交易時所需的補給品。既然島民有了另一種取得鐵釘的管道，他們也就比較不願意把自己平常在吃的那些東西賣出去，而且因為沒有任何一位酋長與歐洲人結盟，所以也沒有人命令他們把自己的東西交出來賣，或者採集更多東西。更糟的是，馬塔維灣的居民在交易食物時出價也更高了。瓦歷斯的看法沒錯，性交易「衍生了兩個缺點，一方面導致船殼受損，同時也讓市場的價格變高」。海豚號的船員陷入了困境，但他們是自作自受。

知道北邊的貴族無法與那位歐洲領袖建立關係後，圖帕伊亞感到精神大振。阿莫仍然對於同盟關係不感興趣，但普莉雅覺得有道理，所以圖帕伊亞立刻派了一支裝滿補給品的船隊前往馬塔維灣。羅伯森在其日誌中記載，七月八日那天，「一支由大船組成的船隊從海灣的西南方出現，紅白藍三色的長幡在船上飄揚著。」那艘大型雙體舟滿載著乘客與補給品。「我還搞不清楚這支船隊的來意為何，」他寫道，但仍不知道自己所看到的，可能是普莉雅與圖帕伊亞及她的隨從們浩浩蕩蕩現身了。

普莉雅的貴族身分讓她得以徵用當地的議政廳（fare hau），那同時亦是一棟艾瑞歐伊劇院、有柱子的莊嚴建築物。接著，在圖帕伊亞的陪同下，她於渡河後輕輕鬆鬆地揮手，要眾人把毛瑟槍撤往一旁。當地貴族覺得膽怯，無法辦到的事，飛揚跋扈的「特·

瓦西內・艾伊羅羅・阿圖阿・伊・阿胡拉伊・伊・法瑞普阿」普莉雅一定辦得到。

然而，等到他們抵達歐洲人的營地後，卻面臨了一個問題。船艦的最高首領是誰？他們該跟哪個人接觸？圖帕伊亞的唯一線索是歐洲人的穿著。顯然他們都穿戴著各種不同外套、背心、馬褲與帽子，應該是象徵著不同的身分地位，這跟大溪地的社會常規一樣。難的是要怎樣判斷穿戴哪一種外套、背心、馬褲與帽子的人地位較高。

經過一番討論後，普莉雅與圖帕伊亞找上了陸戰隊的士官尼可拉斯・蓋拉格（Nicholas Gallagher），普莉雅為他獻上具有儀式性意義的食物與桑樹布料。他們當然會犯這種錯，因為蓋拉格身穿鮮紅色軍禮服，而那顏色剛好象徵著太陽神歐羅的神聖權威。我們也不難理解沒有任何一個當地人發現，那個偶爾會透過海豚號瞭望台的窗戶往外看的可悲小小人物，居然就是船長。接著蓋拉格自己也犯了一個大錯，他不知道普莉雅身穿紅色披風，象徵著她是大溪地貴族，還有她身邊那一個穿著白袍的高大男人也是個大人物。當普莉雅拒絕接受付款時，他只是把食物與布料往船上運送，並未考慮那些東西有何含義。看出普莉雅與其顧問是重要人士的，是約翰・高爾與他一個年輕手下。

三十七歲的約翰・高爾來自美洲殖民地，留著一頭紅髮，大家都知道他性情急躁，言詞犀利，同時也很聰明，早在一七六〇年就已通過了中尉的晉階考試，但仍未獲得派令。海豚號進行第一趟發現之旅時，他就是拜倫（John Byron）船長麾下的一位海軍少尉預官，才三天就被拔擢為領航員助手，等到瓦歷斯進行這第二趟環球之旅時，他還是船上一員。在大溪地他受命指揮木柴隊，負責採集木柴。

第一次遇到群情激憤的島民時，他曾經帶領手下突圍，他心裡知道自己砍了他們的麵包樹，而那正是部族戰爭中入侵者報復的傳統方式之一。高爾以一根七吋的長釘來安撫樹的主人，自此也機智地發展出一種砍樹前先把樹買下來的方式：把長釘釘在樹幹上，等著看看主人是否會把釘子拔掉。如果拔了，那就表示樹賣給他了，便由木柴隊隊員砍樹。

七月十日禮拜五那天早上，高爾看見幾棵也許能砍的老樹，於是帶著他的隊員前往河的北邊。一如往常，他把釘子釘在一棵樹上，一位年老的主人拔下釘子，他們便把樹砍斷。接著麻煩就來了。根據高爾告訴羅伯森的說法，一個看來顯然是當地酋長的人走了過來，驕傲地把鐵釘奪走。樹的主人激烈抗議，但地位畢竟不如對方，老人只能怒氣沖沖地回家。

這時，普莉雅就在圖帕伊亞的陪同下抵達了。幾個目擊這件事的原住民說出這件事，她把樹的主人找來，「他立刻在她面前顫抖了起來，」接著囁嚅地把他的遭遇說出來。根據羅伯森的轉述，普莉雅轉身痛罵那位犯錯的酋長後，「他把釘子還給那位老人，走開時顯得很害怕。」普莉雅在主持公道後，平靜地繼續往下走，與「跟她一起來的那個人」，也就是圖帕伊亞，一起消失在樹林裡。

高爾的手下中有一個十九歲的水手，名叫法蘭西斯．威爾金森（Francis Wilkinson），他心生疑慮，在日記中寫道，那位女士「似乎有相當於女王的權力」。威爾金森的觀察力很強，對數字也很有概念。第一次看見議政廳時，他就曾丈量了一下，發現它有「三百六十七英尺長，三十六英尺寬，二十英尺高。」那不只是一棟「精心設計出來」的宏偉建築，「也是他們國王的住所之一」。因此，照理說，目前住在那裡的普莉雅應該就是女王了。

當高爾、威爾金森與其他木柴隊成員為了用餐而於中午返回船上時，還帶來兩個島民。羅伯森寫道，其中一個「看來像酋長」，因為其同伴（負責幫助法阿的那個年輕人）對他非常尊敬。這個「俊美而體格健壯的」傢伙大概三十歲，顯然很聰明，試著用臉部表情與手勢來表達他對於海豚號的好奇心。羅伯森也很合作地帶著他去參觀那一座從船尾幾乎一路延伸到中間主船桅，形成船尾屋頂的高大艉樓。它的一部分被木頭天篷遮蔽住，是舵手站著掌舵的地方；也有專供船長與軍官使用的後甲板區，四周的大海與下方的露天甲板區在此可說一覽無遺。

羅伯森讓大溪地人看那些高大的網狀索具，看得他們癡迷不已，接著又帶著酋長與其友人到軍官的起居室（羅伯森稱其為砲房）去吃飯，那裡擺著六門大砲，也有砲門。此一起居室位於艉樓下方，它的後面就是主船艙，也就是船長發號施令的地方。起居室儘管因為大砲而顯得有點擁擠凌亂，但卻是個舒適且空氣流通的空間。

大溪地賓客來訪的消息，讓臥病在床的瓦歷斯與克拉克都前來與他們共桌用餐，擺出來的菜色是烤肉與蔬菜，還有派、麵包、布丁與水果。坐下前，酋長拿起椅子，從各個角度端詳它，也仔細觀察了盤子與刀叉。他先看看英國人如何用那些奇怪的刀具來進攻奇怪的食物，就一個一輩子都是用手指頭抓東西吃的人來講，他應付得算是很好了。「不管我們給他什麼，他都會嘗一嘗」，瓦歷斯注意到，但他只吃「番薯、芭蕉與蘋果」，最後還有一種水手們最喜愛的當地特有水果（番橄欖〔spondias cytherea〕）。餐桌上有各種葡萄酒與黑啤酒可喝，但酋長只是聞一聞，嘗一嘗就拒絕了，反倒選擇喝水，不過他覺得喝酒前碰杯的儀式很有趣。

在用玻璃杯喝酒前，紳士們通常會拿口袋裡的手帕擦擦嘴。喜歡惡作劇的羅伯森注意到酋長對此感到很不安，因為他的桑樹布料白袍上沒有手帕，因此嚴肅地把桌巾的一角拿起來給他。那位酋長上了當，拿桌巾起來擦嘴，大副因而被惹惱了，為了此一粗魯的行徑而斥責可憐的大溪地人，把桌布拿起來搖一搖，強調不能那樣做。

儘管因為犯錯而感到尷尬，酋長仍很快恢復常態。他展現出極度幽默的個性，明白地表示他可以弄一個女孩來陪克拉克睡覺，藉此彌補自己無心犯下的粗魯過失，這下惹得克拉克更不高興了。根據羅伯森的說法，此時克拉克大叫一聲：「幹得好啊，強納森！」大副也許是在諷刺酋長，因為當時英文的俚語中「強納森」一詞是指不通人情世故的鄉巴佬，通常用來指稱來自美洲殖民地的人。然而，這卻是盎格魯與大溪地關係的轉捩點：因為第一次有島上的原住民被冠上了綽號。「我們稱這個人為強納森，」瓦歷斯船長在日誌上寫道。根據羅伯．莫里諾的記載，強納森的友人，亦即可能是法阿之子的傢伙，則是被取了一個水手們最喜愛的綽號：傑克。對此海豚號的軍官們感到很滿意，無意試著搞清楚他們的真名為何。

瓦歷斯做了一個實驗：他拿幾個硬幣給強納森看，要他挑一個，酋長只是搖搖頭，因為硬幣在大溪地毫無價值——船長寫道，「給他看了一些銀幣、金幣與銅幣，但他完全不知道那是什麼，覺得鐵器比較有價值。」他們拿了一面鏡子給他，當他開始扯鬍子時，船醫哈金森給了他一支鑷子。強納森立刻知道該怎麼用鑷子，把嘴唇上方的鬍子拔了下來，令羅伯森感到驚奇的是：「他的手法跟我們所有人一樣靈巧。」醫生接著拿出一張英國美女的小畫像，用滑稽的手勢表示，如果他跟著他們回到英國，「他可以找一個美女，永遠要她陪睡。」那位大溪地人對此感到心花怒放，他高興地輕撫畫像，而招待他的眾人則是用高傲的目光看著他，覺得很有趣。

無疑地，這位大溪地訪客也認為他們的行為很好笑。日落時強納森回到了岸邊，許多人前來迎接他，羅伯森聽到他們一邊聽著他描述自己的奇遇，一邊發出轟雷般的笑聲。他們也說到做到。隔天強納森與其友人搭乘一艘獨木舟抵達，兩人都咧開大嘴笑著。他們帶來的禮物是一隻烤豬，還為克拉克帶來兩個年輕女子，讓他很尷尬。

因為強納森說的故事，圖帕伊亞了解到那位英國領袖住在船上，不曾上岸，所以若要與他結盟，就必須上船。他與普莉雅放棄了腦袋不靈光的蓋拉格，轉而找上了負責交易的砲手威廉．哈里遜，在為他獻上桑樹布料、豬隻、家禽之後，讓他知道他們想要登上海豚號。

他們充滿自信的舉止，還有當地人奉承普莉雅的樣子，讓哈里遜對他們印象深刻，因此毫不猶豫地遵從了。他召來一艘小船，把普莉雅、圖帕伊亞與兩位隨從一起載到海豚號旁，從釘在船側的小梯子登船。他們穿過砲房，前往大廳，哈里遜向站哨的陸戰隊隊員表示他們來了，那隊員敲敲主艙的門，進去後喀一聲併攏腳跟，向瓦歷斯船長報告有訪客從岸邊過來了。

當時瓦歷斯坐在桌前，憤怒地估算船上被偷的鐵釘有幾根，還寫下了他要獎賞發現者：「發現有幾個大的繫繩栓被拔掉，到處也都有許多鐵釘被拔掉——找過了，但卻沒有任何發現，因此發出懸賞令，」當天他在日誌裡寫道。這時的他病懨懨的，疲累無比，完全沒準備好要接待當地貴族。但是當他看到普莉雅「極其尊貴的模樣」，惱怒的他反而鬆了一口氣。

薩謬爾·瓦歷斯**亟需**一位大溪地的君王。受到法國的盧梭與伏爾泰，還有美洲殖民地的富蘭克林與哲斐遜等革命思想家的影響，自由主義思想在當時的西歐很盛行；報紙作家與咖啡館裡的辯士們都深信，文明的人類已經脫離了幾百年的蒙昧無知狀態，進入理性、科學與尊重人類的時代——而所謂的人類當然也包括那些在南北美洲與香料群島（Spice Islands），受到英國宿敵西班牙與荷蘭兩國殘酷對待的「印地安人」。瓦歷斯心知肚明：如果他是用槍砲征服了「喬治王島」的「印地安人」，倫敦沒有任何人會讚許他。他大可以辯稱是因為對方背信棄義才被迫使用暴力手段，但他也不安地意識到，若是以征服的手段奪得該島所有權，自己將不會受到任何嘉獎。如果他可以找到某位島上的君主，透過簽訂條約的方式把島**讓與**他，眾人就會讚賞他的奪島行徑，但先前他一直以為當地並無君主，因為國王在獨木舟被轟成兩半時已經死掉了。如今，眼見普莉雅展現出皇家氣度，還有圖帕伊亞言聽計從的神態，他得出了一個臆測而來的結論：國王死後留下一個足以繼位的寡婦，也就是他眼前這個神態傲慢的女人。

此一假設非常合理，但卻大錯特錯。在那場一面倒的悲慘戰役中，普莉雅的丈夫阿莫也許的確扮演了重要角色，因為他的獨木舟帶領著一支從帕帕拉開過來的船隊與當地的船隊會合，但瓦歷斯的推想與事實完全不符。阿莫不但活著，還毫髮無傷，而且他也不是島上的國王：大溪地沒有單一的統治者，而是被分為好幾個區域，每一區都有一個或多個酋長，其中許多人是死對頭。

然而，對於搞不清楚狀況的瓦歷斯而言，普莉雅是原住民君主的完美樣板。她不但尊貴優雅而貌美，身上的衣袍看來也很像羅馬皇帝的寬大袍子。她的披風被染成了貴族專屬的紅色。披風下面是一件叫作「tiputa」的斗篷，用又寬又長的桑樹布料製成，在中間的地方開了一個縱向的缺口，方便她把頭穿過去，讓布料優雅地從她的前胸與後背垂下來。她的腰部繫了一條有羽飾的長腰帶。斗篷下面穿的是一件長及腳踝的紗籠，叫作「pareu」，由白色桑樹布料製成，上面有黃色圖紋，瓦歷斯覺得那就像襯裙。她留著一頭又密又鬈的短髮，也是以一條染色的桑樹布料綁起來，以熱帶的鳥類羽毛與花卉進行裝飾。

眼前的景象實在太過吸睛，也難怪他幾乎沒注意到她的首席顧問——時時在她耳邊竊竊私語、提供意見的圖帕伊亞。他只顧著選擇適當禮物給這位適時出現的皇后而大動腦筋——接著突然靈機一動。他慷慨地要求手下拿出平常用來當作交易貨品的藍色絨面呢布，把布披在普莉雅肩上，在腰際幫她繫上藍色緞帶。

A-1

約瑟夫·班克斯（Joseph Banks）與毛利人（Maori）以物易物，換來了一隻龍蝦。圖帕伊亞（Tupaia）於一七六九年畫的水彩與鉛筆畫。

左邊那一艘獨木舟是大溪地的漁船，船由單一的船殼、舷外撐架（outrigger）與船帆構成。海豚號的薩謬爾．瓦歷斯（Samuel Wallis）船長寫道，「他們的船桅在船的中間，船帆是草蓆材質，船索則是椰子樹樹皮編成的」，還有「他們用船槳控制方向，划船也一樣用船槳，船的上面有兩根圓桿做的舷外撐架，架上裝有板子，每當迎風時，為了平衡船身，至少有一個人會坐在那上面。」

另一艘船是單船殼型的戰鬥用獨木舟，它隸屬於所羅門群島（Solomon）中一個後來被布干維爾命名為「舒瓦瑟爾」（Choiseul）的大島，島名來自於法國知名政治家舒瓦瑟爾公爵（Le Duc de Choiseul）。「這些獨木舟的船頭都刻了一個人頭，」布干維爾寫道，「眼睛是珍珠母做的，耳朵是龜殼，雙唇顏色鮮紅，整個看起來好像戴著一個鬍鬚很長的面具。」

薩摩亞（Samoa）的一大群獨木舟包圍住布干維爾的船隊，令他留下深刻印象，因此薩摩亞群島被他命名為「領航員群島」（Navigators' Islands），對當地原住民的航海技術表示肯定之意。儘管那種船（就像右圖的船）只是他們用來在大海上捕魚的獨木舟，但他認為那些水手顯然有能力橫渡整個太平洋。

A-3

〈布干維爾所見三種不同的太平洋地區獨木舟〉（*Three different Pacific canoes, as observed by Bougainville*），引自路易．德．布干維爾（Louis de Bougainville）所著《環遊世界》（*A Voyage Round the World*...）一書（一七七二年於都柏林出版）。©Courtesy of Princeton University, From Louis de Bougainville, *A Voyage Round the World . ..* (Dublin, 1772)

1 赤道
2 復活島
3 馬克薩斯群島
4 土阿莫土群島
5 皮特凱恩群島
6 努庫希瓦島
7 胡阿希內島
8 大溪地
9 魯魯土島
10 南方群島
11 夏威夷島
12 曼奴希基島
13 波拉波拉島
14 賴阿特阿島
15 拉羅東加島
16 托克勞群島
17 烏波盧島
18 東加島
19 東加塔布島
20 薩瓦伊島
21 薩摩亞群島
22 羅圖馬島
23 斐濟群島
24 紐西蘭
25 馬紹爾群島
26 奮進河
27 植物學灣
28 塔斯曼海
29 日本
30 馬里亞納群島
31 天寧島
32 紐幾內亞
33 澳洲
34 菲律賓
35 帝汶島
36 爪哇

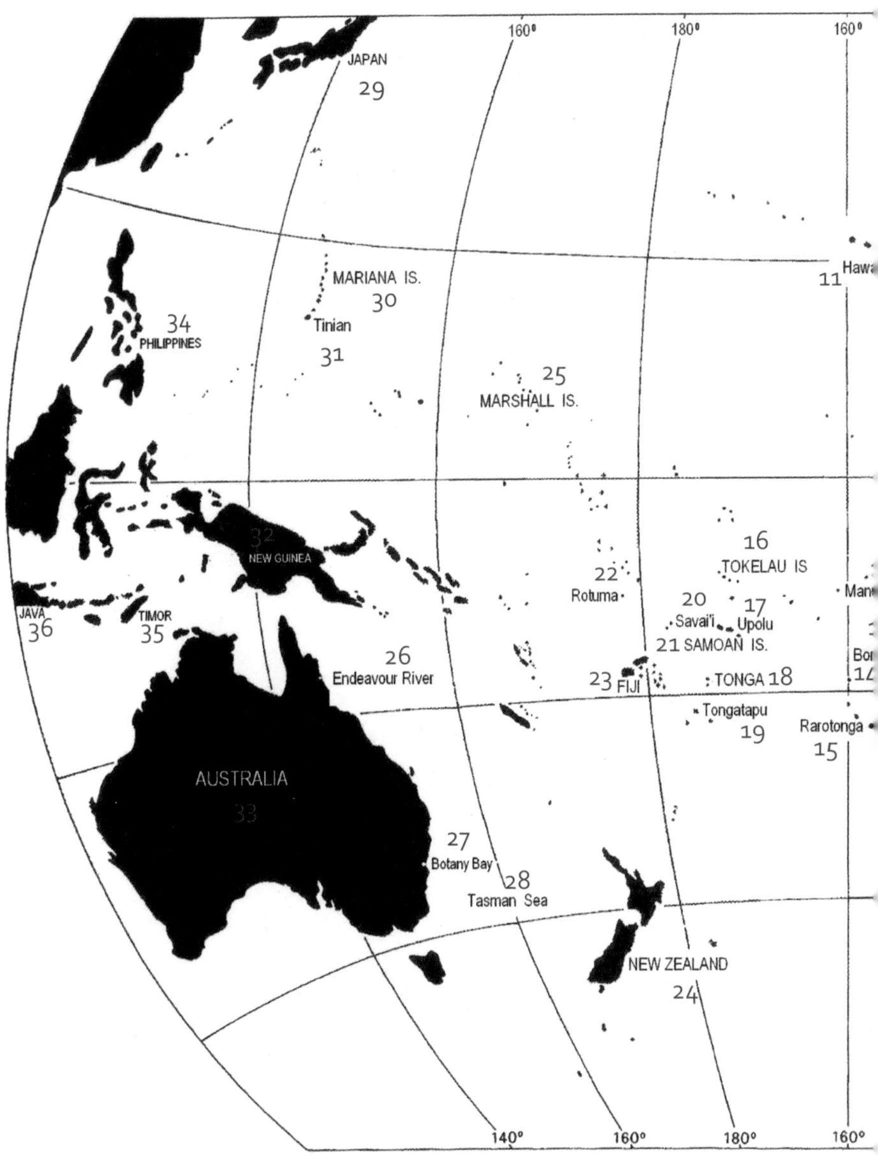


太平洋地區地圖。製圖者：Ron Druett

*collection of the best and most interesting voyages*，一八一二年於倫敦出版），後來由喬治・庫克（George Cooke）以版畫形式重製。

《看見大溪地島，吹東南風，距離一里格》（*The island of Otaheite, bearing SE, distant one league*）（譯註：里格〔league〕是古代的計量單位，等於 5.55600 公里），此畫原來的出處是約翰．平克頓（John Pinkerton）的《最棒最有趣的航程選集》（*A general*

《大溪地，又名喬治王島》（*Otaheite or King Georges Island*）淡墨畫，作者薩謬爾・瓦歷斯，一七六七年的作品。©National Library of Australia, nla.pic-an3099876

A-9

《大溪地島之發現者瓦歷斯船長遭原住民攻擊》（*The natives of Otaheite attacking Captain Wallis, the first discoverer of that island*）水彩畫（作者不詳，但也許是喬治．羅伯森〔George Robertson〕），作品的年份大約為一七六七年。

A-11

薩謬爾．瓦歷斯的肖像。
水彩與鉛筆畫，作者亨利．史特伯（Henry Stubble），作品的年份大約為一七八五年。


**薩謬爾．瓦歷斯（一七二八～一七九五）生於康瓦爾郡（Cornwall）卡默福德鎮旁一個叫朗特格羅的地方（Lanteglos-by-Camelford），是個低階鄉紳之子。他在十六歲時以少尉預官的身分加入海軍，曾參加一七四四到一七四九年之間的英法戰爭。戰爭結束前，他已經被拔擢為安森號（Anson）上的上尉軍官，後來又被調往托貝號（Torbay）擔任海軍上將波斯喀文（Boscawen）的傳令官，而事實證明，這位上將也在後來成為他強而有力的支柱。到了一七五六年，英法之戰再度爆發，瓦歷斯被拔擢為船長，獲得指揮權，剛開始指揮的是一艘單桅帆船，後來換成一艘有二十門大砲的驅逐艦，接著則是有六十門大砲的軍艦奧蘭治王子號（Prince of Orange）。**

**巴黎和約（Peace of Paris）簽訂三年後，瓦歷斯於一七六六年再度被海軍徵召，這次指揮的是海豚號。在海軍准將約翰．拜倫（John Byron，他的兄長就是那位聲名狼藉的拜倫男爵**（譯註：即第五代拜倫男爵威廉．拜倫〔William Byron, 1722-1798〕）**的指揮之下，海豚號才剛剛以兩年時間快速完成環遊世界的壯舉，因此已經很有名。它的狀況仍然非常好，原因之一在於它的船殼包覆著足以抵抗船蛆的銅片，所以船轉身的速度很快。整修後，也換掉了大多數船員（不過有幾個性格堅毅、性喜冒險的人又簽下合同，打算再度環遊世界，約翰．高爾〔John Gore〕就是其中一人），海豚號在瓦歷斯的指揮之下，於一七六六年八月二十二日離開普利茅斯港（Plymouth），陪同的船艦是由菲利浦．卡特瑞特（Philip Carteret）上尉擔任指揮官的海燕號（Swallow）。**

**總重兩百七十八噸的海燕號已經極為老舊，不堪擔負探險任務。海燕號在大西洋上只能以龜速一般的速度前進，受到其拖累，兩艘船一直到十二月十七日才抵達麥哲倫海峽，創下了此段航程最慢的紀錄之一，而且過程也很不愉快。最後他們終於在一七六七年四月十一日開到了太平洋上，接著幾乎立刻就失聯了。海豚號繼續它的「發現」大溪地之旅，而海燕號則是緩緩地繼續環遊世界的航程。能夠推動海燕號繼續往下前進的，幾乎就只有卡特瑞特的過人決心，最後它終於在一七六九年三月二十日抵達斯比黑德海峽**（譯註：Spithead，位於英格蘭的漢普郡〔Hampshire〕，是英國海軍的重要根據地）。

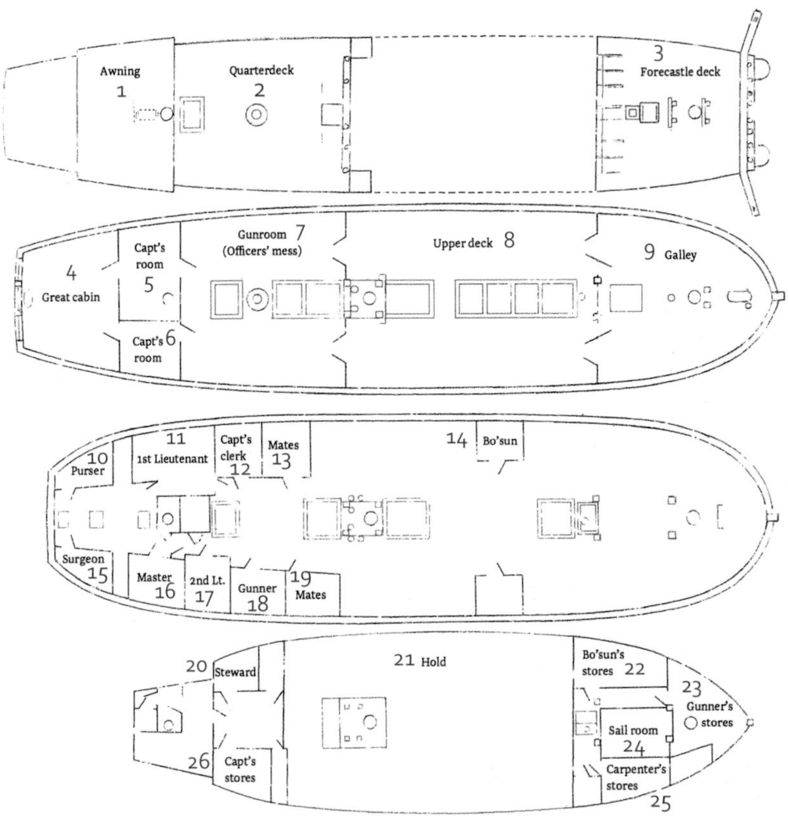


海豚號的分層平面圖。製圖：Ron Druett

| | | |
|---|---|---|
| 1 天篷 | 10 事務長室 | 19 士官室 |
| 2 後甲板 | 11 大副室 | 20 管家室 |
| 3 艏樓甲板 | 12 船長辦事員室 | 21 船艙 |
| 4 主艙 | 13 士官室 | 22 水手長儲藏室 |
| 5 船長室 | 14 水手長室 | 23 砲手儲藏室 |
| 6 船長室 | 15 船醫室 | 24 藏帆室 |
| 7 砲房（軍官的起居室） | 16 領航長 | 25 木匠儲藏室 |
| 8 上層甲板 | 17 二副室 | 26 船長儲藏室 |
| 9 廚房 | 18 砲手 | |

悉尼．帕金森是奮進號的隨船畫家，儘管他並不知道，但是當他從塔哈拉丘（Tahara）頂端的大樹後方素描馬塔維灣（Matavai）的時候，他的視角就是一年又十個月之前阿莫．特瓦希土阿（Amo Tevahitua）與圖帕伊亞兩人仔細端詳海豚號時的視角，素描畫裡面的景象與他們所見到的幾乎一模一樣。

《從「塔哈拉孤樹丘」眺望馬塔維灣的景象》（*The view of Matavai Bay from the summit of Tahara 'One Tree' Hill*）。臨摹悉尼．帕金森（Sydney Parkinson）的素描而於一七六九年四月製作出來的版畫。引自約翰．浩克斯沃斯（John Hawkesworth）的《航程記述》（*An Account of the Voyages...*，一七七三年於倫敦出版）一書第二卷，第二章插畫。©National Library of Australia, nla.pic-an9184893

「迷人的歐普莉雅」（*Obereyan Enchantress*）——普莉雅的浪漫形象。「歐普莉雅女王」這個角色的服裝設定圖，設計者是菲利浦．雅克．路特布赫（Philippe Jacques de Loutherbourg），年代為一七八五年。©National Library of Australia, nla.pic-an2668145

**為了紀念庫克船長的環球之旅，一齣叫作《歐麥伊：環遊世界之旅》（*Omai, A Trip Round the World*）的啞劇於一七八五年十二月上演，非常賣座，在倫敦引起一陣好評。負責特效的專家與服裝設計師是一個有名的景觀畫畫家菲利浦．雅克．路特布赫，他因為營造出創新與刺激的戲劇效果而備受讚賞。眾所皆知的，路特布赫也總是會做仔細的研究，因此這幅「歐普莉雅」（即普莉雅）一角的服裝設定圖儘管過於鮮豔與浪漫，但很可能是根據真正的大溪地服裝設計的，再參考某些場景畫師的詳細素描畫與回憶，其中一人就是約翰．韋伯（John Webber）——他就是庫克船長第三趟（也是最後一趟）探險航程的專屬製圖員。**

瓦歷斯的選擇真是再恰當不過了。他把布披在普莉雅身上，等於是在無意間用一種符合波里尼西亞傳統的方式認可了她的「mana」，也就是權勢地位：他不僅為她獻上布匹，還用布把她包起來，藉此認可了她的神聖力量。同時，他給她的是一種令人感到刺激的新東西。大溪地人只做得出紅、黃與棕色等三色染料，但是這條呢布披風卻是藍的，跟稀有的蝴蝶、鳥類與魚類一樣的顏色。在歐洲人抵達之前，沒有任何大溪地人看過這種與大海和天空顏色相同的布料。

更重要的是，此一贈布行徑好像也傳達出瓦歷斯的奇特想法：他認為普莉雅就是大溪地的女王，因為從那一刻開始，她的一舉一動都剛好跟瓦歷斯心目中的大溪地女王一樣。這當然對於圖帕伊亞是有利的，儘管他還不太懂，但驚人的是，他卻能推論出船長的尊敬態度與強納森上船吃飯後回去說的不同，並非那樣傲慢。普莉雅所具備的優勢是，她天生就有演戲的細胞。一旦圖帕伊亞跟她說過她必須扮演什麼角色後，她就好像是在登台演戲似的。

對於圖帕伊亞而言，想要猜出自己該扮演什麼角色就更容易了：他只要為瓦歷斯提供所需的補給品，做好這種小事就行了。這方面他也是百分百盡責。「當她登陸後，」鬆了一口氣的船長寫道，「她派人送來了夠整船人吃上一天的豬隻——搞得他們那天再也不想吃鮮肉了。」

## 元首互訪

在普莉雅離船之前，許下了一個承諾。根據瓦歷斯的日誌所言，「她注意到先前我都在生病，於是指向岸上」——他認為，這意味著邀請他去拜訪議政廳，一個他以為是其王宮的地方。

陣陣微風開始吹了起來，緊接著大雨來襲，但是他在隔天就依照安排抵達了登陸地點，作陪的有「幾位軍官」，包括克拉克、事務長與船醫哈金森。身穿及膝金邊外套與白色絲質馬褲的英國船長一現身，立刻有一群心花怒放的群眾聚集了起來，但是普莉雅與圖帕伊亞及時抵達，讓瓦歷斯鬆了一口氣，沒因受到太多人包圍而窒息。驕傲的普莉雅把手一揮，眾人才不情願地退開，瓦歷斯與其軍官以及他們身後那一群陸戰隊員都在普莉雅的強壯隨從的協助之下，慢慢渡河，走向議政廳。

抵達議政廳時，已有另一群好奇的民眾等待著。普莉雅停下來發表一段長長的演說，手裡拿著芭蕉葉不斷比畫著。接下來她把許多顯貴一一叫到前頭，要他們跪下來，親吻瓦歷斯的手，而他的軍官則是尷尬地四處閒逛，穿紅外套的陸戰隊員則是在後面穩穩站著，充當保鑣。這是瓦歷斯等待已久的時刻——根據稍後他在倫敦跟大家說的故事，女王就是在此刻正式地把她的島奉獻出來。然而，這只是他順水推舟虛構出來的說法。普莉雅不僅沒有權力出讓大溪地島，歐洲人也根本不知道她說了些什麼。

事實上，所有人一進去之後，就開始搞不清楚彼此在做什麼。瓦歷斯跟法蘭克．威爾金森[1]一樣，對於議政廳之大與其結構之精巧感到入迷，他用腳步量出議政廳的大小是三百二十七英尺長，四十二英尺寬，如他後來所記載的，「每一邊都矗立著三十九根柱子，中間有十四根。」他坐下來畫了一幅縮尺圖，感到迷惑的大溪地人則是有禮貌地在一旁觀看。普莉雅與其四名美麗的女隨從抓住困惑的船長與一干生病的軍官，使勁地脫掉他們的衣服。每個人都獲得了有益健康的按摩服務——而這才是普莉雅邀請他們過來的真正理由。經過半小時的大腿、身體側邊與頸部按摩之後，女隨從又幫他們把衣服穿起來，當然每個人都顯得手腳笨拙，而且也尷尬無比。

船醫把假髮拿下來擦一擦頭上的汗，滑稽的舉動引發眾人注目，整個大溪地議會的代表看得目瞪口呆（如同後來大家在倫敦所說的，如果他是把腿部的義肢卸下來，他們可能會感到更詫異）。震驚過後，根據瓦歷斯的記載，普莉雅「下令把幾細布拿過去，從中取出一些像紙一樣的當地布料」。她親自把布割成一件大溪地斗篷，隆重地把斗篷披在他身上。瓦歷斯不知此舉的含義，本想試著阻止她，但「為了不冒犯她」，終究還是同意了。

就這樣，一趟奇怪的拜訪行程結束了——不過，回到小船的過程又是另一次異國經驗。讓瓦歷斯感到很狼狽的是，每次遇到泥濘地面，女王就會親自把他抱起來，像抱孩子一樣簡單。

五天後的七月十八日，天氣好多了，領航員的助手之一理查·皮克斯吉爾（Richard Pickersgill）與他的朋友蓋拉格士官長一起在樹林間散步。皮克斯吉爾是個年僅十八歲的活潑年輕人，也是個很有天分的船員，繪製美麗的航海圖與海岸線圖是他的嗜好。這個年輕人性喜酒色，除了喜歡跟大夥兒飲酒作樂，對女人的興趣也幾乎一樣濃烈，此外還很會說故事。按照他稍後跟羅伯森所說的，他跟陸戰隊士官長不小心闖進一間很長的宏偉建築，「是島上女王的住處。」

普莉雅坐在「一片很精美的墊子上」，四周圍著一圈人。她做做手勢，要皮克斯吉爾與其友人隨便找地方坐，於是他們就坐下來旁觀。一群僕人拿出「好幾道按照該國方式烹調的肉製菜餚」，每個人都先用裝在椰子殼裡的水洗洗手。坐在離女王最近的那個男人（無疑就是圖帕伊亞）先拿到菜餚，然後是其他人，位階越低的人越晚拿到。上完菜之後，兩個年輕女孩又拿出幾道菜，擺在普莉雅身前，然後分別蹲坐在她的兩旁。讓皮克斯吉爾感到驚訝的是，她們開始餵她吃東西，輪流把上好的食物塞進她嘴裡。整個過程顯得乾淨利落，因為兩位隨從每餵完一次就會洗手，而她自己則是完全不碰食物。

更令他感到困惑的是，儘管一起用餐的人也都用自己的手指吃飯，但吃飯的都是男人。女王吃完後，兩位女僕才把她們自己的食物拿到旁邊去，而此一動作就好像信號似的，所有女人這才開始吃飯。儘管皮克斯吉爾估計當場有五百多人，但大家都不發一語。天性很愛講話的原住民全都安靜地等著吃，然後專心地猛吃飯，不發一語，看來很詭異。普莉雅做做手勢，要皮克斯吉爾與蓋拉格自己動手，但緊張的兩人意識到那是歐洲人無法理解的習俗與儀式，為了不犯錯，他們只是從樹上摘水果來吃。

一直等到進餐完畢，洗了手之後，一切才回歸常軌。人聲又開始嘈雜了起來，普莉雅站起來，把衣袍撥一撥，用命令般的手勢要求他們帶她上海豚號。儘管瓦歷斯船長病到無法見客，皮克斯吉爾與蓋拉格壓根兒沒想到要拒絕女王。船上負責指揮的是羅伯森，他則完全沒問題，可以招待普莉雅、圖帕伊亞與其餘的朝臣，所以他們帶著大溪地的貴族到岸邊，召來一艘小船，把他們送上海豚號。

喬治・羅伯森很高興看到知名的女王。愉悅的他領著大家走進砲房，派人送食物過去，普莉雅本人拒絕了，但她身邊的男人們儘管才剛用完餐，還是好好吃了一頓。像強納森一樣，他們也拒喝蘭姆酒和白蘭地，寧願喝水，但看起來還挺喜歡馬德拉葡萄酒（Madeira）。他們也設法表示，對於那些奇怪食物的烹調方式很好奇，所以在菜餚都吃完後，羅伯森與皮克斯吉爾帶著大溪地人前往廚房，它位於主桅的底部，艄樓甲板的下方。

他們一進去就聞到陣陣美妙的香氣，因為廚房裡正在烤一豬兩雞。這讓大溪地人感到很好奇，因為他們都是用葉片把肉包起來，放進土窯裡蒸熟。其中一人試著用手轉動鐵叉，其他人則檢視那兩座大銅鍋，所幸他們才剛剛把鍋子刷到亮晶晶。有人想要弄點銅片下來，但被羅伯森阻止了，他帶著大家前往後甲板，讓他們看看欄舍裡的家禽。他還向他們介紹索具的特點，「而這正是讓他們最感訝異的地方。」

「在我看來，他們全都是聰明而理智的人，而且對自己所見的一切都很好奇，但好奇心最強的莫過於女王，」羅伯森在其日誌中繼續寫道，接著把普莉雅描繪成「一個身形美妙的強壯女性，大約五呎十吋高，是我見過最強壯的女性」。儘管並未穿鞋或戴帽，但她的衣著華麗，羅伯森說她的袍子「是紅色喪服，因為她丈夫已經在那艘大型雙殼船上下令進攻後遇害了。」儘管把紅衣袍當喪服是個很奇怪的結論，但並未讓他感到意外的是，應該是寡婦的她「在船上時一直都興高采烈，心情很好」。他接著寫道，「她的隨從則都是身穿白衣。」

到太陽西下時，瓦歷斯船長下令，要用駁船把女王與其隨員送上岸。因為他覺得身體好一點了，於是決定自己也去一趟，而且當晚天氣不錯，他們還在潟湖裡划了一會兒船。當他們終於抵達時，普莉雅趁機向當地人表示，那艘船上的「最高酋長」是她的好朋友。就像瓦歷斯在日誌裡面寫的，「她向人民慷慨陳詞，擁抱我與其他軍官，與我們握手，然後手指著船艦。」羅伯森表示，在她講話時，「沒有半個人出聲低語。」

兩天後，根據羅伯森的回憶，女王與她「主要的隨員之一」（肯定就是圖帕伊亞）又去拜訪海豚號。他們在晨間八點抵達，被帶往瓦歷斯船長的主艙，船長已經又好了一點，還命人送上早餐。

食物送來時，圖帕伊亞站起來朗誦禱辭。他講了一長串話，然後走進一個瞭望台，從窗戶往外眺望，對著太陽說話。他的祈禱以一個儀式性的獻祭動作結束：坐在桌前，用長長的指甲挖起一些奶油，用傳統的手勢把奶油往下甩。大副克拉克一直不耐煩地等待著，他覺得奶油被弄髒了，於是把盤子拿走，命令船長的僕人再拿一盤乾淨的過來，此一舉動對於圖帕伊亞實為奇恥大辱，因此他挺直坐著，不再出聲，也拒絕吃飯。

為了安撫覺得被汙辱的普莉雅，羅伯森帶她去看看軍官的住所，讓她可以把任何喜歡的東西帶走當作禮物，包括一件皺巴巴的漂亮襯衫。他幫她穿上襯衫，從頭上套下去，教她把雙臂穿進袖子裡，據其自吹自擂地說，此一親密動作已「擄獲她的芳心」。當他帶她回主艙時，根據這位領航員回到倫敦後所回憶的，她隆重地走向瓦歷斯，「抬頭看他的樣子像是把他當成國王」，請求他「簽訂一和約，藉此敉平她的子民與我們之間的所有歧異」。這當然不可能是真的，因為她不僅無法說英文，身為大溪地人，她也沒有書寫的概念，更別說是知道簽約這種行為的法律意義了。但為何終究沒有簽約？羅伯森提出的藉口是瓦歷斯寫字那一隻手無法動彈，因此才沒有那份文件。海豚號的船員虛構出一個英國已經擁有大溪地的神話，他的故事只是其中一部分，而其目的是為了迎合老家的聽眾。

更吸引人的一種說法是，羅伯森宣稱，普莉雅決定查看他身上肌肉的刺青。這位領航員對自己的身材感到自豪，樂於把腿部與手臂裸露出來，稍後他露出毛茸茸的胸部時，普莉雅還感到很訝異。她對他的大塊肌肉印象深刻，要圖帕伊亞過去摸摸看，羅伯森說，「我允許了他，他似乎也跟她一樣感到訝異。」兩位大溪地人討論了一下，接著普莉雅轉身面對羅伯森，用雙臂圍住他，試著把他抱起來。他穩穩地站著，阻止了她，他接著寫道，所以她的顧問「做做手勢，要我把她抱起來」，他也照做了，輕輕鬆鬆地抱著她在艙裡到處走動，讓她高興極了。他沾沾自喜地繼續說道：「這裡的女士就是用這種方式來考驗男人，然後才允許他們作為自己的戀人。」

瓦歷斯的身體還是不太好，所以他命令羅伯森以駁船護送普莉雅與其同伴回她家，「但別多做逗留，因為他與大副的身體狀況都不太好。」登陸地點還是跟往常一樣有群眾在等待著，普莉雅把羅伯森介紹給當地的顯貴，教他們如何與他握手：「接著我們挽著彼此的手，往皇宮出發，顯貴們都跟在身後。」到了議政廳，又有另一群人在等待著。幾個人發表演說，食物煮好後，宴席隨時可以開始。一位年長的女性貴族在眾人慫恿下摸了羅伯森的肌肉，用長長的指甲去探索他毛茸茸的胸膛。「喔！喔！喔！」她大叫三聲，眼界大開。普莉雅又親自割了一件斗篷，幫羅伯森穿上，並且紮上腰帶，發表簡短的演說，送給他十六公尺長的桑樹布料。

羅伯森想起了船長的囑咐，推辭了留下來用餐。此一無意的失禮行為讓那個老婦人覺得非常驚駭，因此她用「極其簡明的手勢」表示，如果他能留下來，當晚普莉雅應該陪他睡覺。兩個女人相視而笑，很有默契，但羅伯森拒絕了，只是他這看來非常紳士的假象稍後也破功了：在前往海灘的路上，他居然跟一個特別漂亮的少女調情。普莉雅顯然很生氣，她把他拉走，堅持要看著他上船。

七月二十二日禮拜三，瓦歷斯在他的日誌上這樣寫道：「這天，女王又上船來了，堅持要他去她家。」他實在很不喜歡這樣被打擾，因為他的船員爆發了糾紛。

前一晚，羅伯森站在艄樓的甲板上，下方在廚房裡的人正等著拿晚餐來吃，他無意間聽見他們指責六個水手打壞了性交易的行情，因為他們提供給女孩們的釘子比較大根。那六個人激動地為自己辯護，宣稱釘子比較大，他們獲得的服務也比較多，動口之餘一干人等又動起手來。羅伯森跳下去制止他們，但是在詢問幾位軍官之後，他發現六人中的一人，一個叫作法蘭西斯·皮克尼（Francis Pickney）的倒楣傢伙犯了罪：他為了偷竊固定用的鐵釘而偷拔了一個木製的繫繩栓，因此他得在船上各處接受三次夾道鞭笞之刑，以儆效尤。

隔天中午，羅伯森下令船員排成兩列，彼此面對面，手裡拿著蕁麻繩（一種用來製造船帆的細繩）。他命令皮克尼從中間急奔過去，兩旁的人只是用繩子輕輕抽他的背部。這位領航員很快就看出，他們之所以對他「手下留情」，是因為皮克尼堅拒供出其他人。羅伯森在他身上猛抽了兩下，逼出了幾個名字，接下來他在別處受刑時，大家下手就比較重了。

然而，偷鐵釘的問題顯然變得更嚴重了，所以身為一位頭腦清醒而通情達理的船長，薩謬爾·瓦歷斯堅決決定，是時候該揚帆離開這個過於熱情的島嶼了。儘管如此，當普莉雅上船要求他再度造訪時，他還是以禮相待，凝神傾聽，而且也同意了。跟之前一樣，他與一群軍官跟她一起抵達河岸，這次帶著「大量好禮，包括許多短柄小斧、鉤狀鐮刀、刀子、鈕扣、針線與剪刀——還有一件襯衫、一塊寬布與其他許多東西」。普莉雅再次命人幫他們渡河，也一樣「讓生病的兩位副官與一位事務長坐下來，召來一群隨從，要他們幫我們搓揉小腿、大腿、身體側邊與頸部，持續了半小時」。

接下來發生了一件他們未曾遭遇的嚴肅事件。普莉雅做做手勢，要他們坐好，然後把他們的三角帽都拿下來進行聖化的儀式，在往上翻的帽緣插上神聖的羽毛。接著她在他們的頭上都綁上一條用人髮製作的精美細繩——這是一個充滿力量的儀式，她做做手勢，表示「那是她自己的頭髮，編的細繩」。他們把自己的頭部稱為「tapu」[2]，是靈魂的所在之處，但因為男女首長與神明關係密切，所以他們的頭部被波里尼西亞地區的人民視為最嚴重與可怕的禁忌。無疑的，普莉雅的舉動帶著佔有的意涵：她用自己神聖的頭髮把幾位歐洲人與大溪地和她自己綑綁起來。

她的舉動還不只如此，在他們抵達登陸地點後，她召來一些僕人，他們抬著「一隻大豬公與一隻懷著小豬的母豬」——象徵具成果的夥伴關係。之前她已經把他們坐過的、帶有精美圖紋的墊子送給他們，那是跟桑樹布料一樣具有重大意義的禮物。當東西擺到小船上時，圖帕伊亞一定認為儀式完成了（這一切當然都是他籌劃的），雙方已建立起結盟的外交關係。

結果瓦歷斯船長毀了這一切。

他用堅決的語氣表示，他們在四天內就要啟程了。普莉雅嚇了一跳，她也做做手勢，敦請他前往自己統治的地區帕帕拉。根據瓦歷斯在日誌裡的記載，她「指著該國，表示她將要去那裡，做做手勢，要我們去待個二十或十五天，但就在我表示我們只會再待四天時，她就坐下來大哭了」。

跌坐地上大哭只是一種要讓他改變心意的誇張表達方式，但普莉雅是真心感到難過。在圖帕伊亞的建議之下，她已經在這「協約關係」上投注了大量政治資本，因此瓦歷斯正式造訪她統治的地區一事，真的很重要。儘管阿莫見到英國船艦側邊的大砲出現在帕帕拉外海，可能會感到驚駭莫名，但這同時也能夠讓他們的敵手印象深刻與害怕。然而，薩謬爾．瓦歷斯不理會她的哭鬧。手下的性需求都已滿足了，也越來越好鬥，該是啟程走人的時候了。就這樣，儘管他在日誌裡表示，他因為充滿罪惡感而送了她「兩隻火雞、兩隻鵝、三隻幾內亞母雞，還有一隻懷孕的母貓」，以及各種各樣像是瓶子、緞帶、剪刀與種子等有用的東西，但他還是堅拒逗留。

一直要到後來他才了解到，不管是對於普莉雅與阿莫，或者對於圖帕伊亞而言，都在政治上造成了極其嚴重的後果。

天氣開始變得風大雨大，但大家還是著手準備啟程。他們把船錨一個個升起，最後只剩一個在水裡，船的上桅與帆桁（兩者是船上索具中最輕的部分，每當船拋錨停泊時都會被拿起來存放）又矗立了起來。船上運來了許許多多公豬、豬仔與母雞，聽起來與聞起來都讓人有置身穀倉旁邊的感覺。倉儲區閒置的櫃子裝滿了大家準備好的乾草，還有其他飼料。

一直到七月二十五日這天，當一切都還在進行中，瓦歷斯才想起了海軍部的長官曾交代，「必須要取得南半球那些陸地或島嶼的完整資訊」——特別注意當地是否有什麼未來能讓英國致富的東西，例如鐵礦或香料。他召來約翰．高爾，派他帶著一支四十人的水手部隊出發，由法阿帶領，在夜幕降臨前盡可能深入內地，然後於隔天返回。羅伯森於後來回憶道：「這是我們第一次，也是最後一次試著探掘該國內陸。」

羅伯森還忙著另一個計畫。事務長約翰．哈里遜（John Harrison，與砲手沒有親戚關係）是個喜好天文學的才智之士，他推算出大溪地島的經度，精確度極其驚人，如同瓦歷斯船長坦承的，「他是利用我們都不了解的馬斯基林原理，以太陽與月亮之間的距離來計算」（船上其他人都不懂這種原理）。哈里遜之所以能算得出來，是因為他手上有一份皇家天文學家內維爾．馬斯基林（Nevil Maskelyne）博士所發表的曆書，上面記載著一些重要星體每天的位置。

前一天晚上羅伯森在翻閱那一本曆書時，發現隔天會有日蝕現象，於是他請求瓦歷斯船長允許他登岸觀察。獲准後，羅伯森在破曉之際與約翰．哈里遜一起，帶著裝有黑色透鏡的望遠鏡出發，由少尉預官平諾克協助他們。就在他們的觀察活動剛剛結束，正要進行計算之際，普莉雅與「她手下的要人之一」（顯然就是圖帕伊亞）過來看看他們在做什麼。羅伯森把望遠鏡拿給他們看，他們倆都看看太陽。兩人詫異不已的模樣讓這位領航員感到很有趣，所以他把黑色透鏡拿下來，針對海灣的各個部分重新對焦，讓那兩個大溪地人看著放大後的景觀而驚嘆不已。接著圖帕伊亞要求再看一次太陽。此刻羅伯森喜愛惡作劇的個性戰勝了他的好心腸與理性，故意不把黑色透鏡裝回去，就對準著大太陽，要圖帕伊亞過去看看，「那可憐的傢伙幾乎瞎掉。」更讓圖帕伊亞感到困惑的是，羅伯森自己也看一看太陽（他先偷偷把透鏡裝上），「然後看著他的臉，好像對他為何不能看到太陽感到納悶，而裝出訝異的表情。」

隔天下午，高爾與其部隊並未回來，所以普莉雅與其隨從受邀登上海豚號。瓦歷斯此舉別有居心，因為他在日誌裡寫道：「我認為，若能把她與幾位顯貴扣留住，必定能確保那些人安全無虞。」實際上，普莉雅、圖帕伊亞與幾位人數不詳的顯貴等於是變相的人質，直到高爾安全回來才獲釋。

另一個更難以明講的理由是，某些軍官懷疑普莉雅之所以一定要他們留下來，是為了攻擊與攫取船艦。羅伯森很生氣，他告誡大家：「不知為何我的同伴會有此一苛刻的臆測。」但瓦歷斯與其軍官覺得懷疑有理，因為原住民都很焦躁。

法蘭克．威爾金森是第一個注意到的：「懷疑我們要離開的印地安人」群聚在海灘與可以眺望海邊的山丘上，對於有可能失去閒談話題與鐵器的重要來源，他們越來越憤怒。根據威爾金森的同伴喬治．平諾克之說法，砲手哈里遜「跟大家說，那些原住民人數越來越多，而且開始變得難以控制，愛惹麻煩」。瓦歷斯船長立即命令把進行交易活動的帳篷拆掉，與手下回到船上。他們一上船，那位砲手馬上接獲另一道命令：把大砲裝好彈藥，做好準備，以防不時之需。因此，瓦歷斯以惜別餐會的藉口邀請普莉雅與其酋長們上船，其實是一道額外的保全措施。

儘管接下來的發展讓我們可以確定，圖帕伊亞馬上就發現他們變成了人質，但普莉雅究竟知不知道，是有疑義的。就在同行的酋長們「開懷用餐」（不過並未喝葡萄酒或其他烈酒）的同時，她還是盡力勸說瓦歷斯能夠多待十天。一聽到他堅持拒絕，她馬上撲倒在一個置物箱上哭泣，五顏六色的袍子在地板上優雅地拖動著。

可以了解的是，薩謬爾．瓦歷斯覺得既為難又尷尬。最後，在情急之下，他誠摯地承諾自己會快去快回（這純粹是扯謊），才終於止住她的淚水。到了晚間大概五點，高爾與其部隊終於出現在沙灘上，讓他鬆了一口氣，這才把普莉雅與其他人質送回岸上。不過，高爾的探勘之旅實在不值得他這樣大費周章。高爾只帶回少量的薑與薑黃，還有一些裡面可能含有某種礦物的黑色岩石，但除此之外沒什麼好報告的，值得一提的，只有當他們溯河而上，發現能夠接近的土地上有很多人口，而且有很多田地，到了山麓的小山丘之後，就很難繼續深入了。

隔天早上，羅伯森在他的日誌裡面寫道：高爾「在海灘上發現了那位親愛的女士」。她與隨從前一晚都睡在那裡——羅伯森說，因為他們「生怕我們不告而別」，也因此她才有辦法幫海豚號最後一次忙。威爾金森受命帶著一群水手去裝運最後幾桶水，但卻不敢登陸，因為海灘上的人實在太多了。普莉雅看出他的窘境，便把群眾支開，要他們退回對面河岸。當威爾金森正要離開時，她試著用幾隻大豬賄賂他帶她上船，但上頭吩咐他不能帶任何島民回船上，所以他只能搖搖頭，划船離去。

因此，普莉雅與圖帕伊亞和其他幾個人只好登上一艘大型獨木舟。出海後，他們剛好聽見軍官們大呼小叫，一群人受命操作絞盤，結實的拳頭轉動著絞盤上的橫杠，船錨的鍊子一拉直，便鬆開了船身，船錨又持續往上升到最高處，直到幾乎越過了吃水線。又有人大叫了起來，在大溪地好好休養了五週的水手們爬上帆索，沿著帆桁往兩側走出去，解開船帆。大片船帆掉下去後發出啪啪聲響，在風裡飄揚了起來。海豚號開始往前划，其餘鐵鍊也被拉著一起移動，船錨往上晃動，突然傳來一陣海藻與鹹水的味道，大溪地島的黑色沙子紛紛往下滴落。

「女王跟她的許多隨從乘著大型雙體舟跟在一旁，」羅伯森寫道。水手與軍官從砲門把身子伸出去，丟下許多禮物，「但那親愛的女士幾乎沒有注意到，只顧著一直哭泣。」風勢不強，海豚號被迫放下三艘小船，由它們拖著母船穿過礁岩的缺口。這時海風終於吹了起來。他們把小船拉上去，帆桁挺直著，朝大海揚帆而去。

船帆鬆掉後劈啪作響，接著又膨脹開來，突然拉緊。一陣洶湧波濤把船打得往上衝，然後又掉下來，好像為了道別而行了一次屈膝禮，海豚號真的啟程了。

這一天是一七六七年的七月二十六日。

譯註：

1 即法蘭西斯．威爾金森。

2 英文中「taboo」一詞，意指「禁忌」，即源自於此。

# 6 血洗帕帕拉

Pa'ipa'i i te rima ia huha
A fava ei pua'a tote!
Auaa i ape au nei i te rao!

手拍大腿
像憤怒的公豬頭往前衝！
蒼蠅不會讓我退卻！

——大溪地戰歌

一七六八年四月初，距離海豚號離開後八個月多一點，從沙漏狀大溪地島比較大那半邊的東海岸往海上眺望，可以看見兩艘歐洲船艦出現。我們不太需要懷疑當時大溪地人是否以為那是瓦歷斯船長依約回去了，這次還帶了另一艘船。他們不但跟海豚號從同一個地方現身，兩艘的船型也與海豚號很像，同樣都有三根帆桅矗立著，船帆也是方形，船的兩側也一樣有被一個個砲門隔開的淡黃色條紋。因此，有一位名叫阿胡托魯（Ahutoru）的年輕酋長立刻登上一艘雙體獨木舟出海，熱烈地揮動著芭蕉嫩枝。

他對著比較小的那艘船高聲呼叫，因為在他的記憶中，它的大小與海豚號比較接近。他叫道：「Taio!（朋友！）」有位水手丟繩子給他。年輕酋長抓住繩子，用力一拉，巨大的獨木舟立刻往船邊靠近，展現出令人印象深刻的力量。他把手掌撐在鍊板上，跳進一條條鍊子之間，越過舷牆，落在甲板上。他做做手勢，要獨木舟裡的幾個人先離開，自己走向最高的那位軍官，以為他就是船上的最高領袖，因為他看起來吃得最好，因此把芭蕉嫩枝交給了他。

軍官回覆的語言是大溪地人都不曾聽過的，也許就是在此刻，阿胡托魯才意識到這也許不是他以為的那一艘「不列顛船」。他愉悅地登上的船艦是一艘叫作「星星號」（L'Étoile）的補給船，它與另一艘法國船艦正在進行一趟發現之旅，也是歷史上第一次在太平洋上進行的科學探查活動。那位軍官只是一名二副，他把犯下社交大錯的阿胡托魯介紹給星星號真正的船長，方斯華・薛納赫・德拉・吉侯戴（François Chenard de la Giraudais）。另一艘船是名為「慍怒號」（La Boudeuse）的驅逐艦，船長為尼可拉・皮耶・杜克洛—居憂（Nicolas Pierre Duclos-Guyot），而這次行動的總指揮官則是三十九歲的陸軍老兵路易・德・布干維爾（Louis de Bougainville）。

所幸，阿胡托魯跟強納森一樣有活潑而沉著的個性，弄錯並未讓他感到尷尬，儘管他在看到毛瑟槍與大砲之後的確臉色變白，大叫「砰砰」。他已經準備好要用桑樹布料衣服交換歐洲服飾，在鏡中看見自己的影像也不感到訝異。到了用餐時，他屈身走到下層甲板去與水手們喝湯，與軍官一起坐在桌前，使用刀叉吃晚餐時，也一樣很自在。跟強納森一樣，他會先聞一聞，嘗嘗每道菜，而且也寧願喝水，不喝葡萄酒。參觀船艦時，他展現出喬治·羅伯森應該可以了解的濃厚興趣。唯一讓他感到訝異的是，船上居然沒有女性，表示當初曾上過海豚號的大溪地女孩，也許比瓦歷斯船長所猜想的還多。

然而，當阿胡托魯看見植物學家菲利貝赫·龔梅松（Philibert Commerson）的僕從時，卻一邊比手畫腳，一邊高聲大叫：「Vahine!（女人！）」此時法國水手才意識到龔梅松先生的僕從尚·巴黑（Jean Baret）先生根本就是個女人。原本就常有人說那位僕從看來非常女性化，「他」不曾刮鬍子，也不曾脫下襯衫，或者公開小便，而且還睡在他老闆的船艙地板上。然而，一直要等到阿胡托魯大叫一聲：「女人！」他們才發現此一驚人的真相（阿胡托魯跟所有大溪地人一樣，不是靠穿著來斷定男女，而是靠姿態與身形）。

著迷的阿胡托魯盡全力誘惑那位女孩。岸上的大溪地男人也因為有可能和歐洲女人性交，而覺得既新鮮又陶醉。布干維爾在東岸的希提艾阿村（Hitia'a）發現了一個可以下錨的潟湖，它既美麗又「可憎」，因為布滿礁岩，泊船後珍妮（Jeanne）·巴黑與龔梅松隨即進入內陸，展開植物學研究行程，但這次純真的科學之旅，卻因為被一群好奇又愛玩的年輕人阻撓，而於不久後告終。也許只是開玩笑，又也許是出於好奇心，那些島民希望這位白人女孩能夠跟大溪地女孩眷顧水手們一樣，也能垂青他們。龔梅松於情急之下高聲呼叫，才勞動一隊陸戰隊隊員出面拯救她。

除此之外，大溪地人都很友善而合作。儘管布干維爾並未猜到有另一個歐洲國家已經捷足先登，「發現」了大溪地島，但是海豚號事先到訪卻給他帶來很大的好處。大溪地人已經領教過槍砲的威力，希提艾阿的村民也決心盡可能避免暴力事件發生。當地酋長雷提（Reti）因為曾聽說過歐洲人的貪婪無止境，所以他試著限制那兩艘船可以靠岸的時間，但在此同時，也有很多人拿出食物來與他們交易。女性也一樣大方。大溪地西北部，在靠近馬塔維灣的鄉間地區，被悶死的歐洲混血兒難以勝數，但那裡還是有很多女孩願意獻身。

法國人跟羅伯森手下那個「親愛的愛爾蘭男孩」面臨一樣的問題。也許是因為與海豚號的船員相處，讓大溪地人了解到，歐洲人比較喜歡在做愛時能保持隱私，但讓他們最覺興味盎然的事情，莫過於看見那些熱情的水手發現自己必須在一群好奇的旁觀者面前做那件事時，露出驚恐的表情。一個漂亮女孩把布干維爾的廚師拐進灌木叢裡，接著他被一群好奇的人脫光衣服，仔細檢查一番。滿足過好奇心之後，他們要他接著做那件事給大家看。他像洩氣的皮球一樣逃回船上，手裡還抓著馬褲，再也不敢上岸了。

船上的貴族乘客拿索王子（Prince of Nassau）是比較勇於公然行房者之一。被困在雨中的他找到一間可以躲雨的屋子，屋裡有六個漂亮的少女幫他脫衣，引誘他，與此同時一群人在旁圍觀，還有個音樂家用鼻笛奏樂。有人表示要提供三個女孩給布干維爾。當堅持紳士氣度的他拒絕之時，他在船艙裡的消色差透鏡卻被偷走了。

大溪地人過去被瓦歷斯船長用槍砲壓制下來的「偷竊」習慣，又故態復萌了。第一個不見的東西是拿索王子用來打鳥，讓雷提酋長嚇一跳的手槍。雷提很快就把手槍還了回來，因為他是個稍加威脅就會屈服的膽小鬼，但是在布干維爾的透鏡之後消失的，還有一本天文觀察手冊，以及其他小裝飾品與貴重物品。讓布干維爾感到納悶的是，大溪地人並不會偷竊彼此的東西。但他並不了解大溪地的年輕男性深具冒險性格，而且喜歡具有挑戰性的事——就是這種精神讓他們勇於征服大海。他們通常都是在檢視一遍之後，就立刻把偷來的東西還回去。他們在乎的是偷竊時所展現出的膽量。

隨著竊盜行為越來越猖獗，制止的手段也越趨殘忍，這意味著布干維爾的第一個正式訪客選擇在四月十日早上去拜訪他，實在是很不恰當的時機。那位訪客叫圖塔哈（Tutaha），快要六十歲的他長得很高，肌肉發達，是帕雷阿魯埃地區（Pare Arue，緊鄰馬塔維灣，位於它的西邊）的攝政王，因為當時他的姪孫圖（Tu）年紀尚輕。他希望能幫自己與姪孫幹一番大事，如果他的計畫成功，他就可以完成統治整個大溪地的大業。阿莫的妻子普莉雅就是他的對手，她曾搶先一步，與瓦歷斯船長建立起盟友關係，但這次他打定主意，一定要在她之前就與這些新來的歐洲人搭上線。

圖塔哈以一般的儀式開場，為布干維爾獻上豬隻、家禽、水果與桑樹布料。在互報姓名，以示友善之意後，他提議自己可以從比較年輕、長相姣好的妻子裡面挑一個出來，為布干維爾侍寢。然而，就在雙方相談甚歡之際，不幸的消息傳來了：有個法國人開槍打死了一個希提艾阿村的村民，會談因而中斷。

沒有任何一個水手承認是自己幹的，也沒有人出來指認兇手。接下來，暴力事件越來越多。有個島民拿一隻豬出來交易，卻被打了一頓，就在他的一大群鄰居圍過來抗議之時，驚惶失措的陸戰隊隊員還用刺刀傷人。村民們紛紛帶著自己的財物逃走，交易活動也隨之衰退。在此同時，布干維爾發現他選擇的下錨地點實在糟糕透頂，因為兩艘船常常差一點撞上礁岩，船錨的纜線也會磨斷。其中一條是被人故意割斷的。他覺得該是離開的時候了。

依照禮俗，雷提酋長流了一點淚，最後也慷慨地送他們很多牲口與水果，但無疑的他感到很高興，因為他的子民不斷質問：「朋友，朋友，為什麼他們要殺我們？」沒有人記載圖塔哈的反應。他登上慍怒號，為布干維爾獻上一些豬隻後才離去，但他一定很懊惱自己大好的政治策略無法實現。無疑的，先前他甚至還希望能夠有機會看看那些歐洲槍枝，如果可能的話，最好也能獲得幾把。

奇怪的是，儘管發生了衝突與殺戮事件，阿胡托魯還是決定與那些暴力的陌生人一起搭船離開，去見識一下法國與法國女人長什麼樣子。一位叫作夏爾．菲利克斯．皮耶．費許（Charles Félix Pierre Fesche）的志願役軍官認為此舉非常不妥，他寫道：「我深信，這個可憐的傢伙會永遠為自己的愚蠢行徑感到後悔，因為我認為他不可能返鄉了。」布干維爾則顯然沒有此等疑慮。他幫他的新乘客取了一個法國名字：路易．德．席戴赫（Louis de Cythère）——因為他在宣布法國對於大溪地的所有權時，就是把它命名為「新席戴赫島」（New Cythera）。在大溪地待了僅僅九天後，他就把那名年輕人帶上船，載著他一起往西太平洋揚帆而去。

也許，就像羅伯森一樣，布干維爾也認為，船上若有一位聰明的波里尼西亞人，對他是有利的。海豚號的領航員羅伯森在他的最後一筆日誌寫道，如果那個綽號強納森的年輕酋長能夠跟他們一起回到英國：「我敢說，他一定能夠立刻就學會英文，成為一個講理的聰明人，當然也就能夠更詳盡地說明他自己的與鄰近的國家，增進我們的了解。」然而，強納森的選擇是拒絕跟隨他們。七月十三日，當瓦歷斯第一次造訪普莉雅的住處時，強納森已經帶著他的朋友一起三度登上海豚號，儘管船員們都未能預知，但那卻是雙方最後一次見面了。

當時佛諾留在船上負責指揮，他與他們一起坐在餐桌前，而他突發奇想，與羅伯森從他們的衣物箱裡胡亂挑幾件衣服出來，就像法蘭克．威爾金森說的，「把那位年輕酋長與另一個人打扮成歐洲人的樣子」。兩個大溪地人對於身上的馬褲感到很困惑，因為他們不曾穿過褲子，但是穿上歐洲衣褲後，他們在甲板上神氣地閒逛了起來，就跟後來身穿相似衣物，在星星號的甲板上閒逛的阿胡托魯一樣，被載上岸之後，他們倆還做做手勢，要朋友們載他們渡河，因為不想把新衣服弄髒弄濕。

然後，強納森就這樣消失在樹林裡……永遠消失了。「這個開朗的年輕人後來的遭遇如何，我們無從得知，」羅伯森寫道，「因為我們再也不曾看到他，或者聽到有關他的消息。」

另一個可以帶上船的大溪地人，是被他們叫作傑克，負責幫法阿帶著交易用貨物渡河的年輕人。啟程的五天前，瓦歷斯船長在日誌中寫道，砲手希望「那位老人可以讓他的兒子跟我們一起離開，因為他似乎有此打算，那男孩也有意願」。不過，當他們揚帆啟程時，傑克並未在海灘上出現，因此他也錯失了冒險的機會。

在早期英國訪客們所遇見的大溪地人裡面，圖帕伊亞是最聰明與有學問的一個，因此他也是個理想人選。然而，沒有任何紀錄顯示有誰做過這種建議，或者圖帕伊亞曾表示自己願意與海豚號一起離去。因為曾經被克拉克大副的不敬行為與喬治．羅伯森的惡作劇冒犯過，他應該不會有那種想法。也沒有任何證據指出他曾想要登上慍怒號與星星號。儘管圖塔哈曾與布干維爾接觸，圖帕伊亞一定也明白那會對他構成政治上的挑戰，但他與普莉雅都不曾企圖前往希提艾阿村，正式拜訪那位法國人。

事實上，如同帕帕拉最後一位女酋長愛里伊．塔伊瑪伊（Arii Taimai）所轉述的，圖帕伊亞、普莉雅與阿莫都待在帕帕拉，「準備一場即將在馬哈伊阿特阿海岬（Mahaiatea）的新聖堂舉行的盛宴，那也是泰里伊雷雷．伊．圖阿拉伊（Teri'irere i Tooarai）初次穿上皇家纏腰布的典禮。」

當時人在帕帕拉的圖帕伊亞又在創造歷史了。

早在四年之前，他們就已開始進行馬哈伊阿特阿海岬上那一座雄偉聖堂的興建計畫。那是一個浩大的工程，因為，在丈夫的全力支持之下，普莉雅的雄心壯志是想要為其子泰里伊雷雷打造一座全大溪地最大的聖堂，只要把紅色的皇家纏腰布與他們那一族酋長的黃色纏腰布（maro tea）接在一起，讓他穿上，他就會成為最高酋長。宏偉的聖堂不僅適合用來舉行穿戴纏腰布的大典，圖塔哈希望把姪孫推向最高酋長之位的美夢也會就此破滅。

計畫開始之初，有好幾百人被找來擔任木匠、石匠，另外幾百人則是負責覓食與備餐。採石工到山上與海灘採集合適的岩石，其中有很多石材是從潟湖的深水處挖出來的。儘管這些岩石的尺寸巨大，但都是用人工搬運的方式運往工地的。他們奮力把大多數巨石敲鑿成方形石塊，有些特選石材則是被鑿成龜頭狀，聖堂外牆上每隔一段距離就會擺一個。

當石材夠用了，他們會先把一大片要鋪成路的地面清理出來，圖帕伊亞與手下的祭司在上面灑海水，這是讓那裡具有神聖地位的儀式。接下來的儀式是把一塊基石從另一個聖堂移過來工地。他們先在月光下獻祭了一個男人，將其屍體擺在洞裡，然後再將基石插進去，如此一來，他的靈魂就會永遠守護著聖堂。此後，在對稱的地方也會擺上另一個基石，構成一個具有象徵意義的聖堂入口。

然後，他們依據不同需求，把一堆堆石材擺在工地裡的各處。在圖帕伊亞的指示下，一座外牆是階梯狀的「ahu」（細長的金字塔）就此慢慢成形，其底座的總長為八十公尺，前後的深度超過二十公尺。此一金字塔的階梯非常巨大，每道階梯豎板幾乎有兩公尺高，因為往上走向神明本來就不該是容易的事。圖帕伊亞的設計概念是讓金字塔與心宿二星（Antares）和畢宿五星（Aldebaran）的軸線排成一直線，兩公尺寬的塔頂則是一個壯觀的觀星台，可以用來欣賞昴宿星團與天蠍星座尾鉤的升起與落下，它們都是能夠預告季節變換的星宿，是判斷宗教儀式該在何時舉行的重要依據。這一座巨大金字塔完全不靠鐵製工具，所有工人都是義工，即使與埃及的那些宏偉金字塔相較，一點也不遜色。

金字塔周遭的地面都被鋪平了，形成了一個圍裙狀的庭院，後來又陸續加上了許多石板、神壇以及用茅草蓋成的神明居所，每個不同的階段都得獻祭活人。成果令人驚嘆。當泰里伊雷雷穿戴皇家纏腰布的大典在此地舉行時，來訪的貴族肯定會看得個個目瞪口呆。

在此同時，指控普莉雅好大喜功的圖塔哈一直都在招攬支持者。他的說法不無道理，因為任何女人在被人當成女王之後，難免都會有自大的毛病。圖塔哈是個狡猾的策略家，他也充分利用各個家族之間的矛盾對立，被他拉攏的人之一是阿莫的姪女兼甥女，也就是普拉希（Purahi）：她的祖父是阿莫的伯父，她的母親則是阿莫年紀最大的姊姊。她想要為自己的兒子爭取地位，而這可能是合理的，因為論資排輩，她在兩個家族都算是長輩，但阿莫，還有普莉雅，並未理會她的說法。然而，更重要的是，普拉希的丈夫是維希亞圖阿（Vehiatua），他是塔伊阿拉普地區（Taiarapu，位於大溪地島較小的那一半，也就是位於「小大溪地」〔Tahiti Iti〕）的重要酋長。維希亞圖阿與帕帕拉地區之間始終有化解不開的宿怨，因為他祖父就是死於帕帕拉地區的人之手。

其他對於普莉雅有積怨的是她某位兄弟的妻子瓦薇雅（Vavea），還有瓦薇雅的女兒伊蒂雅（Itia）。當普莉雅宣布要施行「rahui」（一種針對上等食物施行的禁食令，目的是要把它們保留到宴席上，藉由大吃大喝來羞辱對手）時，瓦薇雅與伊蒂雅先後試著與帕帕拉的高層聯絡，要求為她們的重要訪客舉辦傳統歡迎會，但如此一來就會打破禁食令。普莉雅拒絕了她們，而這實在是令人難以忍受的汙辱，於是她又多了兩個敵人，等於把她們逼往圖塔哈那邊。

圖帕伊亞意識到狀況越來越危險難測，因此勸普莉雅派人暗殺圖塔哈。她將其建議棄如敝屣，還指控他是個冷血無情的傢伙。於是，到了一七六八年十二月，她與阿莫就這樣陷入了自己挖的陷阱。他們的計畫是在各個聖堂之間傳遞太陽神歐羅的旗幟，趾扈地宣布穿戴典禮即將舉行，藉此強化兒子身為所有大溪地部族最高酋長的地位。如果每個酋長讓那面旗幟在自己統治的區域裡暢行無阻，不但等於接受邀請，也意味著認同了泰里伊雷雷的地位。

為了此一目的而使用的是「桅頂旗」（vane），它跟那面紅色三角旗一樣，原本也是海豚號上面的物件。桅頂旗很短，一邊細細尖尖，原本是掛在桅杆頂端，不同船隊有不同顏色的桅頂旗──海豚號掛的是紅色桅頂旗，因為它是由瓦歷斯獨立指揮的。藉著傳遞桅頂旗，普莉雅不只是傲慢地要求每個酋長都必須向她兒子低頭，也是在炫耀自己與強而有力的英國建立了盟友關係。

對此，維希亞圖阿並不覺得有什麼了不起，也沒嚇到他。所有其他酋長都任由旗子通行，但是當它傳到塔伊阿拉普的時候，維希亞圖阿昂首闊步地往前走，一把搶過旗桿，將旗子撕碎，把碎片送回去給阿莫。

這實在是奇恥大辱。阿莫立刻就宣戰了，希望能藉著奇襲來打敗敵人——這是他犯下的另一個錯誤，因為維希亞圖阿早已備好大軍，此外還有一支戰船船隊，圖塔哈則是領著一支常備部隊從另一邊，也就是從西邊攻過去。

戰事非常短暫，過程血腥又殘忍。儘管大溪地人外表看來和善，但卻都是兇悍的戰士。跟維京人一樣，他們會在衝突爆發前激發出瘋狂的嗜殺性情，祭司在一排排部隊之間來回走動，用咒語大聲訓誡他們。當戰士把某個敵人擊斃了，他們可能會把屍體搥成扁平狀，從中間切出一個缺口，把屍體從自己頭部穿過去，血淋淋的屍體就此成為一件斗篷。沒有饒恕敵人這回事，所以不是你死，就是我亡——如果有戰俘的話，就會被帶往祭司那裡，成為祭品。

帕帕拉的部隊全軍覆沒。海灘是他們的最後防線，上面處處白骨，數以百計的頭骨滾進潟湖裡，成為墨魚的棲息地。祭司與貴族的頭顱被帶往敵人的聖堂上，跟其他白色頭骨擺在一起。阿莫的弟弟馬伊（Ma'i）的屍體遭人褻瀆，被放進爐子裡烹煮。

至於阿莫他自己，還有普莉雅與他們的兒子，則是逃進了山中一座碉堡裡躲起來，勝利者則是在他們統治的地區橫行肆虐，屠殺嬰兒孩童，婦女被開腸剖肚。洗劫之事在所難免，瓦歷斯的禮物被當成戰利品帶走，為圖帕伊亞賦予權力、具有神聖地位的皇家纏腰布也被奪走了。

圖帕伊亞本人則早已先走一步。普莉雅拒絕了刺殺圖塔哈的建議之後，他就已經立刻逃走了，因為他深知圖塔哈一定也會知道這件事——「當時他已預見後果，遁入山林，宣稱若要保命，就一定要逃走。」聽到了圖帕伊亞的這段事蹟後，奮進號的少尉預官詹姆斯．馬格拉（James Magra）把它記錄了下來。

馬格拉接著寫道，大獲全勝的圖塔哈選擇不對那個本想暗殺他的人施予報復——他「尊敬圖帕伊亞的理解力與祭司本色，因此於事後允許他從山裡安然歸返」。這是圖帕伊亞仔細杜撰出來的故事。事實上，圖帕伊亞換邊站了——在與圖塔哈達成協議後，就加入了他的宮廷。在這和解的過程中，扮演中介角色的是普莉雅的哥哥，圖普拉艾．伊．塔馬伊塔（Tupura'a i Tamaita）。圖普拉艾是大溪地西北部法艾阿地區（Fa'aa）的中年酋長，其頭銜為特帕烏．阿胡拉伊（Tepau Ahurai），是個講理的好人，早已因為不贊同妹妹與妹夫想建立帝國的野心而與圖塔哈結盟。

他不只幫圖帕伊亞居中協調，也是他的朋友。四個月後，當三桅帆船奮進號於一七六九年四月十三日抵達馬塔維灣時，他們倆都在那裡。而且，五天後，他們也一起加入了該船的船員行列。

# 7 奮進號

一七六八年五月十八日，也就是帕帕拉之戰爆發的七個月前，海豚號回到肯特郡（Kent）的海斯汀斯港（Hastings），讓瓦歷斯船長下船登岸。瓦歷斯租了一匹馬，帶著報告前往英國海軍部，海豚號則是在大副克拉克的指揮之下回到基地。隔天清晨，海豚號安全地停泊在唐恩斯（Downs，一個位於英吉利海峽的船艦停泊處，在多佛港〔Dover〕附近），大批記者意識到有大事可以報導，紛紛湧入船上。

當時，船員們一定都感到很陶醉。上面下了封口令，因此他們不該透露海豚號發現了一個位於太平洋海域，宛如天堂的熱帶島嶼，但是等到記者紛紛拿出筆記本圍繞著他們發問時，大家就管不住自己的嘴巴了。他們不僅為英語貢獻了「tattoo」這個全新詞彙，也說出許多驚人的故事：女孩們赤裸著上半身，個個殷勤好客；還有那是一個不用工作的國家，因為想吃東西只要從樹上一拔就有；酋長的穿著則是像羅馬的元老院議員，島上還有一位心胸開闊的女王。

五月二十三日那天，《洛氏晚間郵報》（*Lloyd's Evening Post*）披露了一則新聞，表示海豚號在南海地區（South Seas）[1]發現了一個「土地肥沃、人口眾多的大島」。作者宣稱，「從居民的行為看來，我們有理由相信，海豚號是他們看過的第一與唯一一艘船艦」，接著繼續描述那些香豔刺激的細節，表示大溪地的少女們「為了引起我國水手的注意，使出渾身解數，展露出自己最美的面貌」。報導中提及海豚號遭到攻擊，因此「儘管百般不願，卻必須」以砲彈與葡萄彈還擊，造成慘重的傷亡後，如今島民「已經認為我們英國人絕非一般凡夫俗子」。那一次屠殺並未讓大溪地人感到憤恨不平，因為他們很聰明，深知「我們是因為他們的莽撞，才被迫使用那些可怕的機器去對付他們」。他們似乎也不排斥自己的國家被人併吞，如今該島已經被重新命名為「喬治王之島」。很多篇幅都是關於「女王」的，儘管她的丈夫在攻擊行動中身亡，但還是非常喜歡入侵者，「最後甚至把頭上王冠拿了下來，交給瓦歷斯船長。他們將王冠謹慎保存，獻給了大英帝國王后。」

無疑的，海豚號停泊在格雷夫森德鎮（Gravesend）之後，水手們在那一間間河濱酒館裡，也受到群眾的矚目。然而，在此之後，情勢卻急轉直下。當海豚號抵達戴普特福德（Deptford）[2]的皇家海軍碼頭時，卻沒有正式的歡迎儀式，海軍只是在幾天內付錢了事。瓦歷斯船長奉命退伍，獲得了五百英鎊的遺散費，至於他的手下，平均而言，則只收到了二十四英鎊。

他們不太可能找到另一份工作，因為當時沒有戰爭，而商船則暫時都無法出海。英法七年戰爭過後，因為水手數量供過於求，導致他們無法繼續忍受而在一七六三年叛變。五月五日那天，一群水手因為薪水少得可憐，憤而登上一艘艘即將出海的船艦，搜括財物，甚至毀壞船隻的中桅（此一舉動導致後來「strike」一詞衍生出罷工的含義），讓船無法出海。數以千計的水手都因而失業，武裝的小型船艇也不得不在倫敦市內部的水塘裡巡邏。

海豚號的船員寫了一封請願書，要瓦歷斯盡力幫他們爭取權益。這位船長是個好人，對待手下向來也如父待子，因此便帶著請願書前往白廳（Whitehall）3。他也隨身帶著許多那一趟航程的戰利品，包括普莉雅的頭髮編成的頭環、她給的一撮神聖羽毛、「他們用來幫屁股做記號的工具」、一面鼓、一根笛子、「一個海螺」、幾具護胸甲、「弓與箭」、用來釣魚與鯊魚的魚鉤、「一顆用來搗碎麵包的石頭」、一張魚網、「幾根在歐斯納伯島（Osnaburg Island，即馬伊特阿島〔Maitea〕）發現的船槳」，還有大批桑樹布料，以及他們到土阿莫土群島時，從努庫塔瓦凱環礁（Nukutavake）偷來的一艘小型捕魚用獨木舟。

然而，海軍部想要的只是該趟航程的文件，而後來也證明那些東西發揮了很大的功用。因為事務長約翰．哈里遜極有天分，他所做的精確觀察紀錄，讓剛剛被晉升為海軍上尉的詹姆斯．庫克（幾天前他才剛剛被任命為指揮官，他的船是一艘在惠特比鎮〔Whitby〕製造的運煤船，被買來執行地理探查任務，並且改名為奮進號）如今有了一個明確的目的地，一個在一七六九年六月之前都可以見到金星橫越太陽表面的天文觀察地點。

海軍部的長官對於海豚號船員的陳情書沒有興趣，不過，如同薩謬爾．瓦歷斯在其日誌中所留下的難過陳詞：他們的確表示，「我應該覺得很榮幸，因為我是代替他們去承擔航程中的健康問題與飢餓。」他的手下並未輕易放棄。在羅伯森的帶領下，他們向喬治國王陳情，要求賞金，因為上一次拜倫船長帶領海豚號環遊世界後，船員也因為航程的風險性而獲得額外給付。他們一直等到六月二十四日獲召前往白廳時，才有了答覆。上頭的人冷冷地對他們說，「事前沒有人承諾過會給予那樣的獎勵金」，而且瓦歷斯船長早就該說明這一點。他們能夠獲得的，最多就是「被聘往各個港口去擔任船上的警衛」。

無庸置疑的，海豚號原有的船員無不極力爭取成為奮進號的船員，以便再次前往大溪地，滿心希望自己能到島上尋求女王較為慷慨的禮遇。

最後，四個人有幸如願上船，約翰．高爾是其中之一。他不只獲聘，而且還得到少尉的軍官之銜，軍階僅次於中尉，也就是札克瑞．希克斯（Zachary Hicks）。所以，此時已被尊稱為「高爾先生」的高爾，就這樣來到戴普特福德，威風凜凜地從舷梯登船，身穿皇家海軍尉官的簇新瀟灑制服：藍色大衣上有白色的翻領與袖口，身穿白色馬褲，頭戴三角帽。

船上的舊識不只三人，而是四人：第四個是曾與他一起在拜倫船長的指揮下參與海豚號第一趟環遊世界之旅，如今在奮進號上擔任領航員助手的查爾斯．克勒克（Charles Clerke）——勇敢而具有冒險精神的克勒克當時年紀還小，如今則已二十五歲了。另一個領航員助手則是友善而好色的理查．皮克斯吉爾，雖然他年僅十九歲，但因為前途看好而被拔擢。領航員是另一位海豚號船員，二十二歲的羅伯．莫里諾，而極有數學頭腦的法蘭克．威爾金森則是擔任幹練船員（able seaman）[4]，不過很快也會被拔擢為領航員助手。

奮進號沿著泰晤士河前往普利茅斯港，高爾也把他那一身昂貴衣裳換成工作服，負責指揮甲板人員，接下來他們要進行將近兩週的最後準備工作，包括徹底檢查繩索與船帆。他這才想到，如果與五百零八噸重的海豚號相較，三百六十九噸的奮進號簡直是小巫見大巫。就連那些標準尺寸的船帆也要改成比較小的——八月十六日那天，他必須把船上的橫帆拿上岸去「裁剪，因為帆桁部分的船帆太大了」。

然而，奮進號不只是船身比較小而已，因為它根本就是一艘不同類型的船。它原本是一艘運煤船：簡直就是一個可以漂浮的煤桶，鼓脹的船殼本是用作儲煤倉，內部空空如也，只有一些位於中段，能夠把兩側撐住的橫梁（其功能是避免兩側的船殼往內陷），還有兩個可供船員使用，狀如夾樓的懸空甲板。船尾的「後宿艙」是船長與其一兩位助手住的地方，而靠近船頭處則有「前宿艙」，裡面設有給七、八位船員住的粗糙床位。過去還是一艘平凡無奇的運煤船時（不過它卻有一個很威風的船名：「潘伯克伯爵號」〔Earl of Pembroke〕），船上的住宿空間最多只能容納十二人。為了改裝成用來執行探查任務的三桅帆船奮進號，它必須要改成可以容納一百人。

光是因為這個理由，海軍幾乎是全然不知可以利用此等粗劣的運煤船。儘管如此，海軍部還是有某人靈機一動（或許就是庫克船長他自己），看到這種船的堅固與相對來講比較淺的吃水深度，還有船底平坦的特色，以及船上的龐大儲存空間，可以用來擺放許多設備，還有至少三年份的供給品。它不只是一艘空間寬敞的大船，而且也是詹姆斯．庫克從當學徒開始就非常熟悉的運煤船，堅固而可靠，此外，它那桶狀船身也意味著可以把它停靠在海灘上，輕易地拉起來修理船殼，很快就又能出海了。

問題在於，如果要執行探查任務，奮進號就必須搭載一些軍官以及七十位水手，還有一位陸戰隊士官與其班兵，所有人都要擠在不到三十公尺長，最寬處只有九公尺出頭的船內空間。如此一來，顯然這艘船就得進行大幅改造，並且裝上許多設備。

為了加裝那麼多東西與搭載大量人員，他們得打造出一道與船身一樣長的甲板，由它把龐大的儲煤空間分成上下兩半，用橫梁來支撐甲板。它那弧形的船殼還有不能移動的後宿艙甲板，都是沒辦法修改的，這意味著兩層甲板之間的空間有高有低。船上的十二位陸戰隊員睡在後宿艙最前面那一部分的正下方，用的是垂地的吊床，必須蹲低身子走路，或者像青蛙一樣爬行。

就慣例而言，軍官的住處往往遠比這樣還舒適——而且在奮進號上，剛剛才被升官的高爾應該也住得很好才對。他們幫軍官、船醫、砲手與領航員改建房間，房間位於軍官專用砲房（如今應該稱為軍官起居室才對，因為那裡面已經沒擺大砲了）的兩側，主艙的前面，而且因為此一區域位於後宿艙甲板上，所有天花板有兩公尺高。然而，在試著改建的最後階段，庫克船長接獲指令，必須準備接待「約瑟夫・班克斯先生與其八名隨員，還有他們的行李，並為這些編制外人員提供糧食」。班克斯是個意志堅強與富有的年輕人，他不只不斷遊說海軍讓他加入這一趟地理探查航程，也為這次冒險花了很多錢，所以當然希望能住得好一點。

因此，軍官的房間就此被改名為「紳士專用艙」，為班克斯與其隨員們翻修。高爾與其他原本住在上層甲板的軍官必須帶著置物箱搬往別處。儘管吃飯的地方還是在砲房裡，但他們被迫遷往下層的住艙甲板，住在距離船尾小型休息室不遠的小房間裡。這些小房間與他們被迫遷離的船艙不一樣，沒有舷窗，因此採光與通風都不好。小休息室裡有兩個船尾砲門，但是等開到合恩角的時候，他們的小房間一定會又濕又冷，到了熱帶地區則是會悶熱不堪。房間的高度不到一百五十公分，所以連走動都很困難，因此當船身搖搖晃晃時，很容易一頭撞上低矮的橫梁，據說這就是很多海軍人員都會發瘋的理由。

儘管約翰·高爾以壞脾氣著稱，但像這樣被迫搬離舒適的房間，並未惹火他——儘管他有很多理由可以妒忌與討厭那些鳩佔鵲巢的高傲有錢人，只因為他們來自與他截然不同的背景。高爾是在一七三〇年誕生於維吉尼亞，因此可說是殖民地居民，從小他就上船當水手，是一步步往上爬的職業船員。在乞沙比克灣（Chesapeake Bay）結束學徒生涯後，他在二十五歲時加入了皇家海軍，一開始在溫莎號（Windsor）擔任海軍少尉預官，接著在女戰神號（Bellona）待了一陣子之後，又到風神號（Aeolus）去擔任領航員助手，然後才上了拜倫船長的海豚號，踏上他的初次環遊世界之旅。

相較之下，約瑟夫·班克斯則是誕生於富裕的商人階級家庭。儘管他不是貴族，但是他家因為歷代祖先都深諳從商之道而變得非常有錢。在引領風騷的科學界，他是個頂尖人物，在這之前，熱中植物學研究的他也曾前往紐芬蘭（Newfoundland）與拉布拉多（Labrador）兩地採集植物。表面上看來，他們倆並無共同之處。沒有證據顯示高爾對植物感到興趣，而且對他而言，動物也只是槍口下的移動目標而已。他沒有有錢的親戚，也不認識權貴。他也比年僅二十六歲的班克斯還要大十三歲。

儘管兩人差異如此之大，在前往大溪地的航程中，他們卻變成摯友。兩人之所以能發展出同袍之情，原因之一一定是他們倆的個性都很堅強。高爾的足智多謀與神準槍法，曾在瓦歷斯船長的海豚號上發揮極大功效——回程時，他們曾在天寧島上面待了一個月，他在那裡射殺了許多野牛，讓船上肉食不虞匱乏，因此還在自己的日誌上署名：「狩獵大師J．高爾」。約瑟夫．班克斯也很愛射擊，因此帶了兩頭灰狗上船當獵犬。高爾在奮進號上權力很大，而班克斯向來就喜歡這種有分量的人物。甲板上的工作通常是由高爾來發號施令。船上四個最重要的低階軍官都是他過去的老同事；除了高爾，還有莫里諾、皮克斯吉爾、威爾金森與克勒克，都是非常熟悉太平洋的航海老手，五人全都曾環遊世界。高爾已經參加過兩趟環遊世界的航程了，所以他比船上任何人都還要了解太平洋，就連庫克也沒他厲害，因為庫克未曾航行過太平洋。

所以，班克斯之所以喜歡找高爾聊天，有好幾個理由。來自北美的高爾不僅有很多關於美洲動植物的故事可以講，還有說不完的各地軼事，對於班克斯提出關於大溪地的諸多問題，他也能一一回答。就上述最後一點而言，船上四位曾去過大溪地的船員，也成為其餘船員頻頻諮詢的對象，而且他們當然也有不少多采多姿的故事可以說。大溪地是如此壯麗，當地原住民已被他們征服了，當地的水果與豬肉如此鮮美。最重要的是，年輕的大溪地女人是如此美麗——而且確實非常多情。還有那一位充滿魅力的女王……

等到一七六九年四月十一日這天，他們在地平線上看見大溪地的崇山峻嶺，整船船員的期待與興奮之情已經來到了最高點。

那是個多雲的日子，下了幾陣大雨。一直要等到太陽西沉之後，大溪地島的曲折海岸線才變得清晰了起來，只見一座座山峰在迷霧中糾結成一團漆黑。到了夜裡，近海的微風傳來了陣陣誘人氣味，大家可以聞到濕潤泥土與新鮮淡水的味道，還有生長中的花卉蔬菜，但是等到破曉之際，奮進號還是沒能靠近大溪地。海上的風很小，空氣悶熱，海面灰暗光滑。

庫克行走的航道與瓦歷斯和布干維爾一樣，所以他眼前所見的是位於8字形大溪地島比較大的那半邊，也就是東海岸上的險峻山丘與谷地。有人划著獨木舟出來，上面坐滿了手執芭蕉嫩枝的原住民，他們大聲叫道：「朋友！」但是，儘管他們繞著奮進號划行，把椰子丟給站在欄杆後面的水手，卻沒有人敢登船。粗短的奮進號不只與他們記憶中的海豚號與法國船隻相去甚遠，甲板上還列隊站著一個個陸戰隊隊員，他們身邊則是站著待命的砲隊隊員，砲彈重達四磅的大砲已經準備好了。

奮進號往前慢慢行駛，微風曾短暫地把風帆吹得鼓脹起來，風停後又消了下去。直到隔天早上，那一道能夠進入馬塔維灣的缺口才出現，高爾才有辦法領著大家把船開到原來那個停泊地點。船停好後，幾十艘獨木舟也跟了過來，滿載著手拿枝葉的島民，但他們都是生面孔。如同高爾寫道，他們唯一認得的臉，就是「在雙方交戰後第一個冒險與海豚號人員接觸的那個人」，大家在言談都間稱他為「老人家」。

那個人當然就是長期以來吃了很多苦的法阿。他帶著自信登船，庫克船長很高興，他非常樂意與這個幫了海豚號很大忙的老人達成交易協議。他已經立下了許多規則要船員們遵守，告誡他們要「盡力以人道的方式」對待原住民，並且只能用「鐵器」與原住民交易補給品，此外一律禁止；跟瓦歷斯一樣，庫克希望能為交易立下嚴格規範，由船上的某個人來負責。他一方面試著用手勢與一再重複的話語來表達自己的意思，另一方面也想問出那位老人的名字——他是第一個費心詢問其名的歐洲人。一陣比手畫腳後，法阿的一位同伴答道：「O Fa'a」，意思是「這位是法阿」，所以這位大溪地人的特使自此就被稱為「歐法阿」。

他們安排了一個登陸派對。在班克斯的陪伴之下，庫克登上第一艘小船，由高爾擔任嚮導。另一艘小船載的是一隊陸戰隊員，靠岸後他們跳下水，在海灘上列隊，跟平常一樣操練，來回行軍，表演操槍，把靴子踏得劈啪作響，登陸地點聚集了大批圍觀民眾，高爾則是仔細盯著他們。

此刻他真是覺得太迷惑了。如同他稍後跟威爾金森說的，那些群眾全都是「比較劣等的居民」。所有人都身體半裸。男人身上都只穿著纏腰布，女人穿的則是短短的紗籠，所有人都因為長期在太陽底下工作而皮膚黝黑。裡面連一位體態優美的酋長或祭司都沒有，更別說是那位知名的女王了。在場的每個人都是低下的勞動階級成員。

看來，若想找到普莉雅與其朝臣，他們必須徒步到議政廳去一趟，所以高爾帶著他們往內陸走去。令他沮喪的是，宏偉的廳堂已不復存在，只剩幾根柱子標示著它的舊址。他寫道：我們沒有看見曾經遍布樹林裡的漂亮房屋，「只見少數住著低下階層居民的克難小屋」，他用憂鬱的語氣接著表示，「許多原住民似乎有點怕我們，但有些則是走得比較近。」他對著威爾金森驚呼，看來好像一切都被人故意毀壞了。

庫克滿心期待著瓦歷斯所描述的大量補給品，因此也感到失望，他寫道：「就連一隻豬或一隻家畜都看不見——海豚號的報告讓我們以為，抵達這座島之後就會有很多收穫，但我們的發現與原先的預期不太一致。」瓦歷斯船長下令攻擊後島民所展現出的秩序與誠摯個性，也不復存在。隔天，一大堆陌生人上船後，如同威爾金森憤怒地指出的：「那些印地安人在船上幹了幾件最為厚顏無恥的偷竊案。」

與那些「印地安人」一起上船的是兩位酋長：這是班克斯的推斷，因為從他們倆的穿著看得出「他們的地位比昨天我們看見的那些人還優越」。他們沒有說出自己的名字，但很可能是圖塔哈的朝臣——努納哈烏（Nunahau）與泰伊羅阿（Tairoa）。他們是悉尼・帕金森（Sydney Parkinson，班克斯的兩位繪圖員之一，他們受聘幫忙繪製自然史樣本）最早近距離看見的兩個大溪地人。帕金森是個文靜害羞的二十二歲貴格會教徒，向來過著隱居般的生活，因此這趟航程對他來講是一次大冒險。印象深刻的他寫道：「他們的外貌宜人，雙眼又大又黑，留著一頭黑髮，牙齒雪白，我沒有見過比他們更有威嚴的人。」

儘管兩位貴族以具有說服力的手勢為其人民的行為道歉，但他們顯然無法阻止偷竊事件發生。他們反而脫下桑樹布料披風，披在班克斯與庫克身上，力勸兩位新朋友造訪他們統治的帕雷阿魯埃地區。班克斯的助理植物學家丹尼爾・索蘭德（Daniel Solander）與庫克手下的天文學家查爾斯・葛林（Charles Green）決定跟著他們一塊去，所以，一行四人與兩位酋長登上小船，前往西南方距離一里格左右的一個海灣。

登陸後，兩位酋長帶著他們穿越喧囂嘈雜的人群，來到一間壯麗的長屋，裡面有一位高大而肌肉發達的老酋長與隨侍在旁的貴族等著接待他們。因為他的體格令人印象深刻，班克斯幫老酋長取了一個「海克力士」（Hercules）的綽號，但事實上他就是饒了圖帕伊亞一命的圖塔哈。如今他是統治帕雷阿魯埃地區的酋長（他是姪孫圖的攝政王），圖帕伊亞則為他麾下的朝臣。

圖塔哈送給庫克與班克斯大批桑樹布料，班克斯回贈一大條絲質領巾，老酋長立刻把它圍在脖子上。雙方無法以言語溝通，因此沒有太多寒暄，這意味著約瑟夫・班克斯可以任意探查周遭環境。年輕力壯的他心癢難耐，他完全不注意那些雙眼亮晶晶的漂亮孩子，或是那些胸部豐滿、雙掌豐厚靈巧的年長婦人，只顧著欣賞那些眼眸純真的優雅女孩，對於他的恭維，她們也毫不害羞地給予回應。如同班克斯自己坦承的，跟那些法國人在希提艾阿村的遭遇一樣，對方不懷好意地希望能與他公開做愛，但他不打算接受此一挑戰，因為那些屋子「完全沒有牆壁」——儘管如此，他也以豪爽的口氣指出，如果是在另類的情況下，他可能就會做出不同的決定。

他被人拖著離開那有趣的場景，與其他人一起前往一位中年酋長的茅屋，那位酋長活潑而不失威嚴，頭髮又濃又黑又鬈，還留著一把很相稱的落腮鬍。他就是普莉雅的兄長圖普拉艾・伊・塔馬伊塔，既是圖塔哈的忠實支持者，也是圖帕伊亞的朋友，但沒有人詢問他的大名。酋長招待英國人一頓美味的魚肉，還提議讓老婆服侍班克斯，但班克斯低聲抱怨道，「憑良心講，她實在很醜」，他注意的是「某位眼神熱情無比的漂亮女孩」。

他使盡渾身解數誘惑那女孩，但其計畫卻突然被打斷，因為索蘭德高聲表示，口袋裡的東西被扒走了，眾人趕緊查看自己的口袋，發現總計被偷了一個鼻煙盒與一具看歌劇用的望遠鏡。班克斯跳了起來，把槍托往地上一跺，幾乎所有島民（包括他看上的那位漂亮女孩）全都一躍而起，「像逃竄的羊群一樣離開茅屋。」

他們的主人很勇敢，留了下來（還有他的妻子，以及「兩三個衣著比其他人華麗的人」），試著用贈送大量桑樹布料來安撫班克斯。憤怒的班克斯拒絕了，坐在座墊上，把話講得明白無比：若是他們不歸還遺失的東西，他就不會離開。所以圖普拉艾便出去找東西。他以勝利之姿回來，但那一具歌劇用望遠鏡的盒子裡面卻是空的，所以這名深感困擾的可憐傢伙就帶著班克斯出門，走了很久後才抵達一個茅屋，屋裡可能有某位女士知道東西的下落。經過一番難熬的談判後，東西才物歸原主（此事為圖普拉艾贏得了一個綽號：雷克格斯[5]，也就是那一位小有名氣的古希臘斯巴達律師），一行人才回到船上。

隔天，一群水手被派上岸去準備興建軍營的事宜，並有一隊陸戰隊隊員戒護。庫克船長與當地人協調，由法阿與「一位看來像酋長的人士」（此為庫克的措辭）充當中間人，希望能取得一塊土地來使用。等到他們選了一個適當地點，完成丈量工作後，就把第一個帳篷搭了起來，但因天色太晚，工作無法繼續下去，所以一行人就回到船上。庫克、班克斯、帕金森、希克斯與葛林到樹林裡去散步，由法阿擔任嚮導，留下十九歲的少尉預官強納森．孟克浩斯（Jonathan Munkhouse）與十三位陸戰隊隊員看守帳篷。

大概兩小時後，在甲板上負責警戒任務的高爾聽見幾聲槍響、吼叫聲與奔跑的腳步聲。他立刻下令一群水手帶著武器，搭小船上岸去，「有需要時給予幫助。」在此同時，庫克與其同伴也衝回海灘上，發現一群受驚的原住民往四面八方逃竄，陸戰隊員則在後面追趕。帕金森寫道：「一個原住民趁某位衛兵不注意，把他手上的毛瑟槍搶走，引發衝突。」少尉預官一時情急，命令陸戰隊員朝著群眾開槍，「他們感到興奮不已，對於遵命開槍，好像在獵殺野鴨似的。」有幾個人受了傷，小偷被擊斃，但已經無濟於事，因為毛瑟槍不見了。

回到船上後，氣氛非常凝重。大家都深刻體認到，此一處決行動實在太糟糕，而且沒有必要，已經毀了他們與當地人剛剛建立起來的合作關係。在班克斯的勸說之下，一些原住民回到了帳篷，庫克盡力傳達他的想法：儘管偷槍之罪足以致死，奮進號還是想跟大家做朋友，但此一訊息太過複雜了。隔天，沒有任何一艘獨木舟出海與奮進號接觸，海灘上幾乎沒有人。英國人也開始心生疑慮。他們把奮進號拖往比較靠近海岸的地方，讓大砲可以瞄準營地。

隨後又爆發了另一個危機。四月十七日凌晨兩點，班克斯手下的地景畫家亞歷山大．布坎（Alexander Buchan）因為癲癇發作而倒地身亡。大家都悲傷地懷念著這位人緣極好且才華洋溢的年輕蘇格蘭畫家，他的雇主班克斯尤其難過，如今他只剩下唯一的繪圖員帕金森了。更直接的問題是要怎樣處理布坎的屍體，因為若是要把他埋葬在岸上，恐怕會違反了他們完全不了解的當地法令，進一步惹毛大溪地人。所以他們把屍體放在小船上，載往距離海岸較遠處，匆匆地將布坎海葬。

到了大概中午，出現了對他們有利的情勢。圖塔哈搭乘獨木舟抵達奮進號旁邊，他的隨行人員包括圖帕伊亞、圖普拉艾．伊．塔馬伊塔、泰伊羅阿以及努納哈烏。儘管他很害怕，接近奮進號時顯得戰戰兢兢，但他顯然希望談和。他的隨員帶著兩隻豬與一些烤過的麵包果，而且他們要先把芭蕉嫩枝擺在甲板上才肯登船。

船上的人當然覺得鬆了一口氣，便非常歡迎來使。幾位貴族獲贈數把短柄小斧後，有人隆重地帶著他們來到主艙，庫克正在忙，因為他每天都是在那個時間把過去二十四小時發生的事寫在日誌裡。這一天，他也必須把布坎的死記錄在那一本大大的棕色官兵名冊，裡面記載著船上所有人員的名字。他在繪圖員布坎的名字旁邊寫道：「一七六九年四月十七日於南海的喬治王島D. D.」——「D. D.」的意思即為「因死亡而除役」（Discharged Dead）。接下來，在下一筆紀錄的開頭他寫下了「四月十八日」，因為根據船上的正式文件，那一天是在中午換日的。亞歷山大．布坎的缺額必須有人遞補，才能夠補足必要員額，讓紀錄符合規定，因此他填了一個名字「尼可拉斯．楊恩」（Nicholas Young）：楊恩是被軍官們帶上船的男孩之一。他們與船上的技工（例如縫製船帆的工人）住在一起，在海上習得船員的技能，交戰時可以充當火藥搬運工，從彈藥庫把一袋袋火藥拖往大砲邊。如今，因為楊恩剛滿十二歲，年紀已經夠大，可以列入正式船員名冊裡了。

因為船員名冊剛好握在手裡，他才想到可以立刻善用圖塔哈想要和解的大好機會。船長也可以徵召一些額外的臨時人員（例如在外國的港口招募領航員），因此，也許是在圖帕伊亞的幫助之下（在與海豚號的人員協商時，他學了一點英文），庫克讓圖塔哈知道，他想要讓四位大溪地人成為「有糧食可以食用的編制外人員」。這意味著，因為他們成為臨時船員，也能享用船上的補給品，所以也應該幫他與當地人重建友誼，作為回報。

而他希望招募上船的人員就是泰伊羅阿、努納哈烏與圖普拉艾．伊．塔馬伊塔——還有圖帕伊亞。

多疑的圖塔哈一定沒有立刻同意，但庫克終究又拿出他的船員名冊，在尼可拉斯．楊恩下面加了幾個名字：Terrea、Nunahoe 以及 Tobia Tomita（因為發音近似，它們分別代表著泰伊羅阿、努納哈烏與圖普拉艾．伊．塔馬伊塔）。然後他把他們歸類為「擔任前往島嶼內陸的嚮導與海岸的領航員，同時幫助我們與其他原住民建立關係」。接下來的兩行，他所寫的則是「來自波里尼西亞的圖帕伊亞」，還有「他的僕人，塔伊艾塔」。這位叫作塔伊艾塔（Taiata）的男孩大約十歲，是祭司圖帕伊亞的輔祭（不是庫克以為的僕人），也是他的近親，也許是他的姪兒或外甥。

在沒有文字傳統的大溪地歷史上，他們是第一批名字被人記載下來的人，如果他們真的了解自己眼前所看到的是自己的名字，真不知道心裡會有什麼感想。然而，就像當時圖帕伊亞很快就搞懂瓦歷斯把普莉雅當成女王，他也很快就知道庫克這個外國人想做什麼，於是也開始用同樣的高效率扮演自己的角色。

自從那天之後，大溪地人開始搬出大量水果來交易，數量多到讓班克斯快要受不了（他受命負責在帳篷裡處理交易事宜）。隔天中午，詹姆斯．庫克注意到，儘管豬隻還是很少，「原住民拿來的麵包果、椰子、芭蕉，多到足以讓我們隨意銷毀。」

譯註：

1 波里尼西亞群島地區的舊稱。

2 位於泰晤士河南岸的倫敦市區。

3 位於倫敦的英國政府中樞。

4 編註：十八世紀中期英國皇家海軍的一種職級，指航海經驗少於兩年的航海員。

5 編註：雷克格斯（Lycurgus，約公元前九世紀）為古希臘時代斯巴達的立法者，他所制定的「雷克格斯法」確立了西方文化中軍國民主義的教育制度。

# 8 圖帕伊亞的塗鴉

在一開始的混亂情況之下，待過海豚號的四位船員都沒認出圖帕伊亞那張老面孔。也許是因為如今他所身處的背景異於往昔。過去他們總是看著圖帕伊亞與其他人站得遠遠的，身邊只有那一位被他們當成女王的女人，如今他只是眾人中的一個，誰也不會注意到他與那些酋長有何差別。此外，儘管圖帕伊亞一定認得那幾張熟面孔，但可能他的自尊心太強，以至於不願與那四個海豚號船員相認，表明自己的身分，因為此刻他的地位已經大不相同了。

布坎死了，額外的肖像畫工作就落到了悉尼·帕金森身上，所以他畫了幾個大溪地人的頭像。那些作品並未標記畫中人的身分，所以我們不知道他是否也畫了圖帕伊亞。他是在室外作畫的（不過他必須待在蚊帳裡，因為蒼蠅很喜歡吃顏料），而且總是有一群入迷的旁觀者。他們稱他為「Patini」（源自於他的姓氏Parkinson），他對他們的熱情也有所回應，還用概括性的方式把他們描述為一群「樂天、愛開玩笑與好客的人」，黑色的眼睛看來很有精神，一頭黑髮通常都是鬈鬈的——而這可能也符合圖帕伊亞的特徵。在一群身穿白袍、肌肉發達的高大男士中，因為他是祭司，所以必須剃掉下巴的鬍子，與其他人留著那種長方形的埃及落腮鬍顯然有所區別（不過，就像帕金森所說的，他們都會把「mustachios」〔八字鬚〕拔掉）。

海豚號的船員也知道圖帕伊亞是島上最有權勢的人之一。如今，儘管他的穿著舉止看來還是個貴族，他在大溪地的社會地位卻不太穩固。在成為奮進號船員的幾天前，他在班克斯的帳篷內和班克斯與其手下吃晚飯，有人注意到他不太喜歡當天的菜餚——豬肉派，幸好他們剛剛弄到了一點墨魚，於是派人去拿，因為他們知道那是大溪地人的佳餚。帕金森表示，墨魚一端上餐桌，圖普拉艾·伊·塔馬伊塔就緩緩走過去，慢條斯理地把它吃掉。他幾乎吃光了所有墨魚，剩下的還放進椰子殼裡，帶回家。飢餓的圖帕伊亞則是默默坐在那裡，若是在兩年前，絕對不會有人這樣羞辱他。

不過，海豚號的幾位船員之所以沒認出他，可能性最高的原因是他們都忙著做自己的事。圖帕伊亞被登錄在船員名冊的那一天，法蘭克·威爾金森寫道，「大部分船員都上岸去了。」每當高爾不用管甲板上的事，他就會跟以前一樣負責帶領木柴隊，用海豚號時代的方式向樹木的主人買樹。莫里諾則是負責拆卸設備，把它們與倉庫裡的東西送上岸。威爾金森與皮克斯吉爾如果不是在船上工作，就會在被庫克稱為「金星碉堡」（Fort Venus）的營地幫忙。他們必須把地面清乾淨，拆掉帳篷，蓋起胸牆，把舊桶子當作地基來使用。此後，他們把木頭削成尖木樁，搭起圍籬，把船上的旋轉砲搬上岸，安置在四周牆壁的角落。烤爐由小船載著穿越潟湖，而班克斯的家具與一箱箱天文器具則是被搬進帳篷裡。

讓他們分心，因而認不出圖帕伊亞的事情不僅如此。羅伯．莫里諾在四月二十二日寫道，「每個人都與某個特定對象建立友誼，成為『Tayo』（朋友）」他若有所思地接著表示，「這也許對我們有利，但那些女人與我們建立起來的，不再只是柏拉圖式的友好關係。」他跟其他軍官一樣對此很敏感，而索蘭德後來則是開始大爆內幕：莫里諾的情婦（其真名為蒂雅蕾〔Tiare〕）被島民根據他的名字「羅伯」取了一個叫作「伯巴太太」（Mrs. Boba）的外號。約翰．高爾的女人則是叫作「托阿羅太太」（Mrs. Toaro），因為大溪地人不會發「J」與「G」的音。同樣的，天文學家查爾斯．葛林的最愛圖阿露雅（Tuarua）被稱為「艾特里太太」（Mrs. Eteree），而查爾斯．克勒克的情婦則是叫作「泰特太太」（Mrs. Tate），因為他們也不會發「C」的音。水手也各自在島上找到了情婦，就像法蘭克．威爾金森在四月二十五號所記載的：「我們發現島上的婦女跟以前我們在海豚號的時候一樣，在各方面都很大方。」

有鑑於幾位海豚號船員對於大量豬隻的描述曾令其他人大感失望，等到大家發現女孩跟他們描述的一樣熱情時，他們幾個一定都鬆了一口氣。然而，他們還是沒看到那位女王。四月二十三號（班克斯在這天去了一趟內陸的山麓丘陵），莫里諾看到「一大群島民」聚集在碉堡的大門，他說他曾「仔細看看裡面是否有熟面孔」，但只找到三個人：「有一個老人，他的兒子就是曾被我們好好打扮過，命名為傑克的那個人」，還有一個年約十九歲的女孩。「這讓我很高興，」他寫道，「但我還是沒有那位女王的消息。」

普莉雅其實就在不遠處。在她與阿莫和兒子泰里伊雷雷逃過一劫，沒在帕帕拉之戰慘死之後，他們翻山越嶺，前往附近的哈阿帕佩地區（Haapape）去尋找阿莫的堂兄弟庇護，他是當地的酋長。儘管她對於近在眼前的事件一定也感到很有興趣，但她並未出面，因為她的身分已大不如前，人也變得非常害羞。還有，這次她已經沒有一位睿智的顧問可以指導她了。但是，一等到她發現自己的老情人和這批新來的外國人變成朋友，情況很快就改觀了：她又去找他，與他重修舊好。所以當莫里諾終於找到這位女王時，她還是跟圖帕伊亞在一起，就跟過去一樣。

那一天是四月二十八日，領航員莫里諾終於有機會四處走走。科學家的帳篷裡有一群人，所以他過去看看是怎麼回事——莫里諾終於在那裡看到了女王，他喜不自勝，等到普莉雅想起他時，也一樣很高興。「登陸之前，」他寫道，「幾位紳士從她的衣著以及與眾不同的特徵看出她是個貴族，因此力勸她到船上去一趟。」但是，儘管圖帕伊亞也在，她還是客氣地婉拒了。等到一有歐洲人認出她是女王，情況就完全不同了：就像過去一樣，她「表達出想要上船的意願」。

莫里諾樂於從命。「我很高興地帶著她，還有一個她稱為圖帕伊亞的男人上船。」他寫道，所以他終於知道圖帕伊亞的名字了。負責戒備的軍官高爾當下就認出她了，「而圖帕伊亞也馬上認出來了。」在船上工作的威爾金森也看到她，同時愉悅地表示，她「還記得我們這幾張曾經在這裡出現過的老面孔」。

莫里諾與高爾領著兩位貴客到主艙去，庫克送普莉雅一個洋娃娃當禮物，讓她陶醉不已。接下來的兩小時，他們帶她參觀了整艘船，就像莫里諾所記錄的，「就跟參觀海豚號時一樣。」因為海豚號比較大也更為華麗，截然不同的奮進號一定讓普莉雅感到很訝異，因此當他們從船的一邊走到另一邊時，一直跟圖帕伊亞聊個不停。艄樓甲板的絞盤上有兩個大大的裝飾用雕刻頭像，還有主艙也不如她記憶中那樣華麗。砲房裡沒有大砲，而那遠比海豚號還小的後甲板就連天篷也沒有。

等到莫里諾陪著圖帕伊亞與女王上岸後，也一樣感到很驚訝。海豚號的船員本來毫不懷疑地認為女王是寡婦，但上岸後「卻發現她丈夫與隨從都在歡迎他們」。莫里諾這才終於知道她叫作什麼：「此刻我才得知她的名字是歐普莉雅，她丈夫則是叫作歐阿莫。」當庫克提問時，圖帕伊亞指著女王說：「O Purea」，意思是「這是普莉雅」，因此歐洲人聽到的就是歐普莉雅（Oborea）。

儘管「被海豚號船員稱呼為島上女王的女人」突然出現，讓庫克跟其他人一樣好奇，但卻也是件麻煩事，因為他寧願只與一位原住民君王來往。從大溪地的階級體系看來，「君王」這種人物似乎的確存在：就像船上的外科醫生威廉·孟克浩斯曾經思考過的那樣：「我們不曾懷疑它（大溪地）具有封建社會的特質。」英國人生活在階層嚴明的社會中，這狀況對他們來講並不陌生，而當那位女王不在時，他們就把圖塔哈認定為最高酋長。在他們見過的酋長裡面，他不但是最為顯赫且權勢最大的一位，他們還看過其他酋長向他進貢。「從所有的狀況看來，」孟克浩斯寫道，「我們傾向於認為他是這個島嶼上的王中之王。」

所以，庫克應該改與普莉雅來往嗎？圖帕伊亞表示，當然不應該，同時他也透露了許多訊息，從這點也可以印證他學英語學得很快。根據莫里諾的記載，自從海豚號離開後，「島上的這個地區被人入侵，亦即歐阿莫與歐普莉雅失去了部分土地。」庫克認為，結果是，「她曾是自己的家族或部族的領袖或酋長，但從各種跡象看來，不管海豚號停泊在這裡時，她對其他島民有過多龐大的統治權，如今都已人事全非。」

所以，對於奮進號的船員而言，圖塔哈仍是島民的君主。但是，普莉雅的排場並未稍減。她帶大家前往她的獨木舟，由隨從們帶著一隻豬與幾大串芭蕉，浩浩蕩蕩地前往碉堡，她跟庫克走在最後面。圖塔哈當然不太高興，而且特別羨慕普莉雅能拿到那有趣的洋娃娃：「但是，當我帶他上船，他也拿到一些禮物之後，心情立刻就變好了。」庫克寫道。

拿到他的洋娃娃後，這位身經百戰的酋長高高興興地離開了。

終於想起圖帕伊亞之後，海豚號的船員都視之為女王的愛人，或者如同悉尼·帕金森所說的，「歐普莉雅的最愛。」不過，他們很快就發現自己搞錯了這一點。隔天，因為大名鼎鼎的女王突然出現，對此感到興味盎然的約瑟夫·班克斯決定到那艘雙體獨木舟去「造訪歐普莉雅女王」。有人說她正在天篷裡睡覺，但是當他走進去時，發現她正跟「一個年約二十五歲，叫作『歐巴蒂』的好色俊美男子」親熱。普莉雅一點也不尷尬，她只是赤裸著身子站起來，像維納斯女神一樣「穿起褲子」，同時表示那位男伴（他的真名叫作巴蒂〔Pati〕）是她的新寵。

這有趣的新發現意味著圖帕伊亞的身分成謎。就算英國人不知道普莉雅與丈夫的土地是被圖塔哈（與維希亞圖阿）以暴力手段奪走，但普莉雅的最高首長儘管仍被視為全島的最高祭司，如今何以會成為圖塔哈的朝臣？至少這看來是很奇怪的一件事。然而，他們沒多少時間可以思考，因為另一個危機即將浮現。五月二日早上九點，庫克與葛林到碉堡去裝設觀察天文用的象限儀，但卻發現盒子是空的。儘管不到五公尺外就有武裝哨兵在看守，但東西還是被幾個大溪地的妙手神偷給偷走了。小偷的神奇戲法贏了，但對於庫克與他的天文學家而言，卻是一場災難。

庫克立刻下令扣押海灣裡的所有大型獨木舟，酋長們也都必須被留置起來，直到有人歸還象限儀。然而，他們能夠押得到的酋長就只有普莉雅一個人，所以庫克先收回第二道命令，然後去見班克斯，還有剛剛原本要去裝設象限儀的葛林。結果東西已經被一直都很幫忙的圖普拉艾找了回來，而且他還設法找到一些先前失蹤的東西，包括班克斯看書用的眼鏡。他們一起回去後，卻發現，儘管庫克修正了自己的命令，但圖塔哈還是被抓了起來。高爾的性子很急，動作比庫克的命令還快：他已經派水手長去扣押沿岸的獨木舟，圖塔哈就在其中一艘上面。

希克斯中尉把圖塔哈酋長留置在帳篷裡，整個海灣陷入悲痛不安的氛圍中。根據班克斯所言，他們可以聽見兩英里外傳來有人嚎啕大哭的聲音。「圖普拉艾．伊．塔馬伊塔來到碉堡裡，發現圖塔哈被押了起來，兩人的反應真的很感人，」庫克寫道：「他們倆都哭了好一會兒。」班克斯描述圖塔哈獲釋後昂首闊步走開，「繃著一張臉」，「不過一離開後還是送了我們一隻豬。」

接下來幾天，島民都不敢接近碉堡，只有幾個好朋友例外。就連圖帕伊亞也很懷疑，因此為他過去的情婦檢查獨木舟是否受到惡意破壞：「圖帕伊亞（海豚號來訪時，他還是歐普莉雅的左右手）來了一趟，徹底檢查她的獨木舟，」班克斯寫道。不過，圖帕伊亞深知自己扮演著官方中間人的角色，因此還是忠於奮進號，班克斯寫道，「圖帕伊亞白天都跟我們在一起，夜裡睡在歐普莉雅的獨木舟上。」他並未孤枕獨眠。也許是因為羨慕，眼紅的班克斯表示，儘管圖帕伊亞這位「紳士至少已經四十五歲了，但卻總是不缺床伴」。丹尼爾·索蘭德把跟圖帕伊亞在一起的那位年輕女孩稱為「洋娃娃」，她叫作愛普普（Apupu）。

在此同時，圖塔哈派一個僕人過來要一把斧頭與一件襯衫，顯然是為了交換他在獲釋後給的那隻豬。庫克拒絕了，他要求老酋長必須親自來拿，結果害他們拿不到補給品。沒有人送水果來交易，而且當他們派小船沿著海岸尋找交易對象時，根據孟克浩斯醫生的紀錄顯示，「沒有人願意割讓自己的豬，但是都宣稱豬是圖塔哈的。」到了五月四日，情況實在太糟了，班克斯被迫去找圖普拉艾·伊·塔馬伊塔，求他給一些麵包果。圖塔哈再度要求他們提供斧頭與襯衫，庫克讓步了，承諾明天早上會親自送過去。

隔天一早，圖塔哈派隨從來提醒他，庫克與索蘭德和班克斯一起登上小艇。他們一定是鼓起了十足勇氣，因為過去三天以來，他們所見過的幾位島民都曾抱怨自己遭到酋長虐待，一行三人壓根不知道會受到什麼待遇。到了帕雷阿魯埃地區，他們發現有一群人在登陸地點等待他們。他們一登岸就被包圍，群眾高呼：「Taio Tutaha!」意思是「圖塔哈是你們的朋友！」圖塔哈不像普莉雅那麼有威嚴，一揮手就能讓大家閉嘴，他派出一個戴著纏頭巾的警察用白色棍子把所有人驅離，庫克等三人才能慢慢走到一棵樹下，圖塔哈正與一群老人坐在那裡。

可能是經由圖帕伊亞的建議，或是因為他看過了瓦歷斯的日誌，庫克送了一件藍色披風給圖帕伊亞（「一件以絨面呢為材質，以他們的衣服為樣式的上衣」），還有襯衫與斧頭。怒氣全消的圖塔哈邀請他們去欣賞「公開的摔角演出」，普莉雅突然出現來帶路。演出場地是一個大型庭院，四周圍著一圈竹子圍籬，另一邊有一間前面沒有門的長屋。摔角選手一個個走出來，藉著拍動左臂來挑釁觀眾。他們的反應是往前走，搖晃手肘，打鬥就此開始，兩個人緊抓對方，扭打了起來。只要有一方跌倒，另一個就算勝出，之後便再次尋找對手。

經過兩個小時的反覆表演後，庫克發現接下來該跟著圖塔哈，他要請他們大吃一頓。三位飢餓的英國人欣然同意，但奇怪的是，酋長居然帶他們回他們的小艇。不久有人送來一隻剛剛出爐的烤小豬，又燙又美味。他們三個覺得圖塔哈實在是太客氣了，這意味著他們可以不用被大批群眾圍觀，自己輕鬆用餐。但就在他們要開始磨刀時，圖塔哈跟他們說，他要跟他們一起上船去，到船上去吃豬。

儘管庫克與班克斯並不知情，這是圖塔哈故意要讓他們難堪，以便向人民展現自己比外國人還有權勢。來自奮進號的三位並未獲得符合傳統的招待，被迫得等一陣子才能吃晚餐，班克斯酸酸地評論道，像這樣「一邊聞著逐漸變冷的烤豬，一邊划船划四英里」，實在令人感到不悅。上船後，他們必須看著一大塊甜美多汁的豬肉被圖塔哈吃掉：「那位陛下開心地與我們一起用餐。」

然而，最後的結果對他們是有利的。等到他們回岸上後，就發現圖塔哈這才「與我們和解，像是對他的人民施展魔法似的，入夜前就有人送來了數量相當令人滿意的麵包果與椰子」。大溪地人與奮進號的船員算是暫時講和了。

到了五月九日，又有更多跡象顯示圖帕伊亞與普莉雅和好了。根據班克斯的紀錄，「歐普莉雅」與她的情郎「歐巴蒂」，還有圖帕伊亞，在早餐過後不久就帶著一隻豬與一些麵包果到船上，宣稱他們要駕著雙體獨木舟離開三天。十二日破曉之際，圖帕伊亞依約回來，跟往常一樣到進行交易的帳篷去扮演班克斯的中間人角色——班克斯這位科學家實在很幸運，因為他們載著奮進號上船員不認識的兩個男人與幾個女人回來，一個前所未見的儀式就此開始。

第一個男人拿著一小撮羽毛與六根長滿樹葉的樹枝走向前，一一交給班克斯：「圖帕伊亞站在我身邊，充當我的副手，把東西一一放下。」想必，圖帕伊亞對於接下來發生的一切並不如班克斯那樣訝異。第二個男人拿著九條桑樹布料，把其中三條放下，其中一個女人踩上去，把衣服撩起來，露出下半身，慢慢轉圈，讓那瞠目結舌的年輕人「趁此大好機會」欣賞她的下體。她往後退一步，褪下她的紗籠，那男人又放下三條布，讓她將那儀式重複一遍，如同班克斯接著記載的，「其他三塊布一樣被蓋在我與她之間，她再次向我展現美麗的裸體。」她故意直接走向他。那個男人跟在後面，把布撿起來摺好，那個女人要班克斯把布當禮物收下來。

班克斯應該是把桑樹布料交給了圖帕伊亞，此時在他腦子裡還有別的東西在打轉。色心大起的他牽著那年輕女孩走進帳篷裡，她的一位女性友人跟在後面，「但是一小時後就無法勸她們繼續留下了。」至於那個小時發生了什麼事，就有勞讀者去猜想了。

普莉雅已經玩膩了巴蒂，看上了那位英俊而好色的年輕科學家。如同班克斯所記載的，「如果我願意，就能接替他的位子。」他拒絕了此一美妙的提議。但是兩週後因為發生了一件事，幸運的普莉雅才得以趁亂得逞。

那天是五月二十八日，在圖帕伊亞的陪伴之下，班克斯、庫克與索蘭德一同徒步前往內陸，拜訪剛剛遷居幾英里外阿特胡魯地區（Atehuru）的圖塔哈。他們在傍晚抵達，發現老酋長正在一棵樹下議政，諸多繁文縟節還沒結束前，就已入夜了，班克斯說他們被迫必須「找地方投宿」。圖塔哈跟往常一樣無禮，他並不樂於招待他們，所以普莉雅很快就提議讓班克斯到她的雙體獨木舟上去睡覺，他也立刻接受了，他還把衣服脫了，「因為當晚很熱。」

普莉雅承諾會好好保管他的衣服，但是當班克斯半夜醒來，四處尋找，卻發現他的背心與外套不見了，特別是那件別致的白色外套上面有銀色飾扣，對於像他這樣在熱帶島嶼上健行的人而言，是最不適合的衣服。更糟的是，外套口袋裡的手槍也不見了，還有火藥與子彈。「我把歐普莉雅叫起來，」他寫道。她起來後，把在旁邊另一艘獨木舟上睡覺的圖塔哈吵醒了，兩位酋長理所當然地開始幫忙尋找失物。被騷亂聲吵醒的圖帕伊亞也來了，所以班克斯把僅存的毛瑟槍交給他。接下來，當班克斯又把自己蓋上桑樹布料被子，躺在床上之際，附近響起了音樂聲，還有燈光。聲音聽起來像在開派對，所以班克斯穿上馬褲，跑去一探究竟，碰巧遇到一樣在尋找失蹤衣物的庫克。

詹姆斯·庫克覺得困惑又憤怒。「壓在我頭部下面的長襪被人拿走了，但我可以確定我一直都沒睡，」他抱怨道。他認定這件事是普莉雅與圖塔哈搞的鬼，特別是當他與其他三人要睡覺時，他們居然在茅屋開派對——「圖塔哈來到我與其他人睡覺的茅屋，表演各種音樂給我們聽，除了三個鼓與四支笛子，還有人唱歌。」就這樣奏樂唱歌九十分鐘後，樂手才終於把東西收拾好離去，但丟掉的東西還是沒歸還給他們。

普莉雅依照大溪地人的習俗，於破曉時起床，所以班克斯也跟著起床。「圖帕伊亞是我看到的第一個人，」他寫道，「他拿著我的毛瑟槍與其餘衣物，雖然我們常懷疑他的忠誠度，但這次倒是沒出問題。」為了替代仍然不見蹤影的外套，普莉雅給了他一件斗篷，他說：「這下子我看起來就像個小丑，身穿一半英式、一半印地安式服裝。」唯一沒有任何東西不見的是索蘭德醫生，他睡在大約一英里外的一戶友善人家，所以班克斯與庫克一樣，都懷疑是他們的主人搞的鬼。普莉雅是不是故意用美色與好客的態度讓他分心，好趁機把他的外套與背心偷走？看來可能性很高，光是偷到手槍就很有價值了。

庫克與班克斯用了整個早上，極力說服圖塔哈與普莉雅派人更加認真尋找失物，但被迫放棄，只能打道回府，班克斯抱怨道：「我們對這趟旅程感到失望透頂。」那一天唯一的收穫是看到一群島民用高超的技巧衝浪，他們把一艘老舊獨木舟的船尾拔下來當衝浪板，勇敢地讓海浪把他們送回沙灘上。

儘管庫克、索蘭德與班克斯並不知情，但他們是第一批目睹衝浪運動的歐洲人。

到了六月三日，下個不停的雨終於沒了，剛好讓他們來得及觀察金星的移動情況，好讓他們可以跟國際間許多科學家一樣，試著測量出太陽與地球之間的距離。為了取得各種數據，庫克下令在各個不同區域都擺一架望遠鏡。在高爾、孟克浩斯、班克斯的辦事員赫曼·史波林（Herman Spöring）的陪同下，班克斯搭乘奮進號的大型划艇到外海的茉莉亞島（Moorea）去觀察金星，同行的還有搭乘雙體獨木舟的幾位酋長。

一小時內，大溪地的「國王」與他的姊妹一起抵達了。班克斯走向前去迎接他們，帶他們前往一個他整理出來、位於樹下的舒適地點。他特別把自己拿來當纏頭巾戴的一條桑樹布料解下來，鋪在地上，要他們舒舒服服地坐上去，以示周到。對於他們來講，頭巾與神聖的頭部密切相關，他們對此舉不知有何想法，但想必非常訝異。但他們很有禮貌，並未辜負班克斯的好意，給了他一隻豬、一隻狗還有一些水果。班克斯則是以一柄手斧、一件襯衫與一些珠子當作回禮，然後像羅伯森一樣，讓他們透過望遠鏡觀看太陽，但並未惡作劇。

他的殷勤招待獲得了讓他最感愉悅的回報。他回到帳篷不久後，欣然發現三個圖塔哈的漂亮侍女也跟著他回來。稍加勸說後，她們統統都留下來過夜了，他說：「從來沒有人在認識我這麼短的時間內就如此相信我。」

隔天六月四日是英王喬治三世的誕辰，但因為幾位科學家與軍官仍然忙於天文觀察事務，散處各地，所以慶祝活動延後了二十四小時。他們大肆慶祝一番：「幾個印地安人與我們一起用餐，」班克斯寫道，「為了敬祝陛下健康而喝酒。」曾待過海豚號的莫里諾當然沒看過穩重（而病懨懨）的瓦歷斯船長這樣慶祝過，因此他印象最為深刻，如他所說：「在為了慶祝活動而搭起來的某個船上帳篷裡，船長讓所有軍官與紳士都玩得非常盡興。」他們的賓客包括「島上的許多權貴」，他們「為了敬祝陛下健康而喝酒，舉止跟最為文明的人一模一樣」。

沒有任何紀錄顯示，那些大溪地酋長對於用葡萄酒敬酒有何反應，唯一被記載下來的是圖帕伊亞也樂在其中。為了顯示他對朋友忠心耿耿，如同他的朋友班克斯所言，他是「醉得最厲害的一個」。我們無從得知圖帕伊亞只是在模仿身邊眾人喝醉的模樣，還是他隔天的確覺得很糟糕，但是接下來的所有紀錄裡，再也沒人寫到他喝酒的事了。後來，班克斯表示，那些喝醉的原住民「對於喝醉一事感到非常不悅」，自此再也不碰葡萄酒與各種烈酒。

對於英王誕辰的慶祝活動，庫克並未留下太多紀錄，因為根據一點一滴累積起來的訊息顯示，前一年曾有兩艘歐洲船艦在大溪地島的東岸地區下過錨。有人跟他說，原住民稱那位指揮官為「圖泰拉」（Tootera），雷提酋長的弟弟還跟著他們一起離去，而且最重要的是，這個島上的「性病」很可能就是那兩艘船帶來的。庫克之所以對此感到極為擔憂，一方面是奮進號有許多船員也得了性病，另一方面則是因為太平洋地區的民眾認為那是凶兆。如他所言，假以時日，那種疾病將會傳遍全島，「那些一開始把病帶來的人應該永世受到詛咒。」

所以說，誰才是元兇？是海豚號或者那兩艘不知名歐洲船艦的船員？瓦歷斯堅稱，海豚號抵達島上時，船上沒有任何船員染病，而詹姆斯．庫克認為他自己的船員也是這樣，他寫道：「來這裡之前，我就曾經大費周章地調查過，是否有任何船員得病超過一個月以上。」為此，他還吩咐船醫檢查每一個人，在登陸前為大家提供沒有得病的證明。但不管是他、孟克浩斯醫生或者瓦歷斯船長都不知道，性病（特別是梅毒）都是在症狀消失以及病人被宣告已經治癒很久後，才開始具有傳染性。例如，根據海豚號的船員紀錄顯示，受過鞭笞之刑的法蘭西斯．皮克尼在航程初期曾經接受過性病治療。不知此事的庫克樂於接受瓦歷斯的說法，因此也欣然認為那兩艘不知名的船艦就是罪魁禍首。

但它們到底是哪兩艘船呢？班克斯與庫克拿一張彩色印刷的各國旗幟給圖普拉艾・伊・塔馬伊塔看，好不容易才讓他搞懂，他們想知道停在希提艾阿村那艘船懸掛的是哪一面旗子，「他立刻指著西班牙的旗幟」，而且非常肯定。法國與西班牙的旗子都是以白色為底，但並不是那麼相似，因為法國的旗子就像桌布一樣全白，西班牙的旗子則是有一個盾形徽紋在上面，並且以波旁與安茹（Bourbon-Anjou）兩個王朝的家徽為裝飾。所以，這只是證明當布干維爾來到希提艾阿村的時候，圖普拉艾並不在那裡，他只是跟往常一樣想要幫忙，但一直要等到幾個月後，他們兩個英國人才搞清楚真相為何。

圖普拉艾實在是太忙了，因此無法認真思考那兩艘神祕船艦的真正身分。一個與他老婆有親戚關係的貴族仕女去世，他有責任為其辦理哀悼儀式。屍體擺放在一個有遮蔭的平台上，四周被各種食物包圍，如此一來神靈有東西可吃，才不會去吃死者，婦女們為其守靈，手執一個尾端有鯊魚牙齒的儀器，拿來打自己的頭，打到流血，然後用桑樹布料止血，接著把布料丟到屍架下，當作祭品。圖普拉艾扮演的角色是「主祭者」，他必須執行一個把神靈嚇走的儀式。班克斯百般懇求，圖普拉艾才同意他參加儀式，而且他有充分的理由：如果主祭者的遊行隊伍裡有個歐洲人，他們就可以經過金星碉堡。

為了參加儀式，班克斯必須脫光衣服，用纏腰布纏腰，把下體包起來，然後用桐樹的油脂把自己塗黑。圖普拉艾自己則是穿上「最神奇的服裝」，化身為一個高大而看不出是誰的人形，全身都用桑樹布料包起來，臉上戴著一個用珍珠貝製成的大型面具，頭戴圓形珍珠貝頭飾，胸前穿戴一具獨木舟狀的護胸甲，上面貼著兩個用珍珠貝做成的「眼睛」，看來炯炯有神。從護胸甲往下垂的幾千個珍珠貝吊飾閃閃發亮，前後搖晃，而他那發亮的圓形頭飾上面立著一根根又長又細的羽毛，不斷顫抖著，散發著微光。來自四面八方的光線打在他身上後都會反射。圖普拉艾一手拿著一個珍珠貝做成的拍板，另一手則拿著用鯊魚利齒做矛頭的長矛。

因為此一怪異的造型讓班克斯感到著迷不已，圖帕伊亞還幫他把主祭者的服飾畫下來，後來班克斯在描述葬禮時還把那張圖當作「附圖」。儘管畫風原始，但是那幅畫並非不成熟的作品：它能夠傳達大量訊息，顯示圖帕伊亞畫它的目的是想要展現服飾的各個不同部分。畫作也令人讚嘆，賞畫者莫不深刻地感覺到穿那一身衣服的人擁有強大力量，因此儘管那幅畫的作者並未留名，但他會被稱為「主祭者的畫家」，可是一點也不令人感到意外。另一個有趣的地方在於，那是一幅彩色畫作，因為水彩顏料在當時極其昂貴稀罕，所以班克斯曾吩咐，只有繪製自然史圖畫時才能使用彩色顏料，這意味著，若非圖帕伊亞有權使用那些繪畫材料，就是用染桑樹布料的染料作畫。

另一個值得注意的地方是，圖帕伊亞把那人形畫在整張紙上非常靠近右邊的地方，這強烈暗示著他是個左撇子，因為右撇子天生都會從左邊開始作畫，以免把畫作弄髒。

儀式開始時，圖普拉艾先在距離屍體不遠處祈禱。跟在他後面的人都打扮成惡鬼的模樣（班克斯把他們稱為尼尼微人，因為根據聖經以來的傳統，古代尼尼微城〔Nineveh〕[1]的居民都被當成惡靈），班克斯也不例外，他們構成了一個可怕的遊行隊伍，班克斯說當他們前往碉堡時，「我們的朋友都嚇了一跳，在那裡的印地安人更是害怕，因為他們看到隊伍後的表現就像羊群看到狼。」把旁觀者趕走後，主祭者與其隨從衝往另一個人群，也把他們驅散。接下來他們經過十幾間屋子，屋裡的人也都趕快衝出來，接著主祭者就宣布儀式結束了。班克斯便來到河邊，花了一個多小時才把油脂洗掉。

由於和圖普拉艾和圖帕伊亞都交好，高大的身形與俊俏的臉蛋又深具吸引力，而且天生有一股銳氣與誇張的性格，班克斯對於維繫住奮進號人員與大溪地人的關係有莫大貢獻。因為有圖帕伊亞當他的朋友與顧問，他才能夠避開圖塔哈的那些官式繁文縟節，深入觀察一般人的日常生活。有一次，他設法獲邀參加一個音樂會，樂團成員有兩個長笛手與三個一邊打鼓、一邊順著節奏大聲歌唱的鼓手。那些歌曲的內容都是在歌頌奮進號——至少旁人是這麼跟班克斯說的。他和幾個船員以一首英國歌回報他們，最後引來如雷掌聲，「甚至有一位音樂家想要跟我們回英格蘭學唱歌。」

圖帕伊亞也把音樂家都畫了下來，顯然只是為了好玩（但三個鼓手只有兩個出現在畫面上）。儘管比主祭者的服裝畫得還要簡略，那幅畫仍是栩栩如生，讓人覺得好像可以聽見音樂似的。在圖帕伊亞捕捉到的那個瞬間，那兩個鼓手是看著他的，所以他也把他們的情緒記錄下來。他們看來很緊張，好像覺得很納悶：為什麼像最高祭司這種令人敬畏的人物會把他們畫下來，還有他想要用那張圖畫做什麼？也許，對他們來講，圖帕伊亞不只是隨便畫畫而已。

儘管顯然只是隨便畫畫，那幅畫對於後代子孫來說，卻是珍貴的禮物，因為我們難得能夠看見古代大溪地的日常生活細節。這類非正式圖畫本來都是由亞歷山大・布坎畫的，從現存那些以南美洲最南端火地島為主題的畫作看來，他的畫風自然而具吸引力。布坎死後，班克斯希望年輕的帕金森能在繪製幾百幅自然史畫作之餘，也把這種場景畫下來。然而那並非他擅長的風格，他所接受的訓練並不包括這種畫風。他只畫了一張塔伊艾塔正在演奏鼻笛的迷人素描畫，此外並未留下任何記錄日常生活中的男男女女的畫作。他的肖像畫看起來都很呆板，描繪人群的畫作也都太過拘謹，簡直就像柱子上的雕刻畫。這意味著，當時沒有任何人把日常活動中的一般人描繪下來，那些畫作儘管繁瑣，但卻是重要史料——直到圖帕伊亞在演奏會上拾起鉛筆，情況才改觀。

譯註：

1 古代亞述帝國的城市。

# 9 波里尼西亞的創世神話

塔阿若（Ta'aroa）的咒語造就了大地的原質
塔阿若的咒語讓哈瓦基（Hawaiki）變成了大地
然後塔阿若用原質塑造大地
接著塔阿若想要搖撼大地，它卻文風不動

——大溪地的創世紀神話讚歌

六月十四日那天又出了另一件事：一個原住民偷了一支爐耙，庫克船長的脾氣爆發了。他的反應實在是小題大做。莫里諾寫道：「船長下令，要我們攔截那些最大艘的獨木舟，搬到碉堡後面那一條河裡，扣押起來，直到東西歸還。」到了中午，爐耙被還了回來，但那還不夠。詹姆斯．庫克打定主意，要繼續扣押獨木舟，直到各項失物歸還原主，包括「一支陸戰隊員的毛瑟槍」，還有「兩把班克斯先生的手槍，一柄某位低階軍官的劍，還有一個水桶」，因為他仍然深信，東西是圖塔哈與普莉雅叫人偷的。

用帕金森的話來說「孟克浩斯先生所遭受的無禮待遇」，也是一件需要賠償的事。前一天，孟克浩斯從某間聖堂旁的樹上摘了一朵花，不慎褻瀆了神明，因而遭到攻擊。有個男人從後面打他，當他想要自衛時，另外兩個原住民抓住了他的灰色長髮。如同孟克浩斯自己所觀察到的，他們是「Mannahoona of Oparre」，亦即「帕雷阿魯埃地區的庶民」，所以是圖塔哈統治的子民。圖塔哈承諾會將他們「痛打一頓」，但是他們並未看到任何懲罰的跡象，所以圖塔哈也必須為這件事負責。

日落了，還是沒有人歸還其他東西，所以庫克也拒絕把獨木舟還回去。圖塔哈堅稱普莉雅才需要為竊盜事件負責，與他自己完全無關，而且也開始發怒——「圖塔哈非常不悅，」帕金森寫道，「他不准任何原住民為我們提供麵包果、椰子或蘋果。」所以奮進號又開始缺乏補給品了。根據過去的經驗，不管他們在哪裡找到豬隻，若無圖塔哈的允許，居民們是不會賣給他們的，但庫克的態度仍很堅決。

普莉雅想要用補給品示好，再獲支持，因此帶著芭蕉、麵包果與一隻豬來了（但並未帶著失物）。她宣稱，東西是巴蒂偷的；她已經把他打了一頓，將他趕走。沒有人相信她。她非常想要睡在班克斯的帳篷裡，但是被拒絕了。不過，班克斯的確把帳篷借給了孟克浩斯先生與某位尉官，讓他們與普莉雅的兩位侍女調情，但是他與醫生因為晚上誰該睡在帳篷裡這件事而吵架——如同帕金森所說的「他們彼此大聲嚷嚷」，有一段時間兩人看來好像要決鬥似的。吵了一架後，班克斯決定要原諒普莉雅，他把帳篷讓給孟克浩斯，自己跑去她的獨木舟睡覺。

然而，危機並未就此解除：根據莫里諾的記載，「原住民因為獨木舟被扣而嚇到了，我們保持高度警戒，深恐遭到突襲。」除了想要讓自己再度成為奮進號之友的普莉雅之外，他們的訪客只有「一批最親近的朋友」。裡面當然也包括圖帕伊亞：事實證明他也幫了很大的忙，因為普莉雅於一週後又帶著一批補給品來了，其中包括一隻讓班克斯仔細端詳很久的「大肥狗」。

奮進號抵達後，船員一直都沒有多少鮮肉可吃，一方面是因為圖塔哈從中作梗，另一方面則是因為戰爭才剛結束不久。有些島民會賣漁獲給他們，不過只有軍官與病人能吃，其餘船員則是在庫克的命令之下，必須自己透過交易取得補給品，結果就只能吃老鼠了。大家看來並不介意，如同莫里諾所記載的：「射殺老鼠是他們的樂子，娛樂之餘也大有好處，因為老鼠很好吃，而且地上到處是老鼠，島民不曾侵犯牠們，所以一天下來很容易就能捕獵到一千隻老鼠。」他補充道，大溪地人「不喜歡吃老鼠肉」，但不知道理由何在，而且老鼠是島民的廁所清潔工。如果有誰想去樹林裡方便，結果都是交給老鼠清理。難怪地上到處都是老鼠，也難怪大溪地人比較喜歡吃的是魚、家畜，還有豬狗。

班克斯已經知道「那些印地安人吃狗，而且將其視為比豬肉更美味的食物，」所以他自己也想試試看。他不需費心殺狗與烹調，只要交給圖帕伊亞即可。在船員的圍觀之下，他把狗鼻子往裡拗，抵住肚子，緊抓雙顎，將牠悶死。接著他開始處理狗屍，就像處理豬隻一樣。先前他們已經挖好了一個土窯，把裡面的石頭烤得火熱。圖帕伊亞用火把狗毛燒光，然後用一片貝殼把狗皮剝乾淨。「接下來用同樣的工具把狗的內臟掏出來，拿到海邊仔細清洗，與所有的狗血一起擺在椰子殼裡面。」他將幾顆炙熱的石頭包在狗肚子裡，用芋頭葉子把狗包起來，放進爐子裡那些火熱通紅的石頭上，那些裝著狗內臟與狗血的椰子殼也是，然後用香蕉葉好好蓋起來。接著，他在土窯上澆水，用土堆把它封起來，讓狗在肉汁裡烹煮。

兩個小時後，他們把土窯挖開，開始上菜。「這真是他最拿手的菜餚，」班克斯寫道，而庫克也展現他罕見的熱忱，宣稱：「沒吃過比這更甜美的肉。」也許是因為這一餐撫慰了他的情緒，也許是因為他終於了解到，因為大溪地人的文化與風俗是如此不同，所以他不能用對待手下那些粗魯船員的方式來對待他們，他還補充道：「如今我已不再妄想原住民能把偷走的東西還回來了，因此只要有人來要，我就會把獨木舟歸還他們。」

他不只已經不再奢望拿回那些手槍、毛瑟槍與水桶，跟之前的瓦歷斯船長一樣，他也發現自己該把手下帶走了。奮進號待得太久，已經不如往昔受歡迎，帕金森也注意到，麵包果本來就不多，為了讓船員有東西可吃，島民被迫改吃烤栗子。大溪地人了解島上土地的週期，他們深知接下來的日子難過了，因為豐收的季節要等到昴宿星團的七顆星星於薄暮之際重現在地平線上，才會降臨——到時候已經是西方的十一月底了。在此同時，他們不可能再為船員提供食物了。

然而，庫克希望在離開前好好對全島進行一次科學探勘活動。他接獲了跟瓦歷斯船長一樣的命令，因此決心把探勘工作做得比前一任船長更為徹底而有效率。也許薩謬爾·瓦歷斯覺得派約翰·高爾花二十四小時到島上去走一趟就夠了，但是對於詹姆斯·庫克而言，唯有環島一周才能令他滿足。

就在他與班克斯為此進行準備時，普莉雅又做了一件令人驚詫又分心的事。從庫克送她洋娃娃那天開始，她就成了常客，跟其他貴族一樣可以自由進出碉堡。然而，在六月二十一日這天，她帶領著酋長們對阿莫·特瓦希士阿、他們的兒子泰里伊雷雷（如今約七歲大），還有一位沒人見過的活潑年輕女性進行一個歡迎儀式。因為這次儀式，又把那些已經努力搞懂大溪地社會的船員們給弄糊塗了。

全名為威廉·布魯恩·孟克浩斯（William Brougham Munkhouse）的船醫當時

三十七歲，來自坎伯蘭郡的彭里斯鎮（Penrith, Cumberland），他常常思考大溪地的社會階級體系是怎麼一回事。他個頭矮小，肩膀狹窄，長著一個長鼻子，有一對湛藍的眼睛，個性古怪，還穿起了大溪地的服裝：此舉讓他的外貌看來怪異，因為他的身形並不高大，而且如果他跟一般的醫生一樣戴著假髮，就顯得更好笑了。儘管外觀奇特，顯然也不關心當地人的健康，又喜歡女人（他是唯一看過艾瑞歐伊的情色表演的奮進號船員），但卻非常聰明，而且分析能力很強。他的確是個完美的旅人，眼前所見的一切都能讓他著迷不已。

孟克浩斯有很多到處閒逛的時間，因為他所做的是一份奇特而寂寞的差事。儘管早在一七五八年二月二日他就被海軍任命為軍醫，也曾被派駐北美洲多年（他待的上一艘船是尼日號（HMS Niger），當約瑟夫．班克斯在紐芬蘭附近生病後，就是由他醫治的），但他仍然只是個准尉。這意味著，除非船長召喚他，否則他沒有權力待在後甲板區，不過他吃飯的地方的確是在砲房沒錯。他的妻子因為偷竊了一件披風，判刑確定後被流放到美洲去，而這也有損於他的社會地位。他跟其他准尉與水手也不太來往，因為他不用做他們的工作，也不用站哨。奮進號的船員很少在日誌裡提及他，每當他們提到「the Doctor」時，指的都是人緣很好的植物學家丹尼爾．索蘭德博士，而非船醫孟克浩斯。

過去幾週以來，孟克浩斯醫生得出了一個結論：大溪地有四個社會層級。等級最高的是「ari'i rahi」（最高酋長），最低階的則是「teuteu」（賤民），他們做的都是一些低下的工作，除了自己打造的簡陋茅屋與漁船之外，沒有任何財產。最高酋長底下有被稱為「ari'i」的酋長，在賤民與酋長之間則有一群老百姓，被稱為「manahune」（庶民）。

他原本看不太出來誰是酋長，因為幽默的島民總是喜歡惡作劇。孟克浩斯寫道：「看到我們之後，他們就開始跟我們說哪些人是酋長；還有哪些是特別有威望的人；結果那些人越來越多——簡而言之，任何人不管是男是女，只要有一間還過得去的房子，或者擁有一艘雙體獨木舟，就是酋長。」最後他得出的結論是，酋長與其他較低階層人民的區別在於，他們擁有土地，「ari'i」是擁有土地的「領地酋長」，他們把土地租給下層人民。至於那些在他們的土地上居住與工作的庶民，則是必須在收成時進貢。

圖帕伊亞跟他說他搞錯了。「如今圖帕伊亞跟我說，庶民也有土地，」孟克浩斯寫道，儘管他們有責任「為酋長提供酋長所需的任何東西」。而且，此一土地所有權必須經過酋長同意：「看來，除非他們的酋長願意允許，否則庶民是不能擁有土地的。」一般來說，酋長所要求的是漁獲和豬隻等東西，但孟克浩斯也看過圖塔哈派出隨從，把奮進號船員給原住民的東西收回來。奇怪的是，就連圖普拉艾這種酋長也曾被迫把班克斯給的衣服、鐵釘與一些小東西交出來——所以應該是每個人都必須這麼做。但是，就像圖帕伊亞跟孟克浩斯醫生所說的（也許圖帕伊亞樂於透露此事，藉此報復圖普拉艾把他的墨魚搶去吃），圖普拉艾事實上是「帕雷阿魯埃地區的庶民」。不過，圖帕伊亞並未提及圖普拉艾也是法艾阿地區的酋長——他這是在耍幽默。

更令孟克浩斯感到不解的是圖塔哈的身分。根據自己所觀察到的一切，包括圖塔哈收到的貢品，他對於豬隻買賣的決定權，還有似乎是由他掌控的大片地產，看來孟克浩斯已經能確認自己的第一印象無誤：這位肌肉發達的老酋長就是最高酋長。其他人也同意，像索蘭德就認為圖塔哈是「大溪地的酋長或最高酋長」。過去幾週以來，圖帕伊亞也一直暗示著，普莉雅與其丈夫可能就是被圖塔哈擊敗，奪走土地的（「圖帕伊亞跟我說，有位酋長搶了其他酋長的土地」）——這似乎能夠確認，就算圖塔哈並非生來就是「最高酋長」，他的確也是靠征服他人而取得了那個地位。

但是，就在普莉雅的丈夫與泰里伊雷雷和那位年輕女性來到碉堡後，圖塔哈在大溪地的社會地位又再次成謎了。

第一個透露出有貴客來訪的訊息是普莉雅放出來的：她把衣服從肩膀往腰部脫下，裸露上半身，碉堡裡所有大溪地人也跟著她做出這奇怪的舉動。普莉雅身邊的圖帕伊亞也一樣脫了衣服，接著她帶領所有人前往大門口。軍官與科學家都知道，如同帕金森所說，脫衣服是一種「致敬之舉」，他們跟在後面，看著阿莫與兒子，還有那年輕女孩走過來，身邊跟著大批朝臣與僕人。

在普莉雅第一天來到營地時，有些人沒有見過阿莫，於是她為他們做介紹。帕金森寫道，「歐普莉雅稱這個男人為她的丈夫，圖帕伊亞是他的弟弟，」不過他不屑地補充道（因為他非常清楚圖帕伊亞曾是她的情人，而非小叔），「但是，不用太在意他們說些什麼。」孟克浩斯醫生把阿莫的名字寫成「Oamo aree no Papalla」（阿莫，帕帕拉的酋長），並且在那些字下面畫了幾條線，強調阿莫顯然是個重要人物。庫克也認為阿莫「一定是個顯赫之士」，但令他困惑的是，等到大家把衣服都穿起來之後，幾乎再也沒人注意他了。

跟他們來的那個女孩看來大約十六歲，她想要進入碉堡，儘管船員竭力勸她穿越大門，大溪地人都不准她那麼做——「有幾回甚至幾乎要用蠻力阻止她，」班克斯寫道。更令人不解的是，那小男孩大多數時間都是由一個男人扛在肩膀上，「儘管他跟那個扛著他的人一樣能走路」，庫克百思不解，他並不知道那是因為，只要是泰里伊雷雷走過的路面，就會變成具有神聖的地位。當訪客剛剛抵達時，索蘭德曾經牽過泰里伊雷雷的手，帶他走進碉堡，酋長們對此咸感震驚，於是立刻把他帶到外面去，他父親要他跳到那個男人的背上。

阿莫的來意是要勸庫克船長歸還獨木舟，他不知道自己沒必要這麼做，因為庫克正試著把獨木舟歸還給能夠證明自己是擁有者的人。隔天他與普莉雅又來了。根據班克斯的紀錄，經過一番交談後，阿莫開始（透過圖帕伊亞）詢問有關英格蘭風土民情的「許多敏銳問題」，拿回四艘獨木舟之後，這位帕帕拉地區的酋長覺得自己已達到了目的，就此欣然離去。

六月二十四日晚間，班克斯如此寫道：「我們的朋友全都往西而去。」兩天後的早上，他與庫克展開了環島之旅，直到回來後，才再次看到他們。

阿莫並沒有走遠。班克斯與庫克不在時，他曾數度造訪碉堡，讓孟克浩斯有機會研究一下，他們那被船員稱為「ahou」的「脫衣禮」——但實際上應該是「ahu」，大溪地語的「袍子」。事實證明，此一儀式就跟他們的社會階層一樣令人感到不解。有時候當阿莫抵達時，他們會脫衣服，有時則不會。孟克浩斯坦承：「我們不知道此一行禮或致敬的舉動是做給誰看的。」因為行禮與否似乎取決於阿莫身邊跟著誰。

某天，阿莫自己一個人過去，沒有人向他行禮。隔天當他帶著兒子與那女孩時，每個人又都把衣服脫掉——「她一抵達碉堡，每個人就都把衣服脫了，沒有人看著那男孩：不久，阿莫看到那男孩在四處亂跑，於是命令他爬到一個男人的背上。」當那女孩離開時，阿莫要兒子跟著她——「他一走，阿莫就把袍子拉到肩膀上；其他人也照著做。還有一次，」孟克浩斯接著寫道，「歐阿莫只帶著那個男孩過來——大家又都脫掉衣服。」

這似乎能印證普莉雅的說法：她兒子是大溪地未來的國王——「他們說，這男孩是歐阿莫跟普莉雅生的，他是大溪地的最高酋長，也是帕帕拉的酋長。」接下來幾天，孟克浩斯不只已經得知那男孩的名字叫作泰里伊雷雷，也知道他有一個表兄弟是「帕佩諾地區（Papeno'o）獨一無二的最高酋長」，而他們歐洲人向來誤以為帕佩諾就是指「大溪地大島」（Tahiti Nui，8字形大溪地島上比較大的那半邊）。這個表兄弟就是受到圖塔哈監護的圖（孟克浩斯把他的名字拼成「歐圖」〔Otoo〕），他是圖塔哈的姪孫，不過孟克浩斯並不知道此事，而且那年輕女孩可能就是他的姊妹。在造訪碉堡的過程中，年輕的圖始終與大家保持距離，一旦他露面的話，大家一定會把袍子往下脫。所以說，為什麼要同時對兩個繼承人行此「大禮」呢？為什麼大家不對圖塔哈行禮呢？

圖帕伊亞並未跟著庫克與班克斯前往大溪地小島（Tahiti Iti）[1]，以策安全：因為那裡是維希亞圖阿統治的地區（儘管圖帕伊亞與圖塔哈和好了，但是他與同樣擊敗了阿莫與普莉雅的維希亞圖阿仍有嫌隙）。孟克浩斯詢問仍留在碉堡裡的他：「因此我問了圖帕伊亞，」孟克浩斯寫道，「得知帕佩諾地區只有一個最高酋長，那個人就是歐圖，而且他的父親與祖父都還在世，圖塔哈只是個酋長而已。」圖塔哈不但只是個酋長，他還是圖的僕人，「因為從最高酋長的繼承人誕生的那一刻起，那嬰兒就變成了酋長。」

所以答案出來了：為什麼人們向泰里伊雷雷行大禮，但卻未對他父親行禮，還有為什麼人們會對著圖脫衣服，而不對圖塔哈脫衣服？因為，自從他們監護的對象出生後，圖塔哈與阿莫就失去了他們的崇高地位，他們所扮演的只是攝政王的角色。圖還沒成年，所以圖塔哈能擁有龐大權勢，但他並未擁有相稱的崇高地位。「此刻，真相終於大白，」孟克浩斯用滿意的語調寫道。

圖帕伊亞為孟克浩斯解釋大溪地風俗的工作暫時告終，他要開始準備前往南邊的旅程。他的計畫是，等到庫克與班克斯從大溪地小島越過地峽[2]後，他將會護送他們前往帕帕拉，到那裡炫耀他的最偉大功績。

把時間拉回到六月二十六日，班克斯留下了這樣的紀錄：「今天早上三點，庫克船長與我一起搭著小艇往東前進。」他們划了五個小時，上岸後與一位叫作特圖普艾羅（Tetupuaro）的友善酋長共進早餐，他是他們這一趟希提艾阿村之旅的嚮導，那裡就是

「據說曾有西班牙人待過的地方」，搭乘小艇可以加快他們的移動速度。雷提慷慨地接待他們，帶他們去看那些外國人紮營的地方。所有的繁文縟節結束後，兩個英國人問了所有關於那些「西班牙人」的問題，因為沒有人可以幫忙翻譯，兩人又搭乘小艇離開。

特圖普艾羅曾警告他們，他們正逐漸離開圖塔哈的領地，遭到攻擊與殺害的風險很高。不過，入夜後，他們遇到了一小支雙體獨木舟船隊，他們知道那些人跟他們倆一樣，也是要到某個地方去。約瑟夫．班克斯欣然發現，其中一人就是烏露土阿（Urutua）——那位在贈送桑樹布料的儀式中三度裸露下體的女士。當然，那一晚他就留在她的雙體獨木舟上過夜了。

他們兩個英國人風塵僕僕地繞行大溪地小島，時而步行，時而划船，一度遇見了可怕的維希亞圖阿，沒想到卻是個留著白色落腮鬍的瘦削老人。他們看到很多有趣的東西，包括不同款式的雙體獨木舟，船的尾端很高，裝飾華麗，天篷由雕刻過的柱子支撐著。島上到處都是聖堂，班克斯說：「在路面上我看見四處散落的人類脊椎骨與頭骨，好像沒有人打算將其埋葬似的。」還有很多過去那場戰爭的遺跡。他們看見英國的鵝與火雞各一隻，是瓦歷斯送給普莉雅的，更可怕的是，有十五具人類的下顎骨垂吊在一塊板子下方，似乎還挺新鮮的，「沒有任何一具受損，就連牙齒也都完好無缺。」班克斯自然非常好奇，問了一堆問題，但無法獲得解答。

想要獲得補給品也幾乎是不可能。要不是無法取得，就是太貴。班克斯也在性事方面吃了許多閉門羹。如同他在日誌裡面坦承的，不管在哪裡過夜，他通常都會「纏著女人，希望能藉此舒舒服服地睡一晚」。不過，他說：儘管女孩們樂於跟我打情罵俏，「但卻一個個離開，棄我而去」——讓他不得不自己找床睡覺。離開大溪地小島後，他們鬆了一口氣，通過地峽的南端後，抵達瓦伊艾里地區（Vaiari），發現圖帕伊亞已經在等他們了。

圖帕伊亞先帶他們到當地的聖堂，那裡有一個與肩膀同高的金字塔，還有人在舉行很棒的慶典。祭壇桌子下方的圓石地面上鋪了二十六個動物頭骨，附近則有三個人類頭骨堆成一排。庫克寫道：「接下來我們進一步往裡走，看到一個叫作『馬胡威』（Mahuwe）的東西，它奇特無比。」那是一個枝條編織物，超過兩公尺高，上面鋪滿了黑色與白色的羽毛——「白色代表大地，」庫克接著寫道，「黑色則仿如毛髮與刺青。」頭上有四個突起物，「像是角被砍掉後留下的根部」，至於腰部則是用纏腰布包著，上面也有突起物，象徵著男性的性器官。

庫克驟下結論，認為這個塑像「的功能是用於大眾娛樂活動，就像木偶劇裡面的潘趣木偶（Punch）」。圖帕伊亞糾正庫克，他說這是半人半神的神話角色茂宜的肖像。茂宜是人類出現前就住在地球上的二級神明，他是有七個頭的「大巨人」，「擁有無窮的力量與能力。」庫克一邊草草記錄，一邊聽著「圖帕伊亞述說他那些荒謬事蹟」，接著圖帕伊亞又說了一個關於茂宜與雲朵的故事。

茂宜出生時，雲朵並未像現在一樣高掛天空，而是聚積在山頂。許多英雄與神人都曾試著要把雲朵抬起來，但卻都被雲的重量壓死。過去沒有人像茂宜那麼強壯，他把雲朵抬起來，掛在天上，此後它們就穩穩地飄浮在上面——但這並不是他最偉大的事蹟。茂宜出生時，地球的陸地是一整塊的。他把陸地拿起來，用力搖晃，讓它分裂成大大小小的島嶼。正是因為茂宜，這世界才會出現今天這個樣貌。

就像後來那些傳教士即將獲知的，大溪地人通常不太願意述說神明的冒險事蹟，祭司特別如此。也許是因為圖帕伊亞天生就愛說故事，也許他只是想要跟外國朋友分享那些傳說，接下來他開始說起了最原初的一個波里尼西亞神話：這世界的創造過程，還有人是怎樣出現的。

他一邊講，庫克一邊快速地寫下：一開始，在「Tahitumu」（原初的狀態）之中，只存在著一位叫作塔阿若的神，祂又叫作「Te tumu」（基礎）。塔阿若的存在比萬物都還要早，祂無父無母，存在於一片空無中。當時沒有天空，沒有海洋，或者陸地，只有一塊被稱為「Te papa」（基石）的巨岩。塔阿若抱住巨岩，一個女兒就此誕生，她叫作愛翁（Aone），接著誕生的包括「陸地、大海、淡水，還有日月星辰等等」。

然後祂創造了許多位「atua」（神人），接著才是人類。

第一個人類是塔阿若與愛翁的兒子，圖帕伊亞也稱他為「翁費努亞」（Onefenua），意思是「堆積起來的大地」。根據圖帕伊亞的描述，這第一個孩子出生時是球狀，由他的父親把他塑造成人形。圖帕伊亞接著表示，大功告成後，他父親將他命名為「伊歐帝」（E oti，但庫克的拼法是「Eothe」），意思是「完成」。伊歐帝的真名是「帝伊」（Ti'i），也就是「繁殖者帝伊」。他與母親和女兒們躺在一起，陸續生出了許許多多西娜女神（Hina）的化身，例如「刺青女神西娜」、「在月亮上製作桑樹布料的西娜」，還有「大地的西娜」，而她就是偉大戰神歐羅的母親。還有三個兒子也誕生了，如同圖帕伊亞所說，「所有人類就是由這三個男人與所有女人孕育出來的。」

帝伊所居住的島叫作「哈瓦基」，位於大溪地的北方，根據庫克的記載，「豬隻、狗與家禽等等」都來自那裡。「『年』是太陽與月亮的孩子，『月』則是由月亮生出來的，進而由每個不同的月份通婚而產生出『日』。」那麼星星呢？「星星是太陽的孩子，天空由它們所佔有，就像人類居住在地球上。」有些星星叫作「ari'i」，有些則是「arioi」，「其他星星則是會結婚生子。」

最後這一段講得簡要，圖帕伊亞若不是累了，就是怕自己講太多。他們當然又問了許多問題，但是在庫克的筆記中，後面已經是空白一片。

庫克與班克斯知道這是歷史性的一刻嗎？他們知道第一次有歐洲人獲得這樣的信賴嗎？這不僅是歷史上第一次有人把波里尼西亞的神話用文字記載下來，而且也是第一次有西方人聽說那個神話中的島嶼——哈瓦基。

庫克似乎認為這些傳奇故事無法理解而不願接受它們。他不曾把圖帕伊亞一邊說，他一邊寫下的筆記寫進日誌裡。在他論及南海諸島時，他反而坦承自己對於當地的宗教不太了解，他說：「我幾乎不敢觸及那個領域。」他只能說，大溪地人信仰一個至高無上的神祇（儘管他不記得祂的名字），還有「祂生出了幾位被他們稱為『Eatuas』3的次級神祇，他們相信那些神住在他們之上的世界，會干涉他們的事情」。

班克斯則是在他自己的紀錄中表示，就連「最愚蠢的人」也一定會思考宇宙起源的問題，但是大溪地的祭司所述說的，卻是「兩種最原初的存在物，一個被他們稱為『Ettoomoo』（基礎），另一個則是叫作『Tepapa』的巨岩」，由兩者衍生出植物、星辰甚至年、月、日等萬物。它們也生出第一個人類，班克斯寫道：「他叫作『Eothe』，意思是『完成』。」他不像庫克那樣拘謹，接著描述那些與自己的女兒亂倫，生出後代子孫的神話情節：最後有個人類誕生了，「在其許多姊姊的幫助之下，生出了世界上的所有人類，也就是我們的祖先。」

庫克與班克斯都認為不可能把圖帕伊亞的故事當真。這種否定的態度後來也對圖帕伊亞造成重大影響。

那一晚，圖帕伊亞與庫克和班克斯一起住在阿莫他家，由普莉雅的父親招待他們，而阿莫與普莉雅仍待在馬塔維灣。隔天早上，圖帕伊亞帶著兩個歐洲人前往一個海岬，像他們炫耀自己的成就：庫克稱它為「令人驚嘆的印地安建築物」，而班克斯則把它描繪為「最巨大的石堆，絕對是這個島上的印地安建築傑作」。

那就是圖帕伊亞的最偉大作品：馬哈伊阿特阿海岬上的聖堂。它的形式跟他們看過的其他聖堂一樣，但是尺寸遠遠大過其他聖堂。事實上，因為它實在太龐大了，幾乎可以聽見下方土地被壓得吱吱嘎嘎、劈劈啪啪作響的聲音。班克斯驚嘆道：「在沒有鐵器幫石材定型，沒有灰泥把石材連接在一起的情況下，印地安人居然可以建造出那麼大的建築物，這幾乎令人無法置信。」

圖帕伊亞為他們解釋聖堂的不同部分有哪些功能，畫出一個個透視圖來解釋他所說的一切：也許是因為時間流逝，這像藝術品一樣的建築已不再具有過去的效用，但它卻變成了一個引人入勝的遺跡，證明那種早已消失的生活方式曾存在過。進行宗教儀式的地方，是一個地面鋪設平整的開闊區域，它的另一頭矗立著一座「ahu」（細長金字塔），這方面跟某些阿茲特克族的金字塔一樣；「fata」（祭桌）位於前面最顯著的地方，中間的區域有一間神聖的茅草屋叫作「fare atua」，裡面供奉著插著羽毛的神像以及聖堂的鼓，在兩側護衛的，則是兩個留著髮辮、用椰子葉做成的祭司人像。

將聖堂的各個部分描述完畢後，圖帕伊亞退到一顆挺直的巨石旁，一腳跪地，大聲對著天上念出一段禱辭，最後為了引起眾神的注意，以一連串奇怪的口哨聲告終。不過，對於兩位歐洲人而言，在過去，神明顯然辜負了圖帕伊亞的人民，因此庫克寫道：「在這聖堂附近有好幾座聖堂，全都快要頹圮了，而在兩邊之間的海灘上與海裡，到處都是大量的人骨。」

人骨的數量無法勝數，那是一大片殺戮戰場。當他們終於轉身離開，走回普莉雅她家時，腳底下的肋骨與脊椎骨被他們踩得嘎吱作響。他們不斷對圖帕伊亞發問，想知道眼前這可怕的景象是怎麼回事。儘管他謹慎地避免提到圖塔哈，根據班克斯的記載，他還是毫不猶豫地表示，「在上一個被他們稱為『Owiráhew』的月份，也就是我們的一七六八年十二月，」維希亞圖阿麾下那些來自於大溪地小島的戰士們入侵帕帕拉，屠殺了許多人。阿莫與普莉雅逃走了，戰士們則是洗劫了火雞與鵝，將顎骨當作戰利品帶回去，班克斯用決斷的口氣寫道：「就像北美洲人割頭皮的行徑一樣。」

庫克急於趕回馬塔維灣，揚帆而去。還有些被扣押的獨木舟尚未物歸原主，他必須處理完這件事，但之後就是要拔錨啟航的時刻了。這也意味著，圖帕伊亞必須在此時做出決定。自從他在四月十八日被列入船員名冊之後，他就開始試著比較利弊得失，以便決定自己是不是該跟著船一起離開。

有機會搭著奮進號回到故鄉賴阿特阿島當然很誘人。過去八年來，他一直是靠著自己的智慧，以難民的身分生活著，他之所以能位居津要，全都是拜曾經很有權勢的普莉雅之賜，因此他當然希望能夠搭著這艘帆船風光返鄉。大溪地的複雜政治情勢是另一個必須考慮的因素。圖塔哈大概已經原諒他當時提出暗殺自己的主意了，但是那回憶會永久留存，圖塔哈的脾氣又不太好。一旦新奇的奮進號離開了，令人分心的事物消失，過去的對立關係將會再度引發騷亂。

圖帕伊亞一定是意識到他的政治生涯已經過了頂端，他也不太可能再像海豚號抵達時那樣有權有勢。去倫敦一趟能夠幫他解決問題，因為等到他回來後，一定能成為大家好奇、尊敬與驚嘆的對象。他在大溪地並沒有難以割捨的個人關係，儘管他交了一些朋友，但沒有人會因為他的離去而哀傷。他的輔祭兼養子塔伊艾塔會跟隨他上船，這又是另一個好處。最重要的是，他有可能獲得武器，而這是最誘人的一點。圖帕伊亞仍然非常痛恨那些入侵賴阿特阿島的波拉波拉島戰士，無疑也希望能帶著英國人的槍砲回去，就像偉大善戰的紐西蘭酋長宏基．希卡（Hongi Hika）[4]在半世紀後所做的一樣。

儘管如此，圖帕伊亞難免感到有些疑慮。他當然不怕航行，年紀也沒有老到不敢嘗試挑戰與冒險，但他不知道到了英格蘭後自己會過什麼樣的生活。想到要體會那些未知的習俗與禁忌，他一定會感到卻步。另一個更實際的問題是，等到奮進號抵達後，誰要供他吃住？當班克斯初次向詹姆斯．庫克提議讓圖帕伊亞跟著他們一起航行時，庫克拒絕了，他的理由很充分：到了英格蘭之後，他沒有辦法照顧圖帕伊亞。庫克家住在倫敦東區一間狹小的房子裡，庫克自己的家境並不寬裕，而政府當然也不會擔起此一責任。薩謬爾．瓦歷斯就是因為這個理由而不願帶著一位島民回國：他很擔心自己在海豚號返國後的前途（事實證明，他的憂慮的確有道理），而且他居住的康瓦爾郡村莊絕非可以收留大溪地人的地方。

路易．德．布干維爾就沒有這種問題。他是個有錢人，在巴黎的關係很好，他能夠讓阿胡托魯住他家，給他零用錢，隨他任意勾引那些追求新奇事物的法國女人——而阿胡托魯也做到了，他成為某些層級社交圈的名人。班克斯是個很富有的年輕人，他跟布干維爾一樣有辦法，所以他提議由他來照顧圖帕伊亞，藉此消除庫克的疑慮。他甚至能夠在紳士們居住的船艙裡騰出一個與大溪地貴族身分相稱的艙位，也就是亞歷山大．布坎去世前住的地方。那個艙位仍是空的。儘管十二歲大的尼可拉斯．楊恩已經正式成為名冊裡的一員，但他只是船上的僕人，不配住在船艙裡。

把那種高級艙位提供給一位波里尼西亞原住民當然會引發社會問題，但班克斯並沒有想那麼多。奮進號的軍官已經被剝奪了原有的船艙，應該會很痛恨這件事，而且一般的水手都是天性保守而自負，一定無法了解為什麼一個「印地安人」可以住在船尾的高級船艙裡。圖帕伊亞自己想必認為這是恰當的。未來幾年內，常有一些波里尼西亞地區的貴族搭乘歐美船艦往來於各島之間，儘管他們都喜歡睡在地板上，但卻也都是選擇住在船尾的船艙裡，因為他們知道那是船上貴族住的地方。

就班克斯而言，他的想法則是：那些紳士們的船艙是他為了隨員而買下來的，如果圖帕伊亞跟著一起航行，也就算是隨員之一——事實上，應該說是一個珍貴的樣本。「我看不出為何不能把他當成一個奇特的收藏品，和他可能會讓我花費的錢相較，收藏獅子、老虎的鄰居們花了更多錢，」他欣然寫道，但完全還沒體認到，圖帕伊亞願意在那麼奇怪的情況下上船，其實走運的是他們。就像庫克坦承的，他的存在將會成為他們的一大資產。「在島上時，這個人大部分時間都跟我們在一起，因此我們有機會知道他的能耐，」他寫道，「我們發現他很聰明，在我們遇到的人裡面，他最了解海上諸島的地理位置與農產品，還有島民的宗教法規與習俗。」

圖帕伊亞深知自己對於這一趟航程能有很大的貢獻。會觀察星象的他是個很有經驗的領航員，他說得出那些能夠幫助辨認方向的星星與星團的名字，並且根據它們的升起與落下來導航。他對於熱帶地區的太平洋所知甚多，很了解廣袤海面上的許許多多島嶼，當時它們大部分根本還沒出現在歐洲的地圖上。為了證明這一點，他曾在領航員羅伯·莫里諾面前背出五十七個島嶼的名稱，由莫里諾用精確的諧音把名稱寫下，旁邊加上短短的描述，例如必須花多少天才能搭船抵達之類的，而被寫下的島嶼包括了：「Molekaa」（圖帕伊亞說那是個地勢很低的無人大島，從大溪地搭船要十天才能抵達）、「Oawaow」（大溪地西北方一個地勢很高、土地肥沃的大島）以及「Woahaowroa」與「Aowroopou」（分別位於東北與東方的大島，島民都長得奇高無比）。

對此，莫里諾的結論是：「圖帕伊亞曾看過許多島嶼，而且其中有許多是傳統上這裡的居民不曾提過的」，接著他還「根據圖帕伊亞的口述」記錄了許多大溪地的詞彙。

在這之前，早就有人跟羅伯·莫里諾說過有關那些島嶼的故事，在他的日誌裡，最早於五月九日那天就記載著，儘管海豚號是第一艘在大溪地下錨的歐洲船艦，但那並非大溪地人初次看見歐洲人：「幾年前有一艘船在附近一個小島的礁岩擱淺了。」船員們英勇地自衛，「但最後仍被擊敗，全部遇害。」慘案發生後過沒多久，有一艘獨木舟抵達大溪地，上面載著兩具屍體，「還有一些來自船隻殘骸的鐵製螺栓」——

《大溪地女王與瓦歷斯船長的離別》（*The Queen of Otaheite taking leave of Captn. Wallis*）。引自大衛．亨利（David Henry）的《英國航海家環遊世界歷史紀錄》（*An Historical Account of All the Voyages Round the World, Performed by English Navigators ...*，一七七四年於倫敦出版）。©National Library of Australia, nla.pic-an9196436

**此一浪漫的畫面與史實相去甚遠，不過根據瓦歷斯的日誌記載，普莉雅的確哭了：「我們在八點拔錨，」他寫道，「女王的獨木舟始終跟在砲房的砲門旁，她哭得很厲害——我給了她一些有用的禮物，其他軍官也一樣，但她似乎不太注意，好像因為悲傷而無法自已。」**

受託於海軍的約翰．浩克斯沃斯專責將十八世紀英國人的許多探險之旅記錄下來，將他們的日誌改寫成讀來生動刺激的個人遊記，但同時也謹慎地把大英民族帝國主義的良善意圖描寫出來。有關他親自拜訪普莉雅的經過，薩謬爾．瓦歷斯只是寫道：「當我們快要抵達她家時，有很多男男女女出來看她，她把他們帶到我面前，用手勢表示他們是她的親戚，她拿起我的手，要他們親。」然而，浩克斯沃斯無法不趁機將瓦歷斯征服大溪地的行為合理化，把接待他的活動變成「獻出」大溪地島的正式儀式。

《歐普莉雅女王向瓦歷斯船長獻出大溪地島的場景》（*A Representation of the Surrender of the Island of Otaheite to Captain Wallis by the Supposed Queen Oberea*）。引自約翰・浩克斯沃斯的《航程記述》（一七七三年於倫敦出版）一書第一卷，第二十二幅插畫。©National Library of Australia, nla.pic-an7831507

路易．德．布干維爾的畫像。作者為路易．李奧波．布瓦里（Louis Leopold Boilly），作品年份不詳，大約在一八〇〇到一八〇九年之間。


**一七六六年，戰功彪炳的路易．德．布干維爾時年三十七歲，他獲得法王路易十五的特准，展開了一趟太平洋上的探險航程。這不但是法國史上第一次環遊世界的航程，也第一次有科學家隨船同行。布干維爾於十一月十五日從南特港（Nante）啟程，於一七六九年三月返回法國後，大力推廣他所謂「高貴野蠻人」（Noble Savage）的觀念，其所根據的大致上都是他在大溪地短暫停留期間的觀察所得。**

大溪地人向布干維爾敬獻水果，有幾位軍官隨伺在側。作者不詳，鉛筆與水彩畫，作品年份大約在一七六八年。©National Library of Australia, nla.pic-an6045157

**布干維爾認為此一獻果儀式是一連串禮物交換活動的開端，雙方都充滿善意，場景迷人，甚至值得由大畫家布歇**（譯註：指法國洛可可時代的畫家方斯瓦．布歇〔François Boucher, 1703-1770〕）**親筆畫下來。事實上，這件事等於是起了個頭，讓大溪地人願意拿食物與歐洲人交易布料、鐵釘與鐵製工具，若無此一稍具雛形的商務活動，歐洲最早期的探險活動是不可能成功的。**

位於馬哈伊阿特阿海岬的大溪地聖堂，時間為一七九七年（The marae of Mahaiatea, Tahiti, in 1797）。M.A. 魯克（M. A. Rooker）的版畫作品，魯克所臨摹的素描作品之作者是威廉．威爾森（William Wilson），他是傳教船艦達夫號（Duff）的大副。
圖片來源：詹姆斯．威爾森（Captain James Wilson）船長所著《南太平洋的傳教之旅》（*A Missionary Voyage to the Southern Pacific Ocean...*，一七九九年於倫敦出版）一書。

**詹姆斯．威爾森船長是個虔誠教徒，在其指揮之下，達夫號於一七九七年三月載著第一批英國傳教士抵達大溪地。到了同年七月，他參觀了「歐普莉雅的偉大聖堂」，與他同行的大副威廉．威爾森還將金字塔素描下來。「那是一個令人驚嘆的建築物，」詹姆斯．威爾森寫道，「而且他們一定花了很多時間與心血才蒐集了數量如此龐大的石材，特別是還要利用當時僅有的工具把階梯上的珊瑚弄平；因為那是他們還沒開始使用鐵器的時代：而且他們也都不知道有灰泥或混凝土這種東西，他們必須小心翼翼，才能把石頭緊密連接在一起，它才能矗立起來。」然而，金字塔還是因為重量太龐大以及時間的流逝而倒塌了：「上層階梯有多處石頭已經坍塌：庭院的牆壁也有很多地方毀了，原本鋪好的地面只剩幾處還是平坦的。」如今，我們已經完全看不到圖帕伊亞那座偉大金字塔的任何遺跡了。**

A-23

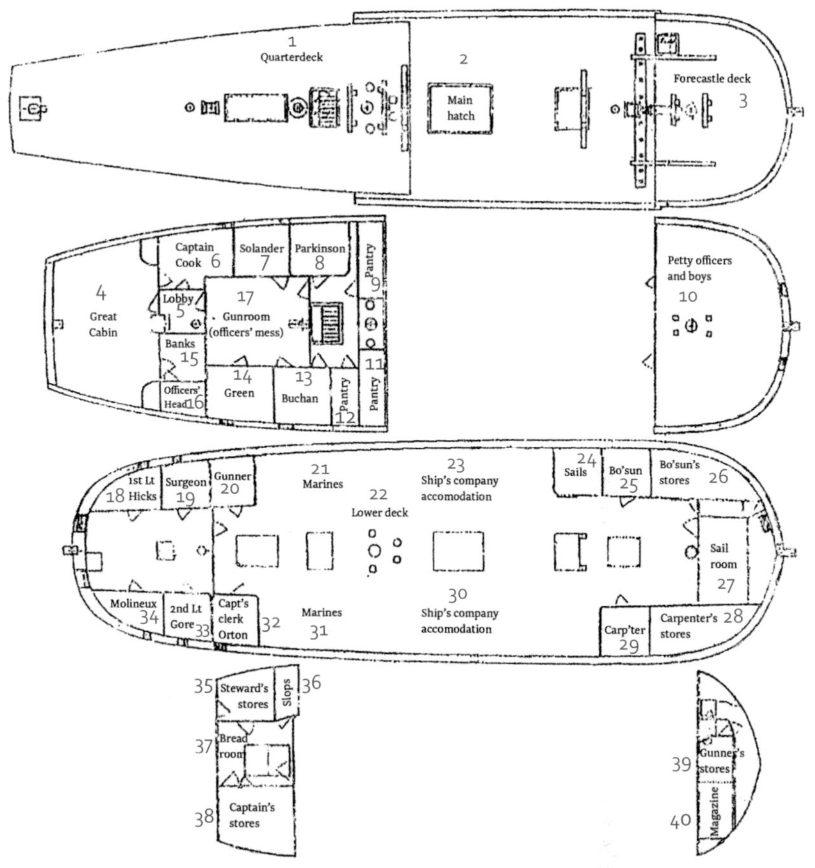


奮進號各層甲板平面圖。製圖：Ron Druett。

1 後甲板
2 主艙口
3 艏樓甲板
4 主艙
5 大廳
6 庫克船長
7 索蘭德
8 帕金森
9 食物儲藏室
10 士官和男孩們的房間
11 食物儲藏室
12 食物儲藏室
13 布坎
14 葛林
15 班克斯
16 領航長
17 砲房（軍官的起居室）
18 大副希克斯
19 船醫室
20 砲手室
21 海軍陸戰隊
22 下層甲板
23 全體船員起居室
24 船帆
25 水手長室
26 水手長儲藏室
27 藏帆室
28 木匠儲藏室
29 木匠室
30 全體船員起居室
31 海軍陸戰隊
32 庫克的辦事員歐爾頓
33 二副高爾
34 莫里諾
35 管家儲藏室
36 餿水室
37 麵包房
38 船長儲藏室
39 砲手儲藏室
40 彈藥庫

運煤船潘伯克伯爵號（Earl of Pembroke）於一七六八年離開惠特比港後成為地理探查船艦，改名奮進號。油畫，繪者湯瑪斯．魯尼（Thomas Luny），作品年份大約一七九〇年。©National Library of Australia, nla.pic-an2280897

A-25

約瑟夫．班克斯。銅版畫，作者威廉．狄金森（William Dickinson），發表於一七七四年一月。©National Library of Australia, nla.pic-an9283218-1

約翰．高爾肖像。油畫，作者為約翰．韋伯，作品年份一七八〇年。©National Library of Australia, nla.pic-an2256760

約翰．高爾這位徹頭徹尾的船員居然會與約瑟夫．班克斯那種富有的上流社會名士與業餘科學家成為摯友，實在是歷史上的奇妙偶發事件。一七二九年，高爾出生於北美殖民地的維吉尼亞，身世卑微，而班克斯則是生於一七四三年二月十五日，此一消息還曾被《紳士雜誌》（*The Gentlemen's Magazine*）報導過。班克斯上過哈羅公學（Harrow）、伊頓公學（Eaton）、基督教會公學（Christchurch）以及牛津大學等名校（就讀牛津期間還因為沒有植物學課程可修而自聘家教），而高爾所習得的一切都是來自於航海經驗。要不是因為奮進號的航程，他們倆可能永遠都不會相識。

然而，班克斯認為自己與高爾還挺合得來的，可能是因為他們倆都有進取而衝動的個性，也都是厲害的槍手，同時也都喜愛鄉間。班克斯的確景仰高爾：班克斯的友人丹尼爾．索蘭德（Daniel Solander）證實，他們倆都認為高爾是一個「有決心的勇者」，也是海軍中「最務實的船員」。後來，班克斯選擇不參加庫克船長的第二趟奮進號航程，而是自己租用一百九十噸的雙桅橫帆船勞倫斯爵士號（Sir Lawrence），前往冰島與赫布里底群島（Hebrides）去進行自然史的探險之旅，他的船上就有四個人手來自於奮進號，包括他的男僕詹姆斯．羅伯茲（James Roberts）與彼得．布里斯可（Peter Briscoe），還有他的兩位友人：丹尼爾．索蘭德與約翰．高爾上尉。

高爾的海軍生涯並不順利。接下來的三年他四處漂泊，只能領海軍的半薪，必須仰賴班克斯從未間斷的贊助。到了一七七六年七月，高爾又上船參加庫克船長的第三趟探險航程，並且指定班克斯擔任小兒子的監護人，後來他在一七九〇年去世時，約瑟夫．班克斯則是他的遺囑執行人。

A-27

羅伯．莫里諾的肖像。油畫，作者不詳，作品年份大約一七六〇年。


羅伯．莫里諾（「莫里諾」通常被拼成「Molyneux」）在瓦歷斯船長的海豚號上面擔任領航員的助手，到了庫克船長的奮進號，則是領航員。儘管他的性格帶有神祕色彩，但看來與帕金森的交情不錯，因為有證據顯示，他曾經聘請年輕的繪圖員帕金森為他的日誌繪製海岸的剖面圖。

詹姆斯·庫克（James Cook）肖像。版畫，原作者為納森尼爾·丹斯（Nathaniel Dance），由紐約的H.B.霍爾父子公司（H. B. Hall's Sons）複製。©Alexander Turnbull Library, A-217-001

從歷史的角度看來，詹姆斯·庫克的崛起實在是非常快速，但若以當時的視角觀之，那似乎是一個緩慢而不順的過程。一七二八年十月二十七日，他誕生於一間位於約克郡北瑞丁地區（North Riding），被當地人稱為「biggin」的泥土地板茅屋裡，是某個四處打工的農工的次子。他在教區的學校受過幾年基礎教育，接下來就到史泰斯村（Staithes）某家店鋪去做他痛恨的工作，但才十幾歲就逃到海上去了。

庫克的學徒生涯是在一艘艘運煤船上度過的，他在變幻莫測與常有強風的英格蘭東海岸地區學會了超群的航海技巧，因為工作表現實在太棒了，他的雇主約翰·渥克（John Walker）便於一七五五年提議把一艘船交給他指揮。基於未知的理由，他拒絕了此一慷慨的提議（儘管他與渥克始終是非常好的朋友），轉而加入海軍，成為幹練船員這種低階的人員。然而，他的貧賤出身也許對他有所幫助：從小，詹姆斯·庫克就學會了應該保持謙遜（必要時更要展現出恭敬的態度），再加上他長得高壯，相貌堂堂，顯然也很有天分，因此吸引很多當權者成為他的貴人。在渥克贊助他之後，一樣深具影響力的休·帕利瑟（Hugh Palliser）船長發現他是個很有潛力的年輕人，也開始庇護他。庫克被拔擢為領航員助手，於一七五七年獲頒領航員的「執照」。

隔年，他以領航員的身分登上由約翰·辛克（John Simcoe）擔任船長的潘伯克伯爵號，啟程前往北美，在加拿大與紐芬蘭的海域上工作十年，加入了對抗法國人的海戰。在這裡，庫克又於偶然間有幸結交另一個友人：庫克在一七五八年七月二十七日認識了才華橫溢的測量員兼製圖員薩謬爾·荷蘭（Samuel Holland），當時他正在聖勞倫斯灣（Gulf of St. Lawrence）入口附近的一處沙灘上忙著測量。此一機遇改變了庫克的人生。庫克馬上著迷了，他要求荷蘭教他更多東西，辛克船長也讓他有時間與機會向那位生於荷蘭的陸軍工程師學習。

荷蘭是個良師，他的學生也立刻表現出精彩的天分。庫克於一七六二年被拔擢為雙桅縱帆小船葛倫維爾號（Grenville）的船長，負責執行紐芬蘭海岸地區的測量與製圖任務。接下來的五年，他不僅製作出許多優質的航海圖，還學會了天文學的技巧。有了這種表現，再加上帕利瑟的幫助，他當然能在一七六八年四月成為奮進號船長的頭號人選——儘管在那社會層級分明的時代裡，任何出身卑微的人只要沒那麼有才華，運氣也沒那麼好，就會註定無法出頭。

金星碉堡，奮進號在大溪地觀察金星移動時，其船員為求自保而興建。版畫，作者為薩謬爾·米迪曼（Samuel Middiman），他所臨摹的是悉尼·帕金森於一七七三年所畫的素描畫。© National Library of Australia, nla.pic-an9308865

根據羅伯·莫里諾（Robert Molineux）的記載，一七六九年四月十七日那天，他們為了「搭建碉堡而測量了」一塊土地，而庫克船長則是為了尋找最好的下錨地點而把小船放下水，讓奮進號能停泊在附近，那塊地也在船上大砲的射程內，「以備遭原住民攻擊的不時之需。」根據在岸上工作的法蘭克·威爾金森（Frank Wilkinson）之紀錄，他們用沙子填滿水桶，充當胸牆；四月二十七日那天，他們把「六門旋轉砲弄上岸，裝在胸牆上」。帳篷搭設在防禦工事裡，帳篷是科學家居住與存放儀器的地方，帕金森也於其中作畫，班克斯則是每天在門口的崗位上主持交易事宜。

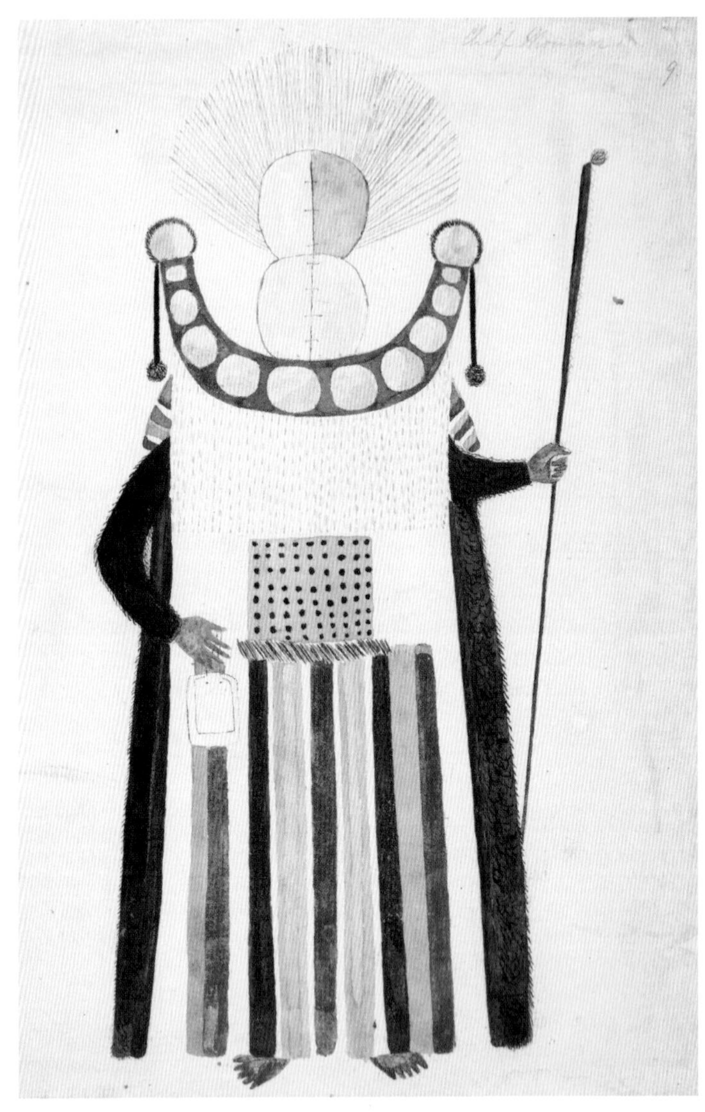

舞者（左頁圖）與主祭者（右頁圖）的服裝。水彩與鉛筆畫，作者為圖帕伊亞，作品年份一七六九年。
©The British Library, Add. MS 15508, f. 9.

A-31

大溪地樂手。水彩與鉛筆畫，繪者為圖帕伊亞，作品年份一七六九年。

這意味著故事裡面所說的就是進行探險之旅的荷蘭船艦非洲號，它在一七二二年於土阿莫土群島迷航，後來當地人為了拔鐵釘而把船拆了。

有五個非洲號水手搭乘大艇逃過船難，但再也沒有人看過他們，所以他們應該就是被殺的那幾個人。但他們為何被殺？也許他們是一出現在島民面前就遭到攻擊，但可能性更高的是，他們應該是違反了重要禁忌。如果他們運氣比較好，能夠找到一個聰明的中間人幫忙翻譯與交涉，也許就不會因為無知而付出慘痛代價。

這是帶著圖帕伊亞出航的另一個好處。如果他能參與歐洲人與波里尼西亞人的頭幾次交流活動，雙方就有可能以較為友善的方式相待。有了圖帕伊亞這位中間人，他們也就比較不會誤闖聖地了。

他的存在的確可能讓他們死裡逃生。

譯註：

1 8字形大溪地島比較小的東半邊。

2 指連接著大溪地大島（西半邊）與大溪地小島（東半邊）的狹長地峽。

3 即「神人」。

4 編註：宏基．希卡（約一七七二—一八二八），毛利人納普吉部落的酋長。在內戰「毛瑟槍戰爭」中，利用歐洲武器佔領紐西蘭大部分的北方土地，並引進西方耕種技術，還把毛利語轉化為文字。

# 10 重返賴阿特阿島

有鑑於先前所發生的一切，因此早已預見在啟航前最後一刻會出現危機。帕金森表示，七月九日那天，「兩位愛上當地女孩的陸戰隊隊員」逃往大溪地的西部。庫克證實，那兩個人就是克萊門．韋伯（Clement Webb）與薩謬爾．吉布森（Samuel Gibson）。他們發現很容易就能趁亂離開碉堡，因為圍籬已經被砍斷當作木柴，大砲也都被搬回船上了——「大家都知道，所有的人員都必須在週一早上回到船上，船再過一兩天內就要啟航了，」庫克接著表示，「我們有理由相信那兩個人想要留著不走了。」然而，基於「無罪推定」的原則，庫克還是願意等待一天，看看他們是否能自願回去。

到了隔天清晨破曉之際，還是沒有那兩個陸戰隊員的蹤影。兩個島民雖然跟庫克告狀，說那兩人帶著他們的妻子逃進山裡，但卻不說清楚到底是哪一座山。庫克深知，當地人一定認為收留那兩個有專門技能的歐洲人是一大利多，因此他立刻決定「盡可能多扣押幾個酋長」。普莉雅與圖普拉艾．伊．塔馬伊塔還有其他七位貴族已經在碉堡裡，所以很容易就被押了起來，但庫克打定主意，也要抓到圖塔哈。一方面是因為圖塔哈是島上權勢最大的酋長，也是因為他曾於六月二十三日企圖抓走一位葡萄牙籍的水手。因此，庫克派希克斯中尉搭乘小艇去抓老酋長圖塔哈，把他帶上船。

庫克冷冷地表示，那些酋長一被關了起來，「原本一心想要留下那兩個人的當地人立刻也想要他們回來。」酋長們提出的唯一要求，就只是希望能有一兩個水手跟著他們的人去把那兩個陸戰隊員找回來。庫克也答應了，派出一位少尉預官（亦即強納森．孟克浩斯，船醫的弟弟，原住民都稱他為「毛特」〔Matte〕，只因那個偷了毛瑟槍的傢伙就是被他殺掉的），以及一位叫作約翰．楚斯洛夫（John Truslove）的下士，他們隨即出發。

結果只有一個人回來：也就是原來的逃兵之一——克萊門．韋伯。他說，孟克浩斯與楚斯洛夫遭人伏擊，搶走了武器，抓他們的人放話說，如果不放了圖塔哈，就不放人。憤怒的庫克告訴圖塔哈和其他酋長，他們必須充當人質，直到他的兩位軍官回來，而且「如果有人傷了他們，酋長們就要付出代價」。圖塔哈一樣很生氣，但很害怕庫克不只是嘴巴說說而已，他同意派人跟著希克斯一起去那兩個失蹤者被留置的地方。如同班克斯總結的：「一艘武裝的小船立刻出發尋人。」圖帕伊亞跟著他們一起去當協調人。

到了早上七點，完成任務的圖帕伊亞回來了。被救出來的俘虜也跟著回來，所有人質獲釋，海灘上有一大群人欣然迎接他們。班克斯在登陸地點與回來的那群人碰面，他說：「但是從他們的臉上我看不出懇求原諒的表情，反而顯得陰沉而憤憤不平。」相形之下，待在奮進號船尾的所有人都鬆了一口氣。所有名冊上的人員都到齊就位了，可以繼續進行準備工作。

「直到隔天，才又有印地安人靠近我們，」帕金森寫道，「唯一的例外是職位相當於最高祭司的圖帕伊亞，他本來就是要跟我們一起啟航。」愉悅的班克斯寫道：「今天早上圖帕伊亞到船上來，他已經下定決心要和我們一起去英格蘭，這讓我感到很滿意。他的確是最佳人選，出身很好，又是島上的最高『Tahowa』，亦即最高祭司，因此必然熟悉他們的種種宗教神話；但他之所以比任何人都適合，是因為他有豐富的導航經驗，也熟知那些海上的島嶼；他曾跟我們說過七十幾個島嶼的名稱，大都是他親自去過的。」

做出最終決定後，圖帕伊亞再度上岸，拿著一幅班克斯的小型肖像給他道別的那些朋友看，也給了他們一些小東西，當作臨別禮物。班克斯上岸去了一趟圖塔哈的塔拉霍伊聖堂（Tarahoi），把它畫成平面圖，他在那裡看到了圖帕伊亞。因為圖帕伊亞已經沒有時間或機會到馬哈伊阿特阿聖堂去了，他選擇塔拉霍伊聖堂作為他與神靈交流的地方：那裡布滿了許多因為歷史悠久而疤痕累累的石頭，四處綠樹如蔭，他在一片靜謐中思索著自己的旅程，古老的細長金字塔前有一片鋪著圓石的空地，塔上那些嚴重磨損的石階好像可以攀爬登天似的。

班克斯在圖塔哈他家看到了普莉雅與其他酋長，「接下來與他們好好地和解了一番。」奮進號即將離開，氣氛緩和了下來，前一天的陰霾與怨恨也消逝無蹤了。他說：昨天當人質時心裡非常不悅而且被嚇到的酋長們，如今「承諾，明天早上會去送行，因為我們已經說了，啟航的時間應該是中午以前。」圖帕伊亞於此刻抵達，「他樂於與我們搭乘小船回去，第一次住在船上。」

「今天早上大概十點，我們駛離大溪地，在別離的那些朋友中，至少我個人深信，有一部分人對於我們的離開感到遺憾，」班克斯於隔天寫道。大概有十來個貴族聚集在船尾，他們身上的桑樹布料袍子在潮濕的海風中飄揚著，所有人都看著前甲板上正在進行的前所未見的活動：八個船員一邊精神抖擻地大叫，一邊把絞盤的把手往下壓。就在把手轉動之際，把船固定住的唯一船錨的鍊子也轟隆隆往上升。雖然大家幾乎感覺不到，但三桅帆船奮進號正在緩緩往前移動，直到最後一段船錨鐵鍊被拉直，收到船首斜桅下面。

艏樓上一位負責守望的人員大叫示警：「拔錨啟航！」軍官們大叫下令，幾個人迅速地爬上桅頂，在帆桁上側身行走，帆索彈來彈去，而其他人則是留在甲板上，緊抓繩索，一起拉了起來。寬大的船帆往下掉，發出一長串咯咯與劈啪聲響，船帆如翅膀一般伸展開來，看來像一個個不斷飄蕩的白色尖塔。接下來它已經準備好要急速前行了，只有那一條緊繃拉直的鐵鍊拉住它。

該是酋長們道別的時刻了，「他們輕聲說再見，」班克斯寫道，「流的眼淚還不少，」然後他們垂降到獨木舟上，划船的人像往常一樣不斷喘息。「我們一離開岸邊，獨木舟上的人就開始慘哭了起來，」帕金森寫道，他們邊哭邊發出「噢噢」的嘆息聲。班克斯說，圖帕伊亞也哭了，「經過了內心的許多掙扎，圖帕伊亞終於下定決心，跟著我們一起離開，為此流下了些許誠摯的眼淚。」不過，在這方面他已經夠像英國的大男人了，設法不讓人看見自己在哭，而在他的情婦與許多朋友離開船艦後，他還能打起精神，陪著他的贊助者登上中桅的頂端。

他跟班克斯緊抓著塗上了柏油的繩索，在五十公尺的高空上晃來晃去，眼前是一片波光粼粼的大海。遍布在他們身邊的是一片從巨大的水平帆桁往垂直的船桅延伸的網狀帆索。奮進號離岸的動作完全不像大溪地的雙體獨木舟那樣大張旗鼓，船上三角旗發出啪啪聲響，有人吹奏著海螺，高高的草蓆船帆被拉得緊緊的，迎風歌唱。在這艘船上，一切看起來是如此謹慎而費力，所有的行動都必須靠眾人協力合作，動作與長久以來的練習內容完全一致。

人們拉起了更多的繩索，前桅最上方的帆桁往上升，發出尖銳聲響，直到船帆被往後吹，與其他船帆的方向相反，才轉動船身，讓船頭面對大海。甲板上又傳來一陣叫聲，人們再次把絞盤把手用力往下壓，奮進號終於啟航了。船錨往上竄，黑色海砂往下滴落。海水掠過剛剛才擦洗過的船底板，發出嘩啦嘩啦聲響，這艘小型船艦上的船帆挺直了起來，加速前行。

閃閃發亮的海面上布滿了獨木舟，肌肉結實的船員一邊划船，一邊嚎叫，海灘上聚集著大批群眾，過去三個月來已經變得如此熟悉的訪客就這樣在他們眼前離去。登上桅頂的圖帕伊亞不斷奮力揮手，直到最後幾艘獨木舟被他們拋在後面。島上的群山、海灘與森林是過去八年來讓他避難的地方，他若有所思地看了最後一眼，接著就往下爬，回到傾斜的甲板上，根據約瑟夫．班克斯的記載，「他再也沒有顯露出嚴肅或者擔憂的神情。」

這一天是一七六九年的七月十三日。

不久後，圖帕伊亞就初次見識到英國海軍船艦在海上實施的奇怪儀式。隔天早上六點整，水手長約翰．葛斯瑞（John Guthrey）與其助手約翰．瑞丁（John Reading）大步走向他們位於船尾以及前艙口的崗位，把一小根叫作「call」（哨子）的銀色管子拿到嘴邊。他們吹出尖銳的集合哨音，持續大叫：「聽到沒！所有人員到船尾來見證刑罰！」在士官約翰．艾吉康（John Edgcombe）的帶領下，陸戰隊隊員從下面爬上來，梯子被踩得發出喀噠聲響，每個人那一身鈕扣扣得緊緊的紅色外套裡都大汗淋漓，手裡拿著上了刺刀的毛瑟槍。打著赤腳、身穿寬鬆襯衫與寬褲管馬褲的水手也集合在一塊，大都站在甲板上，但因為船太小，有些人被迫攀在帆索上。

庫克船長穿上一身深藍色制服，制服上的藍色翻領是緞子材質，在幾位軍官的陪伴下，他走上後甲板，船醫跟在後面，他應召的原因是必須確認犯人經得起鞭笞之刑。水手長的助手站在主甲板上，手裡輕握著「九尾鞭」（cat-o'-nine-tails）——惡名昭彰的海軍刑具。鞭子的把手有兩英尺長，尾部垂著九根細鞭，是用彈性極佳的強化繩索做成的。

兩個犯錯的船員被驅趕到前面。兩名叫作吉布森與韋伯的陸戰隊員在大溪地與他們的原住民情婦私奔，在圖帕伊亞的協調下，才把他們抓了回來。

甲板上一片沉寂。大家都在等待著。那天天氣好極了，晴空萬里，清晨的太陽閃耀著光芒。從右舷的帆桁看過去，莫雷阿島低伏海面上，在晴空下顯露出輪廓，其地勢像石造尖塔與縮成一團的寬大肩膀，大溪地島北海岸的側影也隱約可見，好似一座有拱壁的大教堂，但中間的尖塔已經塌陷，它填滿了整個船尾的地平線視野。所有人的頭頂上，帆腳索從膨脹的船帆上往下垂，因為風吹而發出啪啪聲響，船身因而稍稍傾斜，發出幾次隱約可聞的吱嘎聲響。船殼兩側下方，璀璨的海水被激起了一陣陣緩緩的漣漪，隨即又散掉，逐漸變成一條綠白相間的凌亂尾流。

他們都只是痲木地傾聽船長描述罪行，聽他述說他們觸犯了哪些〈軍法條款〉（Articles of War），並且決定了刑罰內容：用鞭子抽打二十四下。儘管圖帕伊亞不知道這刑罰是違規的，但是根據規範，在沒有向指揮官請示的狀況下，船長最多只能判處船員十二下以內的鞭刑。然而，因為海軍部遠在天邊，海上的船長大都不守此一規矩，而庫克是一個既公平又嚴格的船長。他的下手本來可以更重的：如果英國處於戰爭狀態，經過適當的軍法審判過程後，船員可能會被送往艦隊的每一艘船上接受鞭刑，那是一個極度痛苦又漫長、在眾人目睹之下的死亡過程。

九尾鞭一抽下去，其力道甚至足以擊倒最強壯的水手，因此受刑人必須先被綁在某個東西上面。就海軍船艦而言，通常都是把人綁在絞盤上，但是因為奮進號太小了，絞盤旁邊的空間窄到無法揮鞭，所以吉布森被吊在一個用帆索固定起來的柵格式艙蓋上。他的雙腿打開，襯衫被拉了下來，背部裸露著，往外伸出去的雙臂被綁得高高的。

船艦持續在如鏡的大海上搖搖晃晃，他被迫必須用腳尖跳來跳去，才不會因為身體的重量而導致手腕痛苦地扭來扭去。

庫克船長對約翰·瑞丁說，「做你該做的吧。」

水手長的助手做好準備，拿起鞭子，說了一聲：「遵命。」所有的軍官都摘下帽子。瑞丁揮動肌肉結實的手臂，咻一聲把鞭子往下甩，刑罰開始了。去年十一月，瑞丁自己也曾受過鞭刑，罪名是執行鞭刑時下手不夠用力，所以這回他使出了全力。沒有紀錄顯示薩謬爾·吉布森是否叫了出來，但也許他沒有。疼痛雖然不堪，但是蒙羞更糟糕。

挨了二十四下之後，人們割斷繩子，把吉布森放下來，接下來輪到克萊門·韋伯了。揮鞭的節奏像節拍器一樣準，每二十秒一下，由水手長計算次數，所以這整個令人不悅的過程從集合開始到解散，不到三十分鐘。他們倆的背部都瘀青發黑，正在流血，因此被送往下層甲板，由船醫檢查傷勢，然後才放他們回工作崗位。如同庫克在航海日誌裡面所記錄的：「兩位陸戰隊員受罰，他們企圖在喬治王島棄我們而去，受的是二十四下鞭刑，然後才解除他們的禁閉。」犯錯的人被懲罰過了，他跟其他船員都會忘了此事。

然而，目睹那一幕的波里尼西亞人也許會讓科學家感到擔心。船上的屠夫亨利·

傑夫斯（Henry Jeffs）曾於四月二十九日遭受鞭刑，罪名是威脅圖普拉艾・伊・塔馬伊塔的妻子托蜜歐（Tomio）。庫克船長存心要讓被冒犯的夫婦倆見識一下，英國律法有多麼嚴厲與公正，還特地邀請他們上船觀看刑罰過程。根據班克斯的紀錄顯示，圖普拉艾與其妻站著觀看那位屠夫被脫掉襯衫，綁到帆索上，不發一語，「但是等到第一鞭抽下去，他們立刻開始掉淚」，哀求庫克停手。

所以，顯然大溪地人都很心軟。孟克浩斯醫生深知這一點：當時他因為摘了聖樹上的花兒遭受攻擊，圖塔哈也曾誓言將犯錯者「痛打一頓」，但卻沒有任何證據顯示他真的履行。「我們未曾看見他施加任何懲罰在誰身上，」他寫道。所以，圖帕伊亞對於這種事有何觀感？

也許這樣跟圖帕伊亞說會好一點：事實上，那兩個陸戰隊員比自己遠在英國的兄弟們好運多了，若是在老家，不管是男是女，會害他們被吊死的罪行幾乎高達兩百種，其中包括輕微的竊盜罪。絞刑台、鞭笞柱以及枷鎖等等，都是大眾生活的一部分，所以把船員召來觀刑，沒什麼奇怪的。然而，不管他們對圖帕伊亞提出哪些申辯的理由與藉口，圖帕伊亞都沒讓他們擔心太久。他說，鞭刑與處決在大溪地也是常見的；例如，偷竊就是死罪，還有，如同班克斯於稍後記錄下來的，對於「較輕微的罪刑，也有比例相應的」各種刑罰。

然而，聽他這麼一講，如果那些英國人認為英國司法與大溪地有任何相應之處，馬上也會知道自己錯了：因為圖帕伊亞接著跟他們說，大溪地男人如果把妻子與另一個男人捉姦在床，是有權利殺掉他倆的。令英國人更感奇怪的是接下來的這一點：他說，此事與階級大有關聯。圖帕伊亞說，丈夫被戴綠帽後，如果其階級高於姦夫，他大可以直接把人殺掉。但如果兩者的階級相同，情況就較為複雜了，通常丈夫會發現還是裝作沒發生過比較容易，除非他能找到某位高階酋長支持他殺人的舉動，派手下來幫忙。

所以圖帕伊亞認為鞭刑很容易理解。那是對於他們逃離船艦的復仇，庫克能夠命令手下行刑，是因為他是貴族，而吉布森與韋伯[1]不是。

過不了多久，他就發現自己驟然得出的結論是錯的。

的確，事實證明，許多基於稍早的觀察而做出的假設都沒有根據，最令人搞不清楚的就是主艙的性質。儘管奮進號主艙是船上最重要的房間，一如海豚號主艙，但它卻沒那麼大。而且奮進號的主艙也沒那麼正式，與其說它是個華麗的交誼廳，不如說它是個紳士的書齋。在那幾片多窗格的窗戶邊有四盞方形的船尾燈，船艙中前面隔間裡放的不是擺航海圖的桌子，而是一張上方有書架的書桌，專屬於班克斯先生。主艙的中間有一張長桌，上面通常堆滿了書籍與樣本，那些也都是約瑟夫・班克斯的。

主艙的使用方式是最令人困惑的。圖帕伊亞與普莉雅曾於一七六七年七月登上海豚號，他們一眼就能看出主艙是瓦歷斯船長的專屬宮殿，一個能讓他在裡面對全船發號施令的聖堂。無疑的，那是船長自己的地盤：門口有哨兵看守，任何人若未受邀，就不能進去。瓦歷斯船長在裡面把航海圖攤開來看，在他專屬的長桌上吃飯，通常是獨自進餐，但偶爾邀請軍官與岸上的貴賓共餐，包括圖帕伊亞。他睡覺的地方是位於主艙側邊的一間臥鋪，他還有兩個裝有望遠鏡的瞭望台，一個是私人廁所裡面的，另一個則是觀察用的。軍官的餐廳位於前面（亦即砲房），但是主艙兩側並沒有船艙，所以到了晚上，除非少尉預官與領航員助手在這裡用吊床睡覺，否則整個船尾都是瓦歷斯船長自己的活動空間。

相較之下，在奮進號上面，庫克船長與約瑟夫．班克斯和他的科學家共用主艙。他的確是睡在位於主艙最前面的一個臥鋪，跟海豚號的瓦歷斯船長一樣，但是班克斯先生也睡在主艙裡，地點是右舷橫梁上方一個較小的船艙。事實上，因為船尾廁所（船長、科學家與軍官們共用的廁所）的門一打開後，就通往班克斯的房間，所以他寧願在主艙裡搭個吊床睡覺。就連在晚上，庫克船長都沒有專屬於自己的空間。

因為班克斯顯然有所有權，所以圖帕伊亞在出海後的第一天下午，就毫不猶豫地在主艙住了下來。船尾的四個窗戶是可以打開的，奮進號離開大溪地時，他跪在寬闊的窗台前仔細觀察船尾波浪與前方的地平線時，他的桑樹布袍也隨著強風飄動。儘管他看來一派輕鬆，其實已經又跟以前一樣開始當起了領航員，仔細盯著大溪地的側影，從他的視角確認奮進號離開大溪地時的方向是正確的——傳統的領航員都是像這樣從船尾觀察航線。

微風變輕，時有時無，於是他又變回祭司的角色，開始祈禱風起。「O Tane, ara mai matai, ara mai mai matai，」他吟詠道，意思是：「塔內[2]啊！振作起來，為我造風！」護衛神靈的反應令人失望，只有微風從前方吹過來，也就是目的地所在的那個方向。所以，據帕金森的記載，圖帕伊亞生氣了。他大聲呼喊：「Ua riri au」，意思是：「我對你感到憤怒！」而風也的確開始按照他們希望的方向吹了。

班克斯用高傲又覺得有趣的語調寫道：「我們的印地安人祈禱塔內能給我們風，而且就像往常一樣，對我自誇他的祈禱有多厲害，但我看得很清楚，他總是看見風快要吹到我們這艘船，才開始祈禱。」此事的確可以證明圖帕伊亞的技能與經驗足以在風吹來前就預測，而且知道預測結果對他有利，但班克斯的看法並非如此。對他來講，那只是一種魔術戲法。圖帕伊亞並未讓他的贊助人留下深刻印象，反而減損了自己的可信度。

他們駛抵的第一座島嶼是泰蒂亞羅阿環礁（Tetiaroa）——這些多山島嶼裡唯一的

環礁。跟一般的環礁一樣，這環狀的島嶼中間有一座瀉湖，湖裡有很多魚跟珍珠貝，海灘上長滿了濃密的棕櫚林，上頭爬滿了椰子蟹。圖帕伊亞跟庫克說，那裡是個很棒的釣場，也是許多酋長在遭遇麻煩時的避難場所，但不適合圓底船下錨停泊。所以他們接著駛往胡阿希內島（Huahine）。

隔天早上八點，他們已經接近該島海岸，把他們吹過去的是因為下過幾場陣雨而變濕的南南東風。一陣猶豫過後，幾艘獨木舟靠了過來。胡阿希內島的島民很小心，因為他們常遭波拉波拉的軍隊入侵。他們也不太情願盛大歡迎奮進號，因為早已聽說這艘船耗去了大溪地許多食物，還有一個人因為偷竊毛瑟槍而遭擊斃。但一看到圖帕伊亞在船上，情況就完全不同了。他們於安心之餘也感到訝異，於是紛紛登船來看看他待在這艘使用方形船帆、而且沒有舷外撐架的船上做什麼。

人群裡有一位地位崇高的酋長歐瑞（Ori）。班克斯的兩位男僕之一詹姆斯．羅伯茲（James Roberts）對他最感景仰，說他身形偉岸，身高遠遠超過六呎，「擁有我見過最棒的髮質。」庫克則是把歐瑞當成島上的國王，他寫道：「登島不久後，他就與我互報姓名，之後兩人也彼此問候對方。」歐瑞酋長充分利用這即刻建立起來的友誼，請庫克幫忙。各島之間流傳著很多海豚號的大砲造成浩劫的故事，而歐瑞非常希望「圖特」（Tute）[3]能夠幫他除掉波拉波拉人。如同羅伯茲所言：他「熱切渴望我們能把每個月都來搶東西的波拉波拉人殺掉，除掉他們所有的敵人」。圖帕伊亞除了翻譯之外，也加入了自己的論點，但庫克不希望捲入部落之間的政治鬥爭。

下錨前，他們先派一艘船去敲擊檢查船底，舵手從主桅下方的鐵鍊邊把測深索往下垂降。圖帕伊亞認為這種測深方式的風險太高，因為鉛製測錘很可能沒有測到暗藏的珊瑚礁，導致測量結果錯誤，而且就連最大艘雙體獨木舟適用的水深，顯然也不敷船底深厚的奮進號使用。他對著獨木舟上的某人大叫，那個人精神抖擻地跳下船，潛到船底後才上去回報。在這種人工測深方式的幫助之下，圖帕伊亞才把奮進號引導到一個叫作法瑞村（Fare）的安全地點去下錨，而那裡就是歐瑞酋長住的地方。

圖帕伊亞帶著庫克、班克斯、索蘭德與孟克浩斯上岸，前往一間長屋，當地貴族都在等著接待他們。他開始進行某種儀式：把袍子褪下肩膀，並且要索蘭德照做。庫克寫道：「登陸後，圖帕伊亞把袍子脫到腰際，要孟克浩斯醫生也照做。」對於穿戴著襯衫、領巾與背心的人而言，裸露軀幹是不可能的，更何況外面還有一件當時流行的緊身長外套；所以，顯然這位性喜浮誇的醫生身上一定仍然穿著大溪地的桑樹布袍。

接著，圖帕伊亞開始祈禱——當然也會同時把同伴的身分與任務通報出來，每隔一段時間，歐瑞與另一位酋長就會予以回應。根據庫克所言，此儀式持續了十五分鐘，對於站在那裡大汗淋漓的他們來講實在太漫長了，但卻是那曾為難民的祭司的驕傲時刻。為了敬拜聖堂裡的諸神，圖帕伊亞獻出兩條手帕、一條黑色的絲質圍巾、一些珠子與兩小撮羽毛，對方也以自己的羽毛以及一隻豬回報——「對於我們的神來講，」庫克於當晚以一本正經但又幽默的筆調寫道，奮進號的船員馬上就會褻瀆神明，因為那隻豬「已經被判了死刑，明天就會遭到肢解」。

然後圖帕伊亞就消失了，這讓班克斯很生氣，因為他必須讓圖帕伊亞充當他的嚮導，那位年輕助手能提供的資訊並不像祭司那麼多。班克斯厭惡地抱怨道，圖帕伊亞「花太多時間與朋友們在一起」。他忙著造訪當地的聖堂，受到胡阿希內島的權貴人士歡迎，參與祭典與交換禮物的儀式。把奮進號的各種設備交由船員看管就很安全了，因為經過他的介紹，當地人已能接受他們的到來，這與他們在沒有中間人的情況下擅闖海岸有很大區別。然而，班克斯還是不高興。當地人「又笨又懶」。他想到山丘上去進行植物學研究，但他們拒絕帶他去，或許因為這樣，他就認為他們是「怕被餓死」。

他們拿了很多短柄小斧來交易小豬與公豬，還有椰子，兩天後庫克自己的儀式也展開了。歐瑞酋長聽說奮進號即將離開，於是與隨從一起登船，庫克送他一些獎牌、硬幣與一些上面刻著「英國國王陛下船艦奮進號指揮官庫克上尉，一七六九年七月十六日」的鐵牌。歐瑞有禮地收下了，圖帕伊亞為他翻譯，說他會妥為保存，接著再次籲請庫克攻擊波拉波拉人。等到奮進號返國後，英國的報紙有這樣的報導：「他們最害怕一種叫作波洛波洛（Bolobolo）的部族，他們一再籲請我們用大砲把那些人滅掉。」

庫克還是不理會他們的請求。在那之後，圖帕伊亞與科學家站在欄杆邊，看著獨木舟返回海灘。在他充滿波折的一生中，這又是另一個里程碑。無疑的，他心裡一定在想著：等到他再回到胡阿希內島之前，不知道又會發生哪些怪事。

一陣持續的風雨把他們帶往賴阿特阿島東南海岸的歐波亞海灘。他們所看到的，不僅是整個波里尼西亞東部最為神聖的塔普塔普特阿聖堂，也是哈瓦基神話的核心。奮進號在中午下錨停泊，兩艘獨木舟的乘客登船，其中有兩位女性，他們帶著一隻小豬來當作禮物，看來很害怕。等到每個人都拿到一根長釘後，便高興了起來，但也跟圖帕伊亞講了一個壞消息。儘管有一些間歇性的叛亂活動出現，波拉波拉人還是佔領了全島；波拉波拉的普尼（Puni）酋長從他位於塔哈島（Tahaa）的宅邸統治賴阿特阿（該島位於賴阿特阿北方不遠處，兩者隸屬於同一個堡礁），而圖帕伊亞是被他盯上的對象。

因此，圖帕伊亞警告庫克與班克斯，要他們動作快一點——對此班克斯表示：「圖帕伊亞總是表示他很害怕波拉波拉人，他說他們征服了這個島嶼，明天會來與我們作戰。」當然，身為祭司，讓圖帕伊亞最感心焦的是，趁波拉波拉的部隊抵達前，他要到他的母堂去祈禱，所以他催促庫克與班克斯趕快上岸。

「從登岸那一刻起，就跟在胡阿希內島一樣，圖帕伊亞持續進行禱告的儀式，」班克斯寫道，這意味著所有歐洲人都必須站在一旁默默等待，讓雨水不斷從他們的鼻頭流下，聚積在庫克船長頭頂的溝槽狀三角帽上面，而圖帕伊亞則是把袍子褪到腰際，開始介紹他自己與同伴的冗長儀式，獻出向神明致敬的禮物。他們一邊在雨中眨眼，一邊打量著古老而規模龐大的聖堂，十分震懾人心：它那曾經非常高聳的細長金字塔已經因為磨損而只剩三公尺高，鋪著圓石的長方形巨大地面上，布滿了高高的石頭與雕刻過的木板，一旁遮蔭著它們的聖樹不斷滴水。附近有一張祭桌（fata）上擺著最近的祭品，是一隻烤過的大公豬。在比較靠近海岸邊緣的地方，有一個由比較粗糙的石頭鋪砌成的平台，那裡是領航員的聖堂（就像專門給船員使用的小教堂），如帕金森所說，「豎立著許多長長的板子，每一塊都被雕刻成各種人物的圖形。」往外眺望，只見大海一片灰撲撲，隨著海浪的節奏，低矮的海岸邊出現了許多波紋。

儀式終於結束了，他們可以自由走動。讓圖帕伊亞深感驚恐的是，班克斯立刻大步走向其中一間祭拜神明的茅屋，把手伸進去。根據他自己的說法，他摸到了「一個長約五呎的籃子，還有一個粗粗厚厚的、用草蓆綑起來的東西。」儘管他不顧圖帕伊亞的抗議，持續用粗大的手指頭去撕扯神像表面的羽毛，最後碰到了神像的表面，已經沒東西可以扯了，這才放棄。

像這樣一位聰明的科學家，而且過去三個月來與大溪地人保持密切互動的關係（更別說圖帕伊亞這位最高祭司還教了他很多東西），為什麼會做出這樣褻瀆神明的舉動？這實在令人難解，唯一的解釋就是圖帕伊亞持續惹惱了他。在大溪地時，孟克浩斯醫生也不過是摘了聖樹上的一朵花就遭到攻擊。而這裡又是整個波里尼西亞東部最神聖的聖堂，要不是有圖帕伊亞的保護，他們一整群人可能都會被殺掉。無疑的，圖帕伊亞必須趕快找到那些深感震驚的當地祭司談一談。

班克斯繼續往下走，看見一艘立起來的小型獨木舟，發現了一件可怕的事：獨木舟上垂吊著八個剛剛被砍下來的顎骨。圖帕伊亞用嚴肅的口氣跟他說，那些都是剛剛在叛亂活動中被殺掉的賴阿特阿人，戰勝者的此一舉動應該是要殺雞警猴，不過班克斯猜想那應該是波拉波拉人的戰利品。在這裡，間歇性的戰事似乎已經成為生活的一部分：到了晚間，當班克斯與圖帕伊亞在海岸邊散步時，他發現有一間祭神茅屋「的底部排著一整列顎骨」。接下來該問的可怕問題是：那些受害者是不是被人活活砍下顎骨的？奮進號返國後，報紙上是這樣寫的：「每當那些惡徒抓到戰俘，總是會把他們的下顎骨砍掉，任由他們苟延殘喘，然後死去；光從這野蠻的行徑看來，在其他島民的眼裡，他們實在是很可怕。」庫克認為這種說法太誇大了，但如果能夠把那些波拉波拉人妖魔化，圖帕伊亞也樂於讓他們信以為真。

他用不屑的口氣對同伴說，波拉波拉人不過就是一群普通的犯人。「圖帕伊亞跟我們說，」帕金森寫道，「幾年前，大溪地與鄰近島嶼的酋長都把罪犯流放到附近一個叫作波拉波拉的島嶼，他們犯下的都是竊盜罪，還有一些被人認為罪不致死的小罪，在此一律法開始執行前，那裡幾乎是一片荒蕪，無人居住。」罪犯的人數越來越多，他們開始出現了組織：「那一群亡命之徒自己製造獨木舟，化身成海盜，附近島嶼的居民如果倒楣的話，就會變成他們的俘虜。」他們把一個特別大膽的酋長推舉為領袖，他叫作「歐普尼」（即普尼），在他的指揮之下，他們在附近的各個島嶼「大膽地開啟戰端」，征服當地人民，把島嶼納為領土。普尼的最大戰果，就是圖帕伊亞的家鄉——賴阿特阿島。

在此同時，跟兩年多以前海豚號二副佛諾在大溪地所進行的儀式一樣，庫克也在歐波亞海灘插了一根桿子，升上了英國國旗，眾人把靴子蹬得啪啪作響，幾陣毛瑟槍槍聲嚇走了一群林中飛鳥。接下來他宣布，把賴阿特阿、胡阿希內與波拉波拉諸島「納為英王所有，可供其使用」（如同約瑟夫．班克斯所說的）——假使波拉波拉人聽見這一番高傲的宣言，一定會跳出來質疑他。

隔天，班克斯、索蘭德與圖帕伊亞上岸去觀看當地獨木舟匠工作的情形，而庫克與軍官們則是開始搭乘小船探勘海岸，把可以下錨停泊的地點畫下來。班克斯對於工匠那「難以置信的巧藝」感到深深入迷，他們所打造的大型獨木舟如果不把船尾往上揚的彎曲船體算進去的話，長度都在十到二十公尺之間，以龍骨為基礎，船底板都被打磨得非常平滑，船的上半部由掏空的長長樹幹構成，因此船底是往內彎曲的。他們用椰子纖維把這些部分連接起來，用人體臂骨材質的錐子（磨尖後裝上了木頭把手）鑽洞——「即便對於可以使用鐵器的歐洲人而言，這種工作都非常困難，但他們卻不靠鐵器，全憑巧手就完成了。」

天候變得更差了，所以隔天班克斯與索蘭德必須在大雨中進行植物學研究工作，同時發現當地人都會避開他們，而且每當他們與人攀談，對方的反應都很冷漠。賴阿特阿人之所以與他們保持距離，自然是因為班克斯褻瀆神明的行徑很危險，但是帕金森並未察覺這一點，他說：「不知道他們為什麼對我們如此冷淡，但我們猜想是因為有波拉波拉人混居其間。」

波拉波拉人並未現身，唯一的蹤跡就只有從房屋門楣、海灘上獨木舟與樹枝上垂吊下來的顎骨，藉此提醒大家，這裡是敵對勢力的佔領地。能做的事與能看的東西並不多，如同庫克所寫的：「島嶼的這一邊人口不多，農產也不豐富。」他實在是樂於離開，但當時吹的是往岸上的逆風，不得不被困在停泊的地點。

經過三天的挫折後，他在七月二十四日企圖從另一條航道離開，結果差一點便惹禍。當奮進號改變航向，往迎風面航行時，船身還在礁脈裡，與它非常靠近。舵手把身子靠在船身外面，位於船頭舷牆的下方，一手手肘勾住鐵鍊，撐住身體，左手拿著一整圈長度有二十噚（fathom）[4]的測深索，另一手拿著繩索尾端的鉛錘。從後甲板看過去，他是一個前方航道上的黑色身影，其身後襯托著一片白鑞色的海水，還有在水底時隱時現靛色的礁岩陰影。他用力將測深索往前後甩動，甩到的弧度越來越大，繩索尾端的十磅重鉛錘看來就像一個小黑點，所有人都焦急地注目著——班克斯說，圖帕伊亞是其中特別焦慮的一個，因為「他受不了這艘船在水深五噚以下的地方移動，每次都很緊張」。

測深索在空中盪了三次，鉛錘咻咻作響，然後往前方掉了下去。船已經往鉛錘的方向開動了，然後鉛錘又離開水裡，回到舵手手中。他用刺耳的聲音大叫，語調驚恐：「兩噚！」

兩噚，等於只有兩公尺多一點，但奮進號的水深卻在四公尺以上。這是不可能的：如果真是那樣，奮進號早就遭遇船難了。但它還是往前滑行，而甲板上的每個人則都屏息以對。據班克斯的觀察，「要不是舵手量錯了」，就是奮進號的運氣太好，所以才能沿著礁岩的邊緣航行，而且那一片陡峭的礁岩就像牆面一樣平坦。逃過一劫後，庫克船長仍然驚魂未定，於是命令下錨停泊。

班克斯再度登岸，但唯一有趣的就只是一小間聖堂。可怕的是，「那間聖堂裝飾著兩根大概五英尺高的桿子，兩根都垂吊著一具具粗大的顎骨，其中一根的頂端還插著一副頭骨。」

如果風向與洋流都正確，奮進號的遭遇一定會大不相同。但是，被褻瀆的神靈不願傾聽圖帕伊亞的禱告，而庫克也受夠了像這樣頂著逆風與相反的洋流，在波里尼西亞諸島之間走走停停了。因為想要開往大海，他被迫頂著往陸地吹的風前進，這對於當時使用方形船帆的船艦而言，是一個緩慢又費力的過程。與航向大海相較，若是要開往圖帕伊亞建議的哈瑪尼諾（Haamanino，位於賴阿特阿島的西北部海岸地區），──或前往波拉波拉島的相似停泊地，還是前往就在賴阿特阿旁邊的姊妹島塔哈島，抑或前往其他任何島嶼──對於感到絕望的庫克而言，就是更為費力、費時，而且令人心神不寧的一件事了。

奮進號不斷地改變航向，但若非移動的距離不多，就是只移動了一下下，但卻又因為背風而被吹了回去。憤怒的庫克看到有一條能通往賴阿特阿島西北邊的航道，「圖帕伊亞說那裡可能有一個很好的停泊地點」，但是他們與那裡還相距甚遠。隔天，他嘗試另一條航線，航越塔哈島與波拉波拉島之間的海峽。他們發現了一個很低的小島，根據庫克的紀錄，「與波拉波拉距離四或五里格。」圖帕伊亞跟他說，那是「圖帕伊島」（Tubai）5，「島上只有三戶人家，但各島居民都經常去那裡捕魚。」但是風往各個方向亂吹，因此奮進號也無法往那個島前進。

令庫克更感惱怒的是，當班克斯、索蘭德與莫里諾划小船登陸塔哈島時，他被迫必須不斷快速地轉變航向，藉此讓奮進號維持在同一個位置，以等待他們歸來。他們回來時帶著豬隻與家禽，還有滿載的芭蕉與山芋，還跟大家說了一件怪事：塔哈島的人一看見他們就把袍子脫到腰際——「他們用對待國王的恭敬態度來對待我們。」儘管如此，庫克還是很氣他們，因為他必須發射兩發砲彈才能把他們召回船上，在他們回來前天就已經黑了。

他們再度啟航，這次的目標是遠看呈現雙峰奇觀的波拉波拉島，它的側影看來就像一個仰臥的巨人，斜眼睥睨著天空。他們換了幾次航向，才平安抵達波拉波拉島的南端，接近那看起來很荒涼的海岸。如同班克斯所記錄的，它看起來相當貧瘠：「圖帕伊亞跟我們說，海岸與山脈之間有一大片鹹水潟湖，在這種氣候中，那是土地貧瘠的某種徵兆。」海灘上的人很少，因為其他人都在賴阿特阿島——至少圖帕伊亞是這麼說的。他急於讓他們登陸，宣布該島歸英王所有，也非常確定，如果他們能夠把船開到島的另一邊，一定會有大量的豬隻與家禽可以交易。但他們卻被迫離開，在仍是逆風的情況下，被從南邊來的一陣大風吹離波拉波拉島。

離開歐波亞海灘後的第六夜，情況還是跟前幾天一樣，當他們努力試著要找到迎風面時，庫克還得擔心會撞到露出海面的礁岩，或者被稱為「motu」的暗礁。直到隔天中午風勢才減弱，這讓他們能夠開進哈瑪尼諾港。他們必須把船拖進環礁裡，並且設法把卡在礁岩裡的船錨弄出來，所幸海潮轉向，讓船可以從卡住的船錨上方越過去，讓船錨鬆脫。

那是八月一日的晚間。經過令人懊惱的六天之後，他們終於得以下錨停泊了。

有鑑於波拉波拉人都認得圖帕伊亞這位敵人，奮進號上其餘船員一定都很訝異：為什麼他樂於把船帶領到下錨地點，並且上岸去？對他來講，哈瑪尼諾是一個讓他充滿無盡悔恨的地方，因為他曾在那裡擁有過很多財產。船隻停泊期間，班克斯寫道：「我們常聽圖帕伊亞提起他曾經擁有過、但被波拉波拉人奪走的土地；他告訴我們，那些土地就在我們目前停泊的這個海灣裡。」也許班克斯認為圖帕伊亞講得太誇張了，或者他只是在虛張聲勢，因此他才會找當地人問這件事，但他說：他們「也確認了他的說法，並且指出就他們所知過去曾屬於他的幾個小區域（whennuas）」。

在此同時，圖帕伊亞也從朋友口中得知，重訪這個曾被戰爭蹂躪、充滿長期仇恨的舊地，並沒有他原先想像的那樣危險。就像他害怕普尼那樣，普尼也很怕他——至少當庫克在進行第二趟探險之旅時，手下得知的訊息是這樣的。根據冒險號（Adventure）的二副詹姆斯．伯尼（James Burney）所知，老海盜普尼非常擔心圖帕伊亞會勸他那些強而有力的英國朋友「站在他那邊」，攻擊波拉波拉人，因此他下令手下必須給予最高的尊重待遇（所以塔哈島的人才會如此卑躬屈節，把袍子脫到腰際，令英國人不明就裡），他自己也保持低調。

所以圖帕伊亞也覺得自己可以想去哪裡就去哪裡。八月三日，也就是下錨停泊的第二天，他、班克斯與庫克去了一趟鄰近的鄉間，遠方傳來的快速節奏與陣陣鼓聲吸引了他們。沿著聲源走過去，他們發現一群「Heiva」（四處遊晃的藝人），班克斯寫道：「他們讓我們停留了兩個小時，那一段時間的表演的確讓我們很盡興。」樂團裡有三個鼓手與兩個女舞者，還有六個男藝人——「圖帕伊亞叫我們在島上四處走動，因為過去在大溪地，我們也看過這種叫作『Heiva』的小樂團演出。」

對此，庫克的印象極其深刻，他以贊同的口吻寫道，女舞者的衣服都很雅觀，「那是我們先前未曾見過的。」她們頭上的花環以人髮髮辮與帶有宜人香味的梔子花編成，儘管她們露出了肩膀與手臂，胸部則是以上面有兩束黑色羽毛裝飾的布料稍稍遮掩著。她們的屁股以大量的打褶桑樹布料包覆起來，鼓成一個掛在腰際的襞襟（ruff），而形成一件往下垂到腳邊的襯裙。

「她們穿著這種服裝，」班克斯寫道，「在快速與嘈雜的鼓聲中左右移動，節奏搭配得非常好。」然後她們開始搖動臀部，桑樹布料的皺褶開始抖動，同時她們的雙手與雙臂也擺動起伏著，嘴部扭曲出奇怪的表情。班克斯對此深感著迷，隨後他又四處尋找，看了兩遍「heiva」的演出，每次發現演出的地點都不一樣，而且越來越內陸——「圖帕伊亞說，我們就是會用這種方式逐漸繞島一周。」

第二次，班克斯帶著悉尼．帕金森跟他一起去，「也許他可以把衣服素描下來。」帕金森沒有提到自己有這種畫作，也沒有人表示圖帕伊亞曾動手作畫，把他畫主祭者（參見彩圖頁A－30）時用剩的半邊畫紙畫滿。女舞者讓這位年輕的貴格會教徒看得入迷了，因此他的整篇日誌都在描述這件事：「她們以奇怪的動作移動身子，嘴巴扭曲，搖晃屁股，身上那些打褶的布料像孔雀尾巴一樣晃動。」舞者的動作完美地搭配著鼓聲的律動，一個老人把她們的動作一個個大聲吼叫出來。

舞蹈數度中斷，改由一群波拉波拉人演出鬧劇：圖帕伊亞觀賞時內心一定感到很淒涼，因為演出的是他們征服賴阿特阿的經過，「他們把在征服之役中使用的各種策略表演出來，吵吵鬧鬧，搭配鼓聲演出。在最後一幕戲中，」帕金森以拘謹的語氣做個總結，「那些男人的動作看起來很猥瑣。」

譯註：

1 原文誤寫為「Wells」。

2 大溪地神話中的森林與鳥類之神，天地分別為其父母。

3 當地人無法準確地發出「庫克」的音，而是稱他為「圖特」。

4 一噚是六英尺或者一點八二九公尺。

5 現在的拼法為「Tupai」。

## 11 一張謎樣般的航海圖

到了八月八日禮拜二那一天，庫克已經準備好要離開賴阿特阿島了。船上補給品都已充足，木匠也已經解決砲房漏水的惱人問題，所以他說，「只要風向能配合我們，就可以立刻出港。」風的確挺配合的。隔天早上十一點，經過一夜大雨後，一陣風把他們往海面上吹。

班克斯在其日誌上欣然留下這段文字：「出海後，我們即將迎接機運，以及圖帕伊亞可能引導我們走向的未來。」這番說法完全不對，因為庫克已經決定了接下來的航向（而非圖帕伊亞決定的）：「現在我想要前進的是南方。」就連帕金森也比他更了解狀況，如同他所記錄的：「我們在八月九日拔錨啟航，從海灣往南前進，遵循海軍部所規定的方向，迎向即將來臨的發現。」

離開倫敦時，詹姆斯．庫克接獲兩道命令。首先是有關大溪地之旅的：「儘管原住民生性多變，但仍應與他們建立友誼，並且在一七六九年六月三日觀察金星通過太陽表面的情況。」觀察工作結束後，船就可以往海上開了，接下來他必須遵守一道「額外的密令」：他得完成一項重要而且最為可觀的地理發現工作。倫敦的知識分子深信，南太平洋上有一片溫暖、土地肥沃而且富含礦物的「大陸，或者一片廣大的陸地」，也就是傳說中所謂「南方的未知大陸」（Terra Australis Incognita），其重要性足以與位於北邊的歐亞與俄羅斯匹敵。詹姆斯．庫克奉命尋找那塊陸地，「不久前瓦歷斯船長才從某條航道」抵達南緯四十度，那片陸地位於更南方。如果奮進號並未順利獲得此一重大收穫，接下來，他就得進行另一項比較沒那麼重要的工作，也就是尋找紐西蘭的東海岸。

當薩謬爾．瓦歷斯的海豚號於一七六六年啟程時，也曾接獲相似的命令。在他所接獲的文件中，最開頭有這麼一段文字：「為了榮耀大英帝國國王」，任何英國船艦的第一要務，就是要依照海軍部長官的指示，先發現傳說中的「南方大陸」，繼而勤奮謹慎地找出「合恩角與紐西蘭之間的那條寬闊的海上航道」。然而，離開大溪地後，瓦歷斯船長並未遵照命令，往南航行，反而是把船開往東印度群島，接著經過好望角（Cape of Good Hope），然後就返航了。

除了他自己的身體狀況不佳之外，再無其他藉口。船的狀況還很好：一七六四年要進行第一趟發現之旅時，為了防止船蛆蛤（teredo worm）的蛀蝕，特別在船殼上加了銅片，因此當他們在馬塔維灣把船底翻起來看的時候，發現它就跟離開船塢那天一樣乾淨。因為普莉雅的慷慨贊助還有圖帕伊亞的管理有方，海豚號獲得許多補給品，船員因此吃得都很好，五週後也沒人罹患壞血病了。不幸的是，長官們要到後來才不悅地發現，瓦歷斯欠缺真正探險家的熱情，所以不願把他的船隻與手下帶往未知的險地。他唯一的企圖，反而是回到英格蘭。

詹姆斯·庫克比他更有膽識。當時他之所以沒有依照指示，一等到能夠出海就「往南航行」，反而是往北走，「發現」了胡阿希內、賴阿特阿與鄰近諸島，在在都證明了圖帕伊亞極有說服力。先前圖帕伊亞跟他保證，胡阿希內與賴阿特阿島上有很多豬隻可以取用，這讓庫克有了一個好藉口。此外，他的想法是，如果能緩緩航行數週，他的手下就可以休養過度勞累的身體，因為「能夠玩的女人太多，導致他們的身體狀況比剛剛抵達大溪地時更差了」。

然而，現在是遵從命令的時刻了。

有鑑於過去四週以來圖帕伊亞是如此盡責地為他們領航，也許是為了向他致歉，庫克同意，在他們離開時，朝著賴阿特阿島發射一發砲彈。根據砲手史蒂芬·佛伍（Stephen Forwood）所說，「他們發射了一記四磅重的砲彈，藉此滿足船上那位印地安人的好奇心。」所以，被迫流亡的圖帕伊亞也就此能心滿意足地在一陣硝煙中離開賴阿特阿島，那爆炸聲響還在山丘之間回響著。

至少有兩天，班克斯都並未注意他們的南向航程，因為等到船艦進入波浪滔滔的海面上後，他立刻就開始暈船，只能悲慘地待在吊床上。圖帕伊亞一定立刻就察覺到了，但他仍可以預期接下來一連串的發現，就像詹姆斯·羅伯茲所記錄的：「圖帕伊亞說，我們附近有三個大島，是他父親曾經待過的，而且在他所熟知的島嶼裡面，似乎是位於最南端的。」他們經過了其中一個被圖帕伊亞稱為「曼奴亞」（Manua）的島嶼，儘管圖帕伊亞指出了它的所在位置，但是沒有見著。「然而，他說，」班克斯在八月十二日，也就是他不再暈船的那一天寫道，「到了明天或後天，我們就會看見另一個他稱為『歐赫特阿』（Oheter-a）的島嶼。」

但事實上那個島嶼叫作魯魯土（Rurutu），是所謂南方群島（Australs）之一，其他還包括里馬塔拉（Rimatara）、圖帕伊、賴瓦瓦埃（Raivavae）、拉帕島（Rapa Iti）、馬羅蒂里（Marotiri）以及由四個小型礁島構成的諾洛洛土環礁（Nororotu Reef）。然而，圖帕伊亞似乎很確定那是什麼島，他跟帕金森說：這個島嶼「是九個群島之一」，而且「每一個島名前面都要加上『歐赫特』」。班克斯寫道，圖帕伊亞跟他說，「我們的南方到西南方之間有許多其他島嶼，大部分的名稱前面都要加上『歐赫特』，」但是他帶著懷疑的語氣接著說道，「但我們看不見任何一個島嶼。」

到了破曉之際，魯魯土島的懸崖已經在他們前方隱約可見。到了九點，船已經越來越近了，於是他們放下小艇，讓高爾、班克斯、索蘭德與圖帕伊亞登岸──「一樣的，也是去看看我們眼前那個海灣裡有沒有可下錨停泊的地點，」庫克寫道，他以簡潔的語氣總結：「但我並無意在那裡下錨，或者停留。」結果，他們是礙難登陸的。比較年長的島民應該都很熟悉圖帕伊亞的名號，羅伯茲寫道：「二十三年前，圖帕伊亞曾在那裡待過，但此後他們與北方諸島就再也沒有來往了。」但事實證明，那裡的原住民並不好相處。

剛開始，一切似乎都很順利。班克斯發出友善的喊叫聲，一艘獨木舟划到了小艇旁邊，划船手熱切地把給他們的鐵釘拿走。然後，三個強壯的男人跳上船，雙方為了搶船而爭執。高爾的毛瑟槍卡住了，但是有另外兩人對空鳴槍，原住民被嚇得跳船，想要回獨木舟上，班克斯寫道：「我們其中一人魯莽地開了第三槍。」打傷了一個在游泳的原住民的頭部，儘管看起來傷勢極其輕微，但獨木舟一返回海灘上，已經有一大群憤怒的群眾聚集在那裡了。

小艇跟在後面往沙灘前進，一個昂首闊步的壯漢大吼大叫，挑釁他們，「透過圖帕伊亞，我們得知那是挑釁之詞」。另一個好鬥的傢伙戴著一頂高高的頭飾，上面有羽毛，他身穿黃、紅、棕三色相間的僵硬桑樹布料袍子（因此英國人幫他取了「小丑」的綽號），也跳起了戰舞。這兩人旁邊有一個年紀較大的人，看來比較理智，他跟圖帕伊亞對話了很久，詢問他們一行人打哪裡來。顯然，有關海豚號的故事早已傳到這遙遠的地方，因為稍後圖帕伊亞跟帕金森表示：那位老人「懇求我們不要殺害他們。」圖帕伊亞向他保證，他們不想惹事，接著開始祈禱。「圖帕伊亞有所回應，」班克斯寫道，「但還是跟我們說，那些人不是我們的朋友。」

儘管圖帕伊亞提出了警告，班克斯還是透過他試圖交涉，讓他們能上岸，做點交易，並且進行他心裡掛念不已的植物學研究。他們終於獲准了，但前提是必須把毛瑟槍留在小艇上，所以他們不得不放棄。有些原住民涉水走出來，想要交易一些挺有趣的布料，看起來上了一層漆料，還有一些令人害怕的長矛與戰鬥用棍棒，但除此之外，這趟旅程沒有什麼收穫。「在離開了那些不友善的人群後，」班克斯總結道，「我們還是依舊朝南方前進，晚上的露水把船上的一切都弄濕了。」

同一天下午，庫克是這樣記錄的：自從他們離開賴阿特阿後，「圖帕伊亞就非常希望我們往西航行。」他不願聽從，因為對他來講，往西航行並無意義——儘管圖帕伊亞非常確定他們可以找到「很多島嶼，而且其中大部分都是他親自去過的。」庫克會有這種想法，是因為他認定，圖帕伊亞所提到的那些島嶼，「都是瓦歷斯船長發現過的，而且已被他命名為波斯喀文[1]與凱波爾（Kepple）」，它們就位於「西方不到四百里格的地方。」

波斯喀文與鄰近的小島凱波爾（實際上就是東加群島裡的塔法希島〔Tafahi〕與紐阿托布塔布島〔Niuatobutabu〕）只是不怎麼重要的火山島，而四百里格大約等於兩千公里，與奮進號相距甚遠，而且當時它平均每天能夠航行的距離還不到一百公里。圖帕伊亞跟他保證（也許口氣有點自鳴得意），能夠快速航行的獨木舟只要十天就能抵達——對此，庫克以稍帶酸葡萄的語氣表示，「他們的大船可以開得比這艘船還快。」圖帕伊亞的確盡力坦承不諱，他特別補充說明，若想要回到賴阿特阿島，至少需要三十天——儘管他也提及，若能等到「十一、十二與一月」，也就是西風吹起時，便能充分利用此一優勢，屆時這條航道會變得快多了。庫克坦承，「他們的確非常了解在領航時如何充分利用風勢」，但是因為這等於間接批評了奮進號，想必他並不怎麼高興。跟每位好船長一樣，他對於這艘一點也不可愛的船，感到極度的自豪，返國時還向海軍部表示，在風往上桅船帆吹的情況下，它是一艘很可靠的船——「如果風能夠朝著帆桁後方的一兩度[2]吹過去，它就能以七或八節的速度航行，」他忠實地寫道。

圖帕伊亞在船上，不光是讓庫克不自在，也令他生氣。在胡阿希內與賴阿特阿兩座島上時，人們比較尊敬的是圖帕伊亞，而非庫克，所以島民很有可能起疑，認為領航員圖帕伊亞才是船艦的「司令」。中國人有句成語「雙頭馬車」，而庫克也深知一艘船只能有一位指揮官，因此應該非常同意諺語的含義。另一個因素是，庫克既有企圖心，又非常謹慎。庫克很清楚瓦歷斯沒有恪守「必須要取得南半球那些陸地或島嶼的完整資訊」這道命令，所以他決心不要重蹈覆轍。如果在途中能碰到圖帕伊亞所描述的任何島嶼，那也很好。

因此，就像他所記錄的：「我將不再花更多時間尋找那些島嶼，直接航向南方，著手搜尋那片大陸。」

如果詹姆斯・庫克能夠更為聽從船上那位波里尼西亞領航員，他的故事將會被改寫嗎？我們很難不去思考這個問題。因為庫克沒把話聽進去，因為他沒意識到圖帕伊亞並非叨叨絮絮地說著那些從海底冒出來的火山島，像是塔法希島與紐阿托布塔布島，而是試著描述像是烏波盧（Upolu）、圖圖伊拉（Tutuila）、東加塔布（Tongatapu）以及薩瓦伊（Savai'i）等大島——而最後一個更是被他稱為「眾島嶼之父」，因為在神話中，它向來被描繪為波里尼西亞文明的搖籃。如果庫克選擇圖帕伊亞所指出的航道，他將可以發現遙遠的東加群島、薩摩亞島、庫克群島（Cooks）以及斐濟——但是一直要等到他進行另一趟航程時，圖帕伊亞這位有威望的語言學家和中間人已經不在船上，無法幫他了，他才發現圖帕伊亞所說的那些島嶼。

庫克也錯失了向這位波里尼西亞領航大師學習技巧的大好機會。例如，圖帕伊亞是怎樣保持精確航道的？在移動的過程中，他是怎樣使用定位時必要的航位推測法？當島嶼並未出現在地平線上時，他是透過什麼跡象來判斷那些島嶼就在那裡？庫克自己就是個出色的領航員，而且也應該有興趣。但是他並未聆聽圖帕伊亞像是用吟唱的方式所描述出來的西方諸島，並且問他如何找出前往那裡的航道，他與班克斯反而只是問了圖帕伊亞一堆關於大溪地風土民情的問題，藉此幫他們把報告寫完。

班克斯早已開始用活頁紙寫報告了，也把草稿呈交給庫克，由庫克從中任意擷取材料，用於完成他從七月十三日，也就是他們離開大溪地那天就開始撰寫的〈喬治王島之描述〉（Description of King Georges Island）。奮進號是個抄襲成風的地方，這點跟英王麾下的所有船艦都一樣，就連海豚號也不例外。領航員的助手與海軍少尉預官在申請證書時，必須證明自己在船上有工作，因此都得寫日誌（領航員助手是向三一府〔Trinity House〕[3]申請，而少尉預官則是必須前往白廳參加晉級尉官的考試），而且為了把那些寫漏的日子補齊（通常都已經是在過了好幾天甚至好幾週之後了），他們都會互相抄襲。當瓦歷斯船長在撰寫自己的報告時，一定也曾參考過喬治．羅伯森的報告，因為他最常接觸的大溪地人也就只有普莉雅與圖帕伊亞，而他也只透過那個被他稱為強納森的年輕人觀察大溪地的風土民情。然而，讓羅伯森付出最多心力的，就是把潟湖繪製成地圖，還有跟女人談情說愛，至於瓦歷斯的報告則是最令人不滿意的，因為字裡行間充滿了自辯之詞，急於解釋他為何要用砲彈攻擊大溪地人。詹姆斯．庫克打定主意，他的表現一定要更勝於瓦歷斯，而如果抄襲那位科學家乘客的報告能達到此一目的，他也願意。

離開魯魯士島那一晚，班克斯開始把自己的報告抄進日誌裡，將那一部分日誌取名為「南海諸島風土民情」（Manners & customs of S. Sea Islands），為自己的日記開啟了新的一頁。圖帕伊亞可說是問無不答，他提供了許多資訊，因為這讓他覺得自己仍在船上扮演重要角色，特別是在他於隔天犯下一個令他深感羞恥的大錯之後。如同班克斯所記錄的，那天早上，有人說出現了一片陸地——至少所有人都認為那是陸地，就連圖帕伊亞也不例外，他非常確定那就是，甚至「還為其命名」，但結果那只是雲霧而已。

不過，圖帕伊亞也不像先前那樣開朗了——雖然在他描述殺嬰的事情時是如此坦白，以至於讓庫克感到震驚。接著圖帕伊亞回敬他們的方式，是展現出一種盲目的愛國心，批評英王喬治三世為什麼要生那麼多小孩，而且說話的聲音大到讓所有人都聽見了，等於冒犯了每一個英國人（當時喬治的婚生兒子與女兒各有六個）。他的基本論據就是，大溪地不會有那麼多無所事事又愛花錢的年輕貴族，此說也許還挺合理的，但是沒有任何忠心的英國人會同意。

這是另一個讓他們低估圖帕伊亞對於航程的貢獻之理由。然而，儘管他與庫克和班克斯的關係已不如過去那麼好，但他先前與現在所提供的資訊，仍然是關於大溪地社會的寶貴紀錄。他深知島上每個地區的戰力，甚至能夠精確指出他們可培養出多少戰士，這意味著庫克與班克斯可以好好估計島上人口。圖帕伊亞也列出了祭司的職責與責任，並且忍受班克斯的諸多嘲弄：他說，祭司是既得利益者，還有大溪地人欠缺彈性、食古不化。但圖帕伊亞還是試著教他們祈禱用的古語（雖然並未成功），揭露捕魚的祕訣，跟他們聊如何打造獨木舟，描述海戰戰法——甚至畫了一幅引人入勝的圖畫來解釋自己所說的一切。

他的素描畫是在匆促間畫出來的，畫在一幅原來畫著樹木與長屋，像刺青似的圖畫的下方，儘管毀了原有畫面的平衡感，但卻栩栩如生地描繪出作戰的情況。其中兩艘獨木舟是戰船，據庫克描述，船上「有一個大約十或十二英尺長、六或八英尺寬的矩形平台」，讓那些小小的人物站在上面「互相捉對廝殺，用棍棒打個你死我活」，等到他們陣亡後，還有其他戰士等著接手。第三艘獨木舟則是一艘補給帆船，在附近徘徊，適時提供武器。

儘管素描顯然只是一種輔助的溝通工具，並非藝術作品，但卻給人一種躍然紙上的感覺，與原來那幅靜物畫形成強烈對比。那些匆匆畫出來的小小人形就像戰神，他們用短短的腿穩住身子，無所畏懼，背部因為用力而弓著。到了航程後半段才在爪哇島巴達維亞港（Batavia）[4]加入船員行列的約翰．馬拉（John Marra）寫道：圖帕伊亞的船伴跟他說，「圖比亞」（Toobia）是個真正的天才，「他是最高祭司，也是傑出的藝術家。」用當時的航海術語來講，所謂「藝術家」其實是指「海上的藝術家」，亦即領航員，而非藝術創作者（那種人會被稱為繪圖員）。但是，從現代的眼光看來，光憑這張戰船的素描圖，圖帕伊亞也有資格被稱為藝術家。

船員都認定圖帕伊亞是個「傑出的藝術家」，也就是領航員，而這一點也不令人感到意外。他們曾看過他與塔伊艾塔在甲板上花了很多小時，指出夜空中有哪些主要的星團與星星，白天時則是計算與評估船身下方的滔滔海浪，仔細研究著奮進號掠過的那些島嶼側影。就像他們後來跟好奇的傾聽者述說的，圖帕伊亞的航位推測法是如此準確，記性奇佳無比，不管是白天或晚上，他都能精確指出大溪地的位置。如今，塔伊艾塔也在學習同樣的技能。把知識傳給學徒不只是圖帕伊亞分內的工作，若想成為一個領航員，關鍵就在於能夠用腦海進行精確的記錄。

如果船員們都知道圖帕伊亞是個出色的領航員，何以庫克似乎沒注意到？圖帕伊亞之所以願意說出那些他應該死守的祕密，不只是因為他是個流亡的難民，也是因為他想要與人共享發現的喜悅——他跟庫克一樣深具探險家的精神。先前他並未親自乘船經過那些古老的交易航道，因為自從他的祖父以來，賴阿特阿人的航行範圍就已經大幅縮小了，因此他對於前景感到非常興奮。

這點對他很不利。詹姆斯·庫克注意到圖帕伊亞說過，他只親身探訪過十三座島嶼，大部分都距離賴阿特阿不遠，這意味著庫克有充分的理由可以拒絕他往西航行的建議，因為庫克是從自己的角度去想這件事：如果沒去過那些地方，哪有辦法好好領航？然而，圖帕伊亞對於自己腦海裡記住的那些航道卻非常有信心。即便是在天候不佳時，群星與日月都被烏雲遮蔽了，他還是可以找出自己的航位：方法是好好研究那些能夠導向目的地的礁岩與海浪。還有，他所構思的都不是單一的長程航道，而是一條條曲折的短程航道。大部分的島嶼與最近的島嶼之間都相距不到四百公里，所以如果想要到遠一點的地方，可以先從較近的島嶼依序前進。每個島上都會有厲害的領航員，他可以跟他們確認接下來的航程。

不過某些話庫克的確聽進去了，因此他也曾有過片刻的洞見。他心裡所思考的是，既然波里尼西亞人「可以像這樣，在白天與晚上分別以太陽和星月當作羅盤，依序抵達一個個島嶼，藉此往西航行好幾百里格」，也許這就是太平洋地區的居民遷居的方式。如果賴阿特阿人能以這種跳島航行的方式往西航行一千英里，他寫道：「無疑的，這些西部諸島的居民也許曾與更西邊的人接觸過，所以我們可能可以用跳島的方式追尋他們的足跡，直到東印度群島。」然而，儘管他的結論是：波里尼西亞人長久以來已經懂得如何抵達太平洋的邊緣，他還是沒有詢問圖帕伊亞是怎麼辦到的，光是隱約知道他們是以日月星辰「當作羅盤」，就感到滿足了。

為了證明自己對於太平洋的知識有多廣博，圖帕伊亞也跟庫克、班克斯與莫里諾說了許多島嶼的名稱，但庫克對它們也是一樣多所保留。儘管莫里諾把那些島名都寫在日誌裡，庫克跟班克斯卻都沒有，庫克說，儘管圖帕伊亞「提到的那些島名最多有七十個」，但因為相關資訊「是如此模糊而不明確」，所以，他要等到圖帕伊亞「對於每個島嶼的情況描得比較明確一點」，才會把那些名稱寫下來。記錄島名的工作一直被延宕到一七七〇年三月底，到時候庫克所做的那些筆記不管有多少，早已佚失，因為到最後他解釋道，應該還有更多島嶼的名稱才對，但是他所獲得的，就僅限於圖帕伊亞的航海圖裡的那一些：「以上的清單取自於圖帕伊亞親自繪製的航海圖，」他寫道，「他曾經一度跟我們說過接近一百三十個島嶼，但圖裡面卻只畫了七十四個出來。」

庫克只曾在這個地方提過圖帕伊亞為了讓船員相信而畫出來的航海圖。然而，那張圖卻足以證明波里尼西亞人擁有關於太平洋的驚人知識，還有圖帕伊亞是怎樣理解那些知識的。在那張東西向的航海圖裡面，他把熱帶地區南端的海面都畫了進去，涵蓋的範圍從羅圖馬島（Rotuma）到馬克薩斯島，兩者之間大約四千公里的海面上，有許許多多島嶼是以前歐洲人都沒聽過的。身為一位傑出的歐洲製圖家，庫克當然應該很好奇，他們是怎樣把大量的立體知識轉化成一張平面圖的——但他並沒有。其他人的接納度則是更低了，因為只有庫克的日誌提及了那張航海圖。知道圖帕伊亞曾述說過那些島嶼的船員跟馬拉說，他「把自己所知的一百多個島嶼畫成航海圖，其中大部分都位於熱帶地區」。如果庫克的船員認為那張航海圖有價值，為什麼他卻輕易忽略了它？就連班克斯也沒注意那張圖：他曾提到，波里尼西亞人裡面「比較聰明的」有辦法預測星辰的升降，還有人跟他說過，「他們可以航行到很遠的地方，通常有好幾個月不在家，期間造訪了許多島嶼」，但他卻完全沒有提及那張航海圖，更別說那張圖的繪製方式、時間、地點與理由了。

因此，我們只能猜想當時的情況：圖帕伊亞一邊把那些島嶼畫下來，一邊解釋身為領航員應該怎樣帶領船隻通過那些航道，跟他們說「**這是**我的出發點」，「**這是**我的目的地」，「**這個**島嶼是我的參照點」，諸如此類的話；然後又把筆尖指向另一群島嶼，再說一遍，「獨木舟從**這個**島嶼出發」，「目標是**那個**島嶼」，「在這段航程裡，**那個島嶼**是我的參照點」。因為沒有人把他說明的過程記錄下來，所以我們不可能確認波里尼西亞人是否會把途經的島嶼拿來當作參照點——那些島嶼也許不會出現在地平線上，但是厲害的領航員卻能透過風勢、波浪與海流被島嶼干擾的情況，察覺到它們的存在。

能夠確定的是，圖帕伊亞畫圖的目的是為了分享其知識，但我們不知道他想要傳達什麼訊息，因為沒有任何一位奮進號船員認為值得把他的話寫下來。

那些歐洲軍官當然有充分的理由如此興趣缺缺。第一個理由是，圖帕伊亞畫的圖根本就不應該被稱為航海圖。不管是在當時或現在，對於西方人而言，所謂「圖表」與「航海圖」都是很複雜的概念，圖上應該要標示羅盤方位、經緯度等資訊，按照比例尺畫出島嶼，並且精確地估算出距離。但是圖帕伊亞的草圖卻不包含以上任何一個要素——他計算距離的方式是以獨木舟一天的航程為基礎，英里與里格對他來講毫無意義。根據西方傳統，圖表應該要能幫助人們規劃並且完成航程——但是沒有任何人懂得如何利用他那張圖在太平洋上航行！

當圖帕伊亞繪製那張航海圖時，他又創造了另一個歷史紀錄：因為他是第一個試著把太平洋畫成一張圖的波里尼西亞人。每當賴阿特阿島的領航員想要教學徒辨認星辰時，他們會在地上擺放小石子，而圖帕伊亞也許會使用一種被馬紹爾群島人稱為「mattang」的東西，那是一種用細木棍編織而成的格紋狀與曲線狀航海工具，其功能是用來顯示海浪起伏的模式。就連這種東西也不等同於歐洲人的地圖，因為那是一種在岸上使用的工具，不會被帶上船去。圖帕伊亞可能看過海豚號的領航員在馬塔維灣使用航海圖，而且他對於莫里諾所繪製的圖當然也會有興趣，但是歐洲人的地圖概念與他的傳統並不相合。的確，對他來講，所謂的「緯線」與「經線」不過是兩條看不見的線，唯有瘋子才會讓獨木舟跟著它們航行。同樣的，對於莫里諾、皮克斯吉爾與庫克而言，憑藉海浪受到島嶼干擾的情況來導航，也是個瘋狂的概念。

奇怪的是，似乎沒有任何一位奮進號船員注意到，圖帕伊亞的航海圖上也記載著一些波里尼西亞的歷史事件：那些紀錄是經過他口述，（可能是）由庫克用蠅頭小字寫下來的五段圖說。其中一段圖說寫在一個叫作「Orevavie」的島嶼上方（實際上應該就是南方群島裡面的賴瓦瓦埃島，在他的航海圖上，被畫在大溪地的西北方，但實際上應該是在西南方才對），其內容是：「toe miti no terara te rietea」（按照正確的發音應該是「toi maitai no tera ara i te Raiatea」），意思是「精美的手斧從海上航道來到賴阿特阿島」。另一個圖說的內容是：「Maa te tata pahei rahie ete te pahei no Brittane」（按照正確的發音應該是「Maa te taata, pahi rahi, iti te pahi no Brittane」），而記錄這段文字的地方是在「Ohevatoutouai」（實際上應該就是馬克薩斯群島裡面的塔瓦塔島〔Tahuata〕）的下方，可以翻譯為「人吃人，獨木舟很大，英國的船很小」，意指英國的船比起來較小；而所謂「人吃人」指的可能是食人族馬克薩斯人，他們會建造能夠航行遠洋的大型雙體獨木舟。

圖帕伊亞畫的三艘小小帆船旁邊也各有一個圖說。照理說，它們應該是代表奮進號，但並非如此：他畫的是款式遠比奮進號陳舊的船隻，船頭有鳥嘴狀的雕飾（beakhead），帆索也是舊款的。圖帕伊亞怎麼知道舊款的帆船長什麼樣子呢？他聽到的傳說內容一定很詳細。他畫的那三艘小船看來是指過去來訪的歐洲船艦。「Ulietea」（亦即賴阿特阿島）旁邊的圖說寫道：「Tuboona no Tupia pahei tayo」（按照正確的發音應該是「Tupuna no Tupaia pahi taio」），言簡意賅，意思是在圖帕伊亞的祖父那個時代，有一艘友善的船艦曾停泊在那裡，和平地與島民進行交易。「Otaheite」（大溪地）下面的小字所述說的，則是一個截然不同的故事。「Medua no te tuboona no Tupia pahei toa」（按照正確的發音應該是「Metua no te tupuna no Tupaia pahi toa」），意思是「圖帕伊亞的曾祖父看到一艘帶有敵意的船艦」。

第三艘小船的位置，是在土阿莫土群島中名為「Oanna」（阿納〔Anaa〕）的環礁旁邊。圖說寫道：「Tupia tata no pahei matte」（按照正確的發音應該是「Tupaia taata no pahi mate」），意思是：「圖帕伊亞說，船上的人都被殺了」。這很可能指的是非洲號，如同羅伯．莫里諾聽到大溪地人所轉述的，船員都被殺了。但是，那艘造訪賴阿特阿島的友善船艦是哪一艘？它可能是一艘迷途的西班牙帆船，甚或是一艘海盜船。我們只能猜想而已——但是，看來奮進號的船員連問都懶得問。

還有一件事是庫克、班克斯與其他船員都沒提及的：可能是因為出於好奇心，曾有些人複製過圖帕伊亞的航海圖。庫克的第二趟探險之旅有一位隨船的科學家叫尤翰．佛斯特（Johann Forster），他曾經把圖帕伊亞的航海圖改成蝕刻版畫，放在他那本記述歷次冒險的自傳裡當作插圖，而且他說航海圖有三個版本。第一個版本是圖帕伊亞自己畫的，由他口述島嶼名稱，記錄的人（可能）是庫克；第二個版本（可能）是庫克複製的，所有人是班克斯；第三個版本是由理查．皮克斯吉爾繪製。佛斯特借來的就是第三個版本，進行複製，後來那幅畫不見了，也許是在印刷廠搞丟了。

我們無從判斷三個版本之間是否有所差異，因為現存的只有一幅複製圖。大多數人相信，這幅僅存的複製圖並非原版，因為圖的右下角有不知名的人寫道：「由詹姆斯．庫克上尉於一七六九年繪製」——這顯示它是由庫克複製，亦即是班克斯所有的複製圖。要不是有這個說明，也許我們就會把它當成是圖帕伊亞「親手」繪製的，因為它所採用的紙張跟圖帕伊亞作畫時使用的一樣。那是一種水彩畫專用的優質紙張，造紙者是英格蘭的老詹姆斯．華特曼（James Whatman the elder）：他對自己製造的重磅紙非常自豪，因此精心設計了一個上面有皇冠的盾狀浮水印，盾牌裡面印著一個帶有百合花飾的「LVG」縮寫，代表知名的荷蘭造紙匠路伯特斯．范．蓋若文克（Lubertus van Gerrevink）。顯然，圖帕伊亞用的這種昂貴紙張是班克斯給他的，另一個可能性則是他自己在投宿的船艙櫃子裡找到的，因為繪圖員亞歷山大．布坎生前就是使用這種紙張。

直到一七七八年之前，所有人都遺忘了圖帕伊亞曾畫過那張圖，接著在那一年，佛斯特的書裡面出現了用蝕刻版方式複製的航海圖。班克斯捐贈了龐大的資料給大英博物館，他擁有的複製圖就被淹沒在裡面，一直要到一九五五年才被發現，因此在那之前，地理學家與科學家有很長一段時間只能用佛斯特書中的插畫來做研究。何瑞修．海爾（Horatio Hale）是首先進行研究的人之一（至於他是不是最早的一個，並無定論），這位非常出色的年輕民族學家，曾於一八三八年八月從維吉尼亞州的諾福克市（Norfolk）登船，參加美國的探險之旅（Exploring Expedition），前往太平洋地區執行科學與民族學的研究任務。執行那趟任務的旗艦溫森斯號（Vincennes）有個很棒的圖書館，當海爾拿起佛斯特的書來閱讀時，圖帕伊亞那一張充滿疑惑的航海圖讓他覺得非常有趣。

何瑞修．海爾心想：「當圖帕伊亞畫出那張圖時，圖上的島嶼有超過一半都是歐洲人還不知道的。」接著他思考的問題是，那張圖是不是印反了？他所根據的是航海圖底部的「opatau」一詞，它的意思並非「南方」——但是當圖帕伊亞畫圖給那些人看時，他們卻誤以為那就是指南方。其實那是指南風吹的方向，也就是北方。如果此一「南北顛倒」的理論成真，那就足以解釋為何拉羅東加島（「Orarothoa」，正確的拼法是

「Rarotonga」）會被畫在西北邊，但事實上，圖帕伊亞一定知道它是位於大溪地的西南方。但是，此一南北顛倒的理論也會衍生其他問題。有些位置原本大致上沒有錯的島嶼，這下卻變成被錯置了：例如，胡阿希內島這下就變成位於大溪地的東南方。海爾所提出的解釋是，當那些紳士（包括庫克、班克斯與皮克斯吉爾）「在一旁監看圖帕伊亞繪圖時」，根據他們「較為優越的知識」，逼他按照他們的意思去畫某些島嶼，因為他們已知方位何在，但對於那些他們不知道的（例如拉羅東加島），就沒有意見。

不過，他們能夠逼迫圖帕伊亞的可能性似乎不高。他非常確定那些事實，而且個性剛強固執，說他那麼容易就屈服了，實在令人難以置信。毫不令人意外的是，此後又相繼出現了各種理論。有人不光是認為圖的方向有問題，甚至還把它切割成一個個象限，每個象限各自被翻來覆去。近來一份研究指出，因為波里尼西亞人學習航海的傳統方式是在沙地上畫線，擺上小圓石來代表島嶼，可以據此推測，圖帕伊亞並非像個初學者，試著用歐洲人的方式畫圖，把世界當成一個像紙張的平面，實際上那張航海圖是由一個個複雜航向鑲嵌而成的。

無疑的，此一爭議仍會繼續下去。不管大家提出的主張與概念多有說服力，都沒有人能夠百分之百確認那就是正確的說法——因為庫克等一干人等從未提問，儘管圖帕伊亞樂於解釋，但沒有人寫下來。

有鑑於詹姆斯．庫克與圖帕伊亞在自己的社會裡都是傑出的領航員，而且圖帕伊亞是個受過高等教育的波里尼西亞貴族，庫克理應不會拒絕向他請教；但是，要他承認圖帕伊亞光靠腦袋就足以媲美那些有六分儀、曆書與羅盤可以使用的歐洲人，看來是不可能的。再者，因為庫克決定不往西航行，圖帕伊亞也沒有機會證明他非常清楚自己所說的一切。儘管雙方仍有語言障礙（圖帕伊亞的英文雖然流利，但會的字詞仍然有限，而庫克則只會一些基本的大溪地語），但如果有機會讓他實地證明，情況就會大不相同。

結果，奮進號就往南方航行了。庫克與班克斯完成報告後，把它們擺在一旁，開始做那些在英國啟程時就已經分配好的例行事務。而圖帕伊亞此時在船上已無用武之地，再也沒人理會他做些什麼事了。

譯註：

1 應該是根據海軍上將波斯喀文（Edward Boscawen, 1711-61）命名的。

2 這裡的「度」是指「point」，也就是羅盤上面的一格。羅盤將三百六十度切成三十四分，所以兩格就是三十度。

3 英國的航海工會，位於倫敦。

4 雅加達的古稱。

## 12 南緯四十度線

他們離開熱帶後，天氣變差，冰冷的雨下個不停。一陣大浪顛得整艘船搖搖晃晃，令人作嘔。未能固定的裝備從船的一邊滑往另一邊，帆索啪啪作響，船殼吱嘎出聲。水手原本啪噠啪噠的赤腳腳步聲換成了靴子與鞋子的喀喀噠噠聲響，甲板上的豬隻聚在一起取暖，發抖尖叫，當船身前後搖晃時，牠們也在糞堆裡滑來滑去，翻滾的樣子很可笑。

圖帕伊亞與塔伊艾塔雖不會暈船，但不耐寒，因此把寬鬆舒適的桑樹布袍換成歐洲服飾。塔伊艾塔現在看起來就像其他男孩，他很輕鬆地就融入了船上的生活。這個年輕小夥子會在甲板上與朋友追來追去，跳上帆索抓雲雀，寒冷對他來講並不礙事。水手們也都喜歡他，後來他們跟馬拉說，「不管地位高低，船上的每個人都喜愛他。」

相較之下，圖帕伊亞則是寂寞而形單影隻。他會往下到擁擠的住艙甲板去找過去海豚號的船員攀談，像是理查·皮克斯吉爾與法蘭克·威爾金森，與魯莽的少尉預官們聊天，像是後來把他的生平要點寫下來的美洲殖民地船員詹姆斯·馬格拉，但一定也不太受歡迎。相較於此，水手們的反應則本來就應該相反，認定圖帕伊亞是個出身高貴的「天縱英才」，理當受到尊重，但同時他們也痛恨這一點。大概一年多後，他們就跟馬拉表示，「奮進號的船員絕不可能深愛圖帕伊亞，因為他們認為他驕傲而嚴厲，總是要求人們尊敬他，而屈從於一個印地安人讓水手們覺得丟臉，因此不願順從。」而每當他們不尊敬他時，他總會向軍官抱怨，而這無助於改善他的處境。

那是一個截然不同的世界，日常作息很奇怪。時間原本是靠太陽、星辰與海潮來衡量的，如今衡量基礎已改為鳴鐘與站哨的班次，所以每當有軍官開口詢問時間，獲得的回答可能是像這樣：「報告長官，晨間哨班，兩聲鈴鐘響！」所以這是指破曉之際，早上五點，晨間哨班響兩次鈴鐘聲的時刻——值班的會拿出水桶刷洗甲板。這並不難理解，就像大溪地人於破曉時刻起床，到最近的水池裡洗澡，只不過奮進號上面沒有隱蔽的洗澡空間，所以圖帕伊亞的身體變得跟其他船員一樣臭。八聲鈴鐘響時代表要吃早餐了，那是早上八點，對他來講很熟悉，因為大溪地人也是差不多在此時不再禁食，而把前一天的剩菜拿出來吃。然而，不管是在中午吃正餐，或者飯後每個人都有一品脫的烈酒可以喝，對他來講都很奇怪，因為中午在大溪地是一天最熱的時刻，不適合吃那麼多東西。下午四點，水手早早就吃晚餐了，這對他來講就比較能接受，因為過去他也是習慣在快到傍晚的陰涼時刻吃飯，但是這對於後甲板的那些科學家來講則是挺奇怪的：中午吃的那餐幾乎都還沒有消化掉，為什麼水手就要吃第二餐了呢？於是他們選擇在晚上八點，甚至九點才吃晚餐。

這意味著主艙的時程與眾不同——決定時程的人並非理應主宰一切的庫克船長，而是船的乘客約瑟夫·班克斯。事實上，當時圖帕伊亞一定曾懷疑過庫克到底是不是船上的「最高酋長」。早上八點，在麥片粥早餐被收走後，班克斯與其植物學家助手丹尼爾·索蘭德會把樣本與書籍擺滿大桌子，開始工作。班克斯曾在一七八四年十一月的一封憶往信件裡寫道，他最喜歡的鑑識與分類工作，「大致上會從早上八點持續到下午兩點。」然後等到東西都收起來之後，管家才把桌子擺好，準備讓科學家們吃午餐。到了大概四點，「等煮飯的味道都消散了」，悉尼·帕金森才被找來，班克斯與索蘭德把樣本拿給他看，「吩咐他應該把圖畫成什麼模樣。」等到天色太暗，不適合工作時，他們便再度清理桌面，科學家們的晚餐這才被擺上桌。

顯然這對於在船上後甲板居住與工作的每個人都產生了影響。照理講，主艙的大桌子應該是庫克船長用來擺航海圖的地方，但是他卻只有在早餐前有機會使用桌子。等到班克斯與索蘭德接手後，他就必須使用自己包廂裡的小桌子，或者在甲板上盡量找一個可以湊合的地方。從小就開始工作的庫克很習慣在正午吃飯，而不是像那些紳士在兩點半用餐，所以每逢中午，他很可能是在砲房與軍官一起吃飯。我們無從得知圖帕伊亞是否跟他一起吃飯，但可能性不高，因為他不習慣在中午吃飯，而且也不喜歡他們的食物——而這一點將會對他在航程期間產生重大影響。

幾乎都是被班克斯稱為「繪圖員」，而非直呼其名的悉尼·帕金森一樣也不好過。除非他被叫到大桌子旁去聽取指示，否則他唯一能作畫的地方就只有船艙裡的小桌子。儘管空間狹小很難用來作畫，但他還是完成了幾百幅漂亮的植物樣本圖，還有幾十幅擺著各種姿勢的波里尼西亞人與其手工製品的畫像。被大溪地人稱為「Patini」的他，是個安靜溫和的年輕人，喜歡小孩——奮進號的船員裡只有他寫下關於大溪地男孩與女孩的紀錄，他說他們「對彼此都非常好」，因為他們會共享他送的禮物。從他的日誌看來，他很喜歡與圖帕伊亞聊天，常提及兩人的對話，但除此之外，大都不太跟人說話。索蘭德博士曾取笑他，稱他為「悶葫蘆帕金森」。

三十六歲的瑞典人丹尼爾·索蘭德就比較愛八卦了，他的老師是天才型的科學家林奈（Linnaeus），曾因為發明了用生殖器官來幫植物進行分類的系統，而遭到梵諦岡禁書。索蘭德大概是在一七六二年前往英格蘭教授林奈的研究方法，讓所有人一見面就喜歡上他。沒多久，他的英文已臻完美：根據班克斯在一封憶往的信件裡表示，教他英文的「是兩個最美麗與聰慧的英格蘭女人」——英格蘭大法官諾辛頓爵士（Lord Northington）的妻子與女兒。幾週內，索蘭德就獲得大英博物館提供的一份優渥工作，並獲選為皇家學會院士，所有的學會人士都對他的迷人儀態與生動談話感到很陶醉。班克斯接著表示，因為「與他相處能獲得很多訊息，也令人感到愉快怡然，」因此「所有飽學之士」都來找他。班傑明・富蘭克林（Benjamin Franklin）與英王喬治三世都是與他接觸過的權貴，不過他們並不知道這位優雅的丹尼爾・索蘭德博士是個雙面人——他是瑞典政府的間諜。

索蘭德在一七六四年與約瑟夫・班克斯相識。乍看之下，他們倆並無太多共通之處。兩人的年紀相差十歲，而丹尼爾・索蘭德來自學界。儘管班克斯曾於學費昂貴的哈羅（Harrow）與伊頓（Eton）兩間公學就讀，但是學習成效並不全面：他會跳舞，但不會畫畫，在書寫方面，他的希臘文比英文還好。然而，班克斯十四歲那年，偶然遇見一些在幫當地藥劑師採集藥草的村姑，這讓他見識到一個美好的植物世界，從此就迷上了植物學。班克斯與索蘭德因為對於植物學的熱愛而相知相惜，成為畢生摯友。

當班克斯表示要踏上即將啟程的探險之旅，索蘭德要求讓他一起去，如今他很容易就適應了探險家的生活，成為船上最快活的人之一。所有的軍官都很喜歡索蘭德，同時他也廣受水手們歡迎，他們會幫他蒐集魚類與海藻，在寫給一封朋友的信裡面，索蘭德表示他們「很快就變成了傑出的哲學家」，因為他們知道哪些樣本能夠取悅他。

在大溪地時，索蘭德並未找女人當情婦，但他很喜歡看別人在這方面的好戲，其中一個令人意想不到的出糗者，是帕金森：因為他曾假裝討厭大溪地女人像這樣無條件的投懷送抱。但索蘭德後來卻說了一個八卦：某天班克斯釣上一個女孩，和她回家，結果卻發現「悶葫蘆帕金森」居然已經與那女孩的姊妹同床了！這個女人已年近三十，但是根據班克斯所言，帕金森之所以選她，「是因為她的口風比年輕女人還緊。」但這不只是像班克斯與索蘭德說的那種露水情緣，看來那個女人是真的很喜歡她的年輕貴格教派愛人，因此還把他的孩子生了下來——那是一位被取名為「Patini」的年輕人，很有可能就是帕金森的曾孫。一八六四年，美國捕鯨船海洋號（Ocean）的船長在大溪地招募他上船，他非常喜歡海上生活，因此後來又在一八六六年九月二十七日，上了另一艘捕鯨船班傑明康明斯號（Benjamin Cummings）當船員。然而，有鑑於帕金森被人如此取笑，班克斯也背叛他，毫不令人意外的是，他並沒有幫後甲板區的任何人員畫肖像畫，連他的雇主班克斯也不例外。

另一個覺得不太自在的船上成員，就是沉穩而誠摯的船長詹姆斯．庫克本身。根據索蘭德的說法，後甲板的成員都認為，奮進號的指揮官應該是約翰．高爾少尉才對！

他說，了解狀況的人都把高爾當成「整個海軍最務實的船員」。高爾的優勢是有經驗，在成為奮進號的一員之前，他曾是海豚號的老手，兩度參與該船艦的環遊世界航程——如同索蘭德在寫給老師林奈的信件中所言，「高爾先生曾兩度環遊世界，次數比目前世上任何人都還要多。」詹姆斯·庫克「嫉妒他」，因為高爾對於「海軍事務」較有經驗，而且其衝勁與「決心和勇氣」也更勝於庫克。至少，根據索蘭德對他在倫敦的友人所說，他們倆一直都看對方不順眼——因為高爾對於庫克對待原住民的殘酷方式很有意見（但他自己卻是英國歷史上第一個開槍時有心打傷大溪地居民的人！）。

這一定與高爾蔑視庫克的心態有關，而假使圖帕伊亞這位貴族知道庫克的出身，也會有這種偏見。庫克是個農工之子，出身卑微，如果出生在大溪地，他一定是社會底層的一員。因為大溪地的傳統沒有社會流動這回事，圖帕伊亞一定很難理解，為什麼一個曾經家住茅屋、沒有受過多少正式教育的人，居然能夠靠著智慧、出色的製圖能力以及運氣，而成為奮進號的指揮官？看來班克斯也有這種偏見，因為他好像把庫克當成一個為皇家學會工作的出色領航員（所以也就是班克斯的領航員）——每當風平浪靜時，他總是會命人划船，帶他去獵殺海鳥，要船員按照他的意思蒐集樣本。他也不太了解庫克必須依據風勢、氣候與常識來做決定，因此如果庫克沒有依約在島上與海灣裡停留足夠的時間，讓他進行植物學研究，他也一定會讓所有人（尤其是庫克）

知道自己有多生氣。

後甲板區倒是有一個人不認為指揮官應該由高爾擔任。事實上，他還認為這種想法挺好笑的。那個人就是天文學家查爾斯．葛林——一個因為生性幽默而帶有民主傾向的人。一七六三年十月，他曾與天文學家內維爾．馬斯基林一起搭乘露易莎公主號（Princess Louisa）出海，前往巴巴多斯（Barbados），其任務是為了驗證馬斯基林的曆書是否正確，當時他目睹了一位船員因為叛艦之罪而被鞭笞，於是他表示：「所謂犯上與叛艦之罪，只不過是那個人說領航員葛拉罕（Graham）喝醉了。」而且這也是千真萬確的，因為那位領航員「的確是醉了」。在面對危機時，他也是個足智多謀的人。一七六四年，他們從巴巴多斯返航，搭乘的是新伊莉莎白號（New Elizabeth），該船船長的兄弟從船上掉下海，在威廉．哈里遜（William Harrison，他父親是綽號「經度」的約翰．哈里遜〔John "Longitude" Harrison〕，也就是航海天文鐘的發明人）的幫助之下，冷靜地從船長專用廁所的窗戶伸出一條繩子，把人救了起來。他也很喜歡嘻鬧。在新伊莉莎白號上，他寫道，「餐後，我們大家都玩瘋了」；船艙的乘客與軍官在甲板上拿起水桶互相追逐（「唯一沒有加入的是船長，他被困在前桅樓上」），直到每個人都渾身濕透了。直到過了很久，詹姆斯．庫克還曾嚴厲地推論到，查爾斯．葛林實在是太過貪杯了。

儘管葛林看來還挺敬重庫克的，但卻認為庫克麾下那些高低階軍官的航海能力極為低落。過去在一七六七年，瓦歷斯曾輕率地表示，整艘海豚號上就只有事務長一個人能夠判斷船的經度，這種說法大概也適用於奮進號，因為當他們離開英格蘭時，葛林厭惡地發現，全船只有他跟庫克懂得藉由「測量月亮」來判斷船隻的位置。顯然，過去曾待過海豚號的那批人根本不想改善這方面的缺點，這對於高爾來講，當然是一種疏失，而對於領航員莫里諾還有其助手皮克斯吉爾與威爾金森來講，更是不可原諒的失職，因為領航就是他們的責任。葛林設法教他們學會那種難懂的定位法，但在這過程中變得很討人厭。他曾激烈地抱怨道，「P、C與S都不願配合或幫忙」，而所謂P與C就是指皮克斯吉爾與同為領航員助手的克勒克，至於S就是少尉預官桑德斯（Patrick Saunders）。

葛林一定很喜歡當老師這種枯燥乏味的差事，因為，根據帕金森指出，他還特別費心教導圖帕伊亞與塔伊艾塔的英語文法，大幅改善其流利程度。不過，他並未試著比較他自己與圖帕伊亞的天文學，也許是因為他認為那種天文學是以迷信為根據。八月二十九日那天，葛林表示有彗星劃過天際，圖帕伊亞跟他說那是賴阿特阿島即將發生大屠殺事件的徵兆——根據班克斯的記載，他預言「波拉波拉人一看見彗星就會殺掉所有尚未逃入山裡的人」。在當時，天文學與占星術的關係仍然非常密切，但葛林很可能只是把此一凶兆的預言當成胡扯。

奮進號朝著南方緩緩前進，但絲毫沒有所謂南方大陸的跡象。為了打發沉悶的時間，大家常常都喝得醉醺醺，班克斯抱怨道，曾在馬德拉購買葡萄酒的人發現，酒桶幾乎都被人用吸管喝光了。他在八月二十八日寫道，水手長的助手約翰·瑞丁被人發現「爛醉如泥，幾乎沒有任何生命跡象，大概在一小時內斷氣」。其他人則是生病了。有些人開始罹患壞血病，也有人感冒，還有些人則是每天都被威廉·孟克浩斯「下毒」，幾乎死去——因為當時的人相信水銀可以治癒梅毒。班克斯的僕人詹姆斯·羅伯茲憂鬱地表示，天氣真是糟透了，「強風吹個不停，暴風夾帶著冰雹，還有大浪」，而且因為許多人都生了病，船上「的人手少極了」。

在氣氛如此陰鬱的時刻，按照習俗，圖帕伊亞也許會跪在主艙裡的船尾窗戶旁，祈禱有利於他們的風吹過來，但他不太可能辦得到，因為班克斯與索蘭德兩人都不喜歡被人打斷。圖帕伊亞也許會躲在他那擁擠的船艙裡——僅僅兩平方公尺大，其中一半空間還擠著一排櫃子，櫃子上擺著讓他睡覺的墊子（不過，他可能寧願睡地板）。布坎在生前把他的個人物品還有鋼筆、鉛筆、畫筆以及華特曼製造的畫紙都收藏在這裡，此時圖帕伊亞在這裡存放的，則是他的桑樹布料衣服、凳子、驅蠅撣以及祭司袍子，包括一件帶有長長流蘇的披肩，還有一條上面有飾帶的圍巾。

儘管情況很糟糕，但他很可能還是在外面甲板上數著波浪，觀察月亮星辰，藉此記住他們的航道。因為當索蘭德找他蒐集大溪地語的詞彙時，就是在甲板上找到他的。

跟其他人一樣，索蘭德在大溪地時也匯集了一些當地詞彙，其中包括一些他們認為極其辛辣低俗的話（但大溪地人可不這麼認為），例如跟性交有關的字詞（「Taimorhadi」、「Tarmo」、「lo-hiahia」、「tatue」、「a-a-i」以及「ti-a-a」）。比較特別的是，即使到了海上，他還是用拼音的方式把圖帕伊亞跟他說的那些航海術語記錄下來，包括船的動作與船身的各部分。「船身左右搖晃！」圖帕伊亞說道，索蘭德則是照著大溪地語的發音把那一句話記錄成「Ehithori de Pahi」，迎風換舷是「Epehi de mau」，浪花是「Huatai」（正確拼法應該是 ua tai——可以直譯為「海雨」），至於張開全部船帆就變成了「Onie te Aea」，船帆則為「Eiee」。

在他們持續往南前進的過程中，從圖帕伊亞提供的詞彙就能看出狀況越來越不好。班克斯顯然很擔心他吃得太少，問他吃飽沒，因為圖帕伊亞說「a'paya」，索蘭德將它翻譯為「吃夠了」。這很可能是他們在八月二十七號注意到的，因為根據帕金森的紀錄：

那天「我們殺了一隻狗，為他加菜」。儘管自從離開賴阿特阿後，他們顯然就沒有給那隻波里尼西亞狗吃任何東西了，「但牠還是非常肥美」，所以牠很可能是吃豬的飼料，以蔬菜為主食。沒有人提到是不是因為他們擔心圖帕伊亞對於船上的食物沒有胃口才殺狗，但是隔天班克斯寫道：「圖帕伊亞今天身體不適，他抱怨肚子痛；或許是因為感冒才會這樣。」很可能就是在這時候索蘭德又蒐集到了更多詞彙，其中一個是「Matte」，意思是生病，下一個則為「Matte dehabu」，也就是腹痛。看來應該是圖帕伊亞眼見熟悉的菜餚而食用過多，結果他原本處於飢餓狀態的消化系統向他抗議了。

班克斯與庫克原本以為，既然圖帕伊亞是個航行老手，而且獨木舟上的儲存空間很小，所以在出海時他應該都吃很少，奮進號上面提供的食物雖差，但數量應該足以讓他樂於享用。的確，波里尼西亞人出海時總是會做好食物配給的工作，但他們的東西都很好吃，令人有飽足感且具有營養。獨木舟出航時，他們會把椰子肉、淡水封在巨大的竹節裡面，將麵包果、芋頭與香蕉煮熟搗爛，用香蕉樹葉或葫蘆包起來，並且製作發酵的麵包果當作備用的食物。庫克說，發酵麵包果「又酸又難吃」，但卻是大溪地人的最愛，不但把它當作陸地上的主食，到了海上也會吃。他們還會在海上捕魚。因為大型雙體獨木舟在海岸附近的水域不易航行，所以船中央的平台上通常會綁著一艘小小的捕魚用獨木舟，每當需要覓食，就能派上用場。他們會生吃魚肉，或者把肉擺進一個特殊的碗裡，下面用椰糠燒火烹煮。

英國人在船上吃的是一種又肥又軟的鹹肉，還有用燕麥、小麥或豌豆，加上奇怪的添加物煮成的麥片粥，那是賣相最差的一種替代品，常常用來補充麵包的不足——而所謂麵包則是又圓又厚的大片餅乾，先在岸上烘烤成硬邦邦的，儲存在桶子裡。這種餅乾裡常有寄生蟲，班克斯寫道：「我常看到一片餅乾裡就藏有幾百甚至幾千隻蟲。」離開賴阿特阿幾天後，大量而美味的水果與蔬菜就開始從菜單上消失了。班克斯首先注意到芋頭爛掉，芭蕉則是被牲口吃光。兩天後，豬隻與家畜開始死去，因為牠們不願吃英國牲畜的食物，只吃新鮮蔬菜與水果。這大致上也是圖帕伊亞的問題。

另一個問題是，為了治癒船員的壞血病，庫克在難吃的東西裡面又加進了一些奇怪的菜餚。這是從瓦歷斯那裡承繼而來的做法：瓦歷斯船長也許並非一位熱情的探險家，但是在幫船員保命這方面，表現卻很出色。一七六七年離開大溪地後，在前往天寧島的六週航程中，暴風雨不斷，海豚號卻只死了一個人：他是從主桅帆架上墜落身亡的。儘管船上醫務室裡擠滿了壞血病病患，下錨後瓦歷斯立刻派手下登岸蒐集椰子與橘子，紮營照顧病患。他們在天寧島上待了一個月，船醫約翰·哈金森負責管理克難的醫院，約翰·高爾則是拿槍在島上四處打獵，讓大家都有肉吃。

到了一七六七年十月再度揚帆之際，每個人都很健康。在下一段航程中，又有另

B-1

馬哈伊阿特阿（Mahaiatea）聖堂的「ahu」，由圖帕伊亞繪製的素描畫。年份：一七六九年。

威廉．伍列特（William Woollett）臨摹為版畫（為了約翰．浩克斯沃斯的《航程記述》一書而畫的），最後到了 G.T. 布爾特（G. T. Boult）的手裡，又被改為淡水彩畫，作品年份一七八九年。©National Library of Australia, nla.pic-an5633692

B-3

在大溪地被稱為「tupapow」（正確拼法應為tupapau）的棚屋，那是安置死者的地方，屋前有人以特殊裝扮扮演主祭者的角色，把一個男人嚇得爬上麵包果樹，想要逃開。原作是巴羅列特（Barrelet）根據悉尼·帕金森的素描畫而繪製出來的圖畫，後來被

B-4

大溪地島地圖。製圖者：詹姆斯．庫克船長。年份：一七六九年。

B-5

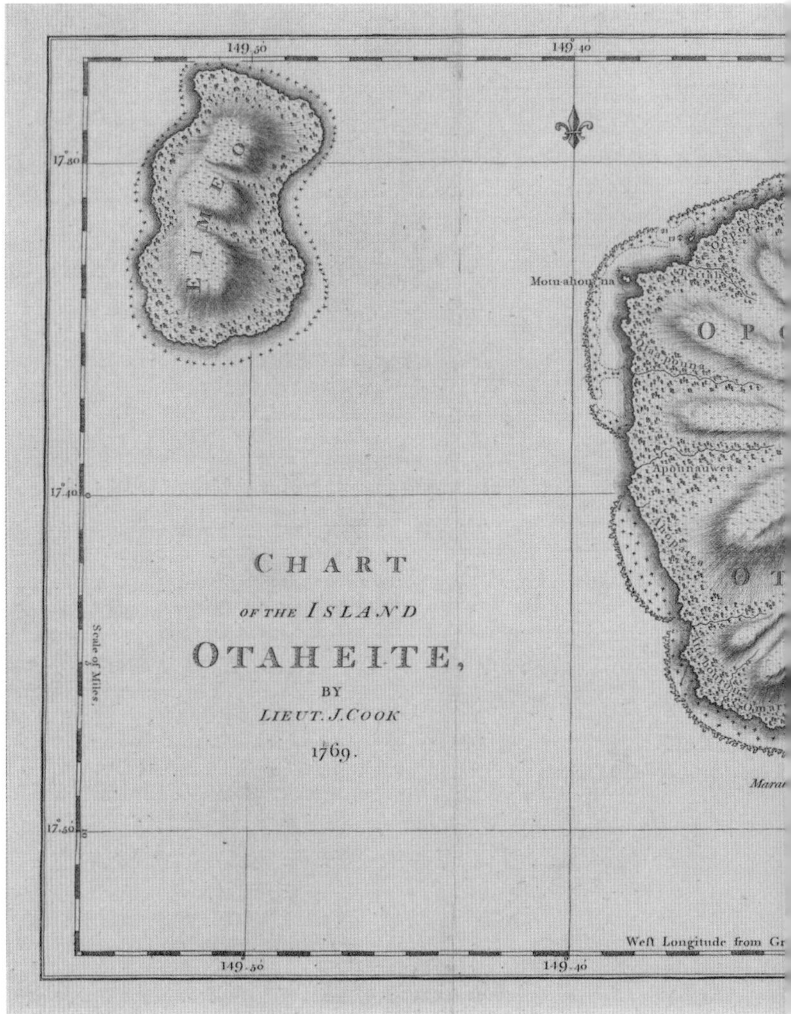
149.50
149.40
17.30
17.40
17.50
EIMEO
Motu-ahou na
Scale of Miles.
CHART
OF THE ISLAND
OTAHEITE,
BY
LIEUT. J. COOK
1769.
Apounauwea
West Longitude from Gr
149.50
149.40

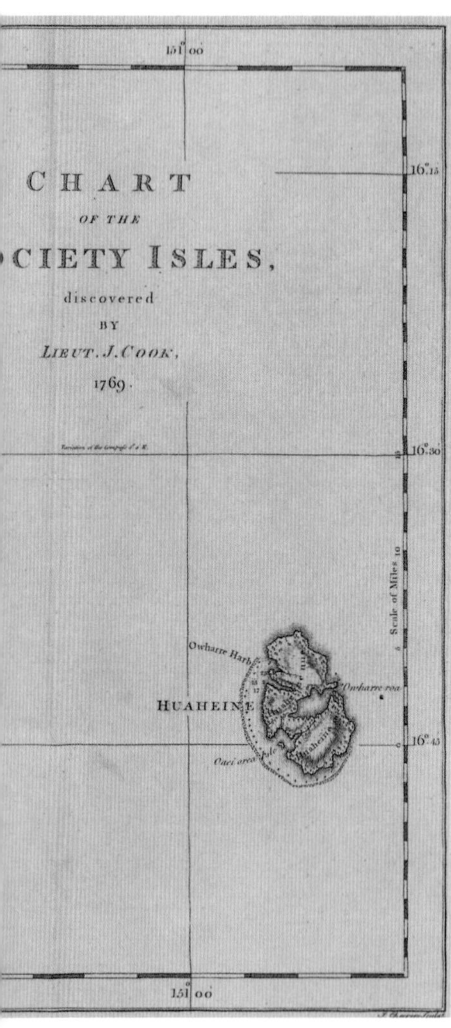


詹姆斯・庫克上尉於一七六九年發現社會群島（譯注：the Society Islands，是大溪地、波拉波拉〔Bora Bora〕與胡阿希內〔Huahine〕等十幾個島嶼的通稱，但實際上因為是英國皇家學會〔the Royal Society〕委託庫克進行探險，應該翻譯成「學會群島」。此處採用的是慣用譯名）後繪製了地圖。此一版畫是約翰・區佛斯（John Cheevers）根據地圖重製的，年份一七七三年。



**詹姆斯・庫克在太平洋地圖的繪製史上之所以留下不朽的地位，都是因為他繪製的地圖被重製為這一張版畫。庫克不但是第一個把他發現的所謂「社會群島」繪製成地圖的歐洲人，而且這個地方也是他所有「發現」裡面最具代表性的；此外，會這樣命名或許是為了表彰贊助他這一趟探險之旅的英國皇家學會，而更有可能是，他對於這些島嶼如此接近感到極其詫異，就像他在日誌中表示的，「是因為它們彼此緊緊相連。」然而，就胡阿希內、賴阿特阿（Raiatea）與波拉波拉等幾個島而言，若是他那一位來自波里尼西亞的領航員圖帕伊亞並未引導規勸他，也沒有那些經驗與知識，就不會被「發現」，但這位觀星領航員卻未因此獲得肯定，或對其肯定極為有限。**

**這張地圖是約翰・區佛斯以版畫形式重製，他在倫敦河岸街（the Strand）附近長畝地區（Long-acre）的城堡街（Castle Street）上有一間工作室。為了出版約翰・浩克斯沃斯的《航程記述》，史崔罕與卡戴爾出版社（W. Strahan and T. Cadell）特別聘他把庫克在一七六九年繪製的地圖重製為版畫。**

B-7

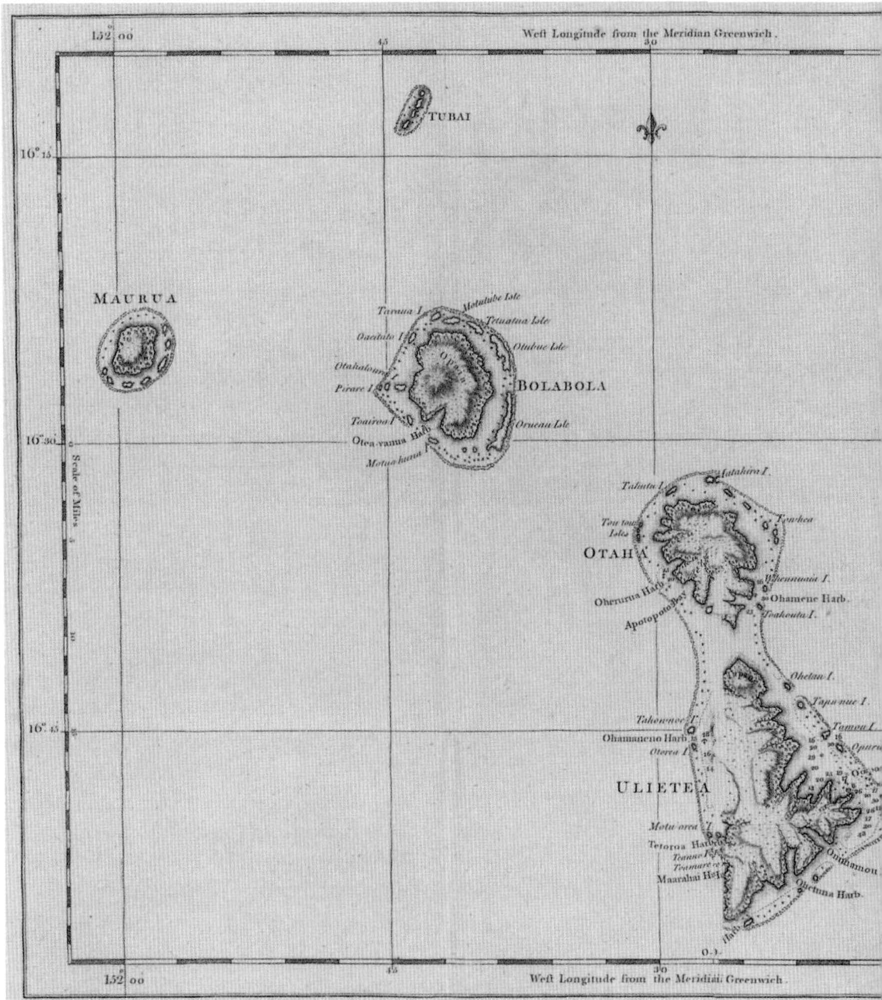
West Longitude from the Meridian Greenwich.
152 00
45
30
16° 15
16° 30
16° 45
Scale of Miles
TUBAI
MAURUA
Taraua I.
Motutibe Isle
Tetuatua Isle
Oaeiuto I.
Otubue Isle
Otahatoure I.
Pirare I.
BOLABOLA
Toairoa I.
Oruenu Isle
Otea-vanua Harb.
Motuahuna I.
Tahuta I.
Matahira I.
Tou tou Isles
Towhea
OTAHA
Whennuaia I.
Oherurua Harb.
Ohamene Harb.
Apotopoto Bay
Toahouta I.
Ohetau I.
Tapunue I.
Tahownoe I.
Tamou I.
Ohamaneno Harb.
Oterea I.
ULIETEA
Motu orea
Tetoroa Harb.
Maarahai Harb.
Onimamou
Ohetuna Harb.
Harb.
152 00
45
30
West Longitude from the Meridian Greenwich.

賴阿特阿島上的女舞者（*Raiatean Dancer*）。用水彩畫的服裝設計圖，設計者是菲利浦・雅克・路特布赫，年代為一七八五年。
©National Library of Australia, nla.pic-an2668158

「每當有八個或十個年輕女孩聚集在一起，總是會開始跳起一種叫作『Timorodee』的不雅舞步，唱的歌曲與跳舞的動作都非常不雅。」在這一段描述大溪地的文字中，庫克幾乎沒有掩飾他的厭惡之情。當他看見賴阿特阿島的女孩並未光著屁股跳舞時，當然很高興。兩者的穿著之所以有差別，可能是因為馬塔維灣的舞蹈演出只是一般女孩的即興之舉，而她們本來就習慣於半裸著身子四處走動。相較之下，在賴阿特阿島看見的音樂與舞蹈，則是一次安排好的演出，演出者的階層較高，她們則是有穿較多衣服的習慣。

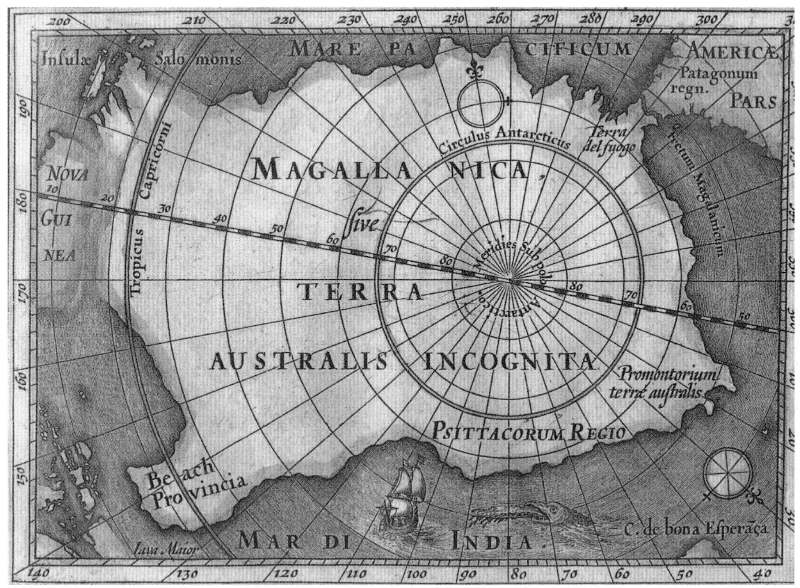


麥哲倫發現的未知南方大陸（*Magallanica terra Australis Incognita*）。引自 P. 博蒂（P. Bertii）所著的《地圖集》（*Tabularum geographicum contractarum*，一六一六年於阿姆斯特丹出版）。©National Library of Australia, nla.map-t163

**第一個提出「未知南方大陸」這片陸地存在的，是古希臘哲學家亞里斯多德，他認為，「南方大陸」應該就位在赤道以南的某處，如此一來南北半球才會平衡。這一片「具有平衡功能的陸地」應該是氣候溫和，而且農產豐隆，富含礦石，居民極其神祕，數以百計的歐洲船員在其誘惑之下進入太平洋——結果一直到詹姆斯．庫克才證明根本沒有此一人間樂土。**

B-10

大溪地戰船（*War Canoes at Tahiti*）。作者：圖帕伊亞。
年份：一七六九年。

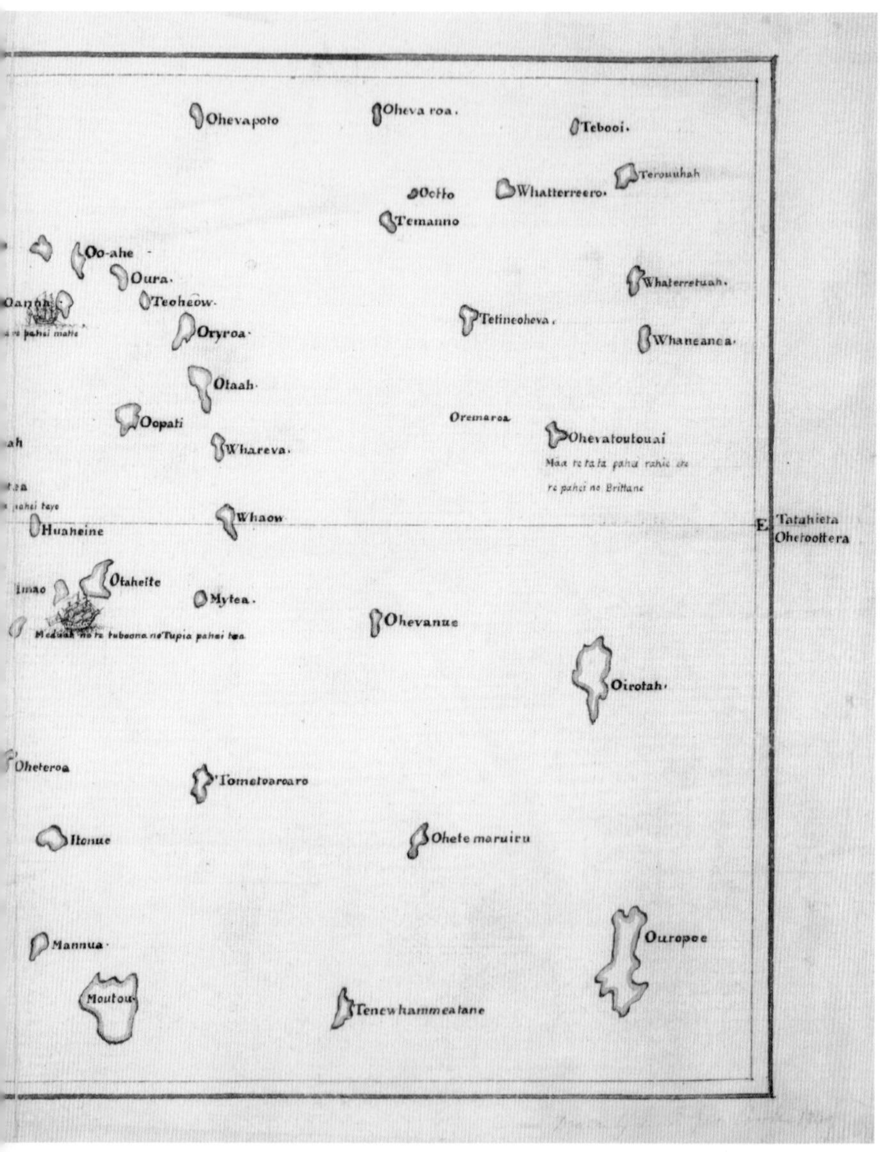


圖帕伊亞的航海圖（*Tupaia's Chart*）。作者：圖帕伊亞。年份：一七六九年。
圖帕伊亞的航海圖之所以吸引人，是因為它有許多令人疑惑之處，意涵也很豐富，而且它也是個有力的證據，能說明波里尼西亞人對於太平洋的了解實在是巨細靡遺，而當時歐洲人畫的太平洋地圖卻是一片空蕩蕩，雙方的對比令人震驚。

B-13

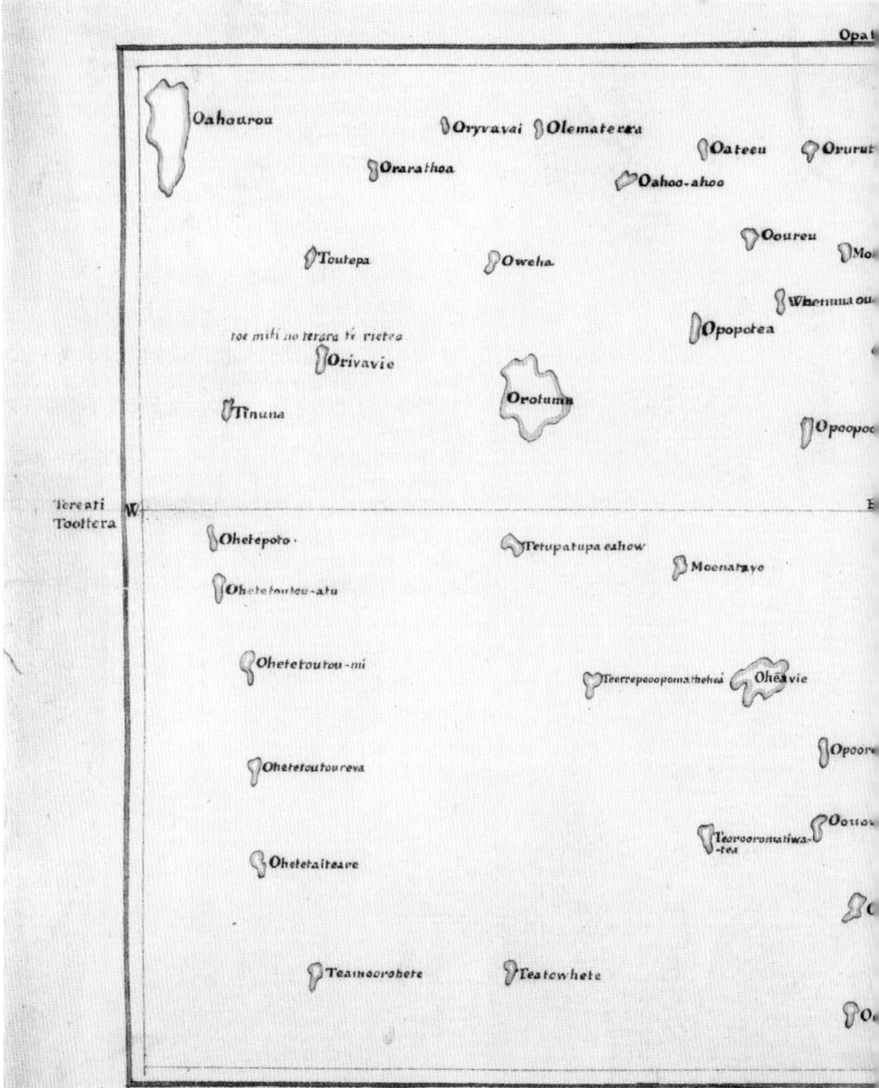
Opa
Oahourou
Oryvavai
Olematerra
Oateeu
Orurut
Orarathoa
Oahoo-ahoo
Ooureu
Toutepa
Oweha
Whenua ou
Opopotea
toe miti no terara te rietea
Orivavie
Orotuma
Tinuna
Opoopo
Tereati
Toottera
W
Ohetepoto
Tetupatupa eahow
Moenatayo
Ohetetoutou-atu
Ohetetoutou-mi
Teerrepooopomathehea
Oheavie
Opoor
Ohetetoutoureva
Oou
Teoooromatiwa-
-tea
Ohetetaiteare
Teamoorohete
Teatowhete

B-14

歐洲人眼中的南太平洋（*The South Pacific as Europeans knew it*），繪製者是彼得．固斯（Pieter Goos），地圖原名「南海地圖」（Pascaerte vande Zuyd-Zee），引自他所寫的《航海地圖或水世界》（*De zee-atlas ofte water-wereld*，一六六七年於阿姆斯特丹出版）一書。



**這張航海圖是為了需要到遠洋航行的人（例如船長、領航員與船商）而繪製的，北方位於地圖的右邊。圖上面畫著亞伯．塔斯曼（Abel Tasman）於一六四二年發現的范迪門斯地（Van Diemen's Land，亦即現在的塔斯馬尼亞島〔Tasmania〕）與紐西蘭，但除此之外，汪洋大海上卻幾乎都是空蕩蕩的一片。**

**彼得．固斯是阿姆斯特丹書商亞伯拉罕．固斯（Abraham Goos）之子，其父專精於繪製地圖與航海圖，彼得自己也是個版畫家與製圖家。他除了繼承父業之外，也出版船員專用的指南。《航海地圖或水世界》是一本暢銷書，印了好幾版。但是，因為這本書而葬身海底的船員，想必是不計其數。**

B-15

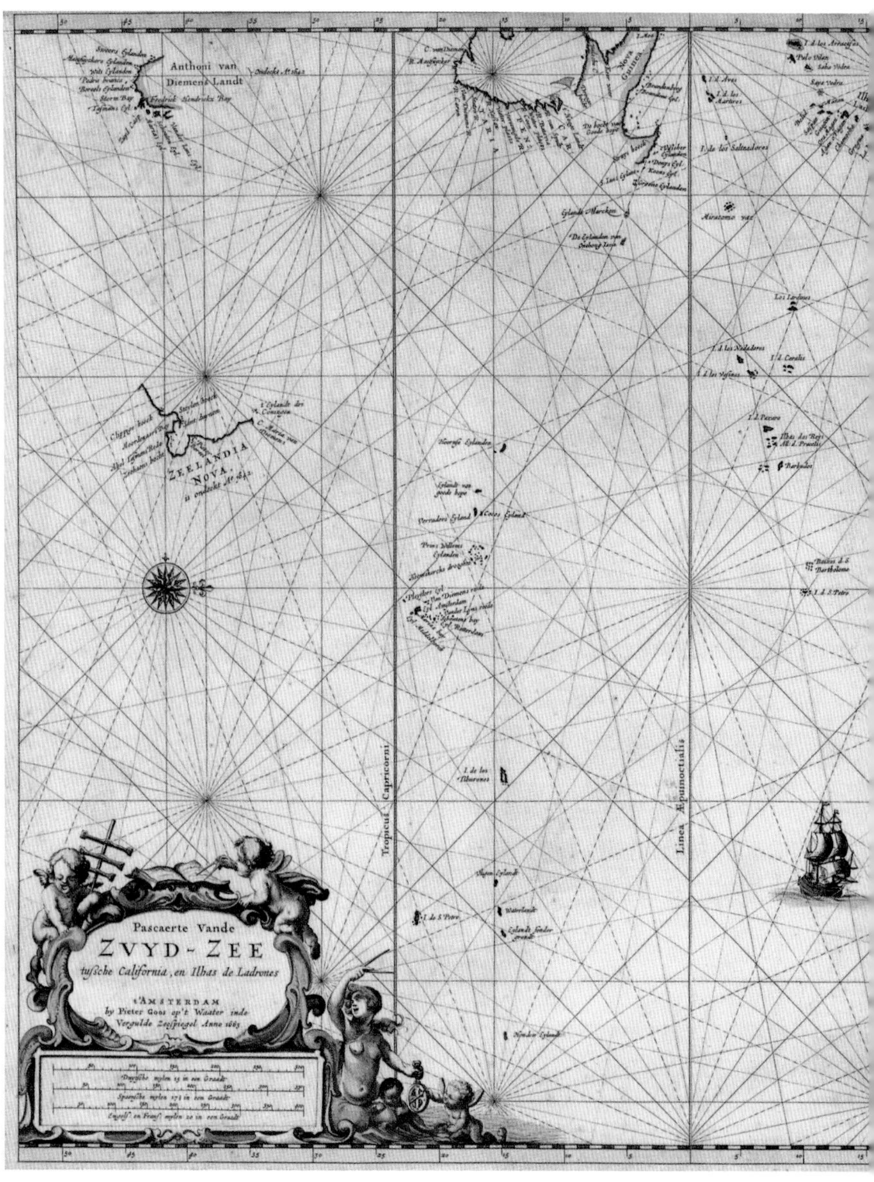
Anthoni van
Diemens Landt
Nova Guinea
ZEELANDIA
NOVA
Tropicus Capricorni
Linea Æquinoctialis
Pascaerte Vande
ZVYD-ZEE
tusche California, en Ilhas de Ladrones
t'AMSTERDAM
by Pieter Goos op't Waater inde
Vergulde Zeespiegel Anno 1663

《悉尼·帕金森肖像》（*Portrait of Sydney Parkinson*）。版畫，作者詹姆斯·牛頓（James Newton），年份一七七三年。© Alexander Turnbull Library, PUBL-0037-front

悉尼於一七四五年誕生於愛丁堡（Edinburgh），他是喬爾·帕金森（Joel Parkinson）的次子，而信奉貴格教派的喬爾則是備受尊崇的釀酒商。父親死後，他的寡母伊莉莎白（Elizabeth）於一七六六年帶著三個小孩，包括長子史丹菲爾（Stanfield）、悉尼與他們的姊妹布莉塔妮雅（Britannia）前往倫敦。看來他們很可能在紐卡索（Newcastle）停留了一下，前往拜訪他們家的親戚，三十幾歲的寡婦珍·高梅爾頓（Jane Gomeldon）——理由是，儘管她與悉尼的年齡差很多，但兩人的感情非常好。

在此之前，悉尼·帕金森於倫敦已小有名氣，因為他早期的花卉畫作曾於一七六五年在藝術家協會（Free Society of Artists）展出過。因為此一展覽（還有在一七六六年的另一次展覽），信奉貴格教派的顯赫苗圃主人詹姆斯·李伊（James Lee）邀請他教導十三歲的女兒安（Ann）畫畫——悉尼·帕金森就是在李伊那一間位於漢默史密斯地區（譯注：Hammersmith，位於倫敦市）的苗圃裡結識約瑟夫·班克斯，而班克斯之所以會去那裡，是因為他正在追求一位極其貌美的布拉瑟小姐（Miss Blossett），而她的監護人就是李伊。年輕的悉尼生性害羞，身體孱弱，但他的作品讓班克斯的眼睛為之一亮，因此班克斯這位富有的博物學家便把自己先前從紐芬蘭與拉布拉多蒐集來的植物委託給他繪圖，最後也邀請他擔任奮進號探險之旅的隨員。

一個人死去，但還是因為意外：一位陸戰隊的裁縫因為喝醉而失足落海。十二月初，海豚號抵達荷蘭統治的巴達維亞市（現今的雅加達），發射了十三發砲彈，以示敬意。他們經過那些穿越城市的可怕運河，河面散發著惡臭，蚊蟲叢生，瓦歷斯嚴令禁止所有人上岸，只有洽公者例外。海豚號待了六天就離開了——「所有人都很健康。」五天後，又有人開始生病：儘管他們在港裡待的時間很短，還是染上了痢疾。到了元旦那天，已經有四十人因為發燒與流感而倒下，三人被安葬（不過其中有一人是因為受傷而死去，並非染病），所以瓦歷斯改變了船上的人員配置方式。

他把健康的水手移往半甲板（位於主桅後面的區域），將住艙甲板改成醫院。醫院用彩色帆布當隔間，帆布每兩天用醋清洗一遍，派一個人拿著鏟子走來走去，上面燒著硫磺，藉此消毒。飲用水的消毒方式，是將「匕首燒得火紅」，投入水裡，病人不能喝烈酒，船長拿出自己的葡萄酒給他們喝。「他們每天早餐都吃蘭花粥或西穀米（船醫準備了很多西穀米），」瓦歷斯寫道，而「蘭花粥」是用蘭花的塊根煮成的粥。一七六八年二月六日，海豚號開進了開普敦（Cape Town），發現天花在城裡肆虐。因此瓦歷斯在一片隱蔽的原野裡紮營，設立醫院，在那裡待到三月初，等到所有人的身體都好了，才返回英格蘭。令人難以置信的是，自從元旦之後，瓦歷斯船長與其工作認真的船醫再也沒有失去任何一個手下。

對此，海軍部的長官當然感到印象深刻，他們要哈金森醫生把他的預防措施寫成一份報告。他也把所有措施寫成一封信，交給船長，再轉交給庫克。他推薦的療法是在蘭花粥裡加入葡萄酒與蜂蜜，此外也建議應該在所到之處的海岸蒐集草藥，把這種他稱為「芹菜」（sellery [1]）或「壞血病草」[2]（scurvy grass）的東西煮成粥，而庫克則是嚴格遵守此一建議。庫克也深信發酵甘藍菜的療效。他曾在日誌裡回憶道，在抵達大溪地的前一天，他曾哄騙手下們吃泡菜，方式是「每天都在船艙餐桌上加一點當配菜」，他裝出一副不在乎他們是否吃泡菜的樣子：「一般船員的脾氣與個性就是這樣」，他接著表示，所以他把先前他們拒絕吃的東西進行配給，「一旦他們發現長官認為那種東西很有價值，它就會變成全世界最棒的食物了。」

不幸的是，他哄不了同樣也在船艙餐桌吃飯（也許該說是不吃）的圖帕伊亞——而且，就因為圖帕伊亞不願吃那些外國食物，庫克不但覺得挫折而憤怒，同時當圖帕伊亞染上壞血病，也宣稱那是圖帕伊亞自己的錯。

天氣變得更可怕了，除了令人不適的大浪，還有強風與冰冷的雨。「雨勢強烈無比，把我們的船拋到浪頭上，」帕金森寫道，「船搖晃個不停，讓我們無法休息，或者幾乎無法躺在床上。」到了九月二日，庫克表示他們已經抵達了南緯四十度，「但是完全沒有陸地的跡象。」此時，因為沒有聽從圖帕伊亞的建議，讓他第一次稍稍顯露出遺憾之情，思考著往北航行也許是個好主意，帆索與船帆也不會嚴重耗損。

此時圖帕伊亞的狀況糟透了，他不只是有營養不良的問題。索蘭德從他口中獲得了另一個詞彙：「Pooenooanoo」，索蘭德將其翻譯成「冷到發抖」。後來，傳教士則是記錄了另一種發抖的狀況：「panoonoo」，「因為害怕與焦慮而發抖」。也許班克斯在塔普塔普特阿聖堂褻瀆神明那件事又回到他腦海中，這讓彗星、暴風與寒冷的天氣等等預兆顯得更為兇惡。

圖帕伊亞告訴索蘭德的另一個字是「Heama」，被他翻譯成「羞恥」。如今人類學家所熟知的一個同義字，是毛利人的「whakama」。其含義不只是像歐洲人所了解的，某人因為做了一件事而感到尷尬。其中還混雜著遭人侮辱後而引發的悲痛、羞辱與憤怒等情緒──因為自己不該受那種罪，而覺得不受尊重。

覺得在一個充滿外人的環境裡，自己好像矮人一截。

壞血病的早期徵狀之一就是嚴重的憂鬱情緒。看來圖帕伊亞很可能覺得自己被班克斯（本來以為他是個朋友）利用後又遭其排擠，而且庫克拒絕接受他的領航知識，也讓他覺得受辱。

庫克的船就這樣沿著南緯三十八度線的西邊航行，他按照第二道指令，前往紐西蘭島，此刻天氣也漸漸變好了。一七六九年九月二十九日，風量減輕為比較劇烈的微風，那是個朗朗晴天，不過還是很冷。奮進號被各種各樣的鳥類圍繞著。他們沒有要求圖帕伊亞教他們辨認鳥類，因為高爾是這方面的專家——根據班克斯所言，「高爾先生」認出了一種看來像烏鴉的海鷗，名為「艾格蒙港雞」（Port Egmont hen），一種在福克蘭群島被發現的賊鷗（skua）。海水的顏色已經變了，水面上有海藻漂浮著，所以庫克命人投下測深索。舵手所測出的深度是一百二十噚，但庫克還是認為他們已經接近陸地了，承諾第一個看到陸地的人可以喝一加侖蘭姆酒。

奮進號緩緩航行，為求謹慎，庫克命人在晚間把船帆收起來，以免在暗夜中撞到未知的海岸。十月三日早上，四下一片寂靜，班克斯搭小船下水，獵殺水面上那些舞姿優雅的海角鸌（Cape pigeon）、鋸鸌（prion）以及黃蹼海燕（storm petrel），其中許多鳥都被軍官的廚師偷走，煮成晚餐，莫里諾坦承他們渴望吃一些不同的東西。班克斯也撈起了一些海藻與上面依附著許多有機物的漂流木，因此也欣然地把那一大袋樣本擺上主艙的桌子研究。

班克斯在其日誌中寫道：「如今我真希望我在英格蘭的那些朋友有個神奇的望遠鏡，能用來窺見我們的狀況。」據其描述，他們的狀況是這樣的：索蘭德坐在桌邊「描述」那些樣本，而他則是在桌上「寫日誌」。桌上擺著許多海藻，還有上面長滿了藤壺（barnacle）的漂流木。

儘管已經接近陸地了，那兩位植物學家還是佔用著本來應該歸庫克船長專用的主艙。

譯註：

1 即 celery。

2 或稱作辣根菜。

# 13 戰士與妖精的初接觸

儘管船上的人不可能得知，但奮進號正要前往的，很可能就是五、六個世紀以前第一批波里尼西亞移民搭乘獨木舟抵達的海灘。那是一次經過計畫的移民行動，並非偶然之舉。來到此一遙遠島嶼的每艘獨木舟都載著移民所需的一切，為了延續他們在波里尼西亞東部的傳統生活方式，這些旅人不只帶著工具、動植物，也讓傳統知識在此落地。船上有專業祭司、建築工、造船木匠與園丁，每一位都有極其豐富的知識與技能。

有些貨物在他們抵達後就立刻遺失了。豬隻與雞隻要不是在旅途中，就是在登陸後不久即死去，在這裡種植的香蕉、麵包果樹與椰子樹也都無法繁茂生長。但他們還有狗與老鼠——儘管老鼠可能是自己偷偷上船，跟著一起來的，但如果真的餓到發慌，就連最挑剔的人也會吃牠們。他們小心培育芋頭、山藥、葫蘆、番薯與構樹的幼苗，還有一種樹根很甜的太平洋品種鐵樹，勉強種了起來。

這片陸地本身也有問題。來自於熱帶小島的他們必須適應湖泊、河流與廣大的森林，還有寒冷的冬天，以及短暫的作物生長季節。陸地也常常因為地震與火山爆發而搖搖晃晃，偶爾有些地方會被毀掉。好像為了要補償他們似的，這些新移民發現海裡與海灘上有很多海產，森林中則住著大量鳥類。儘管生活艱難，他們還是繁茂興旺了起來，以傳統的方式過日子。大概兩百年的時光就這樣過去了。

接著，災厄降臨了。十五世紀的某個時間點，紐西蘭遭到一波超大海嘯，或者是一波又一波大海嘯的襲擊。我們無從得知此一巨災或者一連串災難的成因。根據中國的傳說，一四三〇年六月間，一道彗星在紐西蘭南邊不遠處墜海，也許有一片海床塌陷，因此引發了大規模的海底火山爆發。無論此一災難的成因為何，從考古學的跡證看來，顯然產生了一些可怕後果。龐大的海嘯襲擊北島的東岸地區，以石破天驚的聲勢席捲內陸，沿途夾帶著許許多多房屋、動物、人類、植物與雙體獨木舟的殘骸。

直接造成的災禍已經夠糟了，後續效應更是令人難以想像。因為菜園、果園、森林與捕魚的地方都被摧毀了，數以千計的海嘯倖存者慘遭餓死。古代的工藝品都已不見了，工具與武器也都得重新發明。了解許多禁忌與傳統知識的老人因為體力挨不住飢荒，全都死了。海嘯來襲時許多婦孺因為在家，全都淹死或重傷而死，留下的都是一些年輕男性，因為他們出遠門去打獵或打魚，回來時才發現已經家破人亡。接下來各部族之間發生了戰爭，很可能是為了爭奪稀有的食物來源與剩餘的年輕女性。

能力比較強的人因為住在岸邊較好的地區，反倒成了海嘯的直接受害者。工匠、祭司、觀星領航員與造船匠全都死於海嘯，他們的專業知識也隨之湮滅。許多系譜與家族史也就此中斷，因為老人都已不再，無法繼續口耳相傳。沒有了那些老工匠，他們必須重新設計獨木舟，因此雙體獨木舟被單體獨木舟取代。他們也無法回到賴阿特阿島了。島民因此悲嘆：「Ka kotia te taitapu ki Hawaiki」——回哈瓦基的路斷了，故土就此消逝，只能在僅存的古代神話中供人回憶。

災難發生的三百年後，奮進號抵達了。

時間是一七六九年十月六日下午兩點，班克斯終於可以留下這樣一段紀錄了：「站在桅頂的一個小男孩大叫了一聲，陸地！」那個小男孩就是尼可拉斯・楊恩，當時他一定是在休息時與朋友在帆索上玩耍，因為此時他的工作已經是船醫助手，通常都必須在下面幫船醫做事。年方十二的他不只獲得了那一加侖蘭姆酒，而且他所看到的那個海岬也因而很適切地被命名為「少年尼克海岬」（Young Nick's Head）。當時在甲板上的班克斯覺得很有趣，因為那少年大叫一聲之後，所有人立刻從四處跑出來，興奮地指著陸地，發誓自己看到了——但實際上，除非待在桅頂，沒有人能看見任何東西。他們必須等待，因為風勢極度微弱。等到夕陽西下，他們只更為靠近了一點點，所以班克斯親自爬上桅頂，看到「一個或好幾個島嶼」，而且看來可能非常大。

到了破曉時分，島嶼已經佔滿了整個地平線。早上大概十一點，一陣煙霧出現在天際，接著又出現好幾陣，也許是種植作物時所需的季節性焚田整地，因為那火勢看來像是有意的縱火。到了夕陽西下時，幾乎每個人都已經待在帆索上，凝望著眼前白色崖壁與起伏的山丘，高山都在比較遠的地方，班克斯以樂觀的口吻寫道：「所有人似乎都同意，這就是我們在尋找的那片大陸。」

庫克可就沒有那麼興高采烈了。他整晚都設法讓奮進號與陸地保持同一個距離，接近海岸但又不會撞上去。他的判斷無誤，因為到了破曉時，他們距離一道長長的海灘只有四英里之遙。詹姆斯．羅伯茲可以看到那些「白色崖壁」從尼克所看到的海岬往北延伸彎曲，眼前所見盡是一片豐饒肥沃的土地——「到處都覆蓋著一片片綠樹」。纏繞著山丘的河流往下流瀉，在濃密的灌木叢裡鑽進鑽出。

他們緩緩前進，每隔幾百英尺就投下測深索，最後找到一個下錨地點。船員可以看見獨木舟，人們在沙地上奔跑，屋簷幾乎碰到地上——他們也可以聞到煙味。儘管四處的土地都沒有圍籬，其中一座山丘頂端卻被一根根木樁圍住了，這讓船上的歐洲人感到很困惑。有些人推測那是用來圈養鹿群的，也有人猜那是一片放牛或放羊的野地。沒有人詢問圖帕伊亞的看法。

時間越來越晚了，他們派了兩條船前往海灘北端的河口。搭乘其中一艘小帆船的是庫克、班克斯、索蘭德與孟克浩斯醫生，另一條則是小艇，載著一隊陸戰隊員。陸戰隊員於河的北岸登陸，選擇在河水與樹林之間的長條狀草地上列隊，像平常一樣操練，小帆船則是把庫克、船醫、兩位科學家與海軍少尉預官約翰．布提（John Bootie）送上對岸。小艇被派往河口巡邏，小帆船則是交給四個男孩看管。

庫克船長與同行之人登上山坡，不見蹤影後，陸戰隊員也立刻完成操槍儀式，最後用靴子使勁跺腳，就地解散，所有人進入森林裡遊蕩。等他們不見後，那四個男孩也把小帆船丟著，到海灘上去玩了。沒有人看見那四個躲在蘆葦裡面的原住民。

當庫克與其同伴抵達村莊時，發現裡面空無一人。他們從低矮的門口爬進最大那一間屋子的陰暗室內，四處翻找一下，發現一張網與一件像草蓆一樣的斗篷，兩者都是用某種強韌的草製作而成。他們聞到一股陳年的煙味，還有一個剛剛用過的壁爐。令約翰．布提感到印象深刻的是，屋子裡竟是如此溫暖、乾燥與乾淨，他表示，那屋頂蓋得如此緊密整齊，「跟我們在英格蘭的房屋很像。」當一行人離開時，他們發現一個被燒過的殘留樹根上面擺著一塊浮石，隱約可見它被雕成了人形。那石雕在他們幾個人之間傳閱，拿在手裡翻來翻去。他們無法詢問圖帕伊亞，因為沒有邀他一同前來。

也許他們後來才想到這是褻瀆神明之舉，因為他們連忙小心地把東西放回去，孟克浩斯說，「他們還在旁邊擺了一些珠子與釘子。」接著他們就朝不同方向開始遊蕩。索蘭德與班克斯去採集植物學樣本，孟克浩斯與其他人則採起了草藥，找到一些精巧的捕魚器，一些被他們稱為「窩棚」（wigwam）的克難茅屋，一個堆滿了帽貝與龍蝦殼的垃圾堆，還有「一座大溪地式的土窯」。接著，一聲毛瑟槍槍響把鳥群嚇得尖叫亂飛。

一行人往河邊衝過去，途中聽見第二聲槍響。抵達時，他們發現四個男孩坐在小帆船上，看來既困惑又羞愧，小艇則是急速往上划行。眾人立刻得知整件事的始末：小艇的艇長發現四個手持長矛的原住民朝小帆船走過去，於是對空鳴槍，向男孩們示警，四人跳進船上時發現身受威脅。為了把原住民嚇走，有人從小艇上用短管毛瑟槍開了一槍，但沒有用，於是艇長便一槍打死了那個為首的原住民。他說，其他三個人拖著屍體走了一段路，發現他已死去才放掉——如同布提所說「發現他斷了氣」——然後退回樹林裡。

庫克與其他人乘坐小帆船渡河，跟著血跡前進，發現屍體躺在一條林間路上，距離路口五十步之遙。儘管他們無從得知，其實他名叫特馬洛（Te Maro），跟他的朋友一樣，同屬於當地的特伊坦加—阿—郝伊提族（Teitanga-a-Hauiti）。他是被一槍擊中心臟而死的。

孟克浩斯醫生對屍體很有興趣，研究後發現特馬洛是個力氣很大的矮個子，右臉頰有螺旋狀的刺青，額頭左側深深地刻了四道弧線——醫生已經看慣了臉上沒有刺青的大溪地人，於是他寫道：「這是一種全新的特殊外貌」，而且「似乎是故意要讓臉部看來兇一點」。那個人的粗糙黑髮綁了一個髮髻，「他的牙齒又小又整齊，但是並不白——他的五官很大，但合乎比例——他的鼻子長得很好——雙耳都有打洞——有短短的落腮鬍。」他的衣服很迷人，是編織布料製成的精美斗篷。

船醫的結論是，「子彈從左側第六根肋骨穿過右邊肩胛骨。」他說，「我們在屍體上面擺了一些鐵釘與珠子，就離岸而去。」

暗夜中，奮進號的船員聽見岸上傳來哭聲與叫聲。破曉時，他們看見一支五十幾人的部隊朝河流的西南岸前進，在那裡集結。歐洲人無從得知他們其實是另一個部族，也就是來自更內陸的隆戈瓦卡達族（Rongowhakaata），其村莊位於更南邊的懷普烏亞河（Waipoua）。從他們的視角看過去，之前一定認為奮進號是一座會漂動的島嶼，因為白色的船帆看來像雲朵，但是等到它下錨停泊，把船帆收攏後，他們才發現它是一艘超大的「獨木舟」，所以才會派部隊來奪船。

一陣大浪打上灘頭，現場變得更具戲劇性。庫克必定是有過人膽識，才敢命人把小船放下去，親自上岸，但他決心要與那些人做朋友。然而，他並不笨。小船上載滿了船員與陸戰隊員，這次為了預防萬一，他讓圖帕伊亞也跟著上岸。所有人都拿著毛瑟槍，圖帕伊亞也不例外。謹慎的庫克選擇在毛利族戰士聚集處的對岸（特馬洛的屍體仍然躺在那附近）登陸，但是只讓班克斯與索蘭德跟著他，而讓圖帕伊亞留在小船上。

「我們用喬治王島的語言對他們喊話，」他寫道，但對方不懂他們的友善問候語，只以嘲弄的言語大聲回應。接著，那些戰士跳起了哈卡舞（haka）——孟克浩斯稱其為「戰舞」。他們排成隊伍，「每個人都在同一個時刻跳躍搖晃，時左時右。」他們也開始唱歌，歌聲同樣整齊無比——「同時，他們的長矛也高舉過頭。」

庫克與兩位植物學家退回小船上，命令陸戰隊員上岸。穿紅色外套的士兵紛紛拿出看家本領力求表現，針對戰舞給予適當的回應。他們依序前進，英國國旗在隊伍前頭飄揚著，鼓聲嗒嗒嗒響著，他們穿著黑靴子的腳也跟著節奏踢躂作響。他們的靴子用力跺地，隊伍停了下來，隨即轉向河邊邁進，士官長發號施令，大家舉槍後又用腳跺地。接著，就在陸戰隊員立正站好時，圖帕伊亞走了出來，正式問候毛利戰士，以自己的語言自我介紹。

令所有人，包括毛利人都感到很訝異的是，他們完全聽得懂他的話（特別訝異之處在於，此時圖帕伊亞是身穿馬褲、鞋子、襯衫、長襪與長大衣）。面對這些已經與波里尼西亞東部失聯大概五百年的人，沒有人知道他說的是不是祈禱用的古語，但的確有此可能性。重點在於，毛利人的部隊就此散開，隔著波濤起伏的河面對他大叫，起勁地聊了起來。

首先，可以理解的是，他們想知道像圖帕伊亞這一號人物在這裡做什麼。他們問道：「Ko wai koe; no hea koe?」意思是：「你是誰？你打哪裡來？」還有，他為什麼會搭乘那一艘帶著雲朵的大船？他想要怎樣？搭乘大船從遠方來的圖帕伊亞肯定不會只是想要木柴與水吧！接著，一樣非常合理的是，他們想要知道毛利人特馬洛為什麼會被殺？為什麼一根會爆炸的棍子能從遠處殺了他？

當時圖帕伊亞不在場，但他還是盡力答辯，表示那是自衛。他肯定費了一番唇舌解釋那根會爆炸的棍子——孟克浩斯說他們談了很久——但是，他也盡全力向他們保證，那些外國人是很友善的，還有如果他們能派個代表過河交涉，對他們而言會有利多了。

他逐漸發現，問題在於，毛利人根本不了解鐵釘的價值。如同班克斯在那一晚所記錄的：他們沒有看過鐵這種物質，「當然也完全不知道如何使用鐵器。」他們真正想要的，就只是那種會爆炸的棍子，還有「妖精們」可能還有的其他武器。圖帕伊亞立刻就意識到他們是一個好戰的種族。

儘管他不了解當地的政局，但因為深知部族戰爭是怎麼一回事，所以一定能夠體會他們的企圖心。在此同時，他試著勸他們放下自己的武器，到河的另一邊來。最後，一位勇敢的老者同意了，但是下了那一條名為「多加－阿－泰阿烏」（Toka-a-Taiau）的河流之後，只游到了中間的一塊巨岩上，就在那裡停下不動，直到庫克放下自己的毛瑟槍，慢慢涉水過去找他。老者猶豫了一下，然後才鼓起勇氣，把頭往前傾，用鼻子摩擦庫克船長的鼻子。這是西方人對於碰鼻見面禮（hongi）的初體驗——這也是示意其他毛利人，在跳完慶祝的哈卡舞之後，就可以渡河了。然而，有些人沒有放下武器，在游泳時擺在水裡的手還是緊握不放。

混亂的局面很快就出現了，歐洲人發現，毛利人對於小東西與鐵釘沒興趣，反而非常想要用他們偷帶過來的武器交換寶劍與會爆炸的棍子。事實證明，他們是靈敏的談判者，孟克浩斯說，他們「用單腳跳動，不斷換腳，眼明手快，就像最厲害的扒手」，而圖帕伊亞則是不斷警告船員必須提高警覺。混亂之中，有個男人拿出一個綠石製作的精美手工武器給天文學家葛林，盡全力比手畫腳，要他拿過去，用他腰帶上那一把短的軍刀來交換。那男人的堅持令人討厭，當葛林轉身而去時，軍刀被一把抓住，搶了過去，那男人立刻跑回河邊，歡呼了起來，把軍刀舉起來揮舞。

葛林憤怒之餘，用毛瑟槍開了一槍。但槍卻卡住了，所以他改用手槍，但手槍裡裝的是小顆子彈，只會讓人有刺痛感，無法傷人。班克斯用他自己的毛瑟槍瞄準，但槍裡裝的也是小顆子彈。結果是孟克浩斯用毛瑟槍撂倒了那個小偷。

兩個毛利戰士一聽見轟然槍響就跳進河裡，往小偷衝過去。孟克浩斯以為他們就要奪走短刀了，便用刺刀對付他們，但他們想要的只是那把尊貴的綠玉石武器。其中一人從小偷手裡把武器搶走，另一人用長矛來抵抗船醫。接著他們就逃往對岸了。

稍後，孟克浩斯寫道：「此時，情況實在是有夠亂七八糟。」原住民全都逃走，同時，每個人都拿槍對著撤退的隊伍射擊（包括圖帕伊亞在內，他瞄準著他們的腿部）。在庫克大聲下令停火之前，好幾個毛利人受傷了。四周陷入一片沉寂，隆戈瓦卡達族慢慢離開現場，邊走邊哭——孟克浩斯說，「那真是最可憐的悲鳴。」

倒地的那個人是特拉卡烏（Te Rakau）。他還活著。圖帕伊亞跟他說話，但沒有人知道說了什麼。孟克浩斯只顧著注意垂吊在特拉卡烏一邊耳朵下方的那顆人牙，還有他腰際那一條「蒲子材質的四英寸寬腰帶」。其他歐洲人則是試著奮力搶下他緊抓不放的「pouwhenua」——那是一種兩頭都能使用的武器，一端可以用來刺人，另一邊則帶有呈喇叭狀的刀刃。

從後來的種種說法，還有他只帶著那根綠玉石武器（在毛利人的所有武器中，是最為尊貴的一種）看來，在在都顯示特拉卡烏是一位重要的酋長。如果能與他談和，對於建立雙方關係來講是很重要的。但是特拉卡烏卻一命嗚呼，害死他的是一把價值只有八先令的普通短刀，而他生前居然還願意用手裡的無價之寶來交易那樣東西。

從公共關係的角度看來，這實在是一場大災難。原本他們只是打算展示武力給原住民瞧瞧，藉此開啟交易，但沒想到真正留下深刻印象的，卻是庫克手下的士兵——他們見識到毛利族戰士有多麼堅毅果敢。根據羅伯茲所說，他們認為那兩個打算拿走綠玉石武器的人特別有膽識，儘管兩人未曾體驗過歐洲武器的殺傷力，但卻不願就此退縮。

從船上看見這一切的帕金森則表示，接著庫克就代替英王喬治三世佔領該國，所以很可能他們就在地上插旗，放了幾槍禮槍，但當時的情況實在沒什麼好慶祝的。等大家回到小船上時，氣氛反而非常嚴肅。此時庫克想要在海灣周遭繞一下，因為河水太鹹，令人失望，所以他想找一個比較好的取水地點，不過浪頭太高，他們礙難辦到。接著，兩艘捕魚用的獨木舟從海上駛進海灣，情況變得更糟糕。

庫克決心綁架幾個沒有武器的漁民，把他們帶上船。雖然他並未心懷惡意，但卻做了一個奇怪的決定——他只想要證明歐洲人是友善的。圖帕伊亞對著距離最近的那艘獨木舟上的七個人大叫，要他們靠過去，他們不會受到傷害，但漁民卻深恐遭到欺騙，反而把船划走。所以庫克下令朝他們的頭頂上方開槍，後來他為此事自辯時說道：他覺得「此舉只會讓他們投降，或是跳船」。

但他卻是遠遠低估了那些人的膽量。漁民立刻拿起手裡的一切來抵抗靠過去的小船，包括船槳、魚矛、舀水用的戽斗、石頭船錨，甚至是魚——「此舉，」庫克寫道，「讓我們不得不開槍。」扣扳機的人是班克斯、索蘭德與庫克自己。四個漁民受了重傷。其中兩個掉下船淹死，兩個倒在獨木舟底部，沒有受傷的三人則是跳進水裡。他們都還只是少年。兩個最年輕的很輕易就被抓了起來，但年紀最大的那個不斷掙扎，游泳逃開時就像海豹一樣迅捷，但他終究被人從水中抓上小船。他們把小船划往奮進號，任由沾滿血跡的漁船在水上漂蕩，不管那兩個已經死掉或垂死的人。

回到奮進號的航程很長，一路上歐洲人則是盡全力安撫俘虜。三個少年毫無回應，只是在船底瑟縮著，不發一語，接著圖帕伊亞才發現他們以為自己會被殺掉——令他不敢置信的是，他們甚至以為會被吃掉。儘管他們對於圖帕伊亞的保證感到難以置信，但是船上帶來的餅乾與醃製生牛肉卻贏得了他們的心，孟克浩斯特別提到，「他們的表情與行為出現了非常顯著的改變。」他們跟圖帕伊亞說自己叫作特哈烏朗基（Te Haurangi）、伊奇朗基（Ikirangi），還有馬魯卡烏伊提（Marukauiti）。很會游泳的特哈烏朗基大約十八歲，另一個美少年是他的弟弟，年約十五，最小的那個馬魯卡烏伊提只有十歲。

小船還沒回到船上，就已經是晚間六點了，岸上點起了燈火，處處黑影矗立，嘈雜的人聲從水面上傳過來。三位毛利男孩登船時，許多人好奇地聚集在甲板上。特哈烏朗基的嘴唇染成了藍色，但除此之外，三人身上都沒有刺青，這讓帕金森感到很驚訝，因為他們看起來「與大溪地人是如此相像」。他說，他們講話很吵，聲音很粗，一直使用「G」（他的意思是「ng」）和「K」的音），大溪地人講話時就不會這樣，但「圖帕伊亞卻完全聽得懂他們在講什麼」。而且與他認識的大溪地人相較，他們的儀態也比較粗魯。

英國水手們過去未曾跟那些優雅的大溪地貴族有多少瓜葛，因此很喜歡這些毛利男孩。他們被帶到下面去參觀住艙甲板，圖帕伊亞在身邊保護他們，並把一連串的問題與回答翻譯出來。他們的國家很大嗎？是的，非常大。他們會養動物嗎？不會，只養狗。所以他們都吃些什麼？魚肉與植物的根——還有敵人。羅伯茲說，所有人都不相信最後這個答案，認為那只是「耍詐」，希望藉此確保自己能安全返家。雖然圖帕伊亞並沒有表態，但他的看法很可能一樣。約翰．布提寫道：水手「送了一些禮物給他們，幫他們穿衣服」，其中一樣禮物是紅色外套，應該是某位陸戰隊員捐出來的。

他們給三個少年吃東西，三人的表現足以讓挑嘴的圖帕伊亞感到羞恥。如果庫克在場，一定會一邊看著三人把東西吃光光，一邊苦笑。三個人的胃口不只跟一般青少年一樣，而且就像班克斯的僕人羅伯茲所言，毛利人顯然不知道世界上有下毒這麼一回事。他們吃鹹豬肉吃得津津有味，特別喜歡船上那種硬邦邦的麵包，孟克浩斯表示，他們還問說麵包是不是用特別方式烤過的芋頭。芋頭是他們吃的眾多根莖類食物之一，其他還包括番薯與甜薯。

他們也跟軍官們談起了吃人的風俗，但巧妙地把那種事推到其他部族身上。圖帕伊亞當然會問他們有哪些神人，答案是各個部落所信奉的是三個神：特隆戈邁伊（Te Rongomai）、特卡虎庫拉（Te Kahukura），還有（或許）哈埃瑞（Haere）。吃完晚餐後，他們為主人跳舞，彷彿預示著未來幾年歐洲船艦甲板上即將上演的類似表演節目。那不是戰士們在河岸邊表演過的戰舞，而是歌舞（haka waiata）。三位少年身上只纏著腰布，他們背對背站著，把手臂舉到與肩膀同高，抖動伸出去的手指，同時雙腳以某種節拍跺地，依序向左右兩邊彎腰屈身，揮動手臂與手指的同時，用嘶啞的嗓子唱歌，動作與聲音都非常一致。

有人幫他們在主艙的櫃子上鋪床，班克斯說，「他們一躺下去就睡了，表情看來很滿足。」他自己則是因為心裡千頭萬緒而睡不著。「我畢生最不安的一天就這樣結束了，」他寫道，「這真是不光彩的一天，願上天保佑那些再也無法重生、無法在未來因為思緒而受苦的人。」他因良心不安而睡不著，還聽見其中一個少年翻來覆去，大聲呻吟。圖帕伊亞也沒睡，他從他們房間走過去。「一直照顧著他們的圖帕伊亞起來了，很快就讓他們感到心安，」班克斯寫道，他傾聽著那些黑暗中的呢喃聲，接著傳來輕輕的毛利歌聲，「宛如聖詩。」之後，他們又睡著了。

班克斯表示，到了早上，「他們全都精神奕奕，大吃了一頓。」他們穿著歐洲人的衣服，也戴上一些大溪地的裝飾品，接著有一條小船把他們載到岸上。圖帕伊亞、庫克、班克斯、孟克浩斯與索蘭德也跟著一起去。另外兩艘小船也已經被放下去了，載著陸戰隊員與木柴隊前往發生衝突的河邊，庫克的小船跟在後面。三位少年發現他們要去哪裡之後，變得很激動。他們跟圖帕伊亞說，他們的家位於海灣南端——如果在這裡登陸，敵人會把他們殺來吃掉。然而，庫克不為所動。如果三位少年想要在更南邊的地方登陸，就必須等一等。此時三人可以跟他們在一起。

圖帕伊亞照實跟他們說了，但是等到一行人渡河，抵達前一天隆戈瓦卡達族部隊集結的地方，三人突然離他們而去。班克斯看見他們轉身而去時都眼眶含淚。他們就這樣消失在灌木叢裡。

為了獵鴨給船上所有人吃，圖帕伊亞、庫克與其他人沿著一片沼澤地的邊緣往南步行。陸戰隊士官與四名手下在一處河岸頂端巡邏，他們的身影看來保持著警戒，與一行人亦步亦趨，同時四處張望著。一個小時後，有人大叫一聲，跟庫克說有人來了。一位陸戰隊員衝下河岸邊坡，氣喘噓噓地說，他們看見「有一大群印地安人」（此為班克斯的措辭）從內陸往這裡過來。庫克與手下很快就集合起來，此時三位少年突然從樹叢裡現身。他們一直跟著圖帕伊亞與他的朋友們，此刻他們希望能受到保護。

開始有一支支長矛射過來，插在河岸上，來回擺動著。他們一行人在沙石路面上快速移動，此時有更多毛利戰士抵達，地上已經插滿了長矛。然而，奇怪的是，原住民的動作很慢，所以他們才能安然抵達河邊——只是小艇不在那裡。負責指揮木柴隊的高爾射到了一隻鳥，所以他派小艇去取鳥。河邊只有那艘小帆船。驚慌之餘，他們總共分成三趟才全部抵達對岸，特拉卡烏的屍體仍然躺在那裡。

他們一抵達之後，毛利戰士也開始在另一邊集結起來。他們三三兩兩出現，很快地又來了一大群人。他們排隊站好，不發一語，瞪著庫克和他的手下。雙方陷入了跟昨天一樣的對峙僵局——而且，這些歐洲人早已痛切地體悟到，對方可不是靠輕武器就能輕易嚇退的。但是船上的大砲卻又在射程之外，所以唯一合理的脫困之道就是撤退。小艇與另一艘小船終於出現了，奮進號也小心翼翼地朝他們移動，此時一位少年突然大聲高呼。

圖帕伊亞說，他是在跟那些戰士解釋，說這些外國人只想交朋友，而且外國人對他們很好。對方以大吼大叫回應，接著特哈烏朗基顯然是聽命行事，便走到特拉卡烏的陳屍處，把他獲得的紅色外套脫下來蓋在屍體上，然後又開始扮演自告奮勇的中間人角色。

「少年告訴他們，圖帕伊亞幾乎就像是自己人一樣，」孟克浩斯聽見了圖帕伊亞的翻譯而寫道。毛利人開始七嘴八舌了起來，圖帕伊亞之名「在嘈雜聲中此起彼落」。他走向前，面對眾人的質問與指責。顯然，毛利人看來非常憤怒，他們拿出特拉卡烏的綠玉石武器，大聲嚷嚷，比手畫腳。難道特拉卡烏是因為他的綠玉石武器而被殺掉的嗎？也許他的確是小偷，但他沒想過要傷人，只是想要偷取短刀而已。手無寸鐵的漁民也死了——為什麼？為了漁獲嗎？那些妖精亂殺人，殺人之前也沒有先跳戰舞，以示挑戰——但他們卻想要交朋友？

激烈對話持續了很久。少年們拒絕下水，對岸也沒有人願意過來。然而，圖帕伊亞終於說動了一個老人，讓他跳下水。他拿著一根綠色樹枝過去，從水裡出來後就拿給圖帕伊亞。

他之所以會做出這英勇的決定，是出於父愛，因為他就是小男孩馬魯卡烏伊提的父親。他與十歲的兒子相擁而泣。三位少年與圖帕伊亞都送禮物給他，然後他就和圖帕伊亞蹲下來，開了很久的會。圖帕伊亞未曾透露自己說了什麼，但他可能是在詢問當地政局，那複雜的情況很難向歐洲人說明。統治海灣東北邊地區的特伊坦加－阿－郝伊提族與少年的部族處於交戰狀態，他們三人則是隸屬於海灣西南邊的隆戈瓦卡達族。特伊坦加－阿－郝伊提族因為前一天的事件而暫時被逐出此地，因此才沒有人幫仍然陳屍林中的特馬洛收屍，就目前而言，隆戈瓦卡達族可以在此地來去自如。

圖帕伊亞終於站了起來，但並未針對採集木柴與取水事宜達成任何協議。歐洲人送鐵釘、緞帶與珠子給老人，他也接受了，但拒絕跟他們上船。他們希望他能帶走那些少年一同離開，但他卻走到一片灌木叢，折下一根樹枝，側著身子往特拉卡烏的屍體跳舞跳過去。孟克浩斯說，他移動的方式就好像側身逼近敵手的公雞，扭動與轉動身體，每一步都用抬起來的腳往後踢。當他抵達時，便脫下斗篷，所以當他把樹枝丟向屍體時，身上並沒有穿衣服。

然後他又聳聳肩，把斗篷披上，然後渡河而去——少年們沒有跟著他，因為他們堅稱自己跟圖帕伊亞在一起比較安全。儘管奮進號的船員能充分了解少年們的理由，覺得那是人之常情，但仍感到很困惑。也許是三個年輕漁夫不想把身上的華服給他們的長輩。在水手們的寵愛之下，再加上年輕人喜歡冒險，也許他們甚至想要當船員。也有可能是船上那些食物的記憶在他們心中揮之不去，因為差不多又到了用餐的時刻。

他們划著小船離開時，孟克浩斯往回張望，看見所有原住民都聚在老人身邊，顯然都注意傾聽著他的故事。登船後，他看見他們把「某種木筏」推下水。他們在特拉卡烏的陳屍處周圍舉行某種儀式，帶著屍體渡河。然後，如同他說的，「所有人都回到了內陸。」

少年們吃了一頓大餐，因為心滿意足，當庫克宣布要派兩個少尉預官送他們上岸時，三個人都沒有抗議，他計畫「在早上揚帆而去」。的確，如同班克斯所說，在跟圖帕伊亞與其他新朋友說再見後，少年們「敏捷地上了小船」。然而，一日到了河邊，他們卻又突然改變心意，涉水折返，懇求兩位少尉預官送他們回船上，「但命令明確無比，就是要放他們下去，所以他們就離開了。」

奮進號上的所有人都不安地看著接下來會發生什麼事。他們看見有幾個毛利人現身對岸，有人派木筏來接三位少年。一旦踏上對面的河岸，他們就被一大群人包圍，很長一段時間都沒有任何動靜。很可能是大家在聽了少年們的故事後呆掉了——故事裡一定提到了麵包、鹹豬肉，提到衣袖、口袋、鈕扣、馬褲、鐵釘、珠子與毯子，提到了人們用吊床睡覺，坐在椅子上，以餐桌用餐，也提到了他們獲得善待，還有慷慨的禮物。情況似乎的確很樂觀，因為當太陽西下，開始陰影處處時，少年們突然從群眾中衝出來，跑向海灘，跳躍了三次，對奮進號揮揮手。還真的有人懷疑他們是不是在求救，但他們三人卻優閒地走回人群中。「因此我們希望他們不會受到傷害，」班克斯寫道，「特別是他們身上還穿著我們給的衣服。」

## 成為傳奇人物

孟克浩斯這樣記載：「如今我們已經準備好要離開一個完全不適合採集木柴與取水的地方，而且此處也太過開闊，不夠隱祕，對於船隻而言太不安全。」他們在十月十一日早上六點拔錨啟程，離開海灣，庫克以其特有的冷面笑匠風格將它命名為「貧乏灣」，如他所說的，「它並未提供任何我們想要的東西。」

據他所言，在那裡沒有一件事是順心的。他們只採集到一點點木柴，但並未獲得任何淡水或補給品。班克斯生氣而懊惱，因為他跟索蘭德只蒐集到少量的樣本。至少有四個原住民遇害，受傷人數不詳，庫克也知道他將會因此飽受批評。然而，綁架事件原本有可能更慘。多虧了圖帕伊亞的善良與溝通能力，三位少年才能與船員成為朋友。

在河邊的緊張衝突事件中，圖帕伊亞也幫他們解決了問題，不只一次，而是兩次。兩次他都能夠試著以說服力與魅力挽救危急的局勢。如果圖帕伊亞沒在場，無疑的，一定也會有歐洲人死亡。

但是，就算庫克對此有所體悟，他也完全未在日誌中提及。

庫克的盤算是，沿著海岸往南航行一會兒，然後在抵達神奇的南緯四十度之後再折返。海風很輕，所以奮進號靜靜地航行，甲板上的人員放眼所及，山丘起伏有致，還有一片片白皙崖壁，跟他們抵達那天所見的一樣。北邊一座有防禦工事的丘頂村莊露出側影，而這次，他們徵詢了圖帕伊亞的意見，顯示他的重要性又恢復了。根據孟克浩斯的記載，他認為那是一間聖堂，但卻被船醫誤譯為墳地。但事實上，它就像外表看來的那樣：是一座「pa」，也就是碉堡，它的配備足以抵擋圍攻，就像中世紀城堡。但圖帕伊亞堅持其理論也不完全是錯的，因為大溪地與賴阿特阿的戰士在被召集時，就是在聖堂集合。

下午時，奮進號停泊在少年尼克海岬南邊不遠處，沒有移動。幾艘獨木舟經過一番猶豫，離開海岸，在可以喊話的距離徘徊，而圖帕伊亞則是盡力勸他們靠過去。接著又出現了另一艘獨木舟，它從貧乏之灣的懸崖後繞過來，一路往奮進號移動，毫不猶豫，四個隆戈瓦卡達族人循著鐵鍊爬上船。其中一人被認出就是跟庫克在多加—阿—泰阿烏河的岩石上碰鼻子的人，所以圖帕伊亞當然也詢問了「我們那些可憐的孩子」（班克斯的措辭）怎麼了，確定他們已經返家，沒受到任何傷害。的確，正如他跟班克斯轉述的，這個毛利人之所以敢登船，「是因為幾個少年透露了在我們船上所受到的待遇。」

他們四人開始與圖帕伊亞深談。顯然圖帕伊亞跟他們說起了自己的家鄉，包括他的貴族身分，因為孟克浩斯看見他把馬褲拉下來，露出臀部的刺青給他們看。在此同時，因為貧乏灣那幾個人立下的榜樣，其他人也大膽靠了過來。甲板上聚集了二十幾人，讓科學家們深感好奇的是他們臉上的刺青，還有織工精美的斗篷，另外還有三十個人待在奮進號兩旁那些也很有趣的獨木舟上，接受禮物，還有與船員進行交易。水手比軍官更快意識到這裡跟大溪地不一樣，不能拿鐵釘當貨幣，還發現他們很喜歡桑樹布料，一位戰士甚至願意用他的綠玉石武器來交易一段大溪地布料。其他人則是把自己的船槳賣掉，庫克還說，「他們剩下的船槳幾乎無法把船划上岸。」還有一組人提議把他們的獨木舟賣掉！

這可能就是為什麼當所有獨木舟終於都離開後，還有三個人待在船上，不過據班克斯的推斷，他們可能是被留在船上當人質，藉此確保奮進號不會在夜裡離開。庫克可能是因為也有同樣的疑慮，而似乎被惹惱了，再加上這次他沒理由覺得有罪惡感了，所以這些留在船上的毛利人雖然也受到慷慨的對待，但招待方式已不像綁架那三個男孩時那樣豪華。法蘭克·威爾金森表示，他們欣然吃了「用銅碗裝的麥片」，那是庫克命人加熱又加糖的（這是歷史上第一次有波里尼西亞人被人用「麥片粥」招待，英國農夫吃的粗食就此開始風靡大洋洲），孟克浩斯也說，他們獲得了配給一般水手的麵包與鹹肉。

跟那三位少年一樣，他們也為主人唱歌跳舞，但是並未睡在主艙，而是在艄樓下方，因為甲板突出來的些微隱蔽處找到一疊摺起來的船帆，於是就睡在那上面。

到了早上，他們於驚恐中發現奮進號已經往南航行了好幾里格，離開了他們的部落領土。他們痛哭了起來，信誓旦旦地對圖帕伊亞說，如果他們登岸，將會被敵人吃掉。接著他們看見一艘認得的獨木舟從北邊划過來，於是跳上艄樓甲板，用力揮手。等到獨木舟停在可以喊話的距離，他們向為首的壯碩中年男子保證登船很安全——孟克浩斯說，根據圖帕伊亞幫他翻譯的內容，他們說「我們不會毒打，也不會**吃**他們的國人」，講話的那個人比手畫腳，還假裝咬一口自己的肉。

那艘獨木舟的船長登船了，但他只上到舷梯，拒絕了參觀船艦的邀請。他很快就想要跟孟克浩斯交易身上那件剛做好的狗皮斗篷，也拿出他的「patu paraoa」來炫耀：那是一種可以用來刺人的橢圓形扁平武器，握柄經過雕刻，邊緣磨得極其鋒利，材質是鯨魚的頭骨。在此同時，水手則是好奇地靠在欄杆上端詳獨木舟上的三個毛利女人，因為這是他們第一次見到當地的原住民女性。孟克浩斯對其中一位的評價很高：「長相可人，胸部很大。」然後，三位留下來過夜的訪客就被載走了，「我們雙方都感到很滿意，」班克斯寫道。

奮進號慢慢地靠岸，經過一片精心耕作的土地，看見兩艘帶有舷外撐架的獨木舟，這是他們第一次在紐西蘭看見這種款式的獨木舟。班克斯接著表示：「中午前，又出現一艘載著四個人的獨木舟。」它在可以呼喊的距離徘徊，船艄的那個人與圖帕伊亞互相進行儀式性的問候與挑戰，同時唱歌跳舞，手裡揮舞著綠色樹枝——求和與求戰的訊息相互衝突，把歐洲人搞糊塗了。最後，根據孟克浩斯表示，他下定決心把船划過去，並且登船，但就在那一刻，一陣微風吹起，把船帶走。四個毛利人以為妖精要逃走了，覺得好笑之餘也大叫了出來，高舉船槳揮舞著。令孟克浩斯覺得有趣的是，其中一人轉身，撩起衣服，朝著船隻扭動赤裸的屁股，跟倫敦比靈斯門魚市（Billingsgate）那些女魚販表達不屑的姿勢一樣。

這件事帶來一些不幸的後果。中午過後不久，當奮進號正在繞行庫克命名的波特蘭島（Portland）時，開進了淺水處，許多毛利人從懸崖上看見這一幕。庫克派舵手拿著測深索從鐵鍊下去，但是他高聲回報的深度不太確定，範圍過大，從七到十一噚不等，所以庫克把最小的一艘船放到水面，從比較近的地方去測深。眼見奮進號遇見麻煩，就有好幾艘獨木舟離岸，它們滿載著武裝戰士，大呼小叫，出聲威脅，站在船尾欄杆後面的孟克浩斯以科學家的心態旁觀著。

在這危機時刻，船醫大概是腦袋不清楚，居然想到用今天早上接受的「恭維」來回報對方——驚恐的庫克還來不及阻止他，他就已經把馬褲拉下來，用赤裸的屁股面對朝著奮進號而來的獨木舟。為首的原住民憤怒不已，高舉長矛射過去。眼見沒有射中，他又拿起另一支。庫克下令朝著戰士的頭頂上方開槍，避免小船的人被俘虜。他們沒被嚇到，反而靠得更近了，所以他們把一門大砲裝上葡萄彈，開砲示警。轟隆砲響後四處一片煙霧瀰漫，懸崖邊也回響著砲聲。戰士退卻了，「於是打道回府，集合起來開會，探討一件也許是畢生所見最為奇異的事，」船醫一點也不害臊地寫道。

儘管此事讓原住民有了一些想法，但卻無助於促進庫克想要的友誼。他沒在日誌中多說些什麼，但一定很生氣。那天晚間，兩艘獨木舟靠近奮進號，其中一艘有武裝，另一艘則是無害的漁船。圖帕伊亞與毛利人談了很久，既發問也回答問題，水手丟禮物給他們，但他們無法鼓起勇氣登船。他們離開後，岸上許多警示的火點了起來，要妖精們保持距離。整個夜色看來如此詭異，任由停泊的船隻靜靜地搖晃著。

十月十三日星期五，一陣輕風很快地把他們往南邊吹，不久就把那九艘朝他們划過去的獨木舟拋諸腦後。他們經過的鄉間人口眾多，是個宜人的地方，但是庫克看不到他想要的安全下錨地點。到了晚間，奮進號往岸邊移動，但還是找不到適合地點。就在他們打算要離開時，一艘大型獨木舟出現，上面擠滿了二十個大呼小叫的戰士，但儘管他們邊喊邊划，距離快速移動的奮進號還是無法低於一英里。所以奮進號在暗夜中沿著海岸移動，水桶裡的飲用水也越來越少了。

情況益趨危急。到了早上，庫克下令把船移往逆風處，將小艇與大艇放下去，到內陸尋找取水地點。然而，他們一登陸就又急著離開，因為看見了一隊戰船朝他們的方向過來。根據孟克浩斯的描述，船隊隊長是個「年紀很大的男人」，他朝著四面八方大叫，其他六十八個戰士也一起吼叫喧鬧：「Haere mai, haere mai, haere ki uta hei patu-patu ake!」他們用嘲弄的口氣大叫，約略可以翻譯成：「來吧！來吧！上岸來，來看看我們的刀子有多厲害！」

那場面非常壯觀：船艏有精美雕飾的大獨木舟朝他們衝過來，每條船上都有兩排身上有刺青的戰士，他們的船槳在水裡進進出出，動作全然一致。圖帕伊亞從船頭丟下一件求和的大溪地斗篷，接著又丟了一件法蘭絨毯子，他盡可能讓大家在喧鬧的聲音之外聽見他的話。儘管其中一艘獨木舟放慢速度，把桑樹布料斗篷撿起來，但並未理會毯子。他們就要發動攻擊了。庫克下令幫一門大砲裝砲彈，把它推出來，要圖帕伊亞發出警告，跟他們說如果繼續下去，他們會有何下場。圖帕伊亞大叫：「Mai, mate koe!」意思是，「來這裡，你們會被殺掉！」但無人理會他。

「開砲！」轟聲巨響後處處硝煙，濺起一陣水花。「此舉的目的達成了，」庫克陰鬱地寫道。獨木舟往回撤退，但接著又有一艘大型獨木舟從岸邊划過來。剛剛來的人一搞清楚發生了什麼事，「立刻開始追我們，」孟克浩斯寫道，「他們全力划槳，跟往常一樣出聲威脅。」這讓其他獨木舟又鼓起了勇氣，很快地就有七艘獨木舟聚集在船頭。有位酋長直挺挺站著，「揮舞著船槳，充滿老兵的氣概」，戰士們在水上跳起了壯觀的戰舞，以船槳用力揮擊戰船的舷緣，動作整齊畫一，同時高唱戰歌，結束時發出「嘿！」一聲喉音。

英國水手覺得這表演很了不起，高聲歡呼了起來。戰士們覺得很訝異，但也很高興，因此又表演了一遍。互相敬重的氣氛鼓舞了為首的那一艘獨木舟，它往船邊靠過去，如今大家才看出來，酋長手上那一根用來指揮的「船槳」其實是某種儀仗，一根以綠玉石為材質、用羽毛裝飾過的手杖（tewhatewha）。孟克浩斯認為那就像是大溪地人的短柄小斧，但它那杖頭形狀雖然類似斧刃，實際上的功能卻只是要讓手杖比較有重量，杖身才是真正的武器。此時他們也才有機會近距離欣賞獨木舟的雕工，跟圖帕伊亞非常了解的大溪地獨木舟「pahi」一樣，上面也有羽毛織成的長幡飄揚著。他們開始討論交易事宜，甚至還有可能上過船，但是其他獨木舟又跟往常一樣，一邊接近，一邊威脅大叫，奮進號又把大砲架好，所有獨木舟又立刻迅速地往船尾撤退。

到了大概中午，就在他們看見一條小河之後，又有六艘戰船從岸邊划過來，在距離奮進號大概一英里處集結，在那裡再次大吼大叫，以示挑戰。最後，他們划到能夠與圖帕伊亞對話的地方。一樣的問題於雙方之間來來回回。他們問他是打哪裡來的，他跟以前一樣，說是賴阿特阿島來的（在毛利人的古語裡面，哈瓦基的另一個名稱就是相近於賴阿特阿的「Rangiatea」）。因為前一組人馬的歌舞表演為雙方建立互信，於是他要他們唱歌，他們非常配合地表演了一段歌舞。他說，如果他們能上船，就會發現妖精們很友善，但不能帶武器上去。最後，有些人同意了，但是在接受禮物後他們就離開了，還是沒有幫奮進號安排取水事宜。庫克想要尋找安全友善的停泊地點，看來是不可能了。

隔天早上他們再次遭遇威脅——威脅他們的是六艘沒有武裝的漁船。如同孟克浩斯所說的，他們未曾被「那麼可悲蹩腳的貨色侮辱過」。在大溪地布料的吸引之下，漁夫們靠過去，同意與他們交易漁獲，塔伊艾塔爬到鐵鍊上去充當中間人，把要交易的小東西拿下去，抬起一籃籃漁獲。漁民想要試著耍詐，在籃子裡擺了一些石頭，但是直到一艘戰船抵達之前，過程還算平和。戰船的老船長與圖帕伊亞互相正式地致意，船上的二十二位船員也似乎願意交易武器和衣服。

庫克買了一根「taiaha」，那是一種必須以兩手使用的武器，一頭呈現淚滴狀，雕工精美，另一頭則是扁平的葉片狀，可以用來攻擊，孟克浩斯認為它很像一種叫作

「spontoon」的英國短矛。接著他還想買某個老人身上的白色滾邊皮革斗篷，因為他很好奇那是哪一種動物的皮革。老人同意用斗篷交易一條紅色粗呢布，結果布料一落入他手上，他就若無其事地把斗篷摺起來，把布料包在裡面，放進一個籃子裡，獨木舟也就此往船尾移動。接著，就在憤怒的英國人大吼大叫，要他回來之際，幾個漁民使出聲東擊西之計，加快划船的速度，將鐵鍊上的塔伊艾塔抓到獨木舟上。

情況立刻就混亂了起來。所有人都大喊大叫，包括圖帕伊亞在內，抓住塔伊艾塔的漁船往後退，戰船擋在奮進號與漁船中間。戰船船邊坐著兩排戰士，個個都做好了準備，不讓他們把塔伊艾塔救回去。圖帕伊亞發出警告：「Mai, mate koe!」但是酋長要手下別理會他，他以蔑視的口氣說道：「Kahore he rakau o te hunga o Hawaiiki; he pu kakaho, he korari!」意思是，「這些哈瓦基人的武器就像蘆葦和葉梗一樣弱！」所以戰船就這樣繼續移動，驚恐萬分的男孩則是被漁船給擄走了。

這看起來很像是他們本來就規劃好的計謀：「這出乎意料的詭計令人感到詫異無比，心情難以言喻，」孟克浩斯寫道。庫克一聲令下，要陸戰隊員開火。一把毛瑟槍準確地擊斃了抓住塔伊艾塔的那個人，讓他得以跳入水裡。另一艘獨木舟立刻靠過去抓他，所以他們又把一門裝了砲彈的大砲推出來。高爾大叫：「開砲！」轟聲巨響與四散的硝煙嚇退了獨木舟，不過它們以極其緩慢的速度撤退，再次顯現出輕蔑的態度。

「我們看見他們登陸，從獨木舟上搬出三個人，」孟克浩斯寫道。其中兩個綁匪被擊斃。他們叫作瓦卡魯赫（Whakaruhe）與瓦卡伊卡（Whakaika）。第三個叫作特歐瑞（Te Ori），他則是註定終身跛行，因為膝蓋骨下方卡著一顆彈丸。但是塔伊艾塔獲救了。奮進號放了一艘小船下去，把他從水裡救起來。所幸，他很會游泳，儘管一身沉重的歐洲衣物，還是能浮在水面上。

驚魂甫定之後，他拿了一條魚給圖帕伊亞，圖帕伊亞吩咐他把魚丟到海裡，藉此表示對神明的謝意。而且，為了紀念這件事，庫克也把附近的一個懸崖命名為綁匪角（Cape Kidnappers）。

隔天，也就是十月十六日中午，一陣反向的強風把奮進號往後吹。庫克認為那是某種徵兆，因為他們先前已經抵達了南緯四十度。他把最近的一片海岬命名為返航角（Cape Turnagain），就此改變航向，朝北邊前進，往回沿著被他命名為霍克斯灣（Hawke's Bay）的海岸航行，回到貧乏灣與更北邊的地方。

過去兩天以來，因為奮進號都在外海航行，沒有遇到什麼事端，但是當庫克朝陸地改變航向之後，又開始有獨木舟接近他們，這次因為有過去的經驗壯膽，顯得有自信多了。第一艘獨木舟上有五個人，包括兩位酋長與他們的三個奴隸。酋長們登船時一點也不猶豫，在船上四處端詳，對一切都很有興趣，接著他們宣布要留下來過夜。圖帕伊亞提出警告，表示他們明早一覺醒來，可能會發現已離開了自己的領土，但這也嚇唬不了他們，所以庫克命人把他們的獨木舟拉上船。奴隸與水手一起待在甲板上，有人送餐給他們。

令庫克與科學家們都感到很意外的是，儘管奴隸們「大吃一頓，幾乎來者不拒」（這是班克斯的措辭），兩位酋長卻什麼也沒吃——很可能是因為他們緊盯著圖帕伊亞，而他跟往常一樣，不愛吃英國人的食物。他是貴族與智者這件事已經傳開了，酋長們小心翼翼地模仿他的舉動，因為他們不知道船上的規矩與習慣。結果，等到他們的獨木舟於早上被放下去時，儘管對自己的奇遇還是感到很愉悅，他們卻是餓著肚子上岸的。奮進號的船員再也沒看過他們，船艦繼續往北航行。

又有其他人來訪，他們的舉止一樣高雅有禮，據孟克浩斯的觀察，這是因為他們的名聲在「這些上流人士」之間已經非常響亮。當圖帕伊亞接著詢問取水地點時，他非常確定前方就有一個能取水的安全下錨地點，所以庫克整晚都難以入睡，然後便前往兩個很有可能下錨的地點。他們無法抵達第一個地點，因為風的方向相反，但是到了十月二十號早上十一點，他們終於在更北邊的美麗黑色沙灘下錨了。

那裡叫作阿納烏拉（Anaura），不過羅伯茲跟其他歐洲人一樣，都深信「原住民稱呼那裡為托加度灣（Togadoo）」。會有此一誤解，也許是因為他們誤把「Te ngaru」（碎浪）當成這裡的地名，又或者是因為當地部族把此地的南方邊界稱為「特多加阿泰阿烏」（Te Toka a Taiau）——它所指稱的那塊岩石，也就是庫克與那位隆戈瓦卡達族長者互碰鼻子的地方。奮進號四周的漣漪都還沒消散，就已經被許多獨木舟包圍了，有兩位老人登船。他們是地位崇高的貴族，因為兩人都身穿貴族的斗篷，其中一件是狗皮斗篷，另一件上面則是布滿了罕見的紅鸚鵡羽毛——看到這種羽毛後，肯定會讓圖帕伊亞鮮明地憶起故鄉的一切。根據傳統，穿這種斗篷的人就是此地的最高酋長，其稱號為「Whakata te Aoterangi」。

庫克送給他們「四碼亞麻布，還有一根長釘」，接著便請他們吃飯。跟先前的訪客一樣，他們也沒吃東西。反而是跟圖帕伊亞協商了起來，他先確立了自己的身分，繼而議定了一個協議，兩方面皆是成就斐然。接著，據報獨木舟上有人想要發動攻擊，一位酋長從船尾的窗戶探頭出去，嚴加喝斥，而奮進號的船員上岸時，也獲得尊敬的對待。當地人很小心，並未聚在船員身旁，並且歡迎他們蒞臨自家門廊，不過還是很擔心他們完全不了解規矩，進屋後難免犯錯。

當班克斯與索蘭德在探險與研究植物時，圖帕伊亞則是四處進行正式參訪，就像他在胡阿希內島那樣。無疑的，不管他去哪裡都是受歡迎的賓客，因為他的貴族身分與有趣的背景而受到應有的款待。他們除了為他披上與其身分相稱的亞麻與狗毛斗篷（kuri purepure），甚或純狗皮披風（ihupukupuku），也拿當季最棒的食物給他吃——包括魚、上一季的甜薯還有烘烤過的蕨根。如果可能的話，甚至還會為了歡迎他而殺狗。至少他已經有辦法享用熟悉的食物，對其健康有直接的好處。在船上蒙受漫不經心的輕視後，來這裡所受到的尊崇令他感到加倍愉悅。

班克斯表示，若當時是其他季節，一定會有大量「很棒的蔬菜」，因為他看到當地人的菜園是如此整齊。他同時也欣然發現，毛利人設有廁所（也許是因為老鼠遠比大溪地還少）：「每一間或每三、四間屋子都會有一個大家常去的必要房舍；因此住家附近總能保持清潔，與大溪地大不相同。」（當然也跟倫敦大不相同。）這裡也有很多淡水。跟所有大溪地人一樣愛挑剔的圖帕伊亞終於有機會洗澡了。

班克斯還是跟往常一樣試著勾引女人，他發現，「她們最私密的遮蔽物」是一種用有香味的葉子編織而成的小裙子，但是女孩們「跟還沒有被調教的小母馬一樣輕浮」。毛利人不親吻，只行碰鼻禮，而且因為女性會用一種很容易到處沾來沾去的紅油化妝，水手們發現了一件趣事：非常容易看出誰親了當地女孩。一段時間後，他們也發現可以與任何年輕女性的家庭商議，只要送上禮物，客客氣氣的，再加上女方有意願，就能一親芳澤——但是情郎必須要在她家過夜，因為讓太陽看到男女之事是不敬的。圖帕伊亞當然不用去協調這種事。因為他是具有貴族身分的祭司，在當地是所謂的「匠人階級」（tohunga class），他的神力讓他與神明之間有特殊的連結，若想要好好招待他，理應為他提供美麗的床伴。

第二天晚上圖帕伊亞就回到船上了。因為浪頭太高，難以把水桶載運上岸，所以庫克已經決定把船開往更南邊的小海灣，那是個更能遮風的地方。十月二十三日下午一點，奮進號在烏阿瓦（Uawa）下錨停泊，歐洲人將那裡命名為圖拉嘎灣（Tolaga Bay），理由一樣，還是誤以為那就是當地的名稱。庫克派一艘小船上岸，上面載滿了陸戰隊員，由他們上海灘操練，在當地人面前建立威信，但這預防措施是毫無必要，當地人跟阿納烏拉那裡一樣友善而有敬意。圖帕伊亞在烏阿瓦也訂立了同樣的協議。

圖帕伊亞改寫了這裡的歷史。後來，他告訴庫克，毛利人對於古代的宗教，或者是有關哈瓦基的傳統都所知甚少。因為他不知道海嘯所帶來的巨災，也許以為是由於當地人生性無知，但如果他真的這樣想，很快也會發現自己錯了，因為他們當然想要學習。庫克與葛林在這裡進行天文觀察活動，班克斯與索蘭德做的則是植物學研究，至於圖帕伊亞則是對許多全神貫注的聽眾演講。班克斯對此非常清楚，因此稍後他表示，每當圖帕伊亞「跟我們的牧師一樣開始傳道，他總是確信有一群人會來聆聽，現場一片鴉雀無聲」。

在那個時候，他還表示，圖帕伊亞「與其中一位祭司聊了很多」，而且他們「似乎對於宗教觀念有很多共識，唯一的不同在於圖帕伊亞比對方更有學問，不論他說些什麼，對方都凝神傾聽」。這是因為，圖帕伊亞告訴他，毛利人的創世傳說與神話和他自己的很像，但他沒有提到差異之處——因為，這當然有討論的空間。他與其他祭司一定曾聊起毛利人的最高階神祇伊歐（Io），而且這個名字是如此神聖，以至於他們很少提及其名諱。毛利人非常傳統，即使與故鄉斷了聯繫，還是謹守古代信仰，他們不像賴阿特阿與大溪地那樣改變宗教信仰的內容，讓塔阿若的地位變成高於其他同為神祇的兄弟，並且創造出太陽神歐羅，遵奉祂為塔普塔普特阿聖堂的最高神祇。難怪所有人會入神傾聽，而且認真思考他所說的一切，或者那是圖帕伊亞的家族傳統，他需要到各地聖堂去複述那些偉大傳說，與老者們爭辯。跟在阿納烏拉一樣，這裡的人也非常尊敬他，為他披上寶貴的斗篷，送他古代飾品當禮物，由他正式把那些寶物的神力納為己有。

十月二十六日那天，雨幾乎沒有停過。根據傳統，如果遇到大雨滂沱的天氣，圖帕伊亞的傳道聚會就必須在淺淺的但卻很高的拱形洞穴舉行——後來到了十九世紀，當地人帶著一位叫作喬艾爾·波拉克（Joel Polack）的旅人去那個洞穴，對方就是這樣跟他說的：「E koro, tenei ano te ana no Tupaea」，意思是「朋友，這就是圖帕伊亞的洞穴」。洞穴裡有一顆巨石，上面畫著一艘船被獨木舟追趕的情形，船很像奮進號，迄今仍有很多人認為那是圖帕伊亞自己畫的。

因為在人類住的地方不應該提及神明，圖帕伊亞一定知道那個洞穴是適合講道的場所，但是他應該也很困惑，為何那裡沒有像他在馬哈伊阿特阿海岬興建的那種宏偉石造聖堂。一問之下，人們肯定是跟他說，對於毛利人而言，所謂聖堂就是村子裡的開放空間，祭司或酋長能夠在那裡跟大家說話。很可能人們也會同時跟他說，儘管毛利人知道古代祖先蓋過那種階梯狀的金字塔，但是那些階梯對他們毫無用處，因為階梯所代表的是祭司的不同層級與身分，但是在奧特亞羅瓦（Aotearoa）[1]，那種層級並不存在。

在比較非正式的談話裡，圖帕伊亞會跟大家聊很多古代故鄉的事情，包括在大溪地與賴阿特阿島的生活有麼容易，因為水果與蔬菜都會自己長出來。雖然圖帕伊亞是個以神奇的方式從古代故鄉抵達的了不起人物，一旦人們對他不再那麼畏怯後，一定會被問起很多關於他的現狀，還有關於他那些奇怪的同伴。透過他，毛利人才首度有機會近距離認識歐洲人——他也是**他們的**翻譯者與詮釋者。身為艾瑞歐伊的一員，他非常熟悉諷刺的藝術，所以他自然很喜歡用表演的方式來說明，就是船員們的怪癖才讓他的航海生活如此難過，聽者莫不為之莞爾。儘管毛利人跟大溪地人不同，能夠輕易發出「K」的音，但是因為跟著圖帕伊亞一起叫，後來毛利人也一樣稱庫克為「圖特」。

然而，成為傳奇人物的並非圖特，而是圖帕伊亞自己。後來，當庫克率領著第二次探險之旅的船艦抵達紐西蘭時，每個人都嚷嚷著要找圖帕伊亞。對於他的死訊，大家一開始是不敢置信，接著則是感到悲痛不已。根據決心號（Resolution）的隨船科學家喬治・佛斯特（George Foster）表示，他們在圖拉嘎灣這樣吟唱悲歌：「Aue, mate aue Tupaia!」意思是：「走了，死了，唉呀！圖帕伊亞！」這種情況四處皆然——庫克都看在眼裡，而在紐西蘭，圖帕伊亞顯然是個家喻戶曉的名字，不管是沒有見過他的人，還是真正聽過他說故事的人，對他都一樣熟悉。紐西蘭的許多地景如今仍然使用著他的名稱。就像庫克船長以他的軍官、船員與恩人的名字來為許多地方命名，為了紀念他，毛利人也用他的名字來為許多地方命名。

雖然過去他在奮進號上並未獲得應有的尊重，但是在毛利人對他待以崇敬之後，他的心境一定有了很大的改變。圖帕伊亞恢復了往日的閒適與和藹的氣度，跟他以前在擔任艾瑞歐伊的領航員一樣。他與孩子們遊玩——傳說中，他重新引入毛利人早已忘記的弓與箭，把它們拿來當玩具，成為玩陀螺的工具。當然也有人用他的名字來幫小孩命名（在毛利語裡面，「Tupaea」是指「站得稍微離海遠一點」），而他的名字出現在這裡，也象徵著他把當年從祖先那兒獲得的寶藏都歸還給這個地方了。不過，也許他所創立的那個繁盛王朝之所以叫作「圖帕伊亞」，不只是因為一種象徵性的意義而已。根據圖帕伊亞的家族史，他的確是他們的血緣祖先。

儘管圖帕伊亞一心想要到英國去，取得武器後，與波拉波拉人解決往日的恩怨，但他一定也想過要逃離奮進號上面那種令他不自在的社會環境，留下來與這些必恭必敬的毛利人一起住。就思想而言，這裡肯定會讓他有家的感覺，因為烏阿瓦當地有一個學習技能的大型學校，叫作「Te Rawheoro」，還有另一個學校是培育優秀雕刻匠的地方。他的飲食問題也會獲得解決，因為那些有人細心照料的肥沃花園出產大量蔬菜，捕魚的地方也很多。這裡的房子堅固、溫暖而乾燥；獨木舟也很牢靠，雕工精細。後來當班克斯在日誌中描述他的紐西蘭事跡時，他回憶道：「這裡的人民似乎都無憂無慮，極其平靜。我們看到的其他地方都沒有像這裡的作物一樣種類繁多，而且數量龐大。他們的精美船隻、衣服與雕刻作品也都遠勝於他處。」簡而言之，在他們看來，烏阿瓦部落的生活是毛利人裡面最為豐饒的。

圖帕伊亞一定會過得很愜意。唯一要抱怨的是，如同後來他對班克斯所說的，他覺得這裡的女人所受到的待遇，比大溪地女人還差，儘管她們享有與男人一起吃飯的優勢。雖然當地人一定不太能接受他所引介的太陽神歐羅，但他大可以開設一間領航員學校，重新引進古老的造舟技巧——甚至帶領一支探險隊回到大溪地與賴阿特阿。

然而，他想要去英格蘭的動機實在太過強烈了。等到奮進號要揚帆啟程時，圖帕伊亞又回到船上去了。

譯註：

1 毛利語的紐西蘭。

## 15 紐西蘭的曲折海岸

少尉預官馬格拉寫道：「完成木柴與水的補給工作，並且在取水處右邊不遠處的樹上刻字之後，我們在十月二十九日星期天早上六點從圖拉嘎灣啟程，沿著海岸往北邊航行。」

二十四小時內，他們就繞過了一個海角，庫克判斷那裡是這座島的最東邊，隔天，有五艘獨木舟找上他們。其中一艘大型獨木舟上擠滿了手拿武器的戰士，他們用響亮的聲音跳了一場哈卡舞，然後一樣用嘲諷的語氣大叫，要他們上岸受死。根據班克斯表示，這種事讓他們漸感厭煩。庫克根本懶得叫圖帕伊亞試著跟這些惡棍講理——如同他在日誌裡所說的，他還有別的事要忙。所以他命人填裝砲彈，往他們的頭部上方射過去。轟隆砲響與咻一聲飛過去的砲彈把他們嚇到了，戰士們拚命划水逃走，庫克覺得這既唐突又好笑，因此把最接近的一處懸崖命名為逃命角（Cape Runaway）。

十一月一日那天，四十五艘獨木舟靠了過去。直到它們夠接近時，帕金森發現一件可怕的事：其中一艘獨木舟上綁了一顆人類頭骨，圖帕伊亞試著與划船的人交談。同樣的問題與答案又在雙方之間來來回回，他仍然向毛利人保證，如果他們同意進行和平的交易，妖精們就不會用會爆炸的棍子傷人。他們的確進行了和平的交易，一開始他們有很多美味多汁的大隻淡水龍蝦可以販售，但接著就開始詐騙，拿了布料但是不願交出龍蝦。有一個機靈的傢伙看見有一些洗好後以繩子吊在船尾沖水的亞麻布料，便把繩子一拉，偷走布料，引發了一陣混亂，憤怒的庫克船長用毛瑟槍子彈與四磅重砲彈把他們都趕走——不過亞麻布還是被偷了。

圖帕伊亞覺得他們忙於交易龍蝦的情形很有趣，於是畫了一幅素描畫，描繪班克斯想以一塊桑樹布料與人交易一隻大龍蝦的情形（見本書彩圖頁A-1），毛利人死命緊抓著龍蝦不放。因為這次小小的幽默插曲傳達出豐富的情緒，這可以說是他最有名的一幅畫。兩個人都用雙腳穩穩站著，互相凝視對方，那個毛利人抓住綁在龍蝦身上的線，一有機會就可以把它拉回去，而班克斯也不讓他拿到桑樹布料。這場意志力之戰的結果如何，全憑賞畫者自己去想像。

多年後，班克斯表示這幅素描是諷刺畫，而圖帕伊亞的原意就是這樣。接著他卻貶低了圖帕伊亞，因為他說「所有野人」都有「諷刺的天分」——對他來講，這沒什麼了不起。他並未考量到這是一幅獨一無二的素描畫。

約瑟夫．班克斯在奮進號的航程中被人畫下的所有肖像畫裡面，只有這幅畫仍存留下來。

歐洲人已經漸漸能夠了解紐西蘭的原住民了，在烏阿瓦停留的確有所幫助，另外也要歸功於圖帕伊亞對於毛利人的言行之詮釋。那天晚上他們待在莫圖霍拉島（Motuhora），也就是鯨島（Whale Island）的外海，一艘大型獨木舟往他們靠過去——庫克表示，「那是我們在這個國家看見的第一艘雙體獨木舟。」就圖帕伊亞的理解而言，那不能算是真正的雙體獨木舟，因為兩個船殼之間是用板子連接起來的，距離很近，而且最為可觀之處在於它的斜杠帆（spritsail）看來很優雅，帆桅與圓杆（spar）都很高，兩者形成了一個長長的三角形。划船的人與圖帕伊亞之間的談話很友善，但接下來氣氛就變了。他們跳起了戰舞，朝著奮進號丟了幾顆石頭，獨木舟就划走了。隔天早上，同一艘獨木舟再次出現。划船的人再次跟圖帕伊亞交談，還是跳起了戰舞，一樣丟石頭，然後在毛瑟槍示警後才撤退。

這種友善談話與挑釁變成了一種模式，班克斯在環遊紐西蘭之旅到了盡頭時，曾經詳細描述過此事。獨木舟接近奮進號，停在可以喊話的距離，然後會有一個身上刺青圖案精美的尊貴酋長站起來，領著大家唱起具有侵略性的歌曲，「幾乎都是」要他們上岸受死之類的話，「Haere mai, haere mai, haere ki uta hei patu-patu ake!」當奮進號沒有回應時，戰士們會把船划到可以用正常聲音交談的地方，與圖帕伊亞友善地對話，雙方有問有答。然後，在他們的好奇心被滿足以後，就開始跳起了熱烈的哈卡舞，「接著他們若非變得非常傲慢無禮，讓我們覺得有必要開槍將他們趕走；就是會對船上丟兩三顆石頭，好像汙辱了我們，但我們卻無法報復，然後就離開了。」水手們會拿起石頭丟回去，但即便有高度的優勢，還是不曾丟上任何一艘獨木舟。

有時候狀況不太一樣。他們也許會丟長矛，而非石頭，或者有戰士會死命瞪著奮進號的船員，試著「蠱惑」他們。這最後一種狀況發生在十一月四日破曉之際，前一天奮進號才在位於維提安加（Whitianga）的絕佳停泊地點下錨，庫克把那裡命名為水星灣（Mercury Bay），因為他想要一直待在那裡，直到他觀察到水星越過太陽表面的情況，那時就已經是九日了。前一天晚上，一艘挑釁的獨木舟曾表示要發動攻擊，船員此刻已經感到厭煩了，如同班克斯所說的，他們還是早早起來「看這一場好戲」。事實證明，結局令人掃興。圖帕伊亞與戰士們談了一個半小時，說服了他們，因為他們並未丟石頭，而是拿武器出來交換布料。他們原本想要詐，但被阻止了，獨木舟還被射出一個洞，奮進號為了炫耀武力，還開槍發砲，圖帕伊亞與一位被班克斯稱為「托拉瓦」（Torava）、但實際上應該叫作托伊阿瓦（Toiawa）的老酋長，達成和平協議。

接下來幾天，船員捕魚、砍柴與取水，庫克與葛林把他們的天文觀測據點安排妥當。許多毛利人都曾登船，其中包括一個叫作何瑞塔·特·塔尼瓦（Horeta Te Taniwha）的小男孩，直到很久以後他回憶起這件事時，還說老人們的結論是：「船上的人都是惡鬼、妖怪或者妖精。」理由是，那些陌生人划船時方向是相反的，面對著船尾，所以一定是頭的後面長了眼睛。

何瑞塔．特．塔尼瓦說，一開始，妖精們上岸時，女人與小孩都會逃走，讓戰士們去對抗他們的魔力，直到眼見戰士並未死掉，他們才鼓起勇氣，離開樹林，「我們用手摸摸他們的衣服，欣然發現他們的皮膚白皙，有幾位雙眼湛藍。」一段時間過後，我們開始懷疑他們是否來自塵世之外，因為他們似乎跟一般男人一樣食量很大，也愛吃甜薯、魚和貝類。

有些妖精會採集植物，也樂於接受孩子的幫助，但是當他們問問題時，大家都笑而不答，因為沒有人聽得懂他們在嘰哩呱啦什麼。船上「地位最高的人」必須用木炭在甲板上畫來畫去，對著海灘比一比，大家才知道他想要做什麼。「一位老者說，『他想要把我們的島嶼輪廓畫下來。』那位老者站起來，拿起木炭，畫出特．伊卡－阿－馬烏伊（Te Ika-a-maui，紐西蘭北島）的輪廓。」然後老者躺下來，模仿神靈從島嶼頂端飛起來的樣子，但歐洲人都很困惑，因為沒有人幫忙翻譯。

所以說，圖帕伊亞在哪裡？他不是該在這裡幫忙翻譯嗎？顯然，跟他在烏阿瓦的時候一樣，他離開奮進號，四處去進行正式拜訪了。他沒走太遠，只是到了河流上游一個叫作普朗基（Purangi）的營地，班克斯說，他在那裡交了一個叫作圖華圖（Tuwhatu）的朋友。普朗基與烏阿瓦截然不同，因為那裡沒有像樣的房子，更別說是菜園了，顯然只是一個暫時的居住地。居民露天而居，儘管偶有大雨，他們必須忙著把一堆堆曬乾的蕨根和魚收入室內，會儲存那些東西可能是怕被攻擊；當地不但戰亂頻仍，也已有一場戰役正在醞釀中。雖然營地也歡迎圖帕伊亞這位有趣的人物，但他不可能因此動心而留下來——特別是在十一月九日，也就是水星越過太陽表面後。

庫克、希克斯與葛林正在觀測據點忙東忙西，班克斯與索蘭德正在進行植物學研究，負責指揮船艦的是高爾。此時有一批獨木舟靠過去，它們比過去的獨木舟更大，雕工也更為精細，顯然是剛剛捕魚回來的，因為他們有一大批魚要賣。船上的人似乎都來自較高階層——人在奮進號甲板上的帕金森仰慕他們的風度與華服。

如同他後來描述的，「其中一艘獨木舟上有個很英俊的年輕人，」他把所有衣服都賣掉了，只剩一件狗皮斗篷。高爾很想買下那一件斗篷，他用繩索把一大塊桑樹布料垂降下去交易，但是那個年輕人一拿到布料後，他的同伴「就用最快的速度把船划走，大吼大叫，揮舞著武器，好像獲得什麼了不起的戰利品」。高爾在一陣暴怒之餘開槍，打死了那名年輕人。「那個不幸的年輕人名叫歐提瑞伊努伊。」（帕金森記載的是「Otirreeoonooe」，但也許應該是「Otiriunui」。）其他人發瘋似地把獨木舟划走，一顆砲彈從他們的頭頂呼嘯而過，而岸上的船員則是趕緊回到船上，看看發生了什麼事。

高爾似乎費了一番工夫才把事件原委交代清楚，因為庫克命他把經過寫出來。儘管班克斯認為高爾當時應該使用比較小顆的子彈，才不會鬧出人命，但經過一番思考後，得出結論：在英格蘭老家，偷竊罪也是死罪，因此對方也不算特別冤枉。毛利人也傾向於把這件事忘掉，何瑞塔．特．塔尼瓦回憶道：「人們說，『他的死是自找的，不該幫他報仇。』」不過，他們認為他應該有權利把「他偷的妖精布料」保留下來——當作裹屍布，所以他就這樣跟那條得來不易的桑樹布料一起下葬了。

庫克非常憤怒。儘管並無紀錄顯示他說了什麼，根據索蘭德表示，約翰．高爾是如此心煩意亂，因此臥床十二天。那個年輕人的死也導致他們與毛利人交惡，惡化程度超過他們的想像。那天晚上，班克斯跟著圖帕伊亞去與「印地安人」進餐，就在他們享用魚肉、貝類、龍蝦與烤鳥的同時，附近有個女人蹲伏著低聲哀鳴，聲調淒涼。她流著眼淚，「用手裡的貝殼割自己的手臂、臉龐或胸部，幾乎全身是血。」

等到奮進號終於在十一月十五日拔錨啟航時，透過圖帕伊亞，托伊阿瓦跟班克斯說，他必須躲進他的碉堡裡，因為他認為死者的朋友一定會來報仇。

奮進號繼續沿著海岸航行，幾天內又遭人像往常一樣挑釁，船上滿滿的戰士大呼小叫，出聲威脅，與圖帕伊亞對話，表演哈卡舞，最後以丟石頭結束行動。船上歐洲人都感到很煩心（不過哈卡舞卻是水手們百看不厭的），而必須不斷苦言相勸的圖帕伊亞一定也覺得非常「hoha」（厭煩），不想再理會他們的強硬要求。最後，在十一月十八日，他又出言警告對方，表示妖精的火力驚人，但他們跟往常一樣回覆他：「Haere mai, haere mai, haere ki uta hei patu-patu ake!」（要他們上岸受死。）這下子他的脾氣爆發了，言詞訓誡那些冒犯他的人，用極其明確的口吻跟他們說，大海是一座屬於所有人的聖堂。

出於好奇心，班克斯問他說了些什麼，好把圖帕伊亞翻譯的話寫下來，因為他對於圖帕伊亞的獨特思維方式感到非常震驚：「圖帕伊亞說，我們想待在海上也與你們無關，大海是你們的，也是我們的。」顯然那些毛利人對他的話比較無感，因為他們還是丟了石頭，跟往常一樣，必須用毛瑟槍示警才能趕走他們。然而，等到他們回到岸上後，肯定與老者們有過一番商討，因為接下來的幾天，靠近奮進號的獨木舟一律都指名要找圖帕伊亞——因為越來越多人知道有他這一位祭司。

奮進號再次下錨，這次地點在一條叫作懷霍河（Waihou）的大河河口，庫克突然湧現思鄉之情，因此將它命名為泰晤士河，接著他與班克斯、索蘭德與圖帕伊亞一起搭小船溯河探險，因為當地人很歡迎他們，也非常友善，所以他決定讓奮進號沿著河流往上游航行幾英里。隔天，就在庫克又搭船去探險時，負責留守指揮的希克斯中尉逮捕了一個年輕人，因為他想要偷一個可以計時半分鐘的沙漏（那是他們用來記錄船隻速度的工具）。憤怒的他命令水手長把那個年輕人吊起來鞭笞——此舉極其不智，因為甲板上有許多訪客。聽見喧鬧聲後，班克斯出來查看究竟，發現那個年輕人被綁在主桅的支索上，水手長的助手正要用九尾鞭行刑，訪客們對著下方大吼大叫，獨木舟上的人把武器遞了上來。

所幸，圖帕伊亞也在船上。當他登上甲板時，隨即被毛利人圍住，他們大喊他的名字，質問為什麼要綁住他們的朋友。顯然他們已經聽說普朗基曾發生竊賊遭到槍殺的事情，因此他們認為後果可能很嚴重。他向他們保證，犯罪的人不會被處死，只會被鞭打十二下，他向他們解釋英國的法律規定，眾人才點點頭，平靜下來。

奮進號避開了一場幾乎爆發的災難，但鞭笞之刑還是必須施行。這是歷史上第一次有毛利人在外國船艦甲板上目睹自己的同胞遭到鞭笞。「他撐過了那十二鞭，」班克斯寫道，「被人鬆綁後，有個可能是他父親的老人又好好打了他一頓，然後叫他下船，登上獨木舟。」然而，就像過去在大溪地一樣，有人遭到公開汙辱後，奮進號就再也無法取得補給品了。大多數獨木舟都不再來了——儘管少數幾艘又回去找他們，答應交易補給品，但並未依約履行。

他們沿著島嶼最北邊地區的東岸往北航行，發現獨木舟上的人比較會打扮，身上刺青也更多了，而且與先前不同的是，他們不願交易手上那些精美的武器。奮進號繞過一個被庫克命名為布萊特角（Brett）的海岬，進入一片大小島嶼如同星羅棋布的海域——那裡註定要在後來成為航海界人盡皆知的群島灣（Bay of Islands）。立刻有來自許多村莊的獨木舟靠過去，上面載著一個個健壯男性，他們身穿歐洲人未曾看過的精美服飾。幾位酋長登船與圖帕伊亞深談，談話曾因為他們的某個手下想要偷奮進號的錨標而被打斷。幾個人開槍示警，又發射了一顆砲彈，所有毛利人都被嚇跑了：「要不是有圖帕伊亞」，庫克以罕見的讚賞口吻寫道，他們也不會再回船上，因為圖帕伊亞規勸他們，只要不再輕舉妄動，奮進號是不會開砲的。

上岸後，他們引來了更多的敵對行動。儘管庫克帶著一隊陸戰隊員隨行，但圖帕伊亞並未跟著。大概有兩百個戰士在附近群聚，表演哈卡舞，並且企圖搶奪小船。他們開槍示警，至少有個毛利人遭擊斃，但是戰士們並未退卻，直到負責指揮奮進號的中尉下令開砲。從這件事就可以看出，如果沒有像圖帕伊亞這樣的人物跟隨，他們的環遊紐西蘭之旅，這種場面肯定屢見不鮮。

圖帕伊亞之所以不在，很可能是因為前一天他結識的那幾位酋長正帶著他到各個聖堂去參訪，讓人們為他披上儀式性的斗篷，正式接受歡迎，他與所有人大談哈瓦基的神話，還有古代歷史與傳奇。就跟在烏阿瓦時一樣，圖帕伊亞發現他們的部落很繁榮，到處是隨時可以採收的甜薯田。他是否還會掙扎著要不要離開奮進號，與這些人一起過著舒適的日子？因為他的貴族與祭司身分，還有他掌握著特殊的知識，他們肯定會對他尊崇有加。也許是有可能的。因為，四天後奮進號再次拔錨，朝著更外面的海岬而去，但圖帕伊亞並不在船上。

要離開群島灣並非易事。船帆一打開後，風勢就突然減弱了，奮進號動彈不得。船員靠著捕魚來殺時間，直到外海又起了風，完全不知道潮流轉向會讓奮進號撞上礁岩。到了晚間十點，他們也看出要觸礁了，開始慌了起來。嘈雜的命令聲中，他們降下一艘小船來拖移奮進號，但是一根砲管擋住了船，水手們搞不清楚狀況，幾乎來不及收起砲管。小船在最後一刻才順利落水，在大夥兒死命划船與近海突然起了一陣風的幫助之下，船隻終於掉頭了。

直至此刻才有人注意到圖帕伊亞不在船上。有艘小船奉命登岸，而他一直都在沙灘上聆聽狂亂的吼叫聲與怒濤拍岸，於是就被帶上了奮進號。

四天後，所幸因為在海上，圖帕伊亞又有機會證明自己的功能性。他勸幾艘獨木舟靠近一點，停泊在船尾下方，讓他得以詢問他們正要去的島嶼。那些毛利人馬上就跟他說，划三天船就能抵達一個叫作穆里文努亞（Muriwhenua）的地區，那裡是島嶼的最北端，繞過去之後海岸就又往南延伸了。庫克知道這件事後很高興，他要圖帕伊亞問他們是否聽過，從穆里文努亞再往北邊航行，在大海的彼端是否有其他國家。「他們說沒有，」庫克表示，「但是他們的祖先說過，曾有人搭乘一艘超大型獨木舟前往西北方或北北西方一個大國，航行時間最多需要一個月：那一趟旅程結束後，只有一部分人回來跟同胞們表示，那個國家的人有吃豬的習慣，而不管是在該國或在他們自己的島上，豬的稱呼都一樣（都被稱為「Booah」）。」

「那你們沒有豬嗎？」圖帕伊亞問道，他非常清楚紐西蘭沒有豬，而那些划船的人也承認，「沒有。」

「那你們一定是一群騙子，」他說，「你們的故事是編的，因為你們的祖先肯定不會笨到不帶幾隻豬回來。」

至少圖帕伊亞是這樣跟庫克轉述的，就像班克斯對他的思維方式印象深刻，經過這件事之後，庫克也一樣。

繞行北邊海岬是極度困難的一件事，因為奮進號持續遭到強風痛擊，直到聖誕節那天風勢才有減緩的跡象，那天班克斯開槍獵殺了一些塘鵝，做了一個「鵝肉派」，所有人「醉得跟死人一樣」。到了元旦，他們沿著危險的背風海岸往南航行，常常差一點因為大風大浪而撞上礁岩。庫克小心翼翼，但是盡可能沿著西海岸往南航行，經過一座壯觀的圓錐形山峰時，將其命名為艾格蒙山（Mount Egmont），經過卡皮蒂島（Kapiti）時，將它命名為入口島（Entry Island）。接下來，到了一七七〇年一月十五日禮拜二這一天，他又繞過一個被當地村民稱為摩圖阿拉島（Motuara）的地方，在船艦灣（Ship Cove）再次下錨停泊。先前他已經通過了南島最北端的那些海灣與海峽，接下來幾天內他即將發現，紐西蘭的南北兩島之間隔著一個海峽，後來那海峽將會以他的名字命名。

他們在船艦灣似乎能取得所需的一切：那裡有一條淡水小河，堅固的樹木也能為他們提供木材，用來修理因為狂風破損的奮進號，還有一個淺灘可供他們把船殼翻起來，而且也有大量的肥美鮮魚。班克斯只找到兩種新的植物，不免感到失望，但庫克對此完全不在意。當地人非常友善。他們從摩圖阿拉島划船出海，也是一樣繞著奮進號大吼大叫，但是在象徵性地丟了幾顆石頭後，一位老者毫不猶豫地登船，與圖帕伊亞行碰鼻禮，接受一些禮物——包括鐵釘，但他似乎不覺得那有什麼新奇的。

隔天，先前曾登船交易的某個人想要耍詐，遭到質問時便舉起了武器。立刻有人朝他開槍（馬格拉表示，開毛瑟槍的人是庫克），幾顆小小的子彈擊中他的膝蓋。所有人都逃走了，但圖帕伊亞勸他們把獨木舟划回船尾，雙方在那裡對談，他向他們透露「他們的祖先的風俗習慣與傳奇故事」（這是班克斯的措辭），自此奮進號就沒再遇到麻煩。

不過，圖帕伊亞很罕見地並未在當地過夜，四處拜訪，也許是因為庫克不讓他去（因為庫克想到上次在群島灣差點失去了他的語言學家），又或者是因為這位祭司對他們在這裡發現的一件事感到很厭惡。

他們抵達的那天下午，他陪著班克斯與庫克登岸，他們的小船碰到了一具女浮屍。海灘上住著一戶人家，圖帕伊亞向他們詢問此事，他們說那是一個死去的親戚，他們的風俗是在屍體上綁一顆大石頭，將其海葬，但那浮屍上的繩索一定是斷了。他們在談話時，班克斯四處張望，對他們的土窯感到好奇。他們跟圖帕伊亞說他們正在煮狗，根據馬格拉的記載，經過調查後，那的確是一隻狗。

然而，在此同時，班克斯在一些籃子之間東看西看，激動地宣稱他發現了人骨。帕金森在聽說這件事之後寫道：至此「事證已很明確，他們就是**食人族**」。儘管在這之前毛利人都不諱言他們有吃掉敵人的普遍風俗，但奮進號的船員還是覺得那只是一個殘忍的故事，因為並無真憑實據。如今，情況已經大不相同。

「那是什麼骨頭？」震驚的圖帕伊亞用難以置信的口吻問道，那一家人坦白地回覆，「是人骨。」

「你們吃人肉嗎？」

「吃，」他們承認。

「有剩下的嗎？」

「沒有。」

「你們為什麼不吃今天我們碰到的那具浮屍？」

「她是我們的姊妹。」

「那你們**都**吃誰？」

「戰爭中被我們殺掉的人。」

「所以說，這些骨頭是誰的？」

「五天前，」他們說，「有一艘敵人的獨木舟來到這片海灣，我們殺了七個人，其中幾個的骨頭就在這裡。」

那個家庭的家長接著透露，他們知道幾天內就會有人來復仇。

小船上的幾個人，包括庫克與班克斯都聽得入迷，儘管他們聽不太懂。圖帕伊亞為他們翻譯，班克斯接著表示，船員們臉上的驚恐表情「可以想像，但難以言喻」。

隔天一艘小型獨木舟來到奮進號旁邊，舟上載的老人是之前曾率先登船的，原來他叫作托帕亞（Topaa）。雙方一如往常，完成友善的碰鼻禮之後，因為對於班克斯發現人骨一事始終存有疑慮，圖帕伊亞立刻予以查證。托帕亞也證實了，所以圖帕伊亞進一步問他有關頭骨的事情，想要證明那的確是人骨。

他問道：「你們會吃人頭嗎？」

托帕亞說不會——圖帕伊亞無疑感到鬆了一口氣，因為他畢生都秉持著一個信念：頭部是人體最神聖的部位，有些人就連被食物或者手碰到都是一大禁忌，這意味著其他人必須小心翼翼地拿食物餵那些人。他發現，毛利人也遵守此一原則。托帕亞答應帶一些人頭過來給他們看，藉此證明他們也很重視頭部：「類似的談話進行了很久，」班克斯寫道（他不知道雙方實際上說了些什麼），「之後那老人就回家去了。」

托帕亞信守諾言，帶來了四顆經過妥善保存的人頭上船，那些頭被他們稱為「mokomokai」（經過煙燻與風乾處理，上面有刺青的頭）。圖帕伊亞進一步追問他，很可能也得知，只有貴族的頭會被保存下來。把部落酋長與其親戚的頭保存下來，目的是為了禮敬他們，保留敵人的頭則是為了辱罵他們，但是保存的過程都一樣，每個階段都必須禱告，吟詠適當的咒語。班克斯還是無法詢問那老人在說些什麼，或是試著提出自己的問題。他反而是打斷了兩個波里尼西亞人的談話，逼迫托帕亞把一顆十四歲男孩的人頭賣給他，一開始打算用一條老舊的白色襯褲賄賂老人，等到老人想要帶著人頭逃走時，又「拿出毛瑟槍給他看」。此為歷史上第一次有人想要用野蠻的手段與毛利人交易人頭。

班克斯希望把四顆人頭都弄到手，但是，儘管他持續逼迫托帕亞，老人還是斷然拒絕出賣其他三顆頭。一有機會，老人就匆匆離開，對於自己帶著人頭上船感到後悔不已。儘管展示敵人頭顱是對於敵手進行的嘲弄與挑釁舉動，但如果雙方有機會談和，歸還俘虜的人頭也是過程中必要之事，對方當然會注意到少了一顆頭。

沒有船員表達出對於這樁買賣的看法——不管是羅伯茲、皮克斯吉爾與其他有寫日誌習慣的年輕船員，他們全都只是聚焦在吃人的「可憎罪行」，覺得那既可怕又吸引人。圖帕伊亞也一樣厭惡吃人的風俗，但他的理由是歐洲人比較難以理解的。過去他也會主持那種以人類獻祭的儀式，屍體的一顆眼睛被挖出來後，由他獻給最高酋長，酋長在還給他之前會作勢吃一下，這個動作象徵著把屍體獻給此一儀式所敬拜的歐羅。獻祭人體是一件極其神聖的事，祭拜的對象是神明，而且根據過去圖帕伊亞所學到的，神聖的屍體不能直接發給一般人食用，而是要先用烹煮來「除聖」。儘管烹煮敵人的頭顱顯然是貶低敵人的最佳方式，但是對於曾主持過獻祭儀式的他而言，並不覺得烹煮過程是一種禁忌。

我們同樣也無從得知圖帕伊亞對於班克斯逼人賣東西有何看法，但如果他覺得班克斯在塔普塔普特阿聖堂的褻瀆神明之舉是野蠻的，對於這令人不悅的交易應該也會有同樣的觀感。他一定覺得不該把那種禁忌物品帶上船。就像班克斯在賴阿特阿島的舉動，還有彗星，他一定也覺得帶人頭上船是一種惡兆。

班克斯對自己的作為卻沒什麼感覺，反而只是觀察了一下當地為何沒有明顯的種植活動，輕描淡寫地表示，那是因為「他們完全以魚類、狗與敵人為食物」。

船員們稱呼那個港灣為食人灣（Cannibal Cove）。庫克船長則顯得比較鎮靜，將它命名為夏綠蒂王后灣（Queen Charlotte Sound）。一月二十六日當天，他爬上一座山丘，從另一個角度俯瞰把南北島一分為二的海峽，下山時發現圖帕伊亞和船員正在與一群當地的毛利人聊天，當地人看來跟往常一樣閒適而友善。覺得眼前情景賞心悅目之餘，庫克寫道：「我們所到之處，圖帕伊亞都會跟隨，給予我們許多幫助。」此一讚賞之詞雖然遲遲才出現，但卻是真摯的。

四天後，在船醫的陪同之下，他們帶著圖帕伊亞前往摩圖阿拉島上的村莊，向托帕亞表明他們「想要在島上設立地標」，藉以證明英國人曾經去過那裡。托帕亞立刻就答應了，他獲贈「一批一七六三年鑄造的三便士銀幣，還有上面烙有英王寬箭頭印記的長鐵釘」，並且跟著一起去。小船的人員將旗桿豎起來，升起英國國旗，庫克船長宣稱，將海灣「與鄰近島嶼納為英王所有，可供其使用」。他與船醫隨即以一罐葡萄酒慶祝，並且恭祝夏綠蒂王后[1]身體健康，同時詢問托帕亞一些有關於海峽的問題，由圖帕伊亞代為翻譯。

海峽是否能直接通往東海岸？沒有錯，托帕亞的答案是肯定的。那南邊的陸地呢——它是不是如同庫克船長所猜想的，也是一個島嶼，而非某個大陸的一部分？托帕亞再度表示他說的沒有錯，接著表示紐西蘭被海峽分為兩個大島，庫克照常以拼音的方式把兩者的名字記下來，一個是「Tovy-poenammu」（正確的拼法應該是「Te Wai Poenamu」），另一個則為「Aeheino mouwe」（也就是「He hi no Maui」，意思是「茂宜撈起來的東西」，但比較正確的說法應該是「Te Ika no Maui」，亦即「茂宜的漁獲」）。接著托帕亞徹底誤導了庫克，他輕鬆地表示，「也許只需要幾天的時間，甚或四天內就可以繞南島一周」，但是繞行北島「則是要好幾個月」。他所說的可能是阿拉帕瓦島（Arapawa），那是一座位於夏綠蒂王后灣東側的大島。皮克斯吉爾的評論極有道理：當地人對於南島的「知識似乎非常不完整」。

葡萄酒喝完後，庫克把空瓶送給老酋長，「令他愉悅不已。」然而，托帕亞也開始認為這些歐洲人會拖累他們。他的人民正焦慮地為碉堡準備存糧，因為復仇的人就要攻過來了，奮進號的船員不斷跟他們要求交易魚乾，讓他們深感為難。二月五日那天，他再次登船，看著船員正在準備啟程，稍稍鬆了一口氣，但卻也發現圖帕伊亞一有機會就盤問他更多問題。

他的祖先是從哪裡來的？托帕亞回答，從哈瓦基來的（班克斯一邊聆聽，一邊憑藉著圖帕伊亞的翻譯做紀錄，他把哈瓦基拼成了「Heawye」）——就是圖帕伊亞在故事與傳奇中提及的哈瓦基。接著圖帕伊亞追問，是否曾有類似奮進號的大船去過那裡。儘管托帕亞搖搖頭，但他進一步表示，一則年代久遠的故事曾提及兩艘大船，「比他們的船大很多，抵達時間不明，居民把兩艘船都徹底摧毀，殺光了船上的所有人。」圖帕伊亞顯然早已知道此一故事，他向班克斯表示，那是一個年代久遠的傳說，「比他的曾祖父的年代還要遙遠得多，傳說中那兩艘巨型船隻是從他曾經提及的奧利馬洛亞島（Olimaroa）過來的。」

自從離開大溪地之後，這是班克斯唯一一次提及圖帕伊亞曾描述的那些島嶼——雖然他一開始還曾以非常興奮的口吻表示：「他曾跟我們說過七十幾個島嶼的名稱，大都是他親自去過的」。但是到了此刻，他顯然已經沒什麼興趣，因此沒有提及圖帕伊亞的航海圖上也記載著類似的故事。如果圖帕伊亞是正確的，那就意味著托帕亞的傳說是祖先們從故鄉帶來紐西蘭的古老記憶，但另一方面他所說的，也有可能是指亞伯．塔斯曼所指揮的那兩艘荷蘭船艦，它們曾於一六四二年去過紐西蘭——但我們無從確定他指的是什麼。班克斯懶得深究，他只是表示，「這一路上圖帕伊亞曾屢次警告我們，別太相信這些人說的話。」甚至托帕亞也有可能只是在複述圖帕伊亞跟他說的傳奇軼事。

庫克的評論是，顯然這個故事是不可信的，「因為他們對於這個島嶼的知識都是來自於傳說。」然而，幾年後他不得不重新考慮此事。當時他正率領決心號進行他的第三趟探險之旅，在夏綠蒂王后港招募一個十七歲當地人當船員，那個叫作特維赫羅亞（庫克的拼法是「Tiarooa」，實際上應為「Te Weheroa」）的年輕人跟他說，在奮進號抵達的大約三年前，一艘船艦曾去過庫克海峽（Cook Strait），它被毛利人稱為「圖帕伊亞的船」；那艘船的船長與人生了一個兒子，如今大約十歲，船員們也把性病帶到紐西蘭。

就此看來，圖帕伊亞的名字已經成為毛利人的神話元素。當毛利人知道圖帕伊亞的死訊時，他們急於知道他是不是自然死亡的。顯然他們懷疑圖帕伊亞遭人背叛與謀殺——也許是有人嫉妒他，因為對於許多毛利人來講，奮進號就是「圖帕伊亞的船」，而最高領袖應該是圖帕伊亞，而非庫克。他們是不是把塔伊艾塔誤傳為圖帕伊亞的十歲兒子？如果真是那樣，就連他的助手也融入了毛利人的傳奇故事裡。

少尉預官馬格拉寫道：「在取得足夠的木柴與水之後，一七七〇年二月六日那天，吹起北風，我們離開了夏綠蒂王后灣。」一道怒濤差點害奮進號撞上礁岩，但是吹起了一道幸運的風，還有另一道浪潮讓它得以掉頭。庫克走完了那條穿越庫克海峽的航線，然後往北朝返航角前進，藉此完成了畫出北島海岸線的任務。到了返航角南邊，有三艘雕工精美的獨木舟追了過來，船上載的看來都是穿著華服的貴人，根據他們的紀錄顯示，它們是第一批並未挑釁奮進號的獨木舟。

儘管那些戰士都是陌生人，但他們卻毫不猶豫地登船。庫克說，他們立刻開口要鐵釘，還說：「他們通常用骨頭製作那種工具，把它當鑿子使用，拿來鑽洞之類的。」然而，拿到鐵釘後，從表情可以看出他們感到困惑，還問圖帕伊亞那是什麼，儘管他們聽說過有那種東西，但沒有親眼見過，不知道其功能是否真的跟毛利人的鑿子一樣。經過他的解釋與示範後，他們才感到滿意，立刻拿出準備好的禮物來交換鐵釘——班克斯認為，這是奮進號的船員第一次體驗到如此井然有序的交易活動。顯然，有關奮進號的故事、鐵釘的用處還有圖帕伊亞的名聲，已經在各地傳開。

接著庫克就把船轉向南邊，決心印證班克斯的想法是否正確：他認為紐西蘭的南島是從所謂「南方大陸」延伸出來的陸地，但庫克自己與托帕亞則是認為，南島應該是個獨立的島嶼。他們沿著東岸往南航行，很快就遇上兩艘捕魚的獨木舟，船員把漁獲以及幾根木鉤賣給他們。這是他們遇到的最後一批毛利人。此後，他們可以遠遠的看到獨木舟，但沒有任何一艘試圖接近他們，而他們所經過的鄉間即使有人居住，看來也是人煙稀少。

三月十日那一天，他們繞過了南島的最南端，班克斯悔恨地表示：「所謂大陸的虛構幻想已經成為泡影。」庫克用索蘭德的名字來幫一小塊荒蕪的岩石命名，緊接著便往北航行，沿著南島的西岸前進，沿岸跟北島的西岸一樣是背風的海岸，地勢變幻莫測。他們經過了那一片後來被稱為「四十度哮風帶」（the roaring forties）的海域，其中一段海岸向來有「鬼門關」（the jaws of hell）的外號，那裡的海浪都是大老遠從世界的另一頭席捲過去，夾帶著龐大力道，怒濤往往能打在高處的懸崖上，在巨岩之間翻騰。然而，像這樣一直被困在船上已讓班克斯感到厭煩，他要庫克下錨停泊。

過去四個星期在船上發生的爭論已經夠多了：奮進號追趕著一片高爾發誓他有看到的陸地，結果卻毫無所獲，接著大家又開始爭論那片所謂的大陸，如今又有人公開地吵了起來。儘管軍官們已經把岸邊那些高聳的懸崖拿來跟挪威的可怕峽灣相提並論，但班克斯還是向庫克表示，說他應該在岸邊那些又深又窄的缺口中挑一個，把船開進去，讓他跟索蘭德能夠上岸蒐集岩石。庫克非常委婉地拒絕了。理由是，不但奮進號會被強風困在狹長曲折的海灣裡，而且那些懸崖是如此陡峭，幾乎不可能找到安全的下錨地點。

所以奮進號就繼續航行，任由兩位植物學家生氣抗議。畢生已經習於為所欲為的班克斯，也因此於往後幾年與庫克結下不解之怨。

三月二十六日，奮進號又回到了南島的西北角。庫克並未把船開進夏綠蒂王后灣，而是在一個被他稱為海軍部灣（Admiralty Bay）的無人海灣下錨。儘管那個下錨地點暴露在東風之中，不像船艦灣那樣安全，他們還是待在那裡取水砍柴。庫克選擇那裡的理由也許只有他自己知道。那幾週他們在大風大浪中繞行全島，這一定又讓圖帕伊亞想起了來到紐西蘭的那段航程，而且他也表現出一副對於接下來的航程不抱任何期待的樣子。庫克已經決定「完全撤離此一國家」，他深信圖帕伊亞仍能持續提供「許多幫助」，因此他之所以選擇停泊在這無人居住的地方，不無可能是為了確保圖帕伊亞不會上岸閒逛，就像他過去那樣。

即使圖帕伊亞果真猜到庫克是想要避免他逃離奮進號，他也沒讓人看出他的反應。根據紀錄顯示，他反而是與塔伊艾塔搭乘最小的船隻下水，捕獲大量魚類。接下來，在一七七〇年三月三十一日，奮進號又拔錨往東航行。他們不再追尋那塊「未知的南方大陸」了，庫克把船開往「新荷蘭」，也就是如今我們稱為澳大利亞的地方，目的地是還沒有人畫出地圖的東岸地區。

編註：

1 指英國國王喬治三世的王后夏綠蒂（Sophie Charlotte, 1744-1818）。

## 16 植物學灣

啟航前的那個下午，庫克與班克斯開始撰寫他們對於紐西蘭與其風土民情的報告。他們甚或可能是在同一個晚上寫完的，因為報告很短，顯然是在倉促間完成的。這次還是一樣，其中一人抄襲了另一人的報告，因為兩份報告裡的議題幾乎一樣，談論它們的順序也相同，所以他們要不是根據同一份草稿寫報告，就是互相抄襲。

儘管他們在紀錄中常常提及圖帕伊亞，但未曾諮詢過他的意見。他已經為班克斯與庫克完成翻譯的任務，這點可以從兩人的日誌看得出來，關於毛利人風土民情的內容變得遠比以前還豐富。自從離開烏阿瓦以來，從日誌內容可以看出他們對於所見所聞更為敏銳，也更有想法，這都是因為圖帕伊亞幫他們翻譯，也與他們分享自己的看法，因此他們的日誌內容變得較少猜測之詞，口氣也沒那麼傲慢，因此成了很有價值的民族志文獻。

如今，儘管圖帕伊亞過去的評論顯然有所影響，但他們倆的報告內容可說是透過自己的觀點來描述紐西蘭與毛利人。內容論及紐西蘭的地形；當地缺少四足動物這件事也讓他們感到訝異，豐富的海產則是令人大開眼界；他們說，毛利人的體格精瘦而有活力，他們也用水手那種讚賞的口吻來描述毛利人的衣服，還有那令人印象深刻的刺青，莊嚴的舉止與勇氣。庫克認為，當地老人值得尊敬，而且一旦達成協議後，當地人便不曾反悔（不過他沒提及幫他議約的圖帕伊亞）。他也論及當地高大樹木與亞麻纖維的潛在商業價值，還熱切地推薦歐洲人可以移民該地。庫克輕率地指出，因為原住民的部落戰爭激烈，他們絕不會「團結起來對抗」入侵者。如果圖帕伊亞知道此事，一定會感到驚惶失措，因為如果西方人有意奪下紐西蘭，自然而然也會對波里尼西亞諸島懷有野心。

在論及庫克拒絕把船開進狹長海灣時，庫克與班克斯的語氣都不太好，庫克只是重申絕不可能，那只會讓「船艦陷入顯而易見的危險」，而班克斯則是再度表示「遺憾不已」，因為他沒有任何機會得以探勘有研究價值的地方。我們無從得知他們在寫報告時，是否也在主艙內再度爭論起來，但顯然已經傷了兩人的感情。他們以截然不同的方式描述購買人頭那件事，班克斯坦承自己用毛瑟槍威脅托帕亞，完全沒有透露羞愧之情，庫克則是表達出他的厭惡。班克斯提及他怎樣弄到毛利女孩陪他過夜，充分反映出他的性格，而庫克則是完全未提及那件事（同樣也反映出他的性格）——不過，好色的班克斯為他的手下立下這種「典範」，一定令他感到很生氣。

然而，關於毛利人的獨木舟與雕飾作品有多麼可觀，兩人的意見則是完全一致。他們也很喜歡毛利人臉部的刺青，兩人都認為，那些刺青似乎是逐年刺上去的（或者是為了紀念了不起的成就而刺的），因為老人臉上的刺青最為完整而複雜。喜歡運動的班克斯非常注意毛利人的武器，他的兩項觀察非常有趣而敏銳：首先，所有的武器都是攻擊性的，他們沒有防禦性武器（例如盾牌）；其次，珍貴的武器也可以被當作隨身攜帶或配戴的飾品，他說：「就像我們歐洲人攜帶寶劍一樣。」最後，班克斯終於寫到與圖帕伊亞有關的事，因為他提及某些長矛的尖端是以魟魚的尾刺製成的。圖帕伊亞對於他在賴阿特阿參戰時的傷勢之描述一定很可怕，因為班克斯經過深思後表示：「對於歐洲人來講，那種魚骨上的鋸齒狀尖銳倒刺是最可怕的。」

他們也描述了毛利人總是會照例挑釁奮進號，並且表演哈卡舞：「我們稱其為戰歌，」班克斯寫道，「因為，儘管他們不管在什麼場合，無論戰時或平時，似乎都喜歡跳那種舞，但我深信他們在發動攻擊時是絕不會省去這一段的。」他們也都針對食人之舉發表意見：「圖帕伊亞對這種風俗深惡痛絕，他常常與他們爭論此事，他們總是堅持己見，從不承認那是錯的，」庫克寫道，接著他提出一個理論，表示此一習俗的目的是為了逼人竭力奮戰到最後。儘管班克斯做了那一筆可怕的買賣，但他顯然不想談這個話題，只是評論道：「儘管復仇的渴望也許可以激發出人類的本能，因為熱情能產生很強的動力，但是人類身為萬物之靈，一想到人吃人這種事，依其本性應該就會卻步。」

他們都不了解毛利人的宗教，因此只能複述圖帕伊亞跟他們說的，寫出來的與其說法大致相同：毛利人「承認神明的影響力，他們的創世神話與人類的創造等傳說，和圖帕伊亞的幾乎一樣」，班克斯寫道。因為他與庫克都沒有看見規模相當於馬哈伊阿特阿金字塔的偉大聖堂，兩人的結論都是：毛利人不太會為宗教事務付出心力。不過班克斯的確提及曾在甜薯菜園裡看到一間神舍，那是用石頭隔離出來的一小塊地方，中間插著一根鏟子，上面垂掛著一籃蕨根。他認為，那些蕨根是為了祈求豐收而獻給神明的祭品。

他們也都列出了一些毛利語字彙，班克斯承認，儘管毛利語和波里尼西亞諸島的語言很像，但他認為「直到他把那些語彙寫下來時，還是很難懂」，因為兩者的發音有很大差異，但是圖帕伊亞從一開始就「聽得懂，還和他們流利交談」。基於語言與傳統的相同，班克斯與庫克都得出一個結論：毛利人是從圖帕伊亞的島嶼移民過去的，而且，也因為這樣，庫克終於憑其記憶，把圖帕伊亞說過的那些太平洋諸島都盡可能寫下來。

他強烈暗示自己很後悔沒有「依循〔圖帕伊亞的〕建議，試著去發現那些位於熱帶地區，在那條線以南的許許多多島嶼」。同時，他也已經深信，赤道與神奇的南緯四十度線之間並沒有所謂的南方大陸，所以非常清楚那趟航程一無所獲，唯一的成就只有費力完成的詳細紐西蘭地圖，而且此刻奮進號因為強風而嚴重破損，在經過合恩角返回英格蘭的航程上，如果航速過快就會有風險。他盤算著自己也許還能獲賜另一個機會，「如果有人認為值得再次派船出航探險，而且圖帕伊亞也還在世，願意乘船一起出海的話，那艘船將會獲得過去任何探險船艦未曾享有的優勢。」

對於圖帕伊亞的重大貢獻給予遲來的肯定之後，他終於寫下了圖帕伊亞所點名的「那一連串島嶼」，島嶼名稱都來自於圖帕伊亞的那張航海圖（這是他第一次與唯一一次提及那張圖）。這意味著，庫克寫下的島嶼清單並不完整，如同他所解釋的，「他曾經一度跟我們說過接近一百三十個島嶼，但圖裡面卻只畫了七十四個。」然而，儘管庫克想不出其他島嶼的名稱，庫克也沒要求羅伯．莫里諾把他的日誌帶到主艙去，也許他並不知道，早在離開大溪地前，莫里諾就已經寫下了圖帕伊亞說的五十七個島嶼名稱。如果他知道，而且也把領航員莫里諾與自己的清單拿來比對，他會發現莫里諾所記下的那些島嶼名稱，至少有二十個是沒有出現在航海圖上的，包括「Oneewarroa」——也就是托帕亞提及大型船艦來訪時所說的奧利馬洛亞島。當圖帕伊亞把那些島名念給莫里諾聽時，也描述了其中的許多島嶼，他還說，奧利馬洛亞島是位於大溪地西北方的大島，地勢很高，也很肥沃。

最令人好奇的是，庫克並未親自去找圖帕伊亞，把那些他忘記的名字補上去。也許他很尷尬，不願向那位驕傲的領航員兼祭司承認，自己過了那麼久才注意到那張航海圖；也許是因為他不想再去撩撥舊怨，因為當他那些地理傳說不被人當一回事時，他的情緒轉變一定很明顯。另一個較低的可能性是，庫克的確把圖帕伊亞找去了，但是心高氣傲的他發起了脾氣，拒絕配合。因為太過驕傲，他心裡所遭受的打擊是難以忘懷的——儘管圖帕伊亞給予庫克「許多幫助」，但兩者之間的恩怨也不少。

看來，當時人在甲板上的圖帕伊亞完全不知道自己被寫進報告裡。他的心裡還有其他事，因為本已多才多藝的他又要多一項專長了。

根據紀錄顯示，圖帕伊亞第一次拿起毛瑟槍是他在貧乏之灣登岸時。自從那次以後，當他去拜訪毛利人時，聰明如他當然知道不該帶槍，因為如果他持械，就不會獲得信任，而且槍也會很快被搶走。但是，如今他不再受限，他們穿越塔斯曼海（Tasman Sea）時，天氣又是如此宜人，所以圖帕伊亞就待在甲板上練習用槍。他天生的優勢是視力極佳。過去他習於觀察海面與天空，尋找領航所需之跡象，因此在別人都還看不到時，他就能說出飛鳥與飛魚的蹤跡，還有掠過水面的海藻。如今，無疑的，在熱愛運動的班克斯與高爾的鼓勵之下，圖帕伊亞正在改善瞄準的功力，結果是，等到他們在四月十九日抵達澳大利亞東南岸之際，他已經是個神槍手了。

希克斯中尉是第一個看見陸地的人，但是，儘管他所看到的海岬以他命名，但他並未獲得一加侖蘭姆酒的獎賞，也許是因為軍官並不在受獎者的範圍內，又或者是因為亞伯・塔斯曼早就去過那個地方了。庫克謹慎地探查海岸地區，繞過希克斯海岬（Point Hicks）之後，就繼續往北航行。沿岸的地景看來極具吸引力，地勢的起伏平緩，處處綠樹，儘管有幾個可能適合停泊的地方，但卻都因為風向與海流的條件不利而被迫放棄了。

四月二十七日下午，奮進號終於來到了一處空曠海灘的近海。只見四個人在沙地上輕快地行走，肩膀上扛著某種獨木舟，但是，儘管船上所有人都看著他們，懷抱著希望揮手，他們卻不理會奮進號，並未靠過去。這時奮進號放下小艇，但小艇出現裂縫而且腐朽了，於是便馬上開始進水。所以，在一陣驚慌與大吼大叫後，他們又放下小帆船，庫克跟著圖帕伊亞，還有班克斯與索蘭德一起往岸上出發，但卻因為風浪太大而無法登陸。等到他們要折返船上時，看見了那四個原住民逃開的身影。

當時的情況真是令人氣餒。然而，到了二十八日黎明，他們發現了一個比較風平浪靜的海灣。莫里諾下船去尋找下錨地點，從小船上用測深索量深度，十幾個高大精壯而且皮膚黝黑的人在一旁看著他們。其中幾人的裸體上漆著白色條紋，每個人都手執木製長矛；也有一些人拿著班克斯覺得看來像彎刀，比較短的木製武器，但那實際上叫作「woomera」，或可稱為「投矛器」。他們是澳大利亞原住民，隸屬於薩拉瓦爾族（Tharawal）的格威蓋爾部落（Gweagal，原意為「火」）。莫里諾與他的手下大聲喊話，試著向他們保證自己只是想要取水，但原住民卻揮舞著長矛。

莫里諾登船後回報，表示那個海灣很淺，但是船可以開進去。進入海灣時，他們經過四艘捕魚用的獨木舟，每一艘上面都載著一兩個人，全都專心工作，無視於奮進號——又或者是故意不理會它，因為不想分心。船員隱約感到不安，但還是在緊鄰一堆茅屋的地方下錨了。有個女人從樹林裡現身，身後跟著一些小孩；又有幾個小孩從一間茅屋裡走出來；捕完魚的獨木舟返航了，一群男人帶著漁獲登岸。完全沒人理會奮進號。

這種完全不理人的狀況讓圖帕伊亞感到很好奇，於是他用鉛筆素描了兩艘樹皮獨木舟上三個旁若無人的原住民，然後用水彩顏料上色。他的作品特別活潑而栩栩如生，但也極注重細節。畫作顯然可以看出圖帕伊亞的銳利視力與觀察力，像是撐在兩邊船殼中間的棍子，還有兩艘獨木舟兩頭綁起來的樣子，都畫得一清二楚。不過，最逼真之處，還是他栩栩如生地捕捉住漁民專注的模樣。前面那艘獨木舟上的兩個男孩用眼角餘光小心地看著奮進號，但是我們並不覺得兩人手上的槳曾經停下來過。第二艘獨木舟上唯一的漁民則是全然專注在水中晃動的魚影，不理會其餘一切事物，他的魚叉已經就定位了。我們顯然也可以看出圖帕伊亞那種毫無保留的畫風。他跟拘謹的帕金森截然不同，因此不怕把裸體原住民的性器官畫出來。

午餐過後，奮進號將兩艘小船放下去，帶著圖帕伊亞、庫克、葛林、帕金森、班克斯與索蘭德登岸。他們一靠近海灘，大部分原住民就都跑了，獨留兩個人來面對登岸的眾人，班克斯寫道：「他們都手執大概十呎的長矛，還有一根短棍，看來好像是某種投矛的裝置。」那兩個格威蓋爾人實在是勇氣十足。他們認為，陸地是一個充滿秩序的世界，是他們的精神家園，而動亂則來自於海上，威脅著現狀，因此任何來自海上的東西都是威脅，必須將其驅逐，但眼前這群人的人數遠勝於他們倆。根據葛林的觀察，他們的長矛嚴格來講也不算武器，而是四叉魚矛，四叉的尾端各有一根魚骨。

帕金森說，他們大吼大叫：「Warra warra wai!」——格威蓋爾語的「走開！」儘管訊息很簡單，但是講的話聽來卻很複雜。圖帕伊亞用十五分鐘試著與他們對話，但被迫承認失敗，他當然也感到心底一沉，覺得自己的重要性逐漸消逝。詹姆斯・庫克把一些鐵釘與珠子丟到海灘上，他們好奇地撿起來。此舉讓庫克信心陡增，一揮手，命令兩條小船登岸，但兩個原住民立刻拿著長矛往前衝，所以他瞄準他們之間的地方，用毛瑟槍開槍。

砰一聲槍響把那兩個格威蓋爾人嚇到往後退。比較年輕的那一個撿起石頭，往庫克的方向丟，因此他又開了一槍。小顆子彈噴出去，年紀較大的那一個被擊中雙腿。他拿起一個小盾牌，擋在臉的前面，透過兩個觀察孔盯著入侵者。當庫克與他的手下登陸時，他們拿起長矛丟過去，沒有射中，有人開了第三槍。

他們往樹林裡撤退，不過速度很慢，足以顯現出不屑的神情。庫克想要追趕，抓住其中一個，但班克斯大聲示警，說他們的長矛矛頭可能有毒。

一群歐洲人站著不知所措，圖帕伊亞也在他們身邊。在不知情的情況下，他又創下了一個歷史紀錄：他是第一個踏上澳大利亞陸地的波里尼西亞人，可說是接下來數以千計遷居此地的同胞們的先鋒。然後，一行人就此散開，搜查茅屋，在其中一間發現了六、七個小孩，睜大眼睛，蜷縮在屋裡。他們送給那些小孩幾串珠子，檢視當地人的獨木舟——庫克認為那些獨木舟都是粗製濫造，是他看過的最差勁作品，充其量不過是以樹皮為船殼，用幾根棍子當橫梁，把兩端綁起來就完成了。不難理解為何這些人不曾乘船遠赴圖帕伊亞的那些島嶼。就連搜尋淡水的行動也一無所獲。庫克就此放棄，命令所有人回到小船。

到了清晨，他們又回到岸上，發現全由樹皮茅屋組成的村落都已人去屋空，對方不收禮物，一串串珠子都被丟在地上。高爾帶人去砍柴取水，藉由挖洞發現了淡水，庫克搭乘一艘小船探查海灣，而班克斯與索蘭德則是進行植物學研究。圖帕伊亞跟往常一樣獨自四處遊蕩，回去後也沒多說什麼。漁網一丟下海就輕易抓到很多肥美的魚，因此一行人回到船上後好好吃了一頓飯，此時原住民再次出現在海灘上，這顯示他們之前是躲起來觀察。他們回到村子，但只是去拿獨木舟。奮進號的水桶立在取水洞旁邊，小東西散落一地，卻都沒有人動過。

接下來幾天，情況還是一樣。當船員在取水或進行植物學研究時，偶爾有幾個格威蓋爾部落的男人靠過去，但是一聽到對方的友善呼喊與看到送禮的舉動，就又撤離，沒有做出任何回應。庫克據其觀察寫道：「看來他們就只是希望我們離開。」圖帕伊亞未曾放棄與他們溝通——畢竟，當他初次遇見英國人時，英語也是跟那些原住民的話一樣難以理解，所以不須輕易放棄。為了持續溝通，他在五月一日陪同庫克、索蘭德與班克斯開啟了一趟內陸之旅。他們發現奇怪的四腳動物的蹤跡，看見一群群虹彩吸蜜鸚鵡（lorikeet）與鳳頭鸚鵡（cockatoo）在他們頭頂高飛，空中到處五顏六色。在他們發現的許多茅屋裡面有被留下來的禮物，而他們只看見一個原住民，班克斯用苦笑的語氣寫道：「他一看見我們拔腿就跑。」

回到岸邊已是晚間，他們遇到高爾的取水隊伍，來自美洲的高爾說，剛剛看見一群大約二十個人的原住民，於是他和其他人假裝害怕，把原住民引過去。他們仍看得到那些原住民。圖帕伊亞悄悄地靠過去，庫克與索蘭德跟在後面。原住民只是把速度調整到比他快地走開而已。於是圖帕伊亞加大步伐，但每當他靠得比較近時，他們就又加快腳步走開，然後停下來，令人感到生氣的是，那總是抱持在可以對話的距離之外。最後，圖帕伊亞對於這種你跑我追的無意義舉動已經感到全然厭煩，於是轉身離去，跟著庫克與索蘭德回到取水處。看來就像原住民打贏了一場戰爭。

因為格威蓋爾人實在太固執了，圖帕伊亞於隔天離開植物學研究的隊伍，自己前往一個新的地區，但他敗興而歸，跟班克斯說，「有九個印地安人一察覺到他接近就逃走了。」他的口袋裡裝滿了用槍打死的小型鳥類，可供班克斯蒐集，不過他也給自己留一隻活的虹彩吸蜜鸚鵡。鸚鵡的翅膀被子彈打傷，在牠掉到地面上，還沒飛起來的時候，就被他抓了起來。

那隻鸚鵡的羽色璀璨，身高相當於圖帕伊亞的手掌長度，頭部與胸口下方是極其鮮豔的靛藍色，還有短短的紅色鳥嘴，胸口為紅橘相間，背部、翅膀與尾巴都是螢光綠。虹彩吸蜜鸚鵡是非常適合當寵物的鳥類，牠們很聰明，輕易就能教會牠們講話，吵鬧而有趣——而且這隻鸚鵡也真的成為圖帕伊亞的寵物。只要糖水與剩飯就能把牠養得肥美，應該也能學會說那種帶有賴阿特阿口音的大溪地語，稍稍補償了他在奮進號上面沒有朋友的遺憾。

他們在五月六日啟航離開，留下一位船員的屍體：佛比·蘇德蘭（Forby Sutherland）於五天前去世（死因可能是結核病），因此成為第一個被葬在新南威爾斯

（New South Wales）境內的歐洲人。圖帕伊亞無法與原住民建立任何關係，但班克斯採集到非常多植物。庫克原本打算把那個海灣稱為魟魚灣（Sting-ray Harbour），因為高爾抓起了海灣裡的幾條大魟魚來當樣本，船員也得以大快朵頤——不過他們一定也吃得有點猶豫，因為廚師使用的食材是魟魚的內臟。然而，庫克終究決定稱之為植物學灣（Botany Bay），因為班克斯與索蘭德找到了大量樣本。

庫克往北航行，發現鄉間越來越荒蕪，並且持續進行他對沿岸地區的探查活動。儘管奮進號偶爾會看見待在岸上的原住民，但其中沒有任何人注意奮進號，他們也因為風浪過大而無法登陸。跟往常一樣，水手們總是靠喝醉來打發時間，到了五月二十二日的半夜，庫克的辦事員歐爾頓（Orton）因為喝到不省人事而導致衣服被勾破，耳朵的肉也被割了一小塊下來。詹姆斯．庫克憤怒無比。他決心在少尉預官裡面找一個代罪羔羊，儘管沒有任何證據，還是挑中了馬格拉，此事導致船上人員分裂成兩個陣營。所幸，隔天早上他就把船帶到岸邊，派小船下海登岸探查，大家也都因此而分散了注意力。

小船行經一座淺灘處處的鹽水潟湖，頗有令人清醒的效果。清晨的空氣嚴寒，到了下午，天氣又變得悶熱無比。潟湖四周的紅樹林爬滿了會咬人的螞蟻以及刺刺的毛毛蟲。儘管過了鹽水沼澤之後有一片乾燥土地，上面長了許多新植物，但是一塊塊廣大的區域卻都完全沒有樹。在太陽的荼毒下，眼前的地景顯然一片乾枯，毫無生機。儘管四處都留有些許蹤跡，但卻看不到任何原住民。他們一行人發現十座小火爐，排成一圈，其中一個有低矮的擋風設施，但沒有任何茅屋，這讓庫克得出一個結論：部落居民都是露天而眠，或許只在身上蓋樹皮。一隻隻禿鷹在空中盤旋，其中一人設法擊落一隻，給主艙的人員當食材，但是沒有任何陸地動物的蹤跡。從各種跡象看來，原住民恐怕是仰賴那淺淺的海灣過活，因為火爐附近的垃圾堆裡面只有扇貝殼與魚骨。

庫克聽見圖帕伊亞的低聲呢喃：「Ta’ata ino」，意思是「這些可憐人過得很糟。」他們找不到淡水，啟航離開讓他們鬆了一口氣。

圖帕伊亞自己也過得很糟。僅僅一週後，在六月一日那天，他就跟班克斯抱怨牙齦又痛又腫，並且承認他已經痛了兩週。因為他不知道何謂壞血病，所以看不出這就是那種海上惡疾的症狀，所以也沒跟別人提起。

罹患壞血病之後，通常要六週才會出現症狀，這意味著圖帕伊亞自從四月一日，也就是從奮進號離開紐西蘭那天起，就沒有攝取維他命C（抗壞血酸）了。在環繞南島的航程中，奮進號一直都沒有靠岸，所以在那段時間，他也沒有吃蔬菜，但是後來他們停靠在海軍部灣，有機會打魚與採集藥草，因此在奮進號啟航往西前往澳大利亞之前，他已經攝取了足夠的維他命C，恢復健康。然而，人體並不會儲存維他命C，如果攝取過剩，就會從尿液排出，所以我們必須每天都透過飲食攝取。在他們橫渡塔斯曼海與探查澳大利亞東岸的過程中，圖帕伊亞的食物並未含有維他命C——一如往常，他又槓上了庫克船長。

庫克努力在船上預防壞血病，他所提供的各種食物都有療效。除了泡菜與蘭花粥之外，還有麥片粥，或是用湯塊調味的乾豌豆（所謂湯塊是指熬煮後收乾壓塊的牛內臟）、「紅蘿蔔柑橘醬」，以及乾燥前已經發芽的大麥麥芽。庫克非常依賴麥芽。每天早上都會有人把固定分量的麥芽磨好，用滾燙的開水泡成麥芽汁，每個人都必須喝一夸脫。儘管這足以解決所有船艦上都很普遍的嚴重便祕問題，但麥芽汁裡卻沒有維他命C——事實上，真正含有微量維他命C的只有泡菜，因此必須大量攝取才有效果。然而，圖帕伊亞拒絕吃泡菜，此舉早已引起庫克的不悅。

「船醫立刻在他的所有飲品裡面加上檸檬汁，」班克斯寫道。此舉即為合理，因為檸檬富含抗壞血酸，但令人質疑的是，檸檬汁裡面還含有維他命C嗎？六天前，班克斯曾經留下一項紀錄：他與孟克浩斯一起去檢查那一桶「按照赫姆斯（Hulmes）醫師的指示準備好，送上船的橘子汁加白蘭地」，發現它的狀況很好，只是上面浮了一層黴，但是等到他們把東西裝罐，放到陽光底下，就「壞掉」而且發臭了，他說，「我們立刻決定將其蒸餾成精油。」維他命C對於熱氣非常敏感，所以應該是被破壞掉了。

沒有紀錄顯示檸檬汁是否也曾被蒸餾過，但是可能性很高，因為圖帕伊亞喝了之後還是沒有任何起色。心煩意亂的班克斯在六月十六日寫道：圖帕伊亞的牙齦疼痛腫脹，「沒多久雙腿開始遍布瘀血的痕跡，嚴重壞血病的各種症狀也接踵而至。」若是再不吃新鮮食物，圖帕伊亞就會病死。

# 17 大堡礁

約瑟夫・班克斯跟船上所有人一樣，理應感到心煩意亂。之前在五月二十日那天，庫克船長曾表示，他們「發現了一片往北延伸，一望無際的礁脈」。在他不知道的情況下，奮進號這艘小型船艦正開進了一個叫作大堡礁（Great Barrier Reef）的可怕海上迷宮——它是一大片從南回歸線（南緯二十四度線）下方不遠處往北遠遠地延伸到約克角（Cape York，位於如今的昆士蘭省〔Queensland〕）的珊瑚礁。初見大堡礁當天，他派一艘小船到前方去測深，奮進號小心地跟隨在後，只要聽見水深不夠的警訊，就把船往後移動，等到量到至少五噚的深度再開船。

接下來的例行工作真是累人。白天時，莫里諾指揮著兩艘小船在前頭航行，不斷測驗水深，奮進號則是持續在迷宮中慢慢摸索。所幸，天氣一直非常宜人，風也很輕，但是所有人都繃緊神經，能夠鬆一口氣的時間，只有船艦於晚上下錨停泊，或者班克斯、庫克與索蘭德很罕見地前往荒蕪海岸尋找樣本與淡水的時候：「陸地上毫無土地肥沃的跡象，」庫克於五月三十日以沉悶的語氣寫道，船上的水桶水位又變得很低了。

他們上岸尋找可以取水的河流卻再次無功而返，到了六月十日，庫克打破了先前在晚間下錨停泊的習慣。那是個美麗的夜，在滿月夜色的映照下，他命令值更的軍官把上桅帆收起來，緩緩航行，接著就回到自己的吊床上睡覺了。甲板上，月色宜人，風平浪靜，就連負責警戒的人也快睡著了。海水像一片黑色絲綢，水面上冷光閃爍；船尾的波紋如夢似幻，白浪中閃耀著點點藍光。鐵鍊上的那個人每次把測深索拿起來時，總會把水深幾噚喊出來，叫聲一樣具有催眠效果。

就在舵手的助手要敲六下鈴聲時（晚間十一點），他喊了一聲：「標記1，十七。」他還來不及再次把鉛製測錘丟進海裡，船就撞上了礁脈。

吱嘎聲響聽來刺耳而可怕，接下來是猛烈的砰砰撞擊聲。庫克只穿著內褲就跑了出來，他大聲喊叫：「所有人到甲板來！」大家踉踉蹌蹌地各就各位，下令的人大吼大叫，所有的船帆都被收了起來。十幾個桅樓守望員爬到帆索上方，許多人都在拉繩子，幾分鐘內把所有船帆粗略地收攏起來。接著，幾聲令下後，一艘艘小船被放到水面上，大家開始測量船身周遭的深度。圈圈漣漪的漆黑水面上有一陣陣回報的聲音往上傳：船身卡在一片寬闊而表面崎嶇不平的珊瑚礁上，最近的適合航行深度（大約十二噚）距離奮進號有一整條船之遙。

潮水開始退了，船身卡在礁脈上。如果奮進號在珊瑚礁上來回搖晃移動，船身很快就會裂開。一道道命令被吼了出來，許多人再次爬上帆索，收起中桅與帆桁，把它們弄到甲板上，減少被風吹到的地方。他們用小船把船錨載出去，小心下錨，然後用絞盤與錨機把繩子繃緊，將奮進號固定在此刻的位置上。在此同時，船上能夠拋棄的一切全都被丟下船——包括壓艙物、大砲、一桶桶陳年的儲存物，甚至最珍貴的淡水。此時如同班克斯寫道，「船身持續劇烈搖晃，我們在後甲板區幾乎連站都站不穩了；藉著月光，我們可以看見船身四周的水面上漂浮著密密麻麻的船底護板；到了大概十二點，它的副龍骨也脫落了。」

天色突然明亮了起來，因為熱帶地區就是這樣，又是風平浪靜的朗朗晴天，就在等待漲潮的同時，他們必須把圓杆和桅杆綑在一起，做成一個個木筏，固定在船的兩側，藉此增強浮力。下一次漲潮的時間是早上十一點，但是讓庫克感到驚駭的是，海面比前一晚還低。他們用力拉扯船錨的繩索，奮進號不但無法動彈，反而還開始漏水。包括船上的幾位紳士，所有人都用那三具幫浦排水，個個汗流浹背，希望在水位較高的下一次漲潮之前，能夠盡量把水排掉。

下午五點，開始漲潮了。到了九點已經滿潮，船也開始浮了起來。它的龍骨很快就呈現水平的狀態，大家都可以感受到一股浮力。這是個緊張懸疑的時刻：在船身進水的狀況下，它有辦法安全地離開礁脈嗎？庫克深恐最後奮進號會裝滿水，像一顆巨岩似的沉入海底。

他抿嘴寫道：「我決定放手一搏。」他把所有可以調離幫浦的人手都派往絞盤與錨機，經過一番筋疲力盡的努力，船在八十分鐘後離開了礁脈。勝利的喜悅很快就被恐懼取代，因為木匠助手測完船內的水深，大聲宣稱進水量增多了。所有人都心頭一沉，然後開始狂奔。班克斯寫道：「每個人的臉上都出現恐懼死亡的神情。」

但是木匠助手搞錯了。他剛剛與前面一個人換班，而他們倆測量深度的方式不一樣，所以實際上船內水位並沒有高過前一次的測量。庫克回憶當時的情況：搞清楚那是一次「把大家嚇得半死的」假警報之後，所有人又重新開始奮力排水。該是再次揚帆的時候了，奮進號緩緩地航向岸邊：桅樓守望員再次爬上帆索，甲板上的人手一邊吆喝，一邊拉扯繩索，把桅杆與圓杆往上送。接著他們將捲起來的船帆吊上去，裝在帆桁上，到了早上十一點，奮進號緩緩航向陸地，搭乘小船的莫里諾在前方引航。

在此同時，綽號「毛特」的少尉預官強納森．孟克浩斯（船醫的弟弟）想出一個可以解決進水問題的聰明主意：此一便宜之計是所有船員都聽過、但並未看人做過的。方法是：把一大塊老舊帆布改造成超大綴線墊（thrum-mat）——這種墊子在陸地上是人們用來擦靴底的，也就是如今人們說的門墊；在海上，它的用途是拿來包住繩索，避免船員的手被刮傷，如今被稱為袋狀皺皮（baggywrinkle）。做法是：把一團又一團的繩線串在一起，擺在帆布上，用沾了糞肥的羊毛固定起來。當奮進號緩緩地往陸地航行的同時，他們把大塊帆布鋪在甲板上，帆布四周有許多人拿著錐子，屈身埋頭苦幹，忙著製作一個很奇怪的東西。

不久他們就把綴線墊做出來了。四個角落分別裝上一條長長的繩子，從船的側邊把墊子放下去，再把墊子穿過船底下方，從另一邊拉過去。理論上，因為有水流往船裡面灌的吸力，船底的破洞會把墊子吸住，擋住浸水——讓所有人都感到訝異，而且也鬆了一口氣的是，它真的發揮了功能。一小時內，他們就把船上的水都排掉了，就算不再使用幫浦，也能保持乾燥，對此班克斯寫道：「所以，原本幾乎要意志消沉的我們也立刻燃起了無限希望。」如今他們可以專心一志，設法把船開往某個有遮蔽處的海灘，將船翻過來修理。

沒有人把圖帕伊亞在這場意外中扮演的角色記錄下來。除了向神明祈禱之外，他不太可能做些什麼，而那些可怕的惡兆也會一一浮現他的腦海，包括彗星、經過煙燻的毛利人頭，還有班克斯在塔普塔普特阿聖堂的褻瀆之舉。如同班克斯所說，圖帕伊亞「如今病得非常重」。

攝取檸檬汁並無療效，船醫給他的「樹皮」與「酸劑」也都沒用——「樹皮」就是金雞納樹的樹皮，是一種製作奎寧的藥材（奎寧是用來治療瘧疾的），而「酸劑」

則為稀釋過的硫酸，味道比較好，因為嘗起來像檸檬。圖帕伊亞的雙腿腫脹，腿上像瘀青的斑點有擴散之勢，而且變黑了。因為人體要有維他命C才能製造膠原蛋白，傷口組織要靠膠原蛋白凝固，所以他的舊傷口一定開始迸裂了。他除了齒牙動搖，腫起來的牙齦也開始流血。很快他就要因為腦出血而死亡。難怪班克斯會寫道：「主艙裡的每個人都渴望上岸，對於一再延誤已經感到不耐。」

原本很弱的風勢開始轉強，所以庫克被迫讓船在莫里諾發現的河口下錨停泊。帆布仍能擋住進水的地方，所以除了等待之外，他們沒什麼能做的，而且因為被珊瑚礁困住了，還必須祈禱此刻不要出現暴風雨。此次延誤很可能要了圖帕伊亞的命。然而，他還是勉力起床，可能是從甲板上或者船艙的側窗丟下釣魚線。後來，撒網捕魚的效果通常都不太好，但圖帕伊亞的魚貨卻令人驚訝，捕到的魚足以讓他自己食用。六月十七日的早上六點，風勢終於轉弱，奮進號駛進了幸運的港灣。等到船停下來後，圖帕伊亞又捕到了更多的魚，也把魚都吃掉了。所以他救了自己一命。

隔天晚上，班克斯驚訝地表示，他的症狀正快速消退：「自從我們來到這裡之後，圖帕伊亞就忙著釣魚，完全只吃他自己釣到的東西，令人訝異的是，他居然康復了，」班克斯寫道，不過，「葛林先生就可憐了。」在船醫用酸劑、樹皮與消毒檸檬汁的治療之下，病情還是很嚴重。圖帕伊亞一定是生吃他的魚，連魚頭與內臟也吃了，因為魚肚與魚鰓裡的海藻能提供他亟需的維他命C，而且生魚肉和器官也能提供他在飲食中所欠缺的菸鹼酸、核黃酸與硫胺酸[2]，而欠缺這些東西就是他罹患壞血病的原因之一。

好事還不只如此。當木工班正在修理船殼時，高爾帶領一隊人馬去蒐集糧食，回來時帶著「棕櫚菜心」（菜棕的菜心）、野生芭蕉與某種沼澤芋頭的葉子，還回報他們看到一種神祕的動物，身型大小跟灰狗一樣，但卻會像野兔一樣跳躍。圖帕伊亞住進了他們在岸上搭的一個小帳篷內，他蒐集了一些芋頭，挖洞製作土窯。他在土窯底部點火，將石頭加熱，然後將芋頭包在葉子裡，緩緩燜烤。當他拿著烤芋頭四處請人吃時，歐洲人都沒有興趣，因為芋頭很小，而且他們比較偏愛煮過的葉子，但圖帕伊亞吃得津津有味，連葉子也吃掉了。

隨著他的健康恢復，他又開始了四處閒逛的習慣。七月五日那天，他陪著班克斯與索蘭德前往海灣的另一頭，發現一些被沖上岸的椰子遭到某種「神祕力量」打開，結果他跟其他人說，那是椰子蟹的傑作，接著就「暫時離開」。他說他希望能夠找到當地居民，但是回來時表示，儘管他看到兩個人「正在挖掘某種植物的根」，卻一看到他就跑掉了。

那些緊張兮兮的人隸屬於古古－伊米迪爾族（Guugu-Yimidhirr），這一部分族人因為住在海岸地區，又被稱為「都倫－迪爾人」（dhulun-dhirr，意思就是「大海的」），他們皮膚黝黑，身形又矮又瘦，裸露的身體塗上了白、紅兩色顏料。他們始終避不見人。

隔天，圖帕伊亞陪著班克斯與約翰・高爾搭乘小船，溯河而上，就在班克斯進行植物學研究、高爾負責打獵的同時（他特別希望能打到一隻那種神祕的動物），他又四處閒晃去了，但後來他只說看到一種像狗的動物（也許是澳洲野狗），而從他的描述來研判，高爾認為那是一隻狼。

他們三人露天而睡，因為蚊子騷擾而睡不好，但是隔天早上有了收穫：他們看見四隻那種神祕動物，而且令人訝異的是，牠們的後腿有驚人的跳躍能力，前腿高舉在胸前，居然能夠逃離班克斯的獵犬。到了下午，他們看到有煙，三人走向一個原住民的營地，如同班克斯寫道，「我們人少，希望他們能因此不要感到害怕。」然而，他們抵達時，那些古古—伊米迪爾人又不見了，只留下足跡與火堆，還有匆匆留下的殘羹剩飯，足以證明曾有人在那裡。

令人感到挫折的是，等到一行三人回到船上時，他們聽說原住民曾待在附近：有兩人待在河的對岸觀看修理船隻的情形。此外，好消息是其中一艘小船看見很多隻海龜，帶回了其中三隻大的。奮進號的船員終於有像樣的東西可以吃了，補足越來越少的糧食。庫克用滿意的語氣寫道：「今天是船上所有人第一次用海龜大快朵頤。」圖帕伊亞當然也跟著一起吃，但是當他看著水手們大口大口地把富含膠質的龜肉吃下時，一定把自己的情緒掩藏了起來。在波里尼西亞，被稱為「te mau honu」的海龜是非常神聖的，只有貴族與像他那種地位崇高的祭司才能吃。

古古—伊米迪爾人也在看他們。七月十日早上，四個原住民出現在對岸，肩上扛著一艘有舷外撐架的獨木舟，接著把獨木舟放入河裡。其中兩人勇敢地把獨木舟划到可以呼喊的距離，然後停下來喊叫，班克斯寫道：「他們對我們說了很多話，講話很大聲。」在友善喊叫聲的鼓舞下，他們把船划近一點，每隔一段時間就舉起長矛，好像在示警。船員靠在欄杆後面，丟布料、紙，還有珠子給他們，總之就是紐西蘭原住民喜歡的一切。不過，古古—伊米迪爾人跟毛利人不同，不覺得那些有什麼了不起。這時，有船員於無意間把一條小魚丟進他們的獨木舟裡，「讓他們樂壞了。」他們把另外兩個原住民也找來，四人一起前往歐洲人的營地，每個人都拿著兩支長矛，還有一個投矛器。

該是圖帕伊亞表現的時候了。他把毛瑟槍擺一旁，走向他們。原住民做出準備戰鬥的姿勢，舉起長矛，但他不理會他們的威脅。他對他們比比手勢，示意他們放下武器，他靠過去，蹲在地上。他們立刻知道他只是想要試著交談，因此把長矛擺在一旁，在他面前蹲成一排。詹姆斯．庫克大開眼界，自此把這一招學了起來，往後總是不帶武器，坐下來與原住民聊天，即便受到威脅也一樣——直到有一天他忘了這麼做，一個小錯就要了他的命。

歐洲人拿著小禮物聚在旁邊，但原住民比較感興趣的，是跟圖帕伊亞聊天。他們跟他講話，但是不會彼此岔開話題，理由是，即便他完全或幾乎不懂他們的話，不邀他加入對談仍是失禮之事。基於同樣的禮貌，當原住民看出歐洲人試著要溝通，也邀他們加入對談，而且當班克斯與帕金森開始要把古古—伊米迪爾語寫下來時，原住民也在一旁幫忙。當帕金森把手指向頭部的時候，其中一人說「Wageegee」，而當他拉拉頭髮，對方則是說「Tulkoore」；按照此一方式，在圖帕伊亞的幫助之下，令人印象深刻的是，繪圖員帕金森在接下來短短幾天內，就列出了一個一百二十一字的清單。其中許多名詞都是人體的各個部位，不過也有動植物的名稱——那種會跳躍的神祕四足動物叫作「Kangooroo」，圖帕伊亞的寵物鳥則是叫作「Perpore」。

庫克寫道：他們的「聲音輕柔美妙，我們說的許多詞彙他們都能輕易複述」。感到驚訝時，他們會吹口哨。氣氛變得非常輕鬆，只有某人穿越原住民與他們的武器之間，他們才起了騷動。船員們藉由手勢勸原住民與他們一起吃午餐，但對方婉拒了，接著就爬進自己的獨木舟，回到來時處。

隔天，其中兩人帶著兩個朋友回來了，還介紹他們的名字，其中一人叫作「亞帕瑞可」（Yaparico）。前一天船員們不小心給了他們一條魚，於是今天帶了一條來回報。他們還是很有禮貌，容忍歐洲人仔細檢視他們的身體，班克斯甚至在手指上吐口水，用濕濕的手指在其中一人身體的塵土與顏料上面畫出一條線，藉此確認他真正的膚色。他們初次發現原住民的兩個鼻孔之間穿了一個洞，用來掛裝飾品，其中一人的臉上插了一根橫著的骨頭，船員們覺得很有趣，因為那看來就像斜杠帆的帆桁。他們全身赤裸，對此也似乎不覺尷尬，不過有人注意到，當他們站著不動時，會用一隻手擋住生殖器，可能是因為意識到外國人的好奇目光。等到水手們開始因為專業的興趣而仔細檢視他們的獨木舟時，他們終於失去耐性，把獨木舟推開，而且如同班克斯所記錄的，離開時不發一語。

隔天一早，那四個原住民又出現了，這次他們直接前往圖帕伊亞的帳篷，他的歡迎讓他們感到很高興，其中一人甚至因此搭獨木舟去找來另外兩個朋友，回來後跟前一天一樣，以有禮貌的方式介紹他們倆，接著便坐下來與他談話，談了幾乎一整個早上。儘管班克斯與庫克仍然覺得圖帕伊亞完全聽不懂他們的話，但雙方顯然進行了對話。即便圖帕伊亞真的聽不懂（但是不太可能如此），他們還是溝通了很多東西。古古─伊米迪爾人是手語專家，他們很習慣與澳洲內陸的「waguurr-ga」（「外地人」）互動，也會用類似鳥叫的聲音來表達情緒（例如「啾，嘟嘟嘟嘟」的叫聲），中間再加上一點口哨聲。

歐洲人持續打擾他們，原意是想表達善意，但卻還是冒犯了對方。班克斯送給古古─伊米迪爾人一些魚，他說：「他們漠然地收下，對我們做做手勢，要我們幫忙煮

《丹尼爾．索蘭德博士肖像》（*Portrait of Dr. Daniel Solander*）。金屬版畫，作者與年份不詳。



**丹尼爾．索蘭德的身材矮胖，外表不修邊幅，酷愛漂亮的背心，他是在一七三三年誕生於瑞典的皮特奧市（Piteä）。父親是牧師的他出身學術世家，在家時就接受父親的良好教育，後來在一七五〇年七月進入烏普薩拉大學（University of Uppsala）就讀。他開始研讀各國語言、人文課程以及法律，但是當時在該校擔任植物學教授的大師林奈（Carl von Linné）注意到他。林奈不只勸他父親允許他轉讀植物學，還讓年輕的索蘭德擔任自己的《植物學入門》（*Elementa Botanica*）之編輯。**

**索蘭德一生的轉捩點是由林奈推薦他前往英格蘭，還幫他寫了許多給顯赫博物學家的介紹信。原來年輕的索蘭德應該回到瑞典去發表他的博士論文，但他實在是太適合倫敦的社交圈，因此並未回去，未曾真正獲得學位——不過奮進號的船員仍稱他為博士。而他也幫許多自然史收藏品進行分類工作，並且推廣林奈的分類方法，以其博學而風趣的表現讓倫敦各界喜歡上他，也成為約瑟夫．班克斯的畢生摯友。**

《貧乏灣北邊入口的景象》（*A View of the North Side of the Entrance into Poverty Bay*）。R.B. 高德佛瑞（R. B. Godfrey）依據悉尼・帕金森的土地剖面圖而繪製出來的金屬版畫。©Alexander Turnbull Library, PUBL-0037-14

B-19

View of the North Side of the Entrance into Poverty Bay, & More

S. Parkinson del.

View of another Side of the Entrance

《身穿華服與盔甲的紐西蘭戰士》（*New Zealand Warrior in his proper dress and armour*）。作者不詳，依據悉尼・帕金森的圖畫而繪製出來的金屬版畫。
©National Library of Australia, nla.pic-an9196443

《北島西海岸的景觀，背景裡的是塔拉納基山》（*View of the western coast of the North Island, with Mt Taranaki in the background*）。金屬版畫，作者為彼得．馬澤爾（Peter Mazell），他所臨摹的是悉尼．帕金森在一七八四年畫的一幅海岸剖面圖。©Alexander Turnbull Library, PUBL-0037-22

**悉尼．帕金森在一七七〇年一月寫道：「十一號晚上，我們發現了一座尖尖的山峰。」這讓他們聯想到加那利群島（Canary Islands）的特內里費島（Tenerife）上面那座叫作泰德山（Mount Teide）的高山（全世界高度排名第三的火山），但是詹姆斯．庫克並未將它命名為泰德山，而是藉此機會紀念他的恩人之一，約翰．佩瑟渥（John Perceval，一七六三到一七六六年之間的英國海軍部部長）──因為他是艾格蒙伯爵（Earl of Egmont），所以庫克便將那山峰命名為艾格蒙山。帕金森接著寫道：隔天，「我們更為接近那座山峰，但是因為雲霧繚繞，無法看見峰頂。陸地在山峰兩側變得越來越平緩，一邊最後入海，另一邊則往北岸延伸，一般而言北岸的地勢低而平穩，但是樹林遍布，山峰的兩側也是。」**

《以山牆海岬為背景的毛利戰船圖》（*Maori war canoe, with a view of Gable End Foreland*）。J.J. 巴拉雷（J. J. Barralet）根據悉尼・帕金森的素描圖而創作出來的金屬版畫，年份一七七三年。©National Library of Australia, nla.pic-an9184931

**一七六九年十月二十日，庫克在他的航海日誌上面寫道，他們經過一片被他命名為山牆海岬的「壯觀海岬」，「因為從那裡看來，那一片白色懸崖很像房屋的山牆。」過了十一天，在烏阿瓦（Uawa）歷經那一段快樂的插曲後，他們再度經過山牆海岬。帕金森把那十一艘出海攔截奮進號的獨木舟畫下來。「其中一艘特別大，有五六十人坐在上面，」他寫道，「其中一些人跳戰舞給我們看，其中一人，我們猜他是祭司，講了很多話。」**

B-23

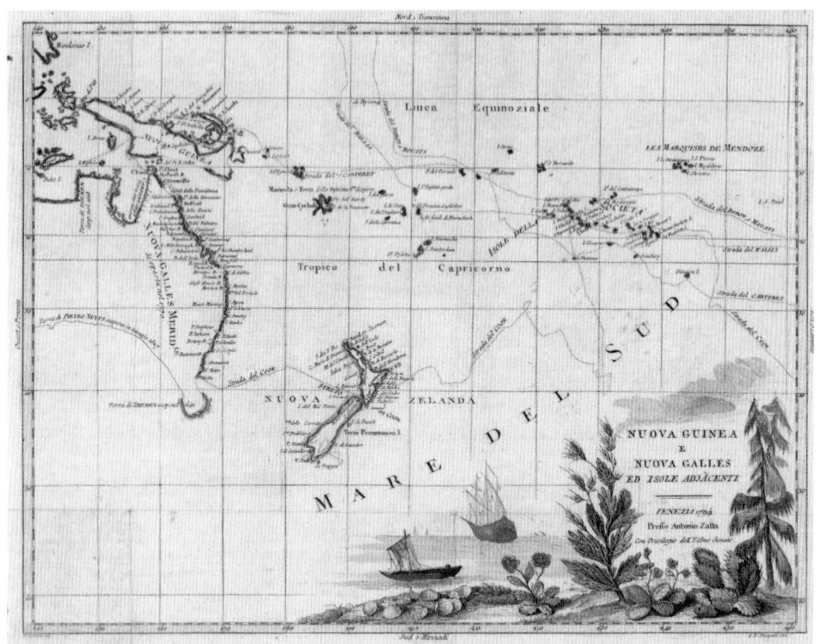


《南太平洋航海圖》（*Map of the South Pacific*）。安東尼奧．札塔（Antonio Zatta）繪製的金屬版畫，引自他的《最新地圖集》（*Atlante novissimo*，一七九九年於威尼斯出版），第四卷。



**安東尼奧．札塔是十八世紀末最有名的製圖家，其作品以精確聞名。他改革了地圖周邊的裝飾圖案，將傳統地圖使用的神話人物替換成比較真實的事物。他用這一張迷人的地圖來紀念庫克環遊紐西蘭以及將澳洲東海岸地圖畫出來的創舉，同時也藉此來向其他航海家致敬，此一地圖一直都很受歡迎，過去兩百年來被人複製了數以千次。**

B-25

《兩個正要與人打鬥的澳洲原住民》（*Two Aborigines advancing to combat*）。根據帕金森的畫作而創作出來的金屬版畫，作者不詳。© National Library of Australia, nla.pic-an9196443

**「我們一接近岸邊，兩個手持不同武器的男人就朝我們走過來，」帕金森於一七七〇年四月二十八日寫道，「從臉上表情可以看出他們的不悅；他們威脅我們，覺得我們有敵意，常常對我們大喊，『Warra warra wai』。我們對他們做手勢，展現善意，丟了一些小東西給他們；但他們不予理會，想要嚇到我們不敢上岸。我們用裝填小顆子彈的槍示警，想要嚇唬他們，但也沒有用。」八年後，等到第一艦隊（First Fleet）的英國人抵達後才發現，「Warra warra wai」的意思是「走開」。**

《奮進河與待修的奮進號》（*The Endeavour River, with the ship hauled out for repairs*）。依據帕金森的作品而創作的金屬版畫，作者伊格納斯．賽巴斯千．克勞伯（Ignaz Sebastian Klauber），年份一七九五年。© National Library of Australia, nla. pic-an9193430

**悉尼．帕金森寫道：「抵達海灣不久後，我們把船靠在一片陡峭的河岸上，在岸上紮營，把所有貨物與補給品卸下，擺進帳篷裡，在那裡安置病人。」把船殼翻起來後，木匠們發現船底破了一個大洞——一大塊珊瑚礁刺穿船底後就一直緊緊地卡在那裡。他們就是這樣才沒有沉船，如同帕金森所說，「它危及我們，但也是我們獲救的主因。」**

B-27

《樹皮獨木舟上的澳洲原住民》（*Australian Aborigines in bark canoes*）。鉛筆與水彩畫。作者圖帕伊亞。年份一七七〇年。

《圖帕伊亞的虹彩吸蜜鸚鵡》（*Tupaia's lorikeet*）。引自彼得·布朗（Peter Brown）的《最新動物學插圖》（*New Illustrations of Zoology...*，一七七六年於倫敦出版）一書，插圖編號第七號。



儘管不是沒有水手把鳥當寵物來養的例子，但是一般而言，他們都是把鳥燉來吃掉，藉此讓船上菜色有一點變化。在植物學灣停留時，帕金森記載道：「他們看見很多顏色豔麗的鳥類，其中有兩種長尾小鸚鵡，還有一種叫作虹彩吸蜜鸚鵡；我們獵殺了幾隻，製成鳥肉派，非常美味。」所以，當圖帕伊亞把一隻他打傷的吸蜜鸚鵡當成寵物來養時，他不只打破了傳統，也讓那隻鸚鵡免於鼎鑊之災。

彼得·布朗是一位丹麥裔的自然史畫家，他的作品曾在皇家學院（Royal Academy）展示過，而且他也是威爾斯王子麾下的一位植物學繪圖員。他最有名的作品是《最新動物學插圖》，其中有一幅插畫畫的是一隻「頭部與腹部羽毛都是藍色的鸚鵡」，牠是被約瑟夫·班克斯從新南威爾斯的植物學灣帶往英格蘭的。根據圖說的記載，那一幅畫是在「一七七四年十一月三日」繪製的——這證明了當時圖帕伊亞的鸚鵡還活著。

抵達英格蘭後，班克斯把鸚鵡送給了富有的收藏家馬爾馬杜克·湯斯鐸（Marmaduke Tunstall），湯斯鐸住在倫敦市中心，家裡設有一間博物館與小型動物園。他向湯斯鐸表示，鸚鵡原先的主人是「不幸的大溪地人圖帕伊亞」。根據他的回憶錄記載，湯斯鐸的博物館裡面「收藏著庫克船長從大溪地帶回來的大批奇珍異品」。湯斯鐸的收藏品目前是由大北方漢考克博物館（Great North Museum: Hancock）持有，但我們無從得知圖帕伊亞的鸚鵡是否也包含於其中（譯註：指不知道那隻鸚鵡是否被製成標本，收藏在博物館裡）。

B-29

《在新荷蘭海岸發現的一種被稱為「kanguroo」的動物》（*An animal found on the coast of New Holland called Kanguroo*）。根據喬治．斯塔布斯（George Stubbs）的畫作而製作的澳洲袋鼠金屬版畫。引自約翰．浩克斯沃斯的《航程記述》（一七七三年於倫敦出版）第三卷，第二十幅插畫。© National Library of Australia, nla.pic-an7946248

**在描述澳洲海岸地區時，庫克船長宣稱：「陸地動物很少。」而「數量最多的」就是當地人「所謂的『kangooroo』或『kanguru』；我們在奮進河附近看到很多，但只獵殺了三隻，發現很好吃。」顯然，沒有人想到要帶一隻活袋鼠回英格蘭——甚或帶一兩隻在路上吃，但約瑟夫．班克斯帶了兩張袋鼠皮回國。其中一張可能是在裡面裝了橡膠襯墊，讓它鼓起來，看來栩栩如生，而且班克斯委託喬治．斯塔布斯將它畫下來，並且加上想像的背景。斯塔布斯的畫作被仿製成金屬版畫，收錄於浩克斯沃斯的暢銷作品《航程記述》，袋鼠也因而造成轟動。這種有袋類動物讓科學家們甚感困惑，不知將其歸為哪一類，隨後歷經長期的激烈辯論。民眾的反應就輕佻多了：有人發明了一種叫作「袋鼠跳」（kangaroo hop）的舞步，風靡全歐洲。就連偉大的薩謬爾．約翰遜（Dr. Samuel Johnson）博士都非常著迷，把大衣的下襬收攏起來，模仿袋鼠的肚子，跳來跳去，取悅他的朋友們。**

人員名冊是關於船艦員額與其餘相關細節的定期評估報告。如果有人被除名，他的名字上面就會被註記一個「D」，還有日期。如果是因為死亡而除名，那就會註記「DD」，並且加上日期與地點。名冊中有固定的頁數記載著軍官與水手，最前面寫著「全體船員」，另外幾頁寫的是陸戰隊隊員，註明「陸戰隊員」，最後一頁寫的則是「獲得食物配給者總額」，列於此處的人可獲得食物配給，但沒有薪水。幾位科學家與班克斯的數個僕人被列在這裡，偶爾加上一些在港口招聘的臨時人手。

這兩頁所記載的就是一七七〇年十二月到一七七一年一月這兩個月之間，奮進號上的「獲得食物配給者總額」，其內容特別具有故事性。他們在巴達維亞招聘了十六個人，其中包括約翰．馬拉，十四個人幫忙修船，再加上一個神祕人物「亞歷山大」獲聘為班克斯的隨從，再加上一位「托斯．瓊斯」（Thos Jones），登船擔任葛林的僕人。裡面有七個人是「搭船到那裡的」——自從他們的船，也就是隸屬於英國海軍的法爾茅斯號（HMS Falmouth）在一七六五年一月擱淺在巴達維亞的海灘上之後，他們就一直被困在那裡。庫克把他們幾人都註記為「除名」，但是根據索蘭德所說，這並不正確：他向友人布拉格登（Blagden）表示，他們放火把法爾茅斯號的殘骸燒掉（先前他們一直被迫住在裡面），荷蘭人才准許他們搭船返回英格蘭。

B-31

奮進號人員名冊中記載了圖帕伊亞已死的地方。資料來源：位於英格蘭倫敦市基尤地區（Kew）的國家檔案廳（Public Record Office）。

《約瑟夫．班克斯與他的南海紀念品》（*Joseph Banks with South Seas souvenirs*）。根據班傑明．魏斯特（Benjamin West）的肖像畫仿製而成的金屬版畫，作者 J.R. 史密斯（J. R. Smith），作品年份為一七八八年。©Alexander Turnbull Library, C-017-016

約瑟夫．班克斯回到倫敦後，幾個月內由偉大的美洲殖民地畫家班傑明．魏斯特幫他畫了這一幅知名肖像畫，畫中班克斯自豪地穿著一件精美的亞麻材質毛利斗篷，斗篷尾端的裝飾除了有狗毛流蘇之外，還有被稱為「taniko」的毛利織紋。他的右手邊擺著一根毛利人的船槳，一根綁著狗毛流蘇與羽毛的短矛，還有上面插著羽毛，只有高等祭司與貴族才能戴的大溪地頭盔。他左邊的地板上有一把大溪地短斧，以及一根用來製作桑樹布料的工具。顯然他對於能夠炫耀這些紀念品感到很自豪，而且他帶了一大批「奇異手工藝品」回到英格蘭，這些只是其中一小部分。問題是，這些在文化上如此重要、具有特殊意義的物品到底是班克斯透過交易直接取得，還是原來屬於圖帕伊亞，波里尼西亞各島貴族因為認可他在當地社會兼具貴族與高等祭司的地位，才會送給他的？

魚，煮好後他們吃了一部分，其餘都給了我的母狗。」在此一新奇景象的吸引下，對岸的海灘上又出現兩男一女。那個女人跟同伴一樣全裸。歐洲人透過望遠鏡緊盯著她，圖帕伊亞的賓客站了起來，就此離開。因為獨木舟太小，他們六個人分兩批渡河，但是已經表達出不悅之意。

接下來的五天，古古—伊米迪爾人幾乎完全不理會奮進號的船員，看得出來他們仍然很不悅。有兩個人因為要捕魚而經過，但也就只是這樣而已。約翰・高爾打獵後帶著一隻獵物得意而歸，是那種會跳躍的動物。庫克與科學家們好好檢視了一番，帕金森也把牠畫了下來，然後他們把肉煮來吃，表示味道極佳。之後，他們用當地人的說法來幫牠命名，稱牠為「kangaroo」（袋鼠），這是古古—伊米迪爾語被納入英語的首例。然而，原住民幾乎都沒有再現身了。

到了七月十六日，奮進號已經準備好啟航離開，所以圖帕伊亞趁著最後機會去找他的新朋友。可以理解的是，只有他一個人渡河而去。當他返回時，幾乎沒有提及自己說了與做了什麼，只說他看到三個男人。他所碰到的事遠比他自己說的還多，因為他帶著煮好的番薯回來（班克斯說，「那長長的根與人的手指一樣粗，非常好吃」）——按照當地的標準看來，原住民應該是好好地招待了他一番。

稍微推理一下，我們可以猜到更多發生的事。幾天後，一位船員在蒐集芋頭葉子時，偶遇一群古古－伊米迪爾人；他非常害怕，但仍模仿圖帕伊亞跟他們一起坐下來。他們只想要脫掉他的衣服，查看他的身體，他也任由他們做了，他把衣服穿上後，他們就放他走了，而且還怕他迷路，好心地指引方向。因此，看來圖帕伊亞很可能曾把他馬褲裡面的纏腰布脫下來，展示刺青給招待他的人看，對方則是因為讚嘆與驚訝而不斷學鳥叫，吹口哨。

他當然也與他們坐下來深談。這些可愛的原住民顯然讓他感到很著迷，因此那段時間他肯定學了更多東西。此時，圖帕伊亞當然也知道這些「可憐人」過得一點也不糟，而是已經完全適應了這個看來很惡劣的生活環境，維持現狀就是他們的首要生活目標。就像圖帕伊亞的同胞一樣，他們也有虔誠信仰，靈性主宰著他們的日常生活——古古－伊米迪爾人也許感覺到他是一位祭司，這是他們對他另眼相看的理由之一。他們認為神靈一般的祖先是神祕的存在物，在「夢幻時光」（Dreamtime）[3]中遊蕩於他們的土地上，他們繼承了有關於那些神靈的豐富傳奇故事。述說傳奇故事的方式除了講話，還包括模仿、大笑與跳舞——儘管圖帕伊亞的語言天分很強，他不可能跟過去在烏阿瓦的時候那樣與人爭辯創世神話，但他所吸收與了解的神話傳說可能極多。

番薯與女性密切相關，所以圖帕伊亞帶回去的番薯應該是某些女性給的。番薯象徵著他取得了原住民的信任，還有對於其地位與能力的尊重。看到那些番薯後，庫克、班克斯與索蘭德也想通了那是怎麼一回事，於是當天下午也渡河去試試運氣。途中他們遇見四個搭乘獨木舟的古古－伊米迪爾人，送一些珠子給對方之後，班克斯坦承：「我們企圖跟著他們，希望他們能帶我們去找他們的同胞，在那裡我們可能有機會看到女人。」

然而，他們遭到峻拒，班克斯說，「透過手勢，他們讓我們知道，不希望我們跟著他們。」

然而，圖帕伊亞的造訪讓原住民感到安心，所以隔天他們又造訪歐洲人的營地。事實上，如同班克斯所寫的，「他們似乎已經揮別對我們的恐懼感。」其中一人展現出驚人的投矛技巧，然後他與朋友們登上奮進號去參觀一番。消息傳開了：庫克、班克斯與索蘭德在森林裡散步時，遇見五個不認識的古古－伊米迪爾人，他們完全沒有被嚇到的樣子。其中兩人戴著有趣的項鍊，但斷然拒絕賣給他們。儘管古古－伊米迪爾人的確有以物易物的概念（例如，他們的獨木舟是北邊的造船專家丘根基人〔Tjungundji〕打造的，由他們透過交易儀式取得），在他們的文化中，歐洲人給的東西毫無價值。

當庫克與其他人回到船上後，發現船上還有其他原住民，他們正看著高爾與手下抓到的十二隻死海龜，並且一起討論。軍官跟庫克報告，那些古古—伊米迪爾人的舉止奇怪，船上讓他們最感興趣的就是死海龜。原住民沒有吵鬧，靜靜離開了，不過當他們看到圖帕伊亞的鸚鵡被關在籠子裡，曾試著把牠放出來，但被阻止了。如果曾有什麼問題，應該也早就沒有了——至少大家是這麼想的。

到了早上，有十個獵人來了，他們全副武裝，手拿長矛與投矛器。他們上船時把武器留在獨木舟上，但很快就清楚表達來意：他們認為有兩隻海龜應該是他們的，要來帶走。海龜是一種季節性的食物，他們期待已久，如今部族的權利遭到那些外國人的侵犯，他們認為外國人沒資格像那樣對待海龜，認為牠們是自己的財產。古古—伊米迪爾人願意講理，與人分享珍貴的資源，但他們希望能拿走應得的部分。

然而，當他們開始要把兩隻海龜死屍拖到舷梯時，卻被船員制止，此舉讓他們很激動。班克斯出來調停，古古—伊米迪爾人的領袖跺一跺腳，把他推開，「『Aita』，他們全都大叫『aita!』」，那是大溪地語的「不要」，因此可能是圖帕伊亞教他們的。班克斯被嚇到了，趕緊跑到海灘上。他一走，他們又想要帶走兩隻海龜死屍，再次遭到阻止。他們因為受挫而感到憤怒，在甲板上跑來跑去，把設備丟下船。庫克試圖用麵包安撫他們，但卻讓他們更生氣了。如果那些外國的入侵者快餓死了，情況可能會大不相同，但顯然他們不餓，因為他們有剩餘的食物——也就是麵包，只是原住民不喜歡。

他們憤怒地衝上岸，帶頭的那個男人在奔跑時抓起一把乾掉的草。火堆上有一個鍋子在煮瀝青，他衝過去，把草點燃，繞著整個營地奔跑，跑進高度跟肩膀一樣的草叢裡，火花邊跑邊掉。大火轟一聲引燃。因為四周乾燥易燃，極短的時間內就整個燒了起來，令人驚恐。

所幸，大部分的設備都已經搬上船，但是危及了一隻母豬和牠的小豬，還有圖帕伊亞的帳篷。水手一邊打火一邊往裡面走，只有一隻小豬沒有救到，但是縱火者此刻又衝往河邊，那裡是洗東西的地方，奮進號的網子與許多亞麻布都在那裡晾乾。庫克用毛瑟槍開了一槍，不是要示警，而是對準著那個原住民首領。槍裡面裝著小顆子彈，打傷了那個人。他的血灑在地面的亞麻布上。那個人感到困惑而害怕，匆匆退入樹林裡，水手們才把火撲滅。

庫克、班克斯與「三、四個人」（其中當然包括圖帕伊亞）拿起獵人們留下的長矛，跟著他們進入野地。看見原住民後，庫克與手下模仿圖帕伊亞，把長矛擺在一旁，靜靜坐下。古古–伊米迪爾人停下腳步，也坐了下來，但是相距甚遠。大家都在等待著。

隔了好久後，一個矮小的老人站起來，猶豫地走過去。庫克說，他與圖帕伊亞展開「令人不解的對談」，接著那老人對朋友們招招手。庫克說，獵人們把武器靠在一棵樹上，「以非常友善的姿態走向我們」，一旦把長矛還給他們後，所有敵意也立刻消失了。古古—伊米迪爾人看來還是跟往常一樣友善，但是他們再也不曾上船了。

班克斯在七月二十三日寫道：

今天在進行植物學研究時……我們偶然發現我們送給那些印地安人的大部分衣服都被丟在某處，堆在一起，無疑的被當成不值得帶走的廢物。如果我們繼續往裡面走，也許會發現我們給的其他小東西，因為，除了海龜之外，他們似乎認為我們的所有東西都沒有價值，但在所有的東西裡面，我們最不願給的就是那些海龜了。

朝向陸地的強風吹了一整個禮拜，令人挫折，但是在一七七〇年八月四日，奮進號終於通過了庫克按照其船艦命名的奮進河。這並不容易，因為他們得先用拖船索把船拖過沙洲，但是，接下來的旅程漫長而危險，船上補給品又越來越少了，他才會急於出海。

跟先前一樣，船的前方還是有莫里諾指揮的兩條小船帶頭，一邊前進，一邊測深。那實在是一份令人神經緊張的差事，因為莫里諾必須調查好幾條可能航線的深度，每一條看來都很難走，充滿危險。庫克屢屢下船，親自搭上小船，每天退潮之際，他會爬上桅頂去判斷前方是否有潛藏的淺灘。看來，圖帕伊亞的確也花了很多時間待在帆索高處，因為對於奮進號來講，他的銳利目光與避開熱帶地區淺灘的領航經驗都是重要資產。

到了八月十一日，他們看見了三座地勢很高的小島，其中一座因為有非常多大蜥蜴，因而被命名為蜥蜴島（Lizard Island），短短的幾小時內大家都感到興高采烈，因為他們以為已經走出了迷宮般的大堡礁。但是讓庫克感到丟臉的是，他與班克斯搭乘小艇到那小島上，爬上最高處，居然發現一片一望無際的「礁岩」。接著他們終於看見一線曙光：一道道巨浪高高地打下去，礁岩露出了蹤影，那些浪一定是從大海來的。他們終於等到了救贖之道。

兩天後，他們發現一條前往大海的航線，在過了那麼久之後，終於來到了水比較深的海域。所有人都鬆了一大口氣——如同庫克寫道，他們被礁岩困住的第一天，「是五月二十六日，在這段時間的三百六十里格航程中，只要船隻正在航行，總是會有一個人在鐵鍊上，拿著測深索待命。」如今他們終於安全了。儘管被班克斯稱為「瘋船」（crazy ship）的奮進號，每個小時仍然會滲進九英寸的水，害得他們必須不斷使用幫浦，但是與先前的遭遇相較，這已經微不足道了。

但他們只是暫時解脫而已。他們沮喪地發現，離開大堡礁後，情況比在大堡礁裡面緩緩航行還要糟糕許多，因為持續往岸上吹的強風常常害他們差點撞上岩石。因為勉力於風中航行，船底板掀了開來，導致奮進號進水的速度更快了。然而，如果沒有強風的話，舵手們也沒有辦法把船帆拉緊，持續駛離大堡礁。到了十六日，風突然停歇。這下他們慘了。船帆動也不動，毫無用處，潮水不斷的把船往海岸的方向帶過去。

他們派三艘小船下水，划船的人竭盡全力，想要讓奮進號掉頭。老舊的小艇會進水，目前正架在甲板上待修，木匠與助手們手忙腳亂地把它修好後，又有一組船員下水，四艘小船全用來拖動奮進號。即便如此，還是未能奏效，所以木匠以船板為材料，做了幾支長槳，從背風面的包廂窗戶往外伸出去。他們派人從船裡面使勁划槳，一樣徒勞無功。再過不久，漲潮時的大浪就會把船往海岸推過去，因為海實在是太深了，他們無法下錨，把船固定住。

在最後一刻，終於有一陣微風掠過水面。上桅主帆的帆索迎風飄動，船身終於開始聽憑船舵的使喚了。當奮進號逐漸動起來時，桅頂高處有人大聲呼喊（是圖帕伊亞嗎？），表示看到大堡礁的缺口。庫克用傳話筒大喊下令，希克斯把小船的繩索解開，划過去察看一番。回來後，他說儘管那缺口很狹窄，但卻沒有大塊礁岩，裡面有很好的下錨地點。微風持續吹著，在兩艘小船的拖動下，掌舵的人把船頭指向那條航道。漲潮的潮水把他們帶過去，兩小時內，他們已經停泊在那安全下錨處了。

所有人都鬆了一大口氣，皮克斯吉爾在回想時表示：「那真是最驚險的一次，要不是老天爺幫忙，我們絕對無法避開死亡的厄運。」庫克則是以冷靜的口吻表示，能夠回到淺水處實在是意想不到的一樁樂事，接著用罕見的淒苦語氣寫道，這就是他的人生寫照——儘管那海岸如此危險，但如果他沒有把海岸線畫下來，並且探查一番，「那麼他就會被當成懦夫，欠缺堅忍不拔的精神，也是這世界上最不適合被任命為探險家的人。」但如果他堅持闖進那無法想像的險境，然後賭輸了，「那麼他就是失之於魯莽，欠缺領導力。」

渡過此一難關後，他終於可以思考接下來要做什麼，結論是：他毫無選擇，只能繼續待在大堡礁裡，滿心希望能夠把船開到新荷蘭與紐幾內亞之間，抵達他深信應該存在的那個海峽。所以他們又回到先前的航線上，日復一日，奮進號緩緩往北航行，幾艘小船在前頭帶路。他們經過了一片被庫克命名為約克角的海岬，八月二十一號那天，看見眼前有許許多多小島，它們被一道道海峽分隔開來，海峽裡的潮水很急。一艘小艇被派上岸，海灘上一些原住民驚訝地凝望船員。小船一登岸，他們就逃了，所以庫克與同伴登上最近一座小丘的頂端，一隊陸戰隊隊員被留下來操演儀式。

再過去就是一片無垠大海：他們來到了新荷蘭與紐幾內亞之間的航道。奮進號已經完全通過了澳大利亞東岸，庫克發現了一條通往印度洋的新航道。這是值得慶賀的時刻。從船上觀看他們的帕金森寫道：「他們高舉國旗，開槍慶祝，下方的陸戰隊員也照著做，船上的陸戰隊員也開了三槍，左右支索旁的人員也歡呼了三聲。」庫克替英王佔據了整片海岸，「還有所有海灣、海灣裡的河流以及島嶼」，將其命名為新南威爾斯。而他登上的那個小島當然也因此被命名為佔領島（Possession Island）。

如今，班克斯與庫克又開始針對班克斯所謂「被我們稱為新南威爾斯的那部分新荷蘭」撰寫報告。他們倆還是互相抄襲，或者一起撰寫，邊寫邊討論主題。此外，他們描述此處的方式與過去描述南海諸島與紐西蘭時截然不同，特別是關於風土民情的部分。此刻，如果沒有圖帕伊亞的翻譯，顯然他們就無法把先前的遭遇寫成珍貴的民族學文獻，因為若是沒有他的詮釋，他們就只能從歐洲人的觀點去描寫對於澳洲原住民的印象與意見——也就會用高傲的語氣把那些人描寫為野人。

儘管他們抵達時亟需補充船上的水果與蔬菜，但卻「幾乎找不到適合人吃的東西」——至少庫克是這麼表示的。出身約克郡農家的他自有一番見解，他用否定的語氣寫道：「原住民完全不了解栽種之道，」但嚴格來講這種說法並不完全正確，因為後來班克斯觀察發現，儘管番薯葉不見了，奮進河的原住民似乎還是知道在哪裡可以挖到番薯。他並未深思此事，但看來番薯應該就是他們種的。

奮進號的船員發現的蔬菜與水果包括：芋頭葉、某種馬齒莧、各種野生的豆子，還有種子如小石子一般的芭蕉。從垃圾堆看來，他們還發現原住民會吃露兜樹的果子，但水手吃了卻極度不適（如同班克斯所說，「上吐下瀉」），豬隻吃了也會死掉。顯然原住民有辦法把果子裡的毒素去掉，但歐洲人顯然想不出那是什麼辦法。除了偶爾能抓到一些獵物（大都是袋鼠），看來原住民的主食是各種全都非常美味的海鮮，特別是海龜，庫克宣稱牠們是全世界最好吃的綠蠵龜。

至於那些原住民，他們的「身材中等，身軀挺直而苗條」，留著黑色短髮與鬍鬚。庫克接著表示：「他們的長相不差，聲調輕柔悅耳。」令他感到相當困惑的是，為什麼他們都赤裸著身體。他強調，就連女性也根本沒有「遮住私處」——儘管沒有任何船員曾接近原住民女性（「只有一位紳士例外」），但是透過望遠鏡就已經一覽無遺，「那滿意度就好像我們真的跟他們住在一起。」

班克斯也覺得自己有資格針對澳洲原住民發表一些直白的言論（他說「他們與野人的區別只在一線之間」），因為，如他所說：他曾「親眼或用望遠鏡看過他們許多次」。他的確認為自己能為該國的所有居民代言，理由在於，植物學灣與奮進河的原住民都很相似。他們搭建同一種樹皮小屋（小到讓人無法在屋裡把身體伸展開來），而且也使用同樣的食材與烹煮方式；兩個部族的人都會把鬍鬚與頭髮燒焦，而且又矮又瘦，不讓女人出來見人。他們全都光著身子走來走去，但他無法確定這是因為他們天生懶散，還是尚未發明衣服。

另一個沒有定論的地方，是他不知道他們「原來的膚色」，因為他們「全身都是汙泥」。這也許是因為土地一片荒蕪，又缺乏淡水，但他傾向於認為，這是因為他們常常彼此交戰。他之所以這樣推理，是因為他們使用裝有魟魚尾刺的長矛，那武器一定是「用來對付與自己同樣的人類」。他說：他們似乎沒有交易的概念，理由是，儘管「他們二話不說就接受了我們給的東西」，但船員們無法讓他們了解，他們應該拿東西出來交換。另一方面，他們絕非小偷，身上也沒有蝨子。他接著說，「我們幾乎沒看到他們使用工具。」所以他搞不清楚他們用什麼方式製作出他在奮進河看到的獨木舟——也許是貝殼。

完成此一概述後，班克斯顯然想起了自己隸屬於後人所謂的「啟蒙時代」，因為他接著寫了一段若有所思的話。「他們的生活方式就是這樣，而我幾乎想要稱他們為快樂的民族，」他寫道，「他們居然甘願過著資源如此貧乏的日子，不知道隨著財富而來的焦慮為何物，甚至也不知道我們歐洲人所謂的一般必需品。」他們不會因為財富增長而面臨各種問題，也沒有貧富不均的現象：「從他們身上可以看出人類真正的欲望是多麼的微小。」

最特別的是，庫克也聚焦於此一流行的話題，他寫道：「從我對新荷蘭原住民的描述看來，某些人也許會認為他們是全世界最可憐的人。」他若有所思地表示，事實上他們比歐洲人還快樂，因為不會受到財產的拖累——「他們心如止水，不會因為生活條件的不公平而受到干擾：他們自己的土地與海洋提供了生活所需的一切；他們不會貪求豪宅與居家用品之類的東西。」

然而，這兩段文字都只是陳腔濫調，寫給老家的讀者們看的，不管是庫克或者班克斯，可一點都不想與那些原住民易地而居。庫克的結論比較坦白，他表示，全船的人員都非常高興能夠離開這一片到處布滿珊瑚礁的海岸。

奮進號就此離開格威蓋爾人與古古—伊米迪爾人，他們還要過一陣子才會開始面臨英國人發現澳洲東海岸的後果，但他們以特有的方式來理解奮進號的到來，將其融入自己的神話中，一個個故事漸漸傳遍了整個澳洲。然而，這次成為傳奇人物的並非圖帕伊亞，而是庫克——他象徵著一股強奪資源的力量，就是他從海上帶來了騷亂。

譯註：

1 傳統的測深索上每兩噚或三噚就有一個標記。

2 編註：菸鹼酸即維他命$B_3$、核黃酸即維他命$B_2$、硫胺酸即維他命$B_1$。

3 指外在於現在、過去與未來的時空，是澳洲原住民神話的概念。

# 18 傳奇的終結

顯然，那兩份關於新荷蘭的報告與圖帕伊亞無關。如果他也有份的話，報告的語氣與內容將會截然不同。但他也不是在甲板上練習射擊。他跟船上很多人一樣，正在生病。

很難研判他們到底是生了什麼病，因為自從離開奮進河也才十七天的光景，而壞血病的潛伏期並不會那麼短。班克斯把病情歸因於思鄉之情，他說：「如今他們大多數人都陷入濃濃的鄉愁之中，嚴重到船醫甚至覺得那也算是一種疾病。」然而，船上有少數人對於潛在的壞血病危機深感恐懼，特別是曾與瓦歷斯船長出航的前海豚號船員。船上的補給品極度缺乏，配發給船員的日常伙食只剩標準量的三分之二。班克斯宣稱，這對大家反而有好處，因為餅乾與乾豆都碎了，完全看不出原來的形狀，而且裡面長滿象鼻蟲，醃肉因為儲存太久，也壞了，但是其他人不太可能同意他的看法。

一七七〇年九月三日那一天，奮進號抵達紐幾內亞的南岸，但是上岸的人並未帶回水果或蔬菜，因為他們是被原住民趕上船的。八天後（距離離開奮進河幾乎已經六週了），奮進號來到帝汶島外海，它是位於巽他群島（Sunda Islands）東部的熱帶大島。船隻隨著一股暖暖的微風緩緩沿著海岸前進，距離岸邊不到兩英里，可以清清楚楚看到茂盛的樹林。當年海豚號離開大溪地返家時，六週後便在天寧島（一個隸屬於馬里亞納群島的珊瑚礁島）下錨停泊，在岸上搭帳篷，治療有壞血病症狀的人員；他們在那裡待了一個月，直到所有人都康復了才啟航。此一及時的休養生息讓幾位海豚號船員記憶猶新，他們懇求庫克能夠在帝汶島的協和港（Concordia，今古邦港〔Kupang〕）稍事停留。先前船上已有人出現壞血病的症狀，最嚴重的案例是圖帕伊亞與天文學家查爾斯·葛林，他們非常確定，此刻船員最需要的就是休息，還有鮮肉與熱帶水果。

儘管他們「提出強烈的要求」，庫克還是斷然拒絕，他決心要繼續把船開往巴達維亞。然而，他不曾航行過南中國海，因此令人訝異的是，他居然並未聽取曾經航行過的人之建議——特別是先前他一直都謹遵瓦歷斯的船醫之囑咐。他寫下了自己的理由：協和港是荷蘭人的殖民地，而他「深知荷蘭人向來都非常嫉妒前往那些島嶼的歐洲人，而且他也覺得沒有絕對的必要，所以他不想前往一個會被冷漠對待的地方」。這實在是毫無道理，因為巴達維亞也是荷蘭人統治的呀，所以不免令人質疑他的真正動機為何。

他的神經一定非常緊繃，一方面是因為，想要安全通過一片布滿島嶼的陌生熱帶海域，實在是令人費神，而且他手上握有的航海圖又常常出錯，害他被誤導。九月十七日那天，奮進號誤打誤撞地來到了根本沒有出現在航海圖上的薩武島（Savu），而他終於讓步了，同意派一艘小船登岸。獲派指揮小船的是高爾（他也許就是最積極地爭取停靠帝汶島的軍官），他帶回的情報充滿溢美之詞，錯得離譜。

庫克同意下錨停泊，但隨即反悔。懂一點荷蘭語的索蘭德登岸交涉，但是因為荷屬東印度公司的德國籍代表極度貪腐，當地的酋長又嗜酒如命，雙方的一連串會談越來越令人感到挫折，他們必須花一點小錢打通關節，又數度飲酒作樂，許多承諾也都形同具文。此次停留也許算得上是一個有趣的插曲，問題是這次停留實在是太過要命，他們除了取得一頭健壯的小水牛、幾隻綿羊、公豬與母雞，還有許多濃縮的棕櫚酒（班克斯曾誤以為這種酒含有抗壞血酸），此外一無所獲。

奮進號於九月二十一日離開這個毫無好處的地方，於九天後看見爪哇島西南端的海岬。此時庫克船長首次承認圖帕伊亞的病況嚴重，因此派一艘小船登岸幫他採集水果，但只取得了四個椰子以及一小堆芭蕉。儘管庫克並未明講，但他也為他的天文學家葛林感到憂心。葛林的病嚴重到無法照常於中午進行天文觀察活動，所以他們根本不能像以往那樣精確地估算經度。整體而言，當時的壓力非常龐大，而且他們就要重返文明世界了，這意味著庫克必須盡快把信件與報告交給返國的船艦。

一七七〇年九月三十日星期天，庫克沒收了高階與低階軍官，還有所有水手寫的航海日誌與日記（如他所說，「至少包括所有我能找到的」），並且警告他們，不能跟任何人透露關於他們去過的地方的一切。但是，他所發現的並非全部的日誌與日記。詹姆斯·馬格拉把他寫的藏了起來，等回到倫敦後被他偷偷拿去出版；儘管作者的姓名保密，但出版商隱約向讀者保證，他是「一名紳士與學者」。另一個沒有交出來的是班克斯的僕人詹姆斯·羅伯茲。幾個月前他就已經失去了寫日記的興致，最後一筆紀錄是一七七〇年五月十四日星期天，提及的是「在新荷蘭的海岸」，但是他也不願交出去，因為那是他曾有幾年航海經驗的唯一證據，如果他想要應徵少尉預官的工作，就會需要那樣東西。

庫克盡可能沒收日誌與日記後，便專心與強烈的海流搏鬥，設法避開島嶼、礁脈、淺灘、獨木舟與其他往岸上行駛的船，朝巴達維亞港前進。想完成這段航程幾乎需要跟航越大堡礁時一樣的勇氣，但對於甲板上的船員來講，景色遠比先前壯觀——所謂船員當然不包括圖帕伊亞。經過幾乎九週沒有新鮮食物的日子之後，他越來越虛弱，壞血病更嚴重，正一天天的接近死神。

根據航海日誌的紀錄，一直要等到十月十日，奮進號才抵達那一座由城牆、庭院、列柱式建築以及運河交織而成的矩形城市巴達維亞。奮進號下錨後，有一艘小船對他們喊叫，船上一位軍官想要知道他們的身分，得到簡短而不滿意的答覆之後，幾乎立刻就離開了。「他跟他的手下看來幾乎跟鬼魂一樣，」班克斯寫道——與奮進號的船員形成強烈對比，「我們的確可以被稱為氣色紅潤，豐滿多肉，因為船上沒有任何人生病。」

這還只是個開始，接下來更是謊話連篇了。

詹姆斯．庫克正在跟他的航程報告苦苦拚搏著。十月二十四日，有一支船隊要前往倫敦，其中一位船長答應讓他託運包裹。包裹裡有他的日記副本、一封寫給皇家學會的信件、一本天文學觀察紀錄簿，還有南海、紐西蘭與新南威爾斯沿岸的各種航海圖，而現在他還在撰寫的，是要呈交給海軍部的大報告，也要跟著一起託運。但他該寫些什麼？

庫克的問題在於，據其坦誠的估算，他的成就並不多。他的那些航海圖具有劃時代意義，畫得非常棒（未來幾年內，庫克的紐西蘭海岸地圖比英國的海岸圖還要詳細可靠），但他認為這只是他身為一個繪圖家的職責。對他來講，難處在於，他是「獲聘為探險家」——而且他的確也在出航的一週前跟倫敦的報紙《每日公報》（*Gazetteer*）表示，他的目標是「在那廣大的未知陸地上發現新事物」，但到頭來他的發現卻沒有太大意義。「我並沒有偉大的發現，」後來他語帶歉意地在寫給朋友的信件裡重申。他已經煞費苦心地完成大溪地、紐西蘭與新荷蘭東岸的探查工作，但那些地方是大家都已經知道的。儘管他的嘗試遠比瓦歷斯更努力，但成就卻未超越他——事實上，如果就「發現」的職責來講，他還更遜一籌，因為瓦歷斯可以自稱為大溪地的「發現者」。此刻他悔恨不已，當初實應聽取圖帕伊亞的建言，往西穿越熱帶海域，就能「發現」圖帕伊亞所說的許多島嶼，每逢憶及此事，他應該都感到很痛苦。

此外，他的很多成就都必須歸功於別人。由庫克精確制定經緯度的地區範圍很大——但這大部分得歸功於隨船天文學家的詳細觀察與計算。他們蒐集到大量科學資訊，完成了幾百幅畫作，獲得幾千件樣本，但庫克深知，等到奮進號返國後，班克斯與索蘭德就會把那些功績與榮耀攬在自己身上。在報告中，他給予他們倆應有的認可，也讚許船上的所有船員：「若是想要給予軍官與全體船員公平的評價，」他寫道，「我不得不說，在航程中，他們以活力與警覺忍受飢餓，度過重重危險，將會永遠成為英國船員的榜樣。」

但是他在報告裡卻連一次都沒有提及圖帕伊亞之名。很可能是因為庫克並未充分意識到，他們之所以能存活下來，都是因為那位貴族兼祭司提供的保護。但是，即便他並不了解圖帕伊亞保護了無知的他們，內心深處一定也承認圖帕伊亞是個厲害無比的詮釋者、翻譯者、顧問與中間人。但他的心胸並沒有那麼寬大，因此隻字未提圖帕伊亞。

如同庫克在報告中的下一句話所暗示的，圖帕伊亞的存在反而讓他很尷尬：「讓我感到滿意的是，在整個航程中，我的手下沒有任何一人是病死的。」根據航海日誌顯示，奮進號一共失去了五位人員：瑞丁是因為喝蘭姆酒醉死的，蘇德蘭死於肺癆，另外三個人溺死。這還不包括死去的三位乘客，班克斯的兩個僕人在合恩角因為太冷而失溫凍死，布坎的死因則為癲癇發作。除此之外，庫克的中尉札克瑞·希克斯則是因為上船前就罹患結核病，差點死掉。

然而，詹姆斯·庫克並沒有把一般意外與疾病算進去。他所說的是壞血病。經過十週沒有每天攝取新鮮食物的日子後，他的手下恐怕都已經出現了症狀，圖帕伊亞與查爾斯·葛林一定也都臥病在床。但庫克決心不提此事。他對未來懷有強烈企圖心，因此打定主意，希望往後能因為在海上擊退壞血病而被稱頌。

下錨後，班克斯與索蘭德就即刻離開奮進號，住到岸上去。他們試過荷屬東印度公司資助、所有外來人都會去投宿的客棧，但覺得非常不滿意，因此班克斯把隔壁的房子租了下來。搬進去後，他就雇了兩台馬車，為的是載書與圖帕伊亞，「當時他仍因為膽的疾病而一直待在船上，也持續拒絕服藥。」

這所謂「膽的疾病」顯然就是壞血病，而且因為圖帕伊亞畢生都以蔬菜為主食，因此病況就更嚴重了。庫克等於是承認了此事，此時他在日誌裡面寫道：「我忘記提及，在我們抵達這裡時，船上沒有任何人生病，唯獨例外的是希克斯中尉、葛林先生與圖帕伊亞，他們因為持續待在海上而生病。」然而，聲稱奮進號上沒有任何人染上壞血病的謊言，卻也越來越根深柢固了。

所以說，圖帕伊亞拒絕服用船醫處方的哪些東西？如果他是因為壞血病而接受治療，跟他們在澳大利亞沿岸的時候一樣，醫生還是會給他服用檸檬、樹皮與硫酸，所以他一定會覺得沒有必要。但是，就另一方面而言，如果他是因為胃病（胃痛）接受治療，藥劑的種類就很多了，從相對來講較沒有傷害性的瀉鹽（硫酸鎂），到吐根（ipecac）等催吐劑，還有球根牽牛（jalap）等瀉藥，搭配甘汞（致命的汞加上綠化汞製成）。這些藥都會令人感到不適，除了嘔吐與腹瀉，很可能還會使用所謂的水泡療法，就是利用西班牙蒼蠅粉（斑蝥粉）或勃艮地樹脂在皮膚的敏感部位製造出令人疼痛的水泡。當時的醫生深信猛藥的療效，主要是因為他們並不了解，人類的身體若非死去，就會自行恢復其內在平衡。每當醫生的病人因為奇蹟似的堅強體質活了下來，他們總是認為是自己的療法奏效，殊不知應該歸功於人的本質。圖帕伊亞至少曾有過一次幾乎重傷致死但又康復的經驗，因此他有充分的理由相信自己分辨得出哪一種療法才有效。

巴達維亞城的異國景觀與聲音彷彿是一種奇蹟似的療法，主要是因為此地讓他的精神抖擻了起來。對於圖帕伊亞來講，探訪巴達維亞就好像是提早實現的美夢。儘管他不太了解自己會在歐洲看到些什麼，但是在忍耐了那麼多痛苦之後，他終於得以見識種種奇異與美妙的景觀。先前他虛弱而無精打采，心情憂鬱（這些都是壞血病的典型症狀），此刻卻精神奕奕，同時，班克斯也用有趣的語氣表示：「他的男孩塔伊艾塔一如往常那樣身體健壯，而且立刻就興奮活躍了起來。」

一切是如此新穎刺激：馬匹、房屋、馬車、穿著藍白相間制服的士兵、奴隸拉著拖車或者肩膀上用桿子挑著重物，希臘男女諸神雕像的眼睛又大又凸，看來很奇怪，而來自世界各地的紳士淑女則都穿著華服。圖帕伊亞獲知他們身上穿的都是本國服飾，他特別請人去把他的桑樹布袍拿來，跟塔伊艾塔把身上的沉重歐洲服飾脫掉，又變回了熱帶大溪地人的模樣。

這也造就了一次奇遇。圖帕伊亞與班克斯走在街上，有個人從他家裡衝出來，熱切地與他們攀談，他問圖帕伊亞是否來過巴達維亞。班克斯搖搖頭，感到很驚訝，然後問他為何要問這麼奇怪的問題，結果他說，大概十八個月前，有個長得很像圖帕伊亞的人來過巴達維亞。那個人所搭乘的船隻隸屬於路易·德·布干維爾所指揮的法國探險船隊。

腦筋動得很快的班克斯依據對方的回答推測：那個跟圖帕伊亞長得很像的波里尼西亞旅人，一定就是「希提艾阿村雷提酋長的弟弟阿胡托魯」。大溪地人阿胡托魯決心搭船前往歐洲，見識一下法國女人的模樣，而且他顯然在巴達維亞造成了轟動。另外，先前他們不知道停泊在希提艾阿村的是什麼船艦，如今謎底也揭曉了。班克斯甚至聽說了珍妮・巴黑的故事：她打扮成男僕的模樣，「跟隨一位奉派出海的年輕植物學家。」圖普拉艾為何會認錯船上旗幟仍是個問題，但班克斯想出了一個令自己感到滿意的答案，認為布干維爾航行時故意掛上假的旗幟。

班克斯付錢張羅一天三餐，同桌吃飯的有五人：他自己、圖帕伊亞、索蘭德與其他兩人，也許是他的辦事員史波林，還有船醫孟克浩斯。船醫應該在船上以其專業照料病人，但是一如過去在大溪地與紐西蘭，他比較喜歡的是異國情景與景觀，而不是俗世的醫學工作。塔伊艾塔向來被歐洲人當成圖帕伊亞的僕人，因此他就在廚房與班克斯的僕人，也就是與詹姆斯・羅伯茲和彼得・布里斯可一起用餐。除了烹調方式奇特，他們也常吃到一些奇珍異饈：對方曾經承諾讓班克斯吃一頓烤猴大餐，但是他在庭院裡看見那些被綁住的可憐動物，善心大發，把牠們全都放了。儘管如此，令圖帕伊亞感到訝異的是，他吃的盡是一些自己很熟悉的東西，例如香蕉、椰子、芭蕉、番薯、豬肉、雞肉與魚肉。他吃得到米飯和柔軟的歐洲麵包，儘管沒有他朝思暮想的麵包果（因為果樹在那裡長不好），卻有許多美味的異國水果（山竹果、鳳梨與紅毛丹），以及會勾起他的歐洲同伴們想家的蔬菜（四季豆、蘆筍、萵苣、荷蘭芹、馬鈴薯、菠菜、小黃瓜與芹菜）。班克斯寫道：「如今我們已能取得與其故國相似的食物，可以看出他日漸康復。」而這等於是無意間承認了圖帕伊亞罹患壞血病。他樂觀地認為，他們待在巴達維亞越久，圖帕伊亞的復元狀況就會越好。

對此他實在是大錯特錯。當地人曾一再警告他們，那裡的氣候有礙健康，而這點從遍布全城的運河充滿臭味也可以一眼看出——河裡滿是垃圾、糞便與動物死屍。塔伊艾塔得了感冒，惡化成肺炎（也許他得的是帶有肺部併發症的瘧疾）。包括那兩位僕人在內的所有歐洲人都罹患了瘧疾，斷斷續續出現發燒的典型症狀。儘管沒有人描述圖帕伊亞的症狀為何，但他的「體質本已虛弱」（班克斯的措辭），受到的影響最為嚴重。

回到英格蘭後，班克斯把圖帕伊亞的寵物鸚鵡送給了友人馬爾馬杜克．湯斯鐸，當時曾對他說，圖帕伊亞罹患的是斑疹傷寒。然而這不太可能。斑疹傷寒的傳染源是蝨子，通常在狹窄、髒亂與擁擠的環境裡才會罹患這種病。在海上，它被稱為「船艦熱病」（ship-fever），在陸地上則是「牢獄熱病」（jail-fever）——英格蘭監獄裡就有很多犯人死於斑疹傷寒，人數更勝於遭到處死者，而且皇家海軍的戰艦有時候會被迫中斷任務，因為死於斑疹傷寒的船員實在太多了。庫克謹慎地讓奮進號保持清潔與通風，圖帕伊亞也不是住在很擁擠的地方。如果他身上長出斑疹傷寒病患常見的壞疽紅疹，那可能是壞血病的症狀。斑疹傷寒的其餘症狀是頭痛欲裂與發高燒，也會出現在傷寒患者身上——此一診斷的可能性就比較高了，因為傷寒是透過被汙染的水傳播的。在因為罹患壞血病而變得很虛弱之後，他的身體無法抵抗惡疾。班克斯再度寫道，人們又開始擔心圖帕伊亞可能性命不保了。

到了十月十八日，經過努力協商之後，庫克終於把他的船排進修船廠的待修名單中。他們先把船駛往凱伯島（Kuyper Island），將儲存的所有物品與壓艙物拿出來，存放在水岸邊的一間間倉庫裡，然後奮進號被拖進位於附近恩日斯島（Onrust）的修船廠。所有船員都留在凱伯島上，住在一個帳篷營地——但這是個錯誤的決定。奮進號的狀況遠比他們所擔憂的還糟糕，所以需要更多時間修理，而對於大家的健康而言，住在露天的沼澤地裡並非好事，特別是多雨的季風季節又要來了。

然而，圖帕伊亞要求其他人把他送到那帳篷營地裡，他跟班克斯說，因為他想「呼吸房屋外面較為清新的空氣，他認為自己的病因就是住在室內，無法吹風」。然而，他並未說出真正的理由：他很可能本能地意識到自己的死期不遠了。在波里尼西亞地區，如果有人因病去世，病榻周遭的所有東西，包括家具、寢具、衣服、簾子等等都會被燒掉，因為終結病人生命的惡靈可能碰過那些東西。但是在巴達維亞的房屋裡，不可能那樣做。

一七七〇年十月二十八日，他與塔伊艾塔和班克斯搭船前往凱伯島。任誰對那一座圓形島嶼的第一印象都不會太好：除了岸邊的兩座凸式碼頭，還有許多倉庫，周遭的水域則是泥濘不堪。因為夜裡野狗四處橫行，在那裡工作的當地人大都選擇住在恩日斯島。不過，島上矗立著一棵棵巨大的羅望子樹，因此到處有舒適的樹蔭，圖帕伊亞選擇了一個風吹得到、而且能看海的地方。人們幫他把帳篷架了起來——就是在奮進河差點被燒掉的帳篷。彷彿惡兆一般，附近的帳篷營地裡住滿了罹病的奮進號船員，他們不是得了傷寒，就是瘧疾，或者兩病齊發。

班克斯待了兩天，確認兩個波里尼西亞人有舒適的住處，「接著就離開了，當時圖帕伊亞雖感心滿意足，但身體卻沒有轉好。」回到巴達維亞後，他立刻再次染上瘧疾，也許是因為在凱伯島上曾被瘧蚊叮過。在此同時，孟克浩斯醫生突然也無法繼續在全城閒逛了，因為他開始發燒腹瀉，當地醫生給的藥都沒有用。索蘭德的瘧疾病況惡化，他拒絕那位醫生的治療，也許是因為眼見孟克浩斯沒被治好——但是到後來他開始神智不清，無法抵抗，陸續接受了瀉藥、放血與水泡等各種療法，幾乎喪命。

儘管班克斯自行服用金雞納樹的樹皮，但還是虛弱到無法下樓。「今天下午，可憐的孟克浩斯醫生成為此地氣候的第一個犧牲者。」等到身體好到可以拿筆，他才寫了這句話。這一則事後補上的紀錄標記的日期是十一月五日，也許班克斯所根據的是奮進號日誌裡的日期，而孟克浩斯之死則是到了六日才被登錄在日誌裡。十一月七日，庫克寫道他「不幸地」失去了船醫，繼而表示，船醫一職將由船醫助手威廉·派瑞（William Perry）遞補，派瑞的「醫術就算並未更為精湛，至少也一樣好」。

隨後，庫克對於孟克浩斯的情緒由稍稍挖苦轉為憤怒，因為他發現，船醫不但沒有記下他們把泡菜當成抗壞血酸來用的「嘗試性療效」，而且船上剩餘的庫存藥物也被船醫賣掉或送人了，所有藥櫃都是空的。因為氣候的因素，他們在同一天安葬船醫。索蘭德參加了葬禮，但班克斯的病況太嚴重了，無法下床。最後，在絕望之餘，這位年輕富有的科學家花了幾百英鎊買下兩個馬來女人當「老婆」，還有她們的奴隸隨從，與他的朋友索蘭德逃往山區的一間房舍，那裡的空氣比較有益健康。

在凱伯島上，無助的悉尼·帕金森看著塔伊艾塔持續發高燒，常常哭喊著：「Taio mate ua!」據帕金森的翻譯，意思是：「朋友救命啊，我快死了！」男孩死後，他命人告知班克斯此一死訊。在十一月九日的紀錄裡，班克斯寫道：「今天我收到塔伊艾塔的死訊，深感不悅，而且這對於圖帕伊亞來講是一大打擊，他恐怕撐不了幾天了。」

塔伊艾塔的死讓圖帕伊亞哀痛逾恆。帕金森無法為他做些什麼——「他感到極度悲傷，常常哭喊著，塔伊艾塔！塔伊艾塔！」圖帕伊亞在男孩生前常常出言責怪（就像一位嚴師或嚴父），但顯然很喜愛他。他們倆是近親，也許是叔姪或甥舅的關係，不過塔伊艾塔總是稱呼圖帕伊亞為「metua」——「老爹」，充分表達出對他的敬愛之意。對於圖帕伊亞而言，更糟的是，塔伊艾塔是他知識上的傳人。在奮進號的甲板上，他們倆花了許許多多時間談論空中的星移，還有海風海浪被島嶼阻擋的現象。塔伊艾塔跟他的老師一樣，也能夠無誤地指出大溪地的方向，這全是因為老師的教導有方。

大溪地與賴阿特阿島的博學之士於彌留之際，會把選定的繼承人與侍祭找來，雙方把頭靠在一起，讓他們分享自己最後的氣息，象徵性地確保珍貴的知識得以傳遞下去。但是圖帕伊亞的繼承人，他的子姪，他的侍祭已經先他而去；原本得以傳承其衣缽的人不在了。後來，當毛利人聽聞圖帕伊亞的死訊，他們哭喊道：「喔！圖帕伊亞！」但此刻圖帕伊亞要悲嘆的是，「喔！喔！塔伊艾塔！」如同帕金森的記載，令他痛心悔恨的是，他居然笨到離開了大溪地。

根據班克斯所言，圖帕伊亞心力交瘁，就這樣撐了兩天。「我們收到圖帕伊亞的死訊，」他寫道，「我知道他深愛那名男孩，男孩死後，我就知道他也不久人世了。」

這筆記錄記載的時間是一七七〇年十一月十一日。

日期正確與否，並無定論。班克斯因為病重而無法於當天寫日記，我們很難確認等到他於稍後補上時，日期是否正確。儘管希克斯的航海日誌確認了塔伊艾塔死於十一月九日，但圖帕伊亞的死期並未列入紀錄。羅伯茲在他藏起來、未被庫克船長搜走的日記首頁上面，把圖帕伊亞與塔伊艾塔寫在一起，表示他們是「喬治王島居民，一七七〇年十二月死於凱伯島，圖帕伊亞於九日，塔伊艾塔七日」。根據庫克船長所編寫的船員名冊，塔伊艾塔則是「因死亡除名」（「DD」，discharged dead 的縮寫），日期為一七七〇年十二月十七日，圖帕伊亞則是死於一七七〇年十二月二十日。

為什麼會有如此奇怪的差異？羅伯茲寫得非常清楚，但是他也許是為了配合船員名冊上的紀錄，所以本來應該寫成圖帕伊亞死於「十九日」，塔伊艾塔則是「十七日」。班克斯一直要等到聖誕節才回到船上，所以很容易搞混。但是，就另一方面而言，庫克也有可能出錯。他當時忙於處理奮進號的事務，船在十一月九日被翻過來之後，大家才發現損害程度遠比先前想像的還嚴重。同時還有許多人病倒了，他在十一月十四日寫道：「很多人員的病況嚴重，以至於值勤的人手很少能多於十二或十四人。」不過這並不包括他在十月中派去幫忙修船的額外人手（其中包括約翰．馬拉）。

如果這的確是個錯誤，它跟其他錯誤也很一致。十一月三十日，庫克在十、十一兩個月的人員名冊上簽名，根據其內容顯示，那兩個波里尼西亞人都還在世，不過孟克浩斯醫生的死已經列入紀錄了。十二月八日與十七日兩天中午，他們倆也還在名單上。一直要到下一週，也就是圖帕伊亞與塔伊艾塔都被註記為「因死亡除名」之後，臨時船員的人數才被登記為少了兩個人。

庫克是對的，而希克斯把塔伊艾塔死去那一天寫成十一月九日是錯的嗎？每天中午都必須仔細登載的航海日誌比較可能是正確的。別忘了，如果塔伊艾塔與圖帕伊亞死於十一月初，那麼距離他們抵達巴達維亞也才四週，時間根本不足以讓圖帕伊亞的嚴重壞血病痊癒。換言之，如果圖帕伊亞死於十二月的第三週，距離奮進號抵達的日子已經七十天，這表示沒有人會相信他的死因是壞血病。

所以說，難道是庫克故意竄改人員名冊的內容？難道他趁職務之便而故意寫錯？如果他執意成為打敗壞血病的人，以致受到此一企圖心影響，這很可能是一個故意的錯誤，因為如果他的紀錄毫無瑕疵，終究會獲獎。一七七六年十一月三十日，他因為防範壞血病有功，而獲頒為了紀念高佛萊．科普利爵士（Sir Godfrey Copley）而設立的「科普利獎章」，此一成就在他死後多年仍被世人緬懷：一七九九年的《醫學與藥學期刊》（*The Medical and Physical Journal*）讚揚詹姆斯．庫克帶著他的船員穿越各種不同氣候的海域，「未曾因為疾病而失去任何一個手下。」而與其「所有的發現相較」，此一成就對於人類的用處更大。

庫克的日記裡面並未指出到底發生了什麼事，因為他一直要等到十二月二十六日，也就是他們離開巴達維亞那天，才有時間提及圖帕伊亞之死。他特別指出，在氣候如此惡劣的狀況下，居然只失去了七個手下，實在是一項了不起的成就，接著他把所有的死者都列了出來：「船醫、三位船員、葛林先生的僕人、圖帕伊亞與他的僕人，兩者都是因為有害健康的氣候而犧牲，無法達成自己的心願。」

他坦承，圖帕伊亞之死「的確不能全然歸咎於巴達維亞的惡劣空氣，因為他畢生以蔬菜為主食，但生活在海上時卻長期缺乏，導致他的身體出現各種問題」。但是，說完之後，過去的怒氣又湧上心頭，筆鋒就此一轉：「他是個敏銳明智、足智多謀的人，但是驕傲固執的個性導致他上船後，常讓自己與身邊的人感到不悅，一生之所以會因病畫下句點，主要也肇因於此。」

簡而言之，圖帕伊亞因為自大而不願聽取有關飲食的建議，也拒絕服藥。除此之外，大家也都不喜歡他。

如果這是訃聞，肯定是歷史上筆調最不和善的一篇。此等評價不但小看了亡者，也一點都不公平。奮進號何其有幸，才能夠招募到這一位地理大發現史上最聰明、口才最好的波里尼西亞中間人：而且庫克與班克斯所寫的奮進號日誌，能夠成為充滿洞見的偉大航海故事書，註定永遠受人歡迎，也都可以直接歸功於圖帕伊亞。那趟航程的故事是由**三個**，而非兩個能人異士所寫下的，但是，就因為庫克對圖帕伊亞一時充滿惡意，之後又也持續保持緘默，他才會幾乎完全遭到世人忽略，直到近來情況才改觀。

帕金森寫道：「他們倆同被葬在伊丹島（Eadam）。」當時的伊丹島就是如今的達瑪貝薩島（Damar Besar）。他們長眠於最靠近凱伯島的墓園——這再次證明人員名冊中圖帕伊亞與塔伊艾塔的死亡日期紀錄有誤，因為十二月九日奮進號已經返回巴達維亞港，何必大費周章，把他們葬在十八公里外的伊丹島？

在那個時代，伊丹島只有一個凸式碼頭可以停船，登島後有一條路穿越一大片神聖的印度無花果樹樹林，林子裡就是荷蘭總督的週末豪宅與繁茂花園的所在地。比較靠近水岸的地方有一座絞刑場，裡面的人手都是犯罪後被流放至此的白人，指揮官是一位船長。圖帕伊亞與塔伊艾塔的墓地有一大片林子遮蔭，附近還矗立著一座墳塚，裡面葬著當地蘇丹的亡妻（她死於一七五一年）。

當年的古蹟已經所剩無幾。荷蘭總督的豪宅於一八〇〇年毀於英國人之手，二次大戰期間，日本人把整座島夷為平地，架設許多砲台。如今，伊丹島已經被復育為叢林，古墓早已無影無蹤。

庫克說他只失去了七個手下，但後來肯定為自己的輕率言論感到後悔不已，因為在從巴達維亞返回英格蘭的途中，又死了二十八人。信奉貴格教派的溫和藝術家悉尼・帕金森可說是少數善待圖帕伊亞的幾位船上同伴之一，他在一月二十七日因為熱病去世；兩天後，曾經費心教導圖帕伊亞英語文法的查爾斯・葛林也以水葬的方式隨他而去。班克斯自己當時也因為「極度可怕的疼痛」而受苦受難，因此沒有多說什麼，但是庫克（他一定想起了葛林是**另一個**罹患嚴重壞血病的人）卻想起了往日的怒氣，趁機發洩，說葛林「長期以來健康欠佳」，而且他草率與放蕩的習性「導致健康崩壞，一生畫上句點」。

信風於二月初抵達，災厄可望終結，但是已故船醫的弟弟，綽號「毛特」的強納森・孟克浩斯死了，還有，曾經在圖普拉艾與托蜜歐面前領受鞭笞之刑，令他們深感難過的屠夫亨利・傑夫斯也在三週後辭世。到了四月十五日，就在他們剛剛離開開普敦之際，羅伯・莫里諾，雖然是個前途看好的年輕人，卻也病逝了，為此遭到庫克在日記裡的尖刻批評，說他「不幸因為毫無節制的生活方式與酗酒而導致身體出問題，生命畫上句點」。取代其領航員職位的是另一位海豚號船員，也就是生性活潑的理查・皮克斯吉爾。五月二十五日，札克瑞・希克斯終於不敵結核病而走了，曾在海豚號上服役的約翰・高爾被晉升為中尉，他的朋友，也曾參與第一趟海豚號航程的查爾斯・克勒克則是變成少尉。

約瑟夫・班克斯與丹尼爾・索蘭德終於得以痊癒，儘管索蘭德在開普敦時又發病。他們在聖海倫娜島（St. Helena）曾經進行了一點蒐集活動，但已無心認真工作：他們確信抵達倫敦後，一定能獲得應有的聲譽與榮耀。詹姆斯・庫克也必須籌劃自己的事情。

前往宮廷進行正式報告之後，他得獻出他在太平洋蒐集到的異國皇家禮物——但是，那些自然史的樣本不適合當成禮物拿出來。最完美的應該是原住民的工藝品，例如大溪地的飾品、圖像與衣飾，還有毛利人的綠玉石墜飾（hei tiki）、短矛（taiaha）、綠玉石武器以及斗篷等等。儘管不如甲蟲、鳥類皮膚與乾燥花那般珍貴，但若是想要送給朋友或者捐給博物館，這些工藝品也很理想。後甲板因此被他洗劫一番。

悉尼．帕金森於生前曾為其摯愛的表姊珍．高梅爾頓蒐集了許多小小的奇異物件；孟克浩斯醫生也曾用一條桑樹布料換來一件狗皮斗篷。這些東西的主人都已離世，所以即使它們被拿走，也不會有人反對；不過，等到班克斯回到倫敦時，帕金森的哥哥史丹菲爾[1]引發了一陣令人尷尬的爭論：特別是他的家人發現，悉尼並未獲得約定好的薪酬，而且他的日記還不見了。但是，沒有人代替圖帕伊亞提出抗議：先前他在紐西蘭傳授傳奇故事、創世神話與哈瓦基的事蹟時，大批群眾聽得入迷，也有人把一件件斗篷披在他身上，同時他因為造訪了當地的幾十間聖堂，而獲得了許多珍貴寶物。此外還有他的個人物品：那一整櫃的紀念品，包括用來拍打製作桑樹布料的工具、神聖的羽毛、擺放桑樹布料衣服的長盒子，還有雕像、塔伊艾塔的笛子、他們倆的凳子、他的儀式專用凳子，以及他那幾尊插著羽毛的小型神像。

沒有人知道那些東西的下落。如今世人只看得到他的畫作。其他若非被庫克與班克斯拿來送人，就是由班克斯隨意加以收藏，在他死後遭人拍賣。一七七一年，庫克當面獻給英王喬治三世的一個綠玉石墜飾，本來是只能由具有最高神力者持有的，如今它已經被收藏在大英博物館——但沒有人知道它的來歷。無疑的，世人如今仍能在幾個機構裡看到圖帕伊亞獲贈的那些寶物，但已經無人知道它們背後的故事。

先前第一個看到紐西蘭陸地的少年尼克．楊恩這次又率先見到英格蘭海岸。兩天後，也就是一七七一年七月十三日，奮進號在泰晤士河下錨停泊。巧合的是，那天距離圖帕伊亞離開大溪地，剛好整整兩年，但誰也沒注意到此事。

譯註：

1 原文寫作 Stanford 有誤，應為 Stanfield。

# 謝辭

在《紐西蘭先鋒報》（*New Zealand Herald*）上面讀到了一篇由葛雷格・安斯利（Greg Ansley）寫的文章，標題是〈重寫我們的歷史〉（Rewriting Our History），裡面有非常吸睛的這樣一句話：「庫克船長的第一趟航程雖然了不起，但是，根據最新研究指出，大部分成就都必須歸功於一位波里尼西亞領航員。」這篇報導源自於安斯利與保羅・泰普索（Dr. Paul Tapsell）博士之間的一次訪談，泰普索提出了一個理論：對於毛利人來講，圖帕伊亞才是那趟探險航程的領袖，而非庫克船長，而且那些被帶回英格蘭，由庫克與約瑟夫・班克斯四處發送的珍貴工藝品，原本就是送給圖帕伊亞，只因他是船上名望最為顯赫的人。

此一有力的主張打動了我，因此我把報導剪下來，存放在一個檔案夾裡。我一定常常談到這件事，因為二〇〇八年二月，我的一位朋友非常刻意地提到，還沒有人幫圖帕伊亞立傳。我把那句話當成挑戰承接下來，因此前往亞歷山大杜恩布圖書館（Alexander Turnbull Library），去閱讀一七六六年海豚號航程與一七六八年奮進號航程的所有航海日誌與日記，同時也遍覽收藏於紐西蘭國家圖書館（National

Library of New Zealand）裡關於古代大溪地的書籍，以及收藏於維多利亞大學圖書館（Victoria University Library）的庫克與班克斯的傳記，還有收藏於維多利亞大學畢格霍爾圖書館（Beaglehole Library），由浩克斯沃斯撰寫的海豚號與奮進號航程記述。J. C.畢格霍爾幫庫克與班克斯寫的奮進號日記做了非常了不起的編輯工作（參閱本書參考書目），而且事實證明，複印和閱讀日記裡的大量原文以及附錄，對我來講極有用處。上述幾間圖書館的館員曾經幫了我許多忙，其中我特別感謝畢格霍爾圖書館的館員妮可拉・佛瑞恩（Nicola Frean）展現的持久熱忱。維多利亞大學太平洋研究學程（Va'aomanu Pasifika）的泰瑞西雅・特阿伊瓦（Teresia Teaiwa）也一直都非常支持我，總是不厭其煩地為我解答有關波里尼西亞禮節的問題。

等到我發現自己有辦法為圖帕伊亞立傳後，「紐西蘭文創」（**譯註：**Creative New Zealand **為贊助紐西蘭文藝創作活動的半官方機構**）立刻為我提供充裕的贊助經費。我前往大溪地、澳大利亞、倫敦與康乃狄克州的旅費，則是由史陶特基金會（Stout Trust）慷慨提供。如果沒有上述兩個單位的財務襄助，這本書就無法問世，對此我心懷感激。維多利亞大學的史陶特紐西蘭研究學院（Stout Institute of New Zealand Studies）提供了為期六個月的訪問學人身分，對我助益良多，因為這讓我有辦法參考原本難以接觸到的各種海外選集。就這方面而言，對於該學院院長莉迪亞・

威佛斯（Lydia Wevers），對於聆聽我的討論與問題，提供友善幫助的駐院作家以及其他訪問學人，我都必須表達深切的感激之情。二〇〇九年二月，從我開始研究以來已經一年了，當時與我透過電子郵件進行友善交流的安妮・薩爾蒙德（Anne Salmond）女士，慷慨地把她正在撰寫的《春神島》（*Aphrodite's Island*）初稿電子檔寄給我，那是另一本以大溪地早期歷史為主題的書，深受各界好評，二〇〇九年九月於紐西蘭問世，二〇一〇年一月又推出國際版，自此獲得過許多獎項。書中與圖帕伊亞有關的文字，不但印證了我在研究初期所使用的許多資料來源，令我感到安心，對我有所啟發之處，還包括薩爾蒙德女士論及了圖帕伊亞在社會群島所扮演的政治與宗教角色，以及大溪地與庫克船長等多位歐洲探險家之間的多次接觸經驗。該書草稿列出來的參考書目對我也有極大的參考價值（在這之前，我就已經參考過薩爾蒙德教授那本以庫克的歷次太平洋航程為主題的書——《發現南半球》〔*Trial of the Cannibal Dog*〕）。

我透過閱讀航海日誌、日記與古代回憶錄，做出許多演繹推論與詮釋（所有錯誤都必須由我承擔），但是本書參考書目列出來的許多史家著作，包括本書資料來源說明列出來的短篇研究，還有他們之間的爭論都讓我有所啟發，為此他們對我實在貢獻良多。對我有所貢獻的，還包括新南威爾斯米契爾圖書館（Mitchell Library）的員工，澳大利亞國家航海博物館（Australian Maritime Museum）的奈傑・艾斯金恩（Nigel

Erskine）與員工——包括該館的志工，因為當我跟朗恩（Ron）前往該館拍攝與參觀那一艘幾可亂真的復刻版奮進號時，他們也分享了許多特別的故事。能夠認識新貝德佛捕鯨博物館（New Bedford Whaling Museum）的航海部門管理員兼藝術史家麥克・戴爾（Mike Dyer），則是個額外的收穫。我也很感激下列機構的員工：耶魯大學的拜內克古籍善本圖書館（Beinecke Rare Books Library）、紐約公共圖書館（New York Public Library），還有位於倫敦的大英圖書館（British Library）、國家航海博物館（National Maritime Museum）以及國家檔案廳。在新貝德佛期間，史都華・法蘭克（Stuart Frank）、蘿拉・派瑞拉（Laura Pereira）、茱蒂絲・蘭德（Judith Lund）與保羅・席爾（Paul Gyr）為我提供了相關建議，同時對我也很有幫助的是，當我前往瑪莎葡萄園島歷史學會（Martha's Vineyard Historical Society）參訪時，有機會與南西・柯爾（Nancy Cole）、林恩・懷亭（Lynn Whiting）和凱伊・梅休（Kay Mayhew）對談。庫克船長學會（Captain Cook Society）的克利夫・松頓（Cliff Thornton）、伊恩・波漢（Ian Boreham），還有約翰・懷斯（John Weiss）對我也都很周到、很幫忙。我很感激亞歷山大杜恩布圖書館、霍肯圖書館（Hocken Library）、大英圖書館與澳大利亞國家圖書館（National Library of Australia）允許我使用本書的插圖，也感謝我丈夫，航海藝術家朗恩・楚特在經過仔細研究後，為本書繪製了船艦平面圖、素描與航海圖。藍燈書屋紐西蘭分公司（Random House New Zealand）的珍妮・海倫（Jenny

Hellen）、亞歷山卓・畢夏普（Alexandra Bishop）與莎絲基雅・尼克爾（Saskia Nicol）也為這本美麗的書注入了許許多多的熱情與心力，至於蘇珊・布萊爾利（Susan Brierley）則是一位完美的初稿編輯。我非常感激他們的支持。拉拉・羅爾斯（Lala Rolls）與米榭・杜佛瑞、珍妮・杜佛瑞（Michel and Jane Tuffery）一直都是很棒的傾聽者。一如以往，我必須對我的經紀人蘿拉・蘭利（Laura Langlie）表達我的千恩萬謝。我也要感謝保羅・泰普索，雖然他是在無意間幫我開啟了這段旅程，卻表現了極度的熱忱，也曾與我進行過許多引人入勝的討論。在接下來的資料來源說明中，我將提及每個為我提供建議、資訊與評論，因而對我助益良多的人；我心中對他們充滿了無限感激。

# 評述與資料來源說明

如同前面提及的，這是一篇評述與資料來源說明。我把我使用的主要參考書籍列在本書最後面的參考書目，至於那些書籍裡的章節，還有其餘期刊文章、未出版手稿則是列在資料來源說明中。我按照本書的章節順序來說明資料來源，但是偶爾會把說明用主題來劃分，個別處理。在使用大溪地語與毛利語的詞彙時，我選擇用最常見的方式來呈現它們——例如，我會以它們出現在路標上的寫法為標準。因此，我並未在母音字母上面加長音符號，或者遇到長母音時就把字母予以重複，而且我也盡量避免使用喉塞音（glottal stop）。

## 前言

圖帕伊亞畫了一幅約瑟夫・班克斯與原住民交易龍蝦的知名素描畫，它與圖帕伊亞的其他畫作目前都收藏在大英圖書館裡（Add 15508）；感謝奧斯特・米庫內特（Auste Mickunaite）協助我獲准重製那六幅素描畫，還有圖帕伊亞的航海圖。

卡特之所以認為那些畫的作者是圖帕伊亞，其根據是班克斯在一八一二年十二月十二日寫給皇家學會院士道森・透納（Dawson Turner）的一封信。他在信中提及自己賣了一座農場，但卻拿不到錢（律師沒有先拿到錢就把房契、地契給了對方），這讓他想起了當年與毛利人交易時的問題。後來卡特又針對這件事寫了一篇文章："Note on the Drawings by an Unknown Artist from the Voyage of HMS Endeavour," in Lincoln, 133–34。喬治・佛斯特稱圖帕伊亞為「天縱英才」（an extraordinary genius），請參閱：McCormick, 295–96。

## 第一章　傳奇的開始

### 圖帕伊亞的早年經歷

某位早期傳教士的觀點可參閱：Wilson (1799)，包括三三〇頁提及他的出生與嬰兒時期，三四〇到三四三頁提及出生時的儀式與嬰兒的神聖地位，三四七頁提及殺嬰的習俗。另一本討論殺嬰習俗的書是：Henry, 275。關於圖帕伊亞在「知識與睿智」上的傑出表現，可參閱：Wilson (1799)，第x頁。另外也可參閱：Oliver (1974): 27, 54。其他細節可參閱：Henry，包括一五三到一五六頁描述圖帕伊亞接受教育的情形，一八八頁描述他接受割禮，二八七到二八九頁描述他的刺青。關於成年禮的一整章描述可參閱：Ferdon, "From Birth to Death," 138–152。關於「艾瑞歐伊」的詳細描述可參閱：Henry, 230–41。該書二三四到二三五頁描述了「艾瑞歐伊」的各種階級，從圖帕伊亞的刺青圖案可以看出他隸屬於「塔普圖」階級。另一印證這種說法的出處可參閱：Wilson (1799), 335。該書六十五頁把「艾瑞歐伊」的成員比擬為英格蘭的巡迴藝人（strolling players）。也可參閱：Salmond (2009),28。感謝查爾斯．夏魏爾（Charles Chauvel）告訴我，當時是「艾瑞歐伊」運動的全盛時期。關於賴阿特阿島上塔普塔普特阿聖堂之描述，請參閱：Crawford, 54–55; De Bovis, 15, 43–44。該書三十五到三十六頁也提及了「艾瑞歐伊」。

關於「艾瑞歐伊」搭獨木舟周遊各島的情況可參閱：Ellis, 183–195; Henry, 230, 238–40。招待「艾瑞歐伊」的宴會上女性可以和男性一起吃飯，請參閱：Ellis, 192。我之所以推斷圖帕伊亞是個溫和的典型領航長，請參閱：Gladwin, 126。

針對圖帕伊亞早年生活背景進行詳述的，是湯姆遜牧師（Rev. R. Thomson）寫的一篇未出版草稿，請參閱草稿第十到第十七頁："History of Tahiti" (London Missionary Society archives, Mitchell Library, Sydney, ms 660)。圖帕伊亞曾把他的故事告訴馬格拉，請參閱：Magra, 61–66；莫里諾也曾在他的日記裡面略述其事蹟（一七六九年七月十三日）。尤翰．佛斯特表示，圖帕伊亞的原名也許是「帕洛亞」（Parooa），在輸給了波拉波拉人之後，才改名為圖帕伊亞（意思是「戰敗」），請參閱：Johann Forster, III, 524。佛斯特的助理史巴曼（Sparrman）也曾提及此事：Sparrman, 63。然而，很有趣的是，斯里蘭卡學者索瑪西里．戴文德拉（Somasiri Devendra）跟我說，「Tupaia」一詞的來源很可能是梵語的「Thuppaiah」（古語中的「Thuprasis」），意思是「通曉多種語言的人」（linguist）。這意味著祭司圖帕伊亞在海豚號抵達大溪地之後改名為「圖帕伊亞」（意思是，他是個「翻譯」），以此來紀念他設法通曉原本完全不懂的英語，成為英國人與大溪地貴族之間的中間人。

關於圖帕伊亞的傷勢之治療，請參閱一篇發表於美國胸腔醫學會專屬期刊的論文：Beall, Bricker, Crawford and De Bakey, 'Surgical Management of Penetrating Thoracic Trauma', in *Chest*, vol. 49, no. 6 (1966): 568–577。班克斯對於圖帕伊亞的傷勢與傷疤之描述曾被引用，請參閱：Oliver (1974): 478。有人向馬拉表示，那種傷勢通常是致命的，但是重申圖帕伊亞徹底痊癒了，請參閱：Marra, 179, 234。

有關於宗教的部分，請參閱：De Bovis；包括：二十五頁（以人類獻祭）、三十六到三十九頁（「艾瑞歐伊」）、四十四到四十七頁（「插著羽毛的神」）以及五十五頁（新任最高酋長的就職典禮）。有關於「插著羽毛的神」之製造過程以及羽毛的交換，請參閱：Alain Babadzan. "The Gods Stripped Bare," in Colchester: 26–38；Henry, 157–169。關於「皇家纏腰布」的新垂片之製造方式，請參閱：Henry, 188–189。製作過程中以人類獻祭則是參閱：Henry, 196-198。另外也可以參閱：Roger G. Rose, *Symbols of Sovereignty: Feather Girdles of Tahiti and Hawai'i*, Bernice P. Bishop Museum, Hawaii: Pacific Anthropological Records, no. 28, 1978。

關於圖帕伊亞的逃亡經過之詳細討論可參閱：Hank Driessen, "Tupa'ia, the Trials and Tribulations of a Polynesian Priest," in Herda et al.: 67–86，特別是第六十八到六十九頁；該文作者德里森認為，莫阿與圖帕伊亞是分頭逃亡的，同樣的說法可參閱：Salmond (2009: 37)；但是，大溪地人告訴湯姆遜牧師（Thomson〔16〕）的說法是，他們倆搭乘同一艘獨木舟。

有關圖帕伊亞抵達大溪地之後發生的事件，請參閱：Driessen, op. cit., 73。並請參閱：Oliver (1974), 1199–1200；作者描述了阿莫與普莉雅的來歷，他曾數度指出圖帕伊亞是他們的顧問（例如，二十七、三十二與一二〇二頁）。另一本書則是描繪出圖帕伊亞在這個人生階段之背景，包括阿莫與普莉雅的世系，請參閱：Adams, *passim*, 9–51。此外也可以參閱：Salmond (2009), 60–61。有關圖帕伊亞的生平被改編成戲劇作品後的情節，可參閱：Dening (2004:

170–75)：同一位作者的論文則是論及那一齣普莉雅的生平改編而成的戲劇作品：Dening, "The Hegemony of Laughter: Purea's Theatre," in Frost and Samson, 127–46。

### 波里尼西亞人的航海活動

領航長的童年經驗是我推斷而來的，請參閱：Lewis, 314–15。有關波里尼西亞漁民的描述，請參閱：Gordon R. Lewthwaite, "Man and the Sea in Early Tahiti: A Maritime Economy through European Eyes", *Pacific Viewpoint*, 7 (1), 1966: 28–53，特別是第二十八頁、三十三到三十四頁。

關於波里尼西亞人的航海史，請參閱：Irwin, 6–10；Lewis, 315–17；Finney (1979), appendix III, 292–302，特別是第二九六頁；Finney (1994), 10–13, 288–303。相關概述請參閱：Prickett, 16–17。關於太平洋地區史前時代獨木舟文化的有趣推論，請參閱：David Lewis, "The Pacific Navigators' Debt to the Ancient Seafarers of Asia," in Gunson (1978), 46–66；此外也可以參閱：Roger C. Green, 'Lapita,' in Jennings, 27–60，特別是第四十五到四十七頁。相關的考古學證據可以參閱：Kenneth P. Emory, 'The Societies,'，還有 Jennings, 200–221。

南美洲的甜薯為何會出現在波里尼西亞地區，始終是個未解之謎：它成為復活島與紐西蘭的重要根莖作物，因為那裡的芋頭種植不易；第一個認出那是甜薯的，是海豚號上的領航員助手約翰．高爾，時間是一七六七年六月二十日。有人認為，神話中茂宜把一大片陸地分裂成大大小小的東方島嶼，這表示波里尼西亞人早就知道有南美洲的存在，請參閱：Ferdon, 52。有關於毛利人航海傳統的描述，請參閱：Te Rangi Hiroa (Sir Peter Buck), "The Value of Tradition in Polynesian Research," in *Journal of the Polynesian Society*, 35 (1926): 181–203。

有關波里尼西亞人的向外擴張與交易細節，請參閱：Finney (1973), 14–15。班克斯曾於一七六九年七月十二日指出，圖帕伊亞「來自於一個熟知領航技巧的家庭。」有關於當時波里尼西亞領航員的職責，請參閱：Greg Dening," Voyaging the Past, Present, and Future," in Nussbaum, 319–323。航海的理由與相關儀式請參閱：Scarr, chapter 5, 'Destinies Ashore,' 44ff。非洲號的故事這本百科全書：Lincoln Paine, *Ships of the World* (New York: Houghton Mifflin, 1997): 32。

## 第二章　海豚號

### 海豚號航程（一七六六到一七六八年）的日記與航海日誌

航海日誌（logbook）與船上寫的日記（journal）都有固定格式。撰寫甲板日誌只是一種例行公事，每一頁寫的大致上都是每個小時的風速風向、天氣、航向與航位之紀錄，再加上發生的一些大事，例如刑罰的實施，還有疾病、意外或死亡等等。通常來講，日誌也會針對提供給船員的食物做紀錄，原因之一是避免以後有人提出抗議。船隻進港後，日誌也會把船上的工作事項與岸上取得的補給物記錄下來。有些日誌由一個人負責填寫，至於每個小時寫一次的日誌則可能是由「值班」的人員填寫（所謂值班是指當時負責甲板的指揮工作——軍官跟水手一樣，也需要值班）。在海上，日期的計算方式是以中午為起點，到隔天中午算一整天，因此比民間的時間快十二小時；不過，船隻進港後，日誌的記錄者有可能把時間調整回去。

船上的日記（偶爾也會被寫日記的人誤稱為「日誌」）則是跟一般日記（diary）比較像，有趣的事情會有比較詳細的描述，文字也不一定按照頁面上的分隔線書寫。如果日記內容是在事件發生後的同一天，或者立刻寫出來的，的確會非常有用，特別是書寫者在日記中加進了自己的評論與觀察結果。事件發生後越久才寫日記，內容就越可能會因為記憶的奇想，因為事後之明或者與船上同伴之間的對話而加油添醋。研究日記的人常常必須判斷日記內容是否有價值。

最基本的資料來源之一是瓦歷斯船長每天寫的航海日誌，其字跡潦草，內容未經特別琢磨修飾，如今收藏在新南威爾斯的米契爾圖書館中（Jz7951）。很有可能是在返航的航程中，瓦歷斯又寫了一本修改版的日記，內容多有調換、修改與增長。那是一種「公開的」日記，是用來出版的。詹姆斯．庫克於一七七一年七月十三日結束奮進號航程返家，沒多久海軍部就聘請了一位很受歡迎的編輯，也就是約翰．浩克斯沃斯，由他編寫出一套三卷的十八世紀英國探險航程記述（請參閱參考書目），瓦歷斯的修改版日記是他的重要參考資料。修改版日記目前被收藏在倫敦的國家檔案廳（Adm 55/35），浩克斯沃斯在頁邊以鉛筆寫滿了註記。有關於編寫過程的概述，可參閱：Jonathan Lamb, "John Hawkesworth, the Unfortunate Compiler," in Lamb, Smith and Thomas: 73–75。

瓦歷斯在交出日記之前又另外謄寫了一本，顯然是他個人使用的；那一本日記目前收藏在威靈頓（Wellington）的亞歷山大杜恩布圖書館（qMS-2114）。此一版本的有趣之處在於，除了瓦歷斯在抄寫時又多加了一些內容進去，還包括一份記載著交給海軍部的所有手工藝品的清單。瓦歷斯寫的兩份文件，也就是比較粗略的航海日誌以及經過他修改的日記之間，存在著驚人的差異，特別是關於在大溪地的部分，這為我們帶來了問題。瓦歷斯在撰寫航海日誌時病得非常嚴重（這意味著他可能遺漏了許多東西），而公開日記則是要盡可能美化他的所有作為（意思是內容可能不太可靠）。例如，他有可能強化了自己與「普莉雅女王」之間的關係，藉此提升他「佔有」大溪地的行動之正當性。

領航員喬治．羅伯森所寫的不同日記也有所差異。最重要的收藏目前存放在國家檔案廳（Adm 51/4539）。其內容包括一本航程之中寫的非正式日記。另一本則是根據非正式日記修改的，內容可能有模仿瓦歷斯的部分。這一份公開日記裡面加了許多主觀的材料（包括據他所說，「我的一位朋友」所歷經的隱祕性愛冒險），還有一些回顧式的評論，因此顯然是回到倫敦後才寫的。羅伯森的文筆活靈活現，他的日記讀來辛辣迷人。儘管浩克斯沃斯未曾提起，但他也曾參考過這本日記，因為在裡面也有人用鉛筆做了一些註記，字跡跟瓦歷斯的公開日記裡面的字相同。最後，這本日記於一九四八年交由休．卡靈頓（Hugh Carrington）編輯，出版單位是哈克盧伊特學會（Hakluyt Society）。後來，日記內容用字經過現代化之後，又重新出版，編輯是奧利佛．華納（Oliver Warner，請參閱參考書目）。在出版的羅伯森日記裡面，我所使用的是卡靈頓編輯的版本，因為內容比較精確。

讓事態更為複雜的是，羅伯森的日記還有其他版本。另一個編號「Adm 51/4540」的盒子裡面存放著他在迅捷號（HMS Swift）上面寫的日記（從一七六三年三月一日開始寫，結束於一七六六年五月二十九日），內容包括該船遭遇船難的經過，接著後面擺著一本謄抄而來的海豚號日記，字跡工整。那本日記裡面有些句子被更正，偶爾還加進一些細節，但整體而言與前述的日記相同。羅伯森寫的另一份文件就是瓦歷斯的公開日記之附錄，篇幅很長（上面有浩克斯沃斯註記的那本日記）。那本日記的內容結束於一七六八年五月十九日，署名「薩謬爾．瓦歷斯」之後，瓦歷斯船長又在後面加了幾頁領航觀察紀錄。後面就交由羅伯森接著寫下去，他寫下了在船上初見陸地的情形，其中包括對於大溪地的描述，篇幅長達七頁，基本上就是他的日記摘要，但是加上了額外的材料。他在最後面署名「喬治．羅伯森」。

國家檔案廳裡面還收藏著其他人所寫的航海日誌與日記。編號「Adm 51/4538」的盒子裡有兩份甲板日誌，其中一份完全由大副威廉．克拉克撰寫，另外一份裡面有好幾種筆跡（包括羅伯森的筆跡）。另外，還有一份克拉克寫的日記，但其內容除了在大溪地期間寫得比較多一點，其餘都跟甲板日誌一樣簡短，可能是因為他的身體狀況不好。其他寫日記的人還包括法蘭西斯．威爾金森、威廉．路克（William Luke）、韓佛瑞．威斯特（Humphrey West）、「道格拉斯．卡本特先生」（Mr Douglas Carpenter），以及班傑明．巴特勒（Benjamin Butler），全都放在編號「Adm 51/4541」的盒子裡；編號「Adm 51/4542」的盒子裡則是擺著喬治．平諾克、亨利．伊伯特、托比亞斯．佛諾與韓比利（Hambly）的日記。平諾克的日記從「一七六六年七月十六日於戴普特福德」開始寫，最後於天寧島結束時他寫道「結束」（Finis）。伊伯特從一七六六年七月十五日開始寫，結束於一七六七年十二月十日，當時他們在巴達維亞。日記裡有關於大溪地風土民情的大篇幅描述，他一定是花了好幾天才寫完的，因為那篇的時間標註為七月四日，但內容包含了許多他在後來才知道的東西，例如製作桑樹布料的方式。二副佛諾的日誌包含了很多技術的內容，韓比利則是寫得非常簡短，偶爾有空白頁，好像是留著等到他有時間才要寫的。編號「Adm 51/4543」的盒子裡同樣也存放著一些無法提供太多資訊的日誌，作者是法蘭西斯．潘德（Francis Pender）、薩謬爾．霍斯內爾（Samuel Horsenail）以及湯瑪斯．柯爾斯（Thomas Coles）——不過，潘德把歷次戰役描寫得極其激烈。編號「Adm 51/4544」的盒子裡有一本日記是約翰．尼可斯寫的，另外兩本的作者則為喬治．平諾克與韓佛瑞．威斯特，裡面有些篇章與他們先前的記錄極為相似。船員名冊則是擺在編號「Adm 36/7580」的盒子裡。

還有一本日記是約翰．高爾寫的。當瓦歷斯蒐集大家寫的日記時，高爾斷然拒絕把他的交出去。瓦歷斯在航海日誌裡面寫道：「領航員助手高爾先生是全船唯一對此感到生氣的人。」顯然他讓步了，任由高爾保住自己的日記，如今它被收藏在位於坎培拉的澳大利亞國家圖書館（MS 4），其所有權不屬於英國海軍部。我很感激該館館員透過館際合作的方式，把一份微縮影片借給我。我們無從判斷為何高爾會如此小題大做，因為日記裡沒有任何輕率的文字。日記結束於一七六七年十月十六日，就是他們離開天寧島的那一天，最後他署名「狩獵大師約翰．高爾」。

### 海豚號抵達大溪地

有關於歐洲船艦即將抵達的預言，請參閱：Henry, 4–5, 9–10, 430–31；亦可參閱：Dreissen, "Outriggerless Canoes and Glorious Beings", in *Journal of Pacific History*, vol. 17 (1982): 3–27。還有：Niel Gunson, "Cover's Notes on the Tahitians', in *Journal of Pacific History*, vol. 15, Oct. 1980: 217–224。根據上述論文（二二〇頁）指出，領航員可以在雲霧中看見潟湖的

倒影，依此類推，也可以在雲霧中看見船帆。

一七六七年六月十九日，羅伯森寫道：「如今是我們對於看見南方大陸懷抱最大希望的時刻。」（Adm 51/4540）瓦歷斯的公開日記（Adm 55/35）寫完後，他在後面的附錄寫道：「那裡的所有成年男女身上都有上色，包括雙臂、雙腳大小腿，上面都有黑色的東西。」他在公開日記裡面記載了原住民男性會像公豬一樣出聲，但在先前的各種紀錄裡都沒有提到這件事。瓦歷斯只在航海日誌裡面提到，他們讓原住民看船上的動物。然而，威爾金森在六月二十日表示，原住民會模仿動物的叫聲。探險家羅赫芬（Roggeveen）的船遭遇船難後，大溪地人就已經知道有鐵這種東西了，印證此事的資料請參閱：Wilson (1799): xi。島民被船上山羊嚇到的故事只曾出現在瓦歷斯的日誌裡。

透過瓦歷斯的航海日誌與羅伯森的公開日記，我才得以釐清他們繞島航行時依序發生了哪些事件。羅伯森把馬塔維灣發生的衝突略而不論，但瓦歷斯提供了事件的相關細節，因此他的說法是這個故事的基礎。關於「uratatae」（羽毛護身符）的描述請參閱：Oliver (1974): 75–76；Henry, 13；Ferdon, 64。曾有許多人針對原住民女孩們暴露身體的舉動進行詮釋，例如可參閱：Salmond (2009), 54；但那一樣也有可能是一種聲東擊西的戰術，目的是把船員吸引到舷牆與帆索等比較容易攻擊的地方。約翰．尼可斯於一七六七年七月二十四日描述他看見獨木舟上有「大量石頭，」而且他是另一個提及有女人被槍擊中的人。提及海螺號角似乎有時空錯置之嫌，因為一般的看法是歐洲人到大溪地之後才把海螺號角帶過去的；然而，瓦歷斯把交給海軍部的大溪地工藝品列成清單時，裡面就有「Conque」（海螺）。

## 第三章　紅色三角旗

帶領部隊發動攻擊的酋長或祭司之身分不詳。有可能是阿莫，請參閱：Thomson, 35–36；另一個強烈暗示此一可能性的說法，請參閱：Wilson (1799): x。據湯姆遜之描述，阿莫站在山丘上的隱匿處遠眺海豚號（有個重要的字遺漏了，所以他有可能是站在一顆大石後面，不過，可能性更高的是一棵樹）；這也意味著他害怕被歐洲人認出來。另一個影響性因素是他存活了下來：對於大溪地人來講，把責任賴在死人身上當然比較容易——只要說是某個被誤導的祭司或聽信錯誤建議的酋長發動攻擊的即可，但如果要在活人面前指責對方就是發動攻擊者，未免失之於不夠圓滑。任何存活下來的酋長（或最高祭司）都不會坦承自己與那一場慘敗有關。

「一手屠殺與毀滅他人，但另一手卻為其提供財富」的說法，請參閱：Thomas (2003): 80。據威爾金森的描述，陸戰隊員「照平常那樣操練，印地安人與他們之間的距離在手槍的射程內，完畢後，上尉拿著一面三角旗出列，宣布佔有該島」。關於接下來發生的那些事，我參考的是羅伯森與瓦歷斯的紀錄，還有浩克斯沃斯的《航程記述》（二七一到二七三頁）。每個人對於細節的描述不太一樣：瓦歷斯說，那老人是獨自上船的，羅伯森則表示他與一個朋友一起去。因為瓦歷斯很可能離開他的床，親自接見使節，所以我使用的是他的說法。

儘管羅伯森在公開日記裡面表示，三角旗立刻就被大溪地人拿走，但他的航海日誌卻記載著他們「在夜裡拿走旗子」。三角旗的樣式請參閱：Wilson (1976): 67, Plate II 24。令人驚訝的是，只要把旗面上的方形白色色塊拿掉，與皇家纏腰布實在是極度相像。關於升旗的儀式性功能，請參閱：Dening (1992), 198–202。

傳聞中取水部隊所遭受的攻擊，可以在瓦歷斯的航海日誌裡找到根據，佛諾、尼可斯與羅伯森也在日誌裡加進了一些細節。基本上，所有船上的日誌與日記大致相同，都是表示歐洲人再次面對奪船的威脅。關於大溪地人對於這個悲劇的看法，可參閱：Thomson, 34–36。班克斯寫道：「他們常常向我們述說海豚號的大砲有多可怕，當我們問及有多少人被殺，他們一邊用手指數，一邊說出人名，有人說十個，有人說二十，也有人說三十，然後他們說哇啦哇啦（worrow worow），也就是提起鳥群或者魚群會用的那一個字。」（一七六九年七月三日）馬拉的日誌則是詳細描述了他們摧毀獨木舟的殘忍手段（二一六到二一七頁）。

人們對於普莉雅的角色有各種不同的詮釋。湯姆遜說她當時人在馬塔維灣，但是看來如果她的確在那裡，她與圖帕伊亞應該一開始就會採取議和策略。關於把聖喬治十字旗掛在獨木舟上當作長幡一事，請參閱：Dening (1992): 207。可以把皇家纏腰布當作一本書來解讀這一點，請參閱：Henry, 189。另一本書也提及了瓦歷斯的三角旗被原住民接在皇家纏腰布上面，請參閱：Oliver (1974): 1214–16。

## 第四章　大溪地女王

瓦歷斯的航海日誌上記載著：「那個老人」（法阿）先前才結束他的「北部之旅」（一七六七年七月六日）。法阿的說法有可能傳進普莉雅與圖帕伊亞耳裡，促使他們返回馬塔維灣。

關於贈送桑樹布料的意義可以參閱：Serge Tcherkèzoff, "On Cloth, Gifts and Nudity: Regarding Some European Misunderstandings During Early Encounters in Polynesia", in Colchester, 51–58。關於桑樹布料的製作方式請參閱：Ferdon, 111–17。在羅伯森的修改版日記裡面，他提到了交易過程，還有他們規定原住民不能渡河，請參閱：Robertson (1948): 168–70。引言來自於瓦歷斯的航海日誌（一七六七年六月二十九到三十日）。羅伯森在他的公開日記裡面提及「親愛的愛爾蘭男孩」的故事（一七六七年七月六日）；但是他的航海日誌裡並沒有這一筆紀錄。關於島民認為歐洲人有體臭的說法，請參閱：Scarr, 73。關於島民認為白色皮膚很迷人的說法，請參閱：Sparrman, 69。伊伯特的紀錄引自七月四日的日記內容，那一頁寫得漫無邊際，顯然是後來才加油添醋的。瓦歷斯初次提及船員為了偷鐵釘而把繫繩栓拔掉，是在他的公開日記裡（一七六七年七月十一日）。

關於普莉雅徵用議政廳這件事請參閱：Adams, 50。有人指出，普莉雅的一舉一動都是經過圖帕伊亞的建議與附議，請參閱：Henry, 15；不管是奮進號上的所有日誌與日記，或是庫克船長後來幾趟航程的紀錄，都沒有人表示她天生足智多謀。有一本書強調圖帕伊亞與瓦歷斯的面談，請參閱：Oliver (1974): 1202。瓦歷斯在七月九日的日誌紀錄裡面提及買樹來當木柴的方法，當天他也描述了強納森初次登船造訪的經過，但是上述兩件事都未出現在他的修改版日記裡。羅伯森的修改版日記於同一天提及砍柴之事，請參閱：Robertson (1948): 183；但是，一直到隔天他才記錄了普莉雅出面解決砍柴糾紛與強納森登船，而且兩件事都寫得很詳細，請參閱：Robertson (1948): 186-89。他在自己的航海日誌，還有在瓦歷斯的修改版日誌後面都提及了相同的兩件事，日期一樣，但寫得都比較簡略。令人困惑的是，威爾金森提及他看見「大房子」（議政廳）與「女王和一些隨從」登船造訪，都是在七月十六日，所以他一定是事後才記錄的。只有羅伯森在公開日記裡面提及把那位原住民命名為「強納森」的事，請參閱：Robertson (1948): 188-

89。瓦歷斯在他的航海日誌裡面只簡略地提及「我們稱這個人強納森」，但是他的修改版日記並未記載此事，也許因此這件事也沒出現在浩克斯沃斯的書裡。有位學者主張，強納森就是圖帕伊亞，可參閱：Dening (2004): 172–73。然而，羅伯森指出，強納森於七月十三日登船造訪後，「我們再也沒看過他，或者聽到有關他的消息」，而在那天之後，圖帕伊亞當然還是持續登船造訪。回到大溪地後，幾位曾待過海豚號的船員都沒有說圖帕伊亞就是強納森——然而，威爾金森就是幫強納森換上歐洲服飾的人。

在瓦歷斯的修改版日記後面，羅伯森曾簡略地提及，七月十四日那天「女王第一次登船造訪」，但是在他自己的日誌裡面卻沒有此一紀錄。因此，她造訪經過的描述都是來自於瓦歷斯的航海日誌與日記，兩者的時間都寫七月十三日，故事內容基本上也一樣。他註明的時間之所以與羅伯森的時間有所差異，理由很簡單：船上時間與岸上時間有十二個小時的差異。多年後（一七八五年），因為海豚號的船員把女王描繪得如此生動有趣，啞劇《歐麥伊，又名世界之旅》才按照他們的描述來設計女王角色的戲服。「迷人的歐普莉雅」一角就是根據普莉雅女王而塑造出來的，而為那個角色創作素描畫的人，若非該齣啞劇的設計師路特布赫，就是庫克第三趟航程的隨船畫家約翰・韋伯。可以確定的是韋伯曾為戲服的細節提供建議。關於路特布赫與該齣啞劇的有趣討論，請參閱：Iain McCalman, “Spectacles of Knowledge: OMAI as Ethnographic Travelogue” in Hetherington, pp. 9-16。

## 第五章　元首互訪

瓦歷斯曾於隔天早上造訪「女王宅邸」一事，只曾經出現在他自己的修改版日記裡。在他的航海日誌中，女王登船造訪後，只有這樣的記載：「早上，天氣很差，無法派小船上岸，原住民來到取水處，因為水淹上了平地，他們在河岸上挖了一條新河道——今天早上來了兩位酋長，他們帶著幾隻烤豬和一些水果，也回送他們一些禮物。」一直要到一七六七年七月二十二日，他才在航海日誌裡提及自己造訪普莉雅之事，其內容與七月十三到十四日那篇公開日記幾乎一樣。

此一差異令人困惑。很可能七月二十二日才是正確日期，而瓦歷斯在修改日記時把那件事提前了，因為他知道，在這麼重要的事務上有所延誤，會讓他顏面無光。其他寫日記的人都完全沒有提及造訪議政廳之事——就連應該也在場的克拉克也不例外，所以我們無法印證哪一個日期才是正確的。因為浩克斯沃斯的版本以七月十三日為準，我也照做了。

收藏在雪梨米契爾圖書館的瓦歷斯船長航海日誌裡面，有一幅他自己畫的精美縮尺圖，其名稱為〈南海喬治王島女王宅邸的平面圖與高度，繪製於一七六七年七月〉（A Ground plan, & Elivation of the Queens House at King Georges Island, in the South Seas, taken in July 1767）。浩克斯沃斯曾提及船醫把假髮拿下來的故事（二九一頁），而且他一定是直接聽別人說的，因為那件事並未出現在任何紀錄裡。

瓦歷斯在一七六七年七月十八日的航海日誌寫道：「幾天沒有來的女王今天又現身了。」不過在他的修改版日記裡只提到她去海灘上。羅伯森在七月十八日的航海日誌裡寫到他在砲房裡接待大溪地貴族。在他的修改版日記裡面，七月十九日的紀錄較為仔細地重述了那天早上發生了哪些事（議政廳的宴會），還有七月二十日下午的事（普莉雅登船造訪）。他在這裡也提及皮克斯吉爾陪著蓋拉格一起去散步。這是羅伯森第一次在日誌或日記裡提及「女王」——他幫瓦歷斯的日記寫的附錄除外，在那裡他曾於七月十四日的註記中提及女王的隨從都穿著白色衣服。早餐的故事、羅伯森造訪議政廳與他和普莉雅調情的經過，完全都是出自於他自己的修改版日記。

有關頭部的「禁忌」（tapu），請參閱：Steiner, 45–46。東加群島語言裡的「tabu」變成英文後被改寫為「taboo」；大溪地語跟毛利語一樣，都是「tapu」。根據薩爾蒙德提出的理論，普莉雅因為具有神聖的地位，必須由別人餵她吃東西，但是她的頭部的「禁忌」性質應該也是個重要因素，請參閱：Salmond (2009) : 76。瓦歷斯無法造訪帕帕拉，這對阿莫、普莉雅與圖帕伊亞造成了災難性的後果，詳情請參閱：Adams, 51。

約翰．哈里遜利用馬斯基林博士那一本尚未出版的書來判斷經度，關於此事的討論請參閱：Richardson, 29。對於其他船員懷疑普莉雅「圖謀不軌」，羅伯森曾在瓦歷斯船長的修改版日記後面發表一番憤怒的言論。威爾金森於一七六七年七月二十六日提到，「印地安人懷疑我們要離開了」；在同一天的日記裡，他描述了他們把備用首錨（sheet anchor）收了起來，並且把上桅帆的桅杆與帆桁裝好。流錨（stream anchor）則是早已於七月二十四日就收了起來。平諾克在七月二十六日的日記裡提及砲手哈里遜的話。

瓦歷斯在日記裡宣稱，女王在船正要啟航時登船，但是在航海日誌裡，他卻明確地表示她並未登船：「女王一直待在她那艘靠近砲房舷窗的獨木舟上，流了很多眼淚。」其餘航海日誌與日記也都沒提及她在此刻登船，所以看來可能是瓦歷斯記錯了。

## 第六章　血洗帕帕拉

這一章開頭的戰歌引自於：Henry, 305。

星星號是一艘四百八十噸級的船艦，而惱怒號則是五百五十噸級的；海豚號的重量為五百零八噸，長度與星星號一樣（三十四公尺）。因為阿胡托魯對於歐洲人還有他們的服飾與衣服都如此熟悉，所以他有可能就是「強納森」，但這當然是無法確定的。關於珍妮．巴黑的故事請參閱：John Dunmore, *Monsieur Baret, First Woman Around the World 1766–68* (Auckland: Heritage Press, 2002)。馬格拉表示，普莉雅曾派女人登上海豚號，請參閱：Magra, 65。關於布干維爾的廚師的故事，請參閱：Sparrman, 72。一個重要的根據是薩爾蒙德的書（我看到時還是草稿），請參閱：Salmond (2009): 86–109；另外兩個出色的背景說明來自於：Dunmore (2005 and 1965)。關於圖塔哈造訪希提艾阿村一事，可參閱：Wilson (1799): xi。

在所有的紀錄裡，羅伯森都說他們幫兩位酋長穿上「歐洲服飾」（一七六七年七月十三日），但只有在他的修改版日記中提及強納森是其中一位酋長，請參閱：Robertson (1948): 193。

關於聖堂建造方式的大篇幅說明，請參閱：Henry, 131–38；關於馬哈伊阿特阿聖堂的部分請參閱前書第一三九到一四一頁；也可以參閱：Thomson, 26–28；還有：Adams, 29, 41–46；前書特別於四十二頁提及聖堂對於圖塔哈與其他兩位敵對酋長可能產生的衝擊。關於普莉雅想要打破「禁食令」，因此與其他人結怨一事，請參閱：Henry, 69；Adams, 59ff。美拉尼西亞也有類似的盛宴，關於此事的有趣討論請參閱：Scarr, 44ff。

關於作戰的方式請參閱：Oliver (1974): 375–408；前書的一二三到一二二五頁特別論及帕帕拉之戰。有關海戰的描述，請參閱：Ellis: v. II, 509–10。有關毀滅性的報復行動，請參閱：Henry, 310–16。關於戰爭開始前圖帕伊亞就逃走的說法，請參閱：Wilson (1799): xiii。我之所以推斷圖帕伊亞與圖塔哈達成了協議，是從他自己對馬格拉的說法衍生出來的；也可以參閱：Adams, 7–10, 41, 71。

## 第七章　奮進號

### 奮進號航程的日記與航海日誌

現存的庫克船長航海日誌與日記有好幾個版本，畢格霍爾編輯的版本有相關介紹，請參閱：Cook (1955): cxciii–ccxxvii。我的研究起點是收藏於坎培拉的畢格霍爾版庫克日記（MS 1），但後來因為想要直探原文，不希望受到編者的想法左右，我改而使用「南海航程記述」網站（South Seas Voyaging Accounts）上面提供的電子版庫克日記原文，這個版本是由大衛．杜恩布（David Turnbull）費心製作出來的（他只有利用米契爾圖書館收藏的手稿進行一些修正，並且增加一些文字）。該網站上也可以找到班克斯與帕金森的日記，還有浩克斯沃斯那一套書裡面相關的部分，因此很容易就能把每一天記錄下來的事情加以比較。瀏覽過其他航海日誌後，我又回歸到一九五五年的畢格霍爾版，好好利用裡面的腳註與評論。需要參考他下一趟航程的少數幾個地方，我會使用《庫克日記》（Cook *Journals*）的第二卷，編者也是畢格霍爾（一九六一年出版），因為這部分文字還無法從網路上取得（請參閱參考書目）。

奮進號的正式航海日誌顯然是由希克斯與威爾金森負責填寫的，目前收藏於大英圖書館（Add Ms 8959）。還有一本由希克斯填寫的日誌收藏於威靈頓的亞歷山大杜恩布圖書館（qMS-0954）。高爾的日記（Adm 51/4548/145-6）有兩種筆跡，所以其中有一部分可能是由他的僕人納森尼爾．莫瑞（Nathaniel Morey）撰寫的。日記的開頭是一七六八年七月三十一日，當時他們正沿著泰晤士河溯河而下。日記首頁的標題是：〈英王船艦奮進號之日記，該船指揮官為詹姆斯．庫克上尉〉（On Board His Majesty's Bark Endeavour, Lieutenant James Cook Commander），而且在日記裡他總是稱呼庫克船長為「庫克先生」（有什麼特別意義嗎？）。

羅伯．莫里諾的兩份日記非常有價值，因為他做了一些關於大溪地的有趣紀錄，兩者都收藏在國家檔案廳（Adm 51/4546/152 and Adm 55/39 26）。比較沒有用處的是少尉預官強納森．孟克浩斯（收藏於米契爾圖書館，MSS 5994）的冗長日誌。少尉預官約翰．布提的日誌（收藏於國家檔案廳，Adm 51/4546）可能是抄襲其他船員的，或者他們抄襲他，因為措辭非常相似，儘管他的文字風格比大多數人都還要文謅謅。他在紐西蘭寫了幾篇與眾不同的日記，一七六九年七月十五日那篇的筆調極其異常：「濫交是敗壞善行（譯註：引自聖經的《哥林多前書》。意思是交了損友只會帶壞自己）。尼克．楊恩是個王八蛋。」

另一個抄襲別人的是查爾斯．克勒克（收藏於國家檔案廳，Adm 51/4548），他的日記結束於一七七〇年六月八日，不知原因為何，因為日記裡還有很多空白頁。理查．皮克斯吉爾的日記（收藏於國家檔案廳，Adm 51/4547）之所以有趣，是因為隨著航程的進行，儘管他還是常拼錯字，但是文字風格越來越好，寫得也越來越熱情。法蘭西斯．威爾金森的日記收藏在同一個盒子裡（收藏於國家檔案廳，Adm 51/4547），字跡工整，內容很專業，也看得出來他的品格有所成長。日記結束於一七七〇年八月三日，當時他們在奮進河，理由不明。

我充分利用了班克斯的僕人詹姆斯．羅伯茲的日記，因為內容反映出來自於下層甲板的獨特聲音。日記的許多部分抄襲自皮克斯吉爾（顯然是皮克斯吉爾念給他聽的，因為字的拼法不同），而他寫日記的目的是為了證明自己曾出過海。到了一七七〇年五月，他的日記變得斷斷續續，也許是因為他跟皮克斯吉爾吵架了。他的日記結束於一七七〇年五月十四日禮拜天，地點是「新荷蘭海岸」。庫克命令各級軍官交出日記時，羅伯茲並未把他的交出去。他的日記如今收藏於米契爾圖書館（CY safe 157）。

班克斯跟庫克一樣，是我寫書時引用的主要來源，我使用的是「南海航程記述」網站提供的版本，並且仔細閱讀畢格霍爾版，兩相對照。請參閱：Banks (1962)。他的日記如今收藏於米契爾圖書館（Safe 1/12-13）。班克斯曾於一七七一年寫了一封有趣的信給洛拉蓋伯爵（Count Lauragais），向他描述那趟航程，信件目前收藏於米契爾圖書館（CY 1559）。威廉．孟克浩斯醫生寫的兩份文件被收藏在一個擺放雜文的檔案夾裡，目前在大英圖書館（Add 27889），而且文件標題被誤植為〈庫克的第二趟航程之雜文〉（Cook's Second Voyage, Fragments）。看來，檔案室管理員之所以被誤導，是因為裡面有一份很長的信件草稿，內容是要敦促海軍部把決心號買下來。畢格霍爾斷定其中一份文件的作者是孟克浩斯，內容描述他們待在紐西蘭的頭幾週（一七六九年十月六日到二十一日），而另一份標題為〈政府〉（Government），針對大溪地社會階級進行說明的文件儘管字跡不同，作者一定也是孟克浩斯，因為他描述了自己摘了聖堂的花朵之後發生了哪些事，而其他人也都曾說過他是那一事件的當事人。他的醫療日誌不見了。

查爾斯．葛林的日記（收藏於國家檔案廳，Adm 51/4545）夾在一本很大的簿子裡，簿子有經度委員會（Board of Longitude）的秘書約翰．伊伯森（John Ibbetson）的簽名，但日記絕對是天文學家葛林的。在日記裡，他以流水帳的方式說明了他在一七六三到一七六四年間陪同馬斯基林往返巴巴多斯（Barbados）的種種事蹟，內容很有趣。奮進號航程日記的字跡遠比前一部分還小。他嚴謹地把天文觀察的數據記下來，也針對他的「助理」做了一些筆記，顯示出他費心教導曆法的過程，偶爾幾篇日記則是顯現出他那種一本正經且尖刻的幽默感。一七六九年七月十二到十三日之間有十二個空白頁，看來他好像打算寫一些關於大溪地的東西。日記結束於一七七〇年十月三日，也就是他們在巴達維亞下錨停泊時。

就算索蘭德的確曾寫過日記，也並未流傳後世。但是，回英國後，他反而講了一些八卦，查爾斯．布拉格登（Dr Charles Blagden）醫生把其中一些有趣的小事記了下來。他的紀錄就是所謂的「布拉格登報告」，隸屬於耶魯大學拜內克古籍善本圖書館裡的奧斯本收藏品（Osborn collection）。編號「Ms file 1354」的資料記載著索蘭德四處遊玩時的趣事，包括船員跟他說的故事、「悶葫蘆帕金森」的八卦、庫克對於高爾的妒意，還有班克斯在巴達維亞花錢「購妻」的經過。索蘭德在大溪地時就開始請圖帕伊亞口述大溪地語的詞彙，上船後仍持續做這件事，他的紀錄也被保留了下來（box 5, folder 49）。

帕金森遺留下來的紀錄就只有他哥哥幫他出版的那本日記。幾乎一樣有用的是詹姆斯．馬格拉以匿名方式出版的日記。他們都對圖帕伊亞很有興趣，也不厭其煩地把他述說的早年經歷寫了下來。

## 前往大溪地的航程

一七六七年八月十五日，瓦歷斯決定放棄尋找那片傳說中的南方大陸，在他的修改版日記裡面表示，他所成就的已經足夠了，因為他有了一些「令人振奮的發現，可以在未來繼續探掘」，他還說，「盡快取道天寧島與巴達維亞，回到歐洲去，才是最謹慎、對於國王陛下最有利的。」

《洛氏晚間郵報》披露了海豚號的故事，造成轟動之後，諸家報社紛紛跟進，包括《聖詹姆斯紀事報》（*The St James' Chronicle*，五月二十四到二十六日）、《倫敦紀事報》（*The London Chronicle*，五月二十四到二十六日），還有《每日公報》（*The Gazetteer and New Daily Advertiser*，五月二十六到二十七日）。直到七月，報導仍未間斷，請參閱：*Scots Magazine*, vol.XXX, July 1768, 378–79。關於海豚號返國後所發生的種種事件，可以參閱：Glyndwr Williams, "The Endeavour Voyage: A coincidence of motives," in Williams (2005): 3–18。

有一份當年的文件記載了水手罷工的狀況，請參閱：*Scots Magazine*, vol. XXX, June 1768, 328–30。當時海豚號很可能變成了後備船艦（用現代的用語來講，就是「被打入冷宮」），因為一直要等到一七七〇年四月它的人員才再度集合，不久後它就被拆散解體了（譯註：海豚號於一七七七年才被解體）。關於當時船員的薪水，還有羅伯森的遭遇，可參閱羅伯森日記編纂者卡靈頓的說明：Robertson (1948): xxxviii–xlii。關於佛諾、莫里諾、皮克斯吉爾與高爾的航海生涯，可參閱：Robson (2004): 105, 106–107, 151, 178。法蘭西斯．威爾金森於事後跟人合寫了一本文筆優美的奮進號航程日誌，但他是個謎一般的角色，沒有多少關於他的生平之紀錄，只有人員名冊裡面曾經註明他是在一七四七年誕生於查塔姆（Chatham）。

羅伯森無法成為奮進號的一員是值得注意的事，特別是奮進號上面的三個前海豚號船員都是他訓練出來的。他仍然在驅逐艦海豚號上服務，但是它持續停泊在港邊，由他擔任船艦管理員，不過，他似乎應該也曾經應徵過奮進號的船員職務，因為他曾在一七七一年寫信給班克斯，求班克斯幫他謀取決心號的差事。但他已經名列黑名單了：因為他不只帶領海豚號的船員向政府抗議，顯然也違反了不得與記者談話的禁令。對於浩克斯沃斯來講，這卻是一個利多，因為羅伯森也許就是在這個時候改寫自己的日記；他們一定聊過，因為浩克斯沃斯掌握了一些任何紀錄裡都未曾出現過的軼事，例如船醫把假髮拿下來後，讓大溪地人目瞪口呆那件事。

關於奮進號改裝的經過，還有住宿空間的安排，我參考的資料是：Villiers（特別是七十七到八十二頁）；但是對另一位作者也多所依賴，他的書裡面有精美而詳細的草圖，請參閱：Parkin。有關於官階與等級的問題，還有在船上工作的男孩，請參閱：Rodger, 15–29, 37–45, 68–69。

有一位作者表示，到了五月中，圖帕伊亞就已經成為班克斯的固定友伴了，每天早餐時間過後，圖帕伊亞就已經在金星碉堡的大門口等候，準備要協助交易事宜，請參閱：Hough, 101。在一次與我聯絡的過程中，保羅・泰普索向我透露了塔伊艾塔與圖帕伊亞的關係。一如往常，當庫克要把新進船員寫進船員名冊時，他還是不厭其煩地把幾個大溪地人的名字寫上去。他在隔天（四月十九日）寫道：「這位雷克格斯的真名是『Tobia Tomita』，與他的家人一起同來……住在我們附近。」一直到四月二十七日，班克斯才發現圖帕伊亞的名字，當時他寫道：「今天我們發現我們的朋友都有名字……未來，這位雷克格斯將會被稱為『Tubourai tamaide』……」

## 第八章　圖帕伊亞的塗鴉

有關於祭司必須把下巴的鬍子刮乾淨的證據，請參閱帕金森幫一位賴阿特阿島祭司畫的素描畫（收藏於大英圖書館，Add 10497, f. 6）。孟克浩斯那篇標題為〈政府〉的短論收藏在大英圖書館的檔案夾裡（Add 27889）。班克斯表示，大溪地人如果喝醉的話，會討厭自己，請參閱班克斯日記的第一卷，〈南海諸島的風俗習慣〉（"Manners & Customs of S. Sea Islands"）：Banks (1962): 109。印證此事的另一本書請參閱：Sparrman, 86。以下這篇文章幫助我確認圖帕伊亞的故事裡面有哪些相關的大溪地人，請參閱：Dreissen, "Dramatis Personae of Society Islands, Cook's 'Endeavour' Voyage 1769" in *Journal of Pacific History*, vol. 17, no. 4 (1982): 227–32。那些英國軍官的情婦的名字是引述自索蘭德留下來的紀錄，請參閱：Carter, 82。

關於當時法國與西班牙船艦的旗幟之描述，請參閱：Wilson (1986): 53–55, 60–62, 74–76。據說，奮進號抵達才五天就出現了第一個性病的病例；等到他們離開時，船上半數人員都已染病，請參閱：Lummis, 43。針對這項指控，瓦歷斯堅決否認性病是海豚號帶到大溪地的。在羅伯森的公開日誌裡面，一七六七年七月九日那篇紀錄下方用紅字寫著：「沒有性病」。

關於圖帕伊亞的畫作之專家意見，請參閱：Keith Vincent Smith, "Tupaia's Sketchbook", *eBritish Library Journal*, article 10 (2005): 1–6；也可參閱：Glyndwr Williams, "Tupaia, Polynesian Warrior, Navigator, High Priest — and Artist', in Nussbaum, 38–51。值得注意的是，儘管約翰・馬拉稱圖帕伊亞為「出色的藝術家」（請參閱：Marra, 219），他指的是「航海藝術家」，或者厲害的領航員；可以參閱的地方之一是《海員雜誌》（*Mariner's Magazine*）的編輯薩謬爾・史特米（Samuel Sturmy）寫的一本書，請參閱：Samuel Sturmy, *The compleat sea artist, or, the art of navigation* (1684)。關於圖帕伊亞身為「主祭者的畫家」之討論，可參閱：Joppien and Smith, p. 60；也可參閱：Salmond (2003): 56ff；Thomas (2003): 75–77。伯納德・史密斯在其專書裡面表示，圖帕伊亞是現學現畫（五十六頁），他同時也認為帕金森還沒有準備好，所以無法畫人物畫（八十二到八十三頁、八十九頁、九十八頁、一九三到一九四頁），而且帕金森也太過拘謹（九十六頁），請參閱：Smith (1992)。魯迪格・尤皮恩（Rudiger Joppien）與葛林德威・威廉斯（Glyndwr Williams）對這個主題感到有興趣，也給了我建議，特此致謝。我也感謝卡洛琳・赫頓（Caroline Hutton）與我分享她對於主祭者的研究。

## 第九章　波里尼西亞的創世神話

本章最開頭那一首創世神話讚歌引自於：De Bovis, 45。

關於大溪地老鼠的有趣背景，可參閱：Ferdon, 196–97。

英國傳教士威廉．艾利斯（William Ellis）宣稱大溪地人不太願意談論他們的神明，並且在書中描述了他所了解的大溪地神話，請參閱：Ellis, V. 2: 40–41, 191–95。庫克曾經針對圖帕伊亞說的茂宜神話以及創世神話做了一些簡略的筆記，筆記目前由大英圖書館收藏（Add Ms 27889）；筆記寫在幾張紙上，跟第二趟航程的一些貼錯標籤的零碎文件擺在一起，也許是因為裡面有一張紙是庫克信件草稿，內容是向海軍部推薦決心號。在神話中，塔阿若地位崇高，超然獨立於這個世界的俗務之外，因此不受人類敬拜，可參閱：Moerenhout (I: 439)；也可參閱：Oliver (1974): II, 890ff。

薩爾蒙德曾描述造訪馬哈伊阿特阿聖堂的過程，請參閱：Salmond (2009): 193–96。某位古代傳教士曾描述過類似圖帕伊亞的祭司在馬哈伊阿特阿聖堂祈禱的情形，請參閱：Wilson (1799): 207–208。我很感激約翰．米契爾（John Mitchell）投注了那麼多時間與熱忱來研究圖帕伊亞的創世神話。透過對話，我們得出的結論是，那許許多多的「西娜女神」其實都是西娜的化身，祂是塔阿若之妻，也是地球女神，請參閱：De Bovis, 40。

如果帶圖帕伊亞前往英格蘭的是瓦歷斯，而非庫克，結果會怎樣？我們很難不去想這個問題。瓦歷斯是在一七二八年生於康瓦爾郡卡默福德鎮旁邊一個叫作朗特格羅（Lanteglos-by-Camelford, Cornwall）的地方，父親是個低階鄉紳，因此他不可能養得起一位來自異國的賓客；否則，我們可以說，搭乘他的船是一個比較好的選擇。對於海豚號來講，如果船上有一位聰明而表達能力強的大溪地人，也能引起大眾的注目，迫使海軍部公開承認他們的第一趟大溪地發現之旅的確有其價值。

圖帕伊亞想要搭上奮進號的主要理由，是為了報復波拉波拉人，請參閱：Sparrman, 83。

## 第十章　重返賴阿特阿島

「接受整個船隊的夾道鞭笞之刑」（flogging around the fleet）是一種激烈的刑罰，獲判有罪的人必須搭乘小船，前往每一艘船艦上去接受夾道鞭笞，全船人員在一旁觀看，鼓手演奏〈惡棍進行曲〉（Rogue's March）。全部的鞭笞次數（至少一千下）由整個船隊分攤。羅伯森曾擔任過迅捷號的領航員，該船船長很有名，就是後來成為海軍上將的威廉．康瓦歷斯（Sir William Cornwallis）爵士；一七六五年一月十四日，迅捷號停泊於牙買加的皇家港（Port Royal），羅伯森寫道：「早上十點，陸戰隊員莫里斯．康納（Morice Connor）因為逃兵之罪，而在英王船艦無畏號（Dreadnought）上被鞭笞二十下。」他並未提及康納是否死了，但的確很有可能。

從船尾觀察航線是波里尼西亞領航術的重要領域，因為，根據獨木舟離開時的不同方向，島嶼就會呈現出不同的輪廓。圖帕伊亞非常清楚，如果奮進號離開時的航線正確的話，大溪地島就應該以特定的輪廓呈現在他眼前，所以他趴在船尾窗戶的窗台上確認他所看到的輪廓是否正確。請參閱：Gladwin, 165–68。儘管班克斯記載圖帕伊亞祈禱起風的日期是七月十四日，帕金森在日記裡提起這件事時，卻是寫在七月十三到十五日的那篇日記裡，他們的紀錄顯然都是事後才寫的，因為圖帕伊亞一直維持著這個習慣──直到有一天他意識到歐洲人認為他只是在耍花招。無疑的，他還是在甲板上找個隱祕角落，持續祈禱。關於領航員的讚歌，請參閱：Salmond (2009): 206；接近聖堂時所使用的讚歌請參閱前書二〇八頁。

關於圖帕伊亞說的波拉波拉人的故事，請參閱：Parkinson, 73; Magra, 60–63。根據班克斯所列出來的清單，圖帕伊亞在賴阿特阿島上的資產眾多，包括：「Oaheuti」（Vaihuti：瓦伊胡提）、「Matawai」（Matavai：馬塔維）、「Owaeiao」（o Vaiaao valley：歐瓦伊艾歐谷）、「Malahei」（Marahi Point：馬拉希海岬）、「Ohetuna」（o Fetuna：歐費士納）、「Tioroa」（提歐羅阿）、「Outurata」（o Uturata：歐烏士拉塔）、「Otuatau」（歐士阿塔烏；也許是塔哈島〔Tahaa）外海的小島）、「Ohatemu」（o Faatemu Bay：歐法阿特穆灣）、「Oayenae」（歐阿耶納耶）還有「Oahapapalha」（o Haaparara Bay：歐哈帕拉拉灣）；請參閱：Dreissen, "Dramatis Personae..., 232。關於普尼船長害怕圖帕伊亞一事，請參閱：Burney, 79。

大溪地舞蹈具有強烈的性愛特質，關於這點的評論請參閱：Beaglehole (1974): 176。

## 第十一章　一張謎樣般的航海圖

關於圖帕伊亞的航海圖，過去已有一些精彩的討論，有關於其圖說與描述，請參閱：David, Joppien and Smith, xliv, 130–31；編者提出的理論是，圖上那些島嶼是以大溪地為圓心，根據他們航行的時間相應地繪製出來的，島嶼構成了一個個同心圓。

有一位作者曾特別針對航海圖上的圖說與船隻圖形進行研究，請參閱他的兩篇文章：Robert Langdon, "Of Time, Prophesy and the European Ships of Tupaia's Chart", in *Journal of Pacific History*, vol. 19 (1984): 239–47；還有："The European Ships of Tupaia's Chart, an Essay in Identification", in *Journal of Pacific History*, vol. 15 (1980): 225–32。關於圖說的其他詮釋，請參閱：Duff, 17–18。更多細節可參閱：Dreissen, "Outriggerless Canoes and Glorious Beings", in *Journal of Pacific History*, vol. 17 (1982): 23–27。

從地理學家的角度來解析地圖可參閱：Gordon Lewthwaite, "Tupaia's Map: The Horizons of a Polynesian Geographer', *Association of Pacific Coast Geographers Yearbook 28* (1966): 41–53; 還有："Puzzle of Tupaia's Map", in *New Zealand Geographer*, vol. 26, no. 1 (1970): 1–19。很奇怪的是，庫克對於精確地找出圖帕伊亞的航行方式興趣缺缺，相關討論請參閱：David Turnbull, "Cook and Tupaia: A Tale of Cartographic Mèconnaissance?" in Lincoln, 117–32；同一位作者的另一篇文章也複述同樣的有力論證，請參閱：David Turnbull, "(En)-Countering Knowledge Traditions: The Story of Cook and Tupaia" in Ballantyne (ed.) , *Science, Empire and the European Exploration of the Pacific*, 225–45；也可以參閱：Finney (1992): 7–10；Scarr: 52–53。有人則是主張，庫克與班克斯未曾徹底了解過圖帕伊亞的航海技巧與知識，請參閱：Coote, 20。

庫克的清單收錄在畢格霍爾編輯的庫克船長日誌：Cook (1955): 291–93。對於那些島嶼的名稱與位置之詮釋，請參閱：Hale, 122–25；J. Forster, Chapter VI，特別是三〇六到三一五頁；也可參閱：Duff, 17–18。也有人提出一種令人興奮的全新詮釋，請參閱：Anne di Piazza and Erik Pearthree, "A New Reading of Tupaia's Chart", in *Journal of the Polynesian Society*, vol. 116, no. 3 (Sept. 2007): 321–40。關於各種詮釋的評估與概觀，請參閱：O.H.K. Spate, "The Pacific as an Artefact', in Gunson, *The Changing Pacific* (1978): 32–45；也可以參閱：Salmond (2009): 203–205, 222。

有關馬拉這位船員對於圖帕伊亞的航海技術之評論，請參閱：Marra, 219；書裡面曾提到圖帕伊亞的航海圖（四十一頁），還有圖上的圖說（八十九頁）。有兩本日誌提到圖帕伊亞能準確無誤地指出大溪地的位置，請參閱：Johann Forster, 531; Marra, 217。有一本書提到他們使用跳島航行的方式，請參閱：Lewis, 38。我對於庫克的洞見之討論，是結合了他在一七六九年八月十五日寫下的日誌，還有〈喬治王島之描述〉的第三十八與四十三頁。科學家喬治．佛斯特曾提到圖帕伊亞批評喬治王的子女太多，太會花錢，其說法請參閱：Oliver (1974): 953。有關於圖帕伊亞所繪製的戰船圖畫之背景，請參閱：Oliver (1974): 404。

## 第十二章　南緯四十度線

某位作者認為，接下來的四個禮拜應該是用來進行思考的時間，因為「沒有多少鳥類或海上生物可以觀察」，請參閱：O'Brian, 105；然而，班克斯「無疑的受到了林奈的規則之影響，博物學家應該將外國人的每個方面都呈報出來，花很多時間反省近來的經驗，並且與圖帕伊亞進行許多面向的討論，繼而把整理過的思緒寫在紙上」。

關於圖帕伊亞的傳言，請參閱：Marra, 219–20。班克斯在一封寫給阿斯特洛莫（譯註：Clas Alströmer，瑞典博物學家）的信件裡（一七八四年十一月十六日），班克斯描繪了主艙裡的日常生活狀況，請參閱：Duyker and Tingbrand: 410–14。索蘭德與船員的關係非常融洽，他在寫給約翰．艾利斯（John Ellis）的信裡面提及這一點（一七六八年十二月一日），引文請參閱：Duyker, 110。索蘭德的密友查爾斯．布拉格登醫生很快地把他的故事寫下來，其紀錄目前收藏於耶魯大學的拜內克古籍善本圖書館；索蘭德蒐集的大溪地詞彙清單也收藏在同一個地方。非常感激該館館員讓我得以接觸這份有趣的檔案。一位叫「Patini」的原住民登上美國船艦，離開大溪地的故事來自於新貝德佛公立圖書館（New Bedford Free Public Library）收藏的船員卡，我感謝保羅．席爾在這方面的幫忙。

索蘭德待在里約熱內盧（Rio de Janeiro）時所寫的一封信（一七六八年十二月一日），也曾經描述約翰．高爾的豐富航海經驗，請參閱：Duyker and Tingbrand, 281。非常感激幫索蘭德立傳的愛德華．德維克（Edward Duyker）的熱忱與建議。

關於那些與圖帕伊亞一起住在後甲板區的其他平民的背景資料，我所依據的是約翰．洛柏森（John Robson）的百科全書，還有他架設的「庫克船長的航程同伴」網站（The Men Who Sailed with Captain James Cook；網址：quicksilver.net.nz）。我也要感謝約翰．洛柏森在與我聯絡時對我的幫助。帕金森的部分，可參閱：Carr, *Passim*。關於如何利用月亮與太陽之間的距離來計算緯度，請參閱：Howse, 194–97。關於馬斯基林的曆書的故事，請參閱：ibid., 63–67。詹姆斯．羅伯茲曾在一七六九年九月二十三日的日記裡抱怨居住環境欠佳。

我在羅列圖帕伊亞可能會隨身攜帶哪些東西時，一部分是根據某本書裡面對於「haanatoroa」（祭司制服）的描述，請參閱：Henry, 152。另一本書則描述了獨木舟在航行時會準備哪些補給品，請參閱：Gladwin, 50-51。

瓦歷斯的航海日誌內容極其吸引人，裡面詳述了他每天怎樣透過醫療與飲食來照顧船員。葡萄酒比一般兌水烈酒更好（而所謂烈酒，就海豚號而言，是指白蘭地），因為葡萄酒是酸的，酸性物質應該可以預防與治療壞血病（葡萄酒之所以是酸的，是因為裡面含有酒石酸，而非維他命 C，但瓦歷斯是根據他所了解的最佳原則來行事）。關於蘭花粥如何調製，還有療效如何，可以參閱一篇有趣的文章：*Scots Magazine*, vol. XXX (1768, but dated 29 Oct. 1767): 8。海豚號船醫哈金森的信件（日期一七六八年五月十六日）跟奮進號航海日誌的第一卷被放在一起，由坎培拉的澳大利亞國立圖書館收藏（MS 1）。

理查．米赫瑞（Richard T. Mihaere）曾討論過「whakama」，請參閱：McCall and Connell, 67–68。

## 第十三章　戰士與妖精的初接觸

關於大海嘯的詳情，請參閱：McFadgen: 221–37。內容也許和大溪地及賴阿特阿島大洪水的神話有相符之處，請參閱：Henry, 445–52。在描寫奮進號環繞紐西蘭過程中與毛利人接觸的情形時，我使用的背景資料常常來自於薩爾蒙德的出色著作《兩個世界》（*Two Worlds*），在此再度感謝她的熱忱與建議：Salmond (1991)。

綠玉石武器（mere）與巴圖（patu）是用於近身搏鬥的武器。儘管它們常被稱為「棍棒」，但並非大頭短棒（bludgeon），而是上面有銳利的邊緣，可以讓戰士針對攻擊區出手，通常是太陽穴、下顎或肋骨。一旦擊中，手腕的龐大勁道將會造成最大程度的傷害。綠玉石武器之所以尊貴，是因為鑿雕與打磨非常費工，而且也是因為綠玉石相當罕見；綠玉石武器也會承載過去主人的威望，隨著它被代代相傳，武器的神力也越來越大。關於短刀的價值（八先令兩便士），請參閱：Estate Papers of Captain Ebenezer Ellinwood, of Beverly, Massachusetts, 1771: Essex County Records。

皮克斯吉爾讚賞毛利人的勇氣，提及他們居然敢奪回綠玉石武器時，他寫道：「此等勇氣無與倫比，值得大加讚賞。」庫克正式佔有紐西蘭的日期，一般都認為是一七六九年十一月十五日，但是稍早帕金森所做的描述具有說服力，請參閱：W. Colenso, "On the Day in which Captain Cook took Formal Possession of New Zealand", *Transactions and Proceedings of the Royal Society of New Zealand*, vol. 10 (1877): 99–105。關於那三個被綁架男孩的名字，請參閱以下論文的三九三頁：Archdeacon W.L. Williams, "On the Visit of Captain Cook to Poverty Bay and Tolaga Bay", *Transactions and Proceedings of the Royal Society of New Zealand*, vol. 21 (1888): 389–97. 孟克浩斯用拼音的方式把毛利人神祇的名字寫成：「Torònomy Tahòugoona Ohyere」。希克斯的日誌（qMS-0954）印證了那三個男孩睡覺的地方是「在主艙裡」，再度證明了圖帕伊亞在後甲板區有自己的鋪位。後來那件紅外套還被當地人命名並且保留下來，請參閱：Salmond (2009): 227。

## 第十四章　成為傳奇人物

關於奮進號來到烏阿瓦之後雙方互動的背景，請參閱：Salmond (1991): 169–79。關於圖帕伊亞講道的洞穴與他在岩石上畫的東西，請參閱：Colenso, " A few remarks on a cavern . . ." *Transactions and Proceedings of the Royal Society of New Zealand*, vol. 12 (1879): 147–50。上述論文作者在一四八頁的一個腳註裡面提及某位最高酋長之名——他稱呼圖帕伊亞為「Whakatataraoterangi」，而他的孫子特卡尼歐塔奇拉烏（Te Kaniotakirau，也稱為「卡尼」）就是帶波拉克去看洞穴的人，並且信誓旦旦表示圖畫出自圖帕伊亞之手。圖帕伊亞不管班克斯與索蘭德兩人，自己去造訪聖堂，可以印證此事的是，班克斯拿到了一塊「poupou」（雕刻過的板子），那顯然是他從特波烏瑞瓦島（Te Pourewa Island）上面一座尚未完工的建築撬下來的。如果當時圖帕伊亞在場，他肯定不會允許班克斯褻瀆神明。請參閱：Salmond (1991): 173；也可以參閱：Salmond (2009), 229–30。威爾金森於一七六九年十月二十一日證實是塔伊艾塔陪他的。

馬格拉與班克斯兩人都描述過如何找女性相伴的方式，請參閱：Magra, 78-79；另外請參閱班克斯日記的第二卷，〈紐西蘭的描述〉（Account of New Zealand）：Banks (1962): 207–208。威爾金森於十月二十一日寫道，很多人都有不只一個「妻子」。關於當地人一定會慷慨招待圖帕伊亞之事（包括提供一位女性貴族當他的床伴），請參閱：Pei Te Hurinui Jones, "A Maori Comment . . .", *Journal of the Polynesian Society*, vol. 66, no. 1: 132–34；另外，我也曾跟馬修．圖帕伊亞（Mathew Tupaea）聯絡，印證此事。我非常感謝圖帕伊亞家族的熱忱與評論。關於「神力」（mana）與「聖堂」的討論，請參閱：Gudgeon, "Mana Tangata", *Journal of the Polynesian Society*, vol. 14, no. 2 (June 1905): 49–66；前文作者於五十二頁比較了階梯式的平台與毛利人的聖堂。有關這個地區的繁榮發展，請參閱：Salmond (1991): 178；另外也可以參閱：Simmons: 350–51。

庫克第二趟航程的隨船天文學家貝里（Bayly）曾於一七七三年四月九日寫道，圖帕伊亞成為傳奇人物，引文請參閱：McNab, 202, 205。貝里也提到，大溪地語的「ahou」（脫衣禮）一詞變成了毛利語的「衣服」。庫克是在一七七三年六月三日的決心號日記裡提及圖帕伊亞的聲名遠播，請參閱：Cook (1961): 170。關於毛利人為圖帕伊亞創作的讚歌，請參閱：Sparrman, 37。關於圖帕伊亞重新引入弓箭這件事，請參閱：E. Tregear, "The Polynesian Bow", *Journal of the Polynesian Society*, vol. 1, no. 1 (1892): 56–59。保羅．泰普索的一篇文章對我有所啟發，他討論了毛利人贈送珍貴寶物給圖帕伊亞的事，主張極其有力，請參閱：Paul Tapsell, " Footprints in the Sand," in Hetherington and Morphy: 92–111。

## 第十五章　紐西蘭的曲折海岸

薩爾蒙德引述了何瑞塔．特．塔尼瓦的話，請參閱：Salmond (1991): 198–99。關於索蘭德因為圖帕伊亞的協助，才得以精確地把毛利人的植物名稱記錄下來，請參閱：Duyker (1998): 163；印證這個主張的一篇文章認為，圖帕伊亞能夠在那裡出現，實在是「幸運而且寶貴的」，請參閱：Edwin D. Hatch, "Solander—His Influence On New Zealand Botany", *Tuatara*, vol. 11, no. 2 ( June 1963): 66–71。

非常感激希拉蕊（Hilary）與約翰．米契爾協助我進行這一章的研究，特別是關於夏綠蒂王后灣的部分。約翰．米契爾提供的一個有趣評論是，當地的毛利人似乎在奮進號抵達前就已經知道鐵釘這種東西。圖帕伊亞與毛利人的對話內容是他自己說的，我大致上按照他的話寫出來；那一具女屍是毛利人的姊妹之說法來自於馬格拉，請參閱：Magra, 96。澳大利亞總督羅夫．達令（Ralph Darling）曾經試圖打壓交易人頭的活動，理由是「太過野蠻」，但仍延續到十九世紀初，而且對毛利人的習俗造成很大影響。因為，上面有刺青的人頭極有價值，臉上有刺青的人因而也成為被割頭的目標，所以毛利人不喜歡在臉部刺青（這是詹姆斯．貝利許〔James Belich〕告訴我的）。關於食人習俗與處理屍體時的禁忌，我必須感謝約翰．米契爾對我的啟發。薩爾蒙德說，在大溪地「把敵人的靈魂吃掉的是神明，而非人類」，請參閱：Salmond (2009): 230。

庫克的一位手下表示，毛利人詢問圖帕伊亞的死因時，「似乎懷疑是我們害死了他。」請參閱：Burney, 49。莫里諾把奧利馬洛亞島拼成了「Oneewarroa」，而根據圖帕伊亞所說，那是大溪地西方與西北方幾個又高又大的肥沃島嶼之一（也許是指東加群島）；它並未出現在圖帕伊亞口述，後來由庫克寫下的島嶼清單裡。關於「圖帕伊亞的船」的說法，請參閱：Belich, 20；庫克也提過此事，請參閱：Cook (1961): 73。

## 第十六章　植物學灣

關於班克斯與庫克的報告成為珍貴民族學文獻這件事，請參閱薩爾蒙德的精彩分析：Salmond (1991): 265–95。與澳大利亞原住民的初次接觸過程，請參閱：Duyker (1998)，特別是第一七九頁；也可以參閱：Keith Vincent Smith, " Confronting Cook", *eBritish Library Journal*, 2009, article 4: 1–5。有關於「混亂來自於海上」的觀念，請參閱：Rosemary Hunter, " Aboriginal Histories, Australian Histories and the Law," in Attwood, 3。

圖帕伊亞的寵物鸚鵡之故事非常迷人，而此一故事的第一個出處請參閱：Whittell, 81；但是，前述出處所引述的則是來自達靈頓（Darlington）的喬治．艾倫（George Allan）的說法——艾倫就是買下湯斯鐸家收藏品的人。更多的細節來自於：Olsen, 16–19。另外也可以參閱湯斯鐸與艾倫的回憶錄：G.T. Fox, *The Memoirs of Marmaduke Tunstall esq. and George Allan esq.*, Newcastle (privately printed), 1827。非常感激大北方漢考克博物館（Great North Museum: Hancock，位於紐卡索〔Newcastle〕）的館員費心幫我追查圖帕伊亞的鸚鵡的下落。

庫克寫的抗壞血酸飲食紀錄，收藏在大英圖書館裡（Add Ms 27889）。更具成效的是他養成了上岸採集藥草的習慣。值得注意的是，讓船艦保持乾淨、乾燥與通風，採用三班值班制度（船員每工作四小時就能獲得八小時的休息），也都有幫助，因為，如果工作太過勞累，工作環境嚴苛，就會減低身體對於壞血病的抵抗力。請參閱：Brett Stubb, " Captain Cook's beer: the antiscorbutic use of malt and beer in late 18th century sea voyages", *Asia Pacific Journal of Clinical Nutrition*, 12 (2) [2003]: 129–37。

## 第十七章　大堡礁

魚是生吃的，連魚鰓、內臟等全都一起吃掉，請參閱：Ferdon, 96；印證此說法的書請參閱：Sparrman, 89。這意味著連魚鰓和魚肚裡的東西都被圖帕伊亞吃掉了，因為未經烹煮，所以富含珍貴的維他命與食物纖維。這可以用來解釋圖帕伊亞為何能奇蹟似地復元。

關於在奮進河初次與原住民接觸的精彩描寫，請參閱：Duyker (1998): 198–201。關於當地方言的有趣背景，請參閱：John B. Haviland, "The Language of Cooktown," in Shopen, 164–69；也可參閱：Lippmann, 19–23。

## 第十八章　傳奇的終結

在寫信給惠特比鎮的沃克（Walker）先生時，庫克承認自己並沒有任何偉大的發現，信件內容請參閱：Wood, 115。

關於任何與病死者有過接觸的東西都必須焚毀的習俗，請參閱：Oliver (1974), 494。關於與死者分享最後一口氣，請參閱：Henry, 290。缺乏蔬菜的確是造成圖帕伊亞英年早逝的重要因素。有人指出，船上的壞血病病例比庫克所承認的還多，並且以葛林和圖帕伊亞為例子，請參閱：James Watt, " Medical Aspects and Consequences of Cook's Voyages," in Fisher and Johnston: 129–57（葛林與圖帕伊亞的例子參閱該文一三九頁）。

關於伊丹島的描述引自於：*The Jakarta Post*, "An Unforgettable Trip to Bidadari and Damar islands", 2 June 2000, and "Let there be light", 19 November 2008。也可以參閱 John Joseph Stockdale, *Sketches, Civil and Military, of the Island of Java . . .* (London, 1812), 126–27；John Pinkerton, *A general collection of the best and most interesting travels . . .* (London, 1808), 214–15。感謝薩爾蒙德幫我找到伊丹島的印尼文名稱（Damar Besar）。關於庫克對於那些死者所說的壞話，請參閱一個有趣的觀點：Horwitz, 207–208。

在巴達維亞時，帕金森曾於一七七〇年十月十六日寫信給表姊珍．高梅爾頓，描述幫她蒐集小型工藝品的過程；請參閱班克斯日記編者畢格霍爾的說法：Banks (1962): 57–62；也可參閱：Carr, xii–xiii；那一件狗皮斗篷是孟克浩斯於一七六九年十月十二日買的。關於庫克捐給海軍部的「奇珍異品」清單，請參閱：Adrienne Kaeppler, " Enlightened Ethnographic Collections," in Kaeppler et al., 56；關於第一趟航程蒐集到的工藝品之意義，可參閱此文五十五到五十八頁。班克斯的「奇珍異品」目前由牛津大學的皮特瑞佛斯博物館（Pitt Rivers Museum）收藏（其中也許還包括塔伊艾塔的笛子），請參閱：Coote, " Joseph Banks's Forty Brass Patus," *Journal of Museum Ethnology*, no. 20 (March 2008: 49–68)；前述論文五十九頁評論道，班克斯因為無法得到寶物而「常常感到挫折」。

上述說法又把我們帶回到那一篇促成這本書問世，於二〇〇六年八月五日出現在《紐西蘭先鋒報》上的訪談內容，還有保羅．泰普索的有力主張：班克斯持有的那些毛利寶藏，其實原本都是送給圖帕伊亞的，因為毛利人認可他同時是最高祭司，又是奮進號的領航長，地位出眾。

# 參考書目


Adams, Henry. *Tahiti.* (Edited by Robert E. Spiller.) Memoirs of Arii Taimai, the last chiefess of Papara (and Purea's great-niece), as told to Adams through Marau Taaroa, 'last queen of Tahiti', who translated. Paris: privately printed, 1901.

Attwood, Bain (ed.). *In the Age of Mabo: History, Aborigines, and Australia.* St. Leonard's, NSW: Allen & Unwin, 1996.

Aughton, Peter. *Endeavour: The Story of Captain Cook's First Great Epic Voyage.* London: Cassell, 2002.

Ballantyne, Tony (ed.). *Science, Empire and the European Exploration of the Pacific.* London: Pacific World Series (Ashgate), 2004.

Banks, Joseph. *Endeavour Journal of Joseph Banks.* (Edited by J.C. Beaglehole.) Sydney: Cambridge University Press, 1962.

--.*The Journal of Joseph Banks in the Endeavour.* (Facsimile of the journal with a commentary by A.M. Lysaght.) Adelaide: Rigby, 1980.

Beaglehole, John Cawte. *The Life of Captain James Cook.* London: A & C Black, 1974.

Beasley, A.W. *Fellowship of Three.* ( John Hunter, James Cook, Joseph Banks.) New South Wales: Kangaroo Press, 1993.

Begg, A. Charles, with Neil C. Begg. *James Cook and New Zealand.* Wellington: Govt. Printer, 1969.

Belich, James. *Making Peoples: A History of the New Zealanders . . .* Auckland: Penguin, 2007.

Buck, Peter (Te Rangi Hiroa). *An Introduction to Polynesian Anthropology.* Honolulu: Kraus reprint, 1945.

Burney, James. (Edited by Beverley Hooper.) *With Captain James Cook in the Antarctic and Pacific: The Private Journal of James Burney, Second Lieutenant of the Adventure on Cook's Second Voyage.* Canberra: National Library of Australia, 1975.

Carr, D. J. (ed.). *Sydney Parkinson, artist.* Honolulu: University of Hawaii Press, 1983.

Carter, Harold B. *Sir Joseph Banks 1743–1820.* London: British Museum, 1988.

Colchester, Chloé . (ed.). *Clothing the Pacific.* Oxford: Berg, 2003.

Cook, James. *The Journals of Captain James Cook on his Voyages of Discovery.* (Vol. I, *Endeavour.*) (Edited by J.C. Beaglehole.) Cambridge University Press, 1955.

--.*The Journals of Captain James Cook on his Voyages of Discovery.* (Vol. 2, *Resolution and Adventure.*) (Edited by J.C. Beaglehole.) Cambridge University Press, 1961.

Coote, Jeremy. *Curiosities from the Endeavour: A Forgotten Collection.* Whitby: Captain Cook Memorial Museum, 2004. (Exhibition catalogue.)

Corney, Bolton G. *The Quest and Occupation of Tahiti by Emissaries of Spain during the years 1772 to 1776.* 2vv. London: Hakluyt Society, 1913.

Crawford, Peter. *Nomads of the Wind: A Natural History of Polynesia.* London: BBC Books, 1993.

David, Andrew, with Rudiger Joppien and Bernard Smith. *Charts and Coastal Views of Captain Cook's Voyages.* Vol. I, *Endeavour.* London: Hakluyt Society, with Australian Academy of the Humanities, 1988.

Dawson, Warren R. *The Banks Letters: A Calendar of the Manuscript Correspondence of Sir Joseph Banks . . .* London: British Museum, 1958.

De Bovis, Edmond. *Tahitian Society Before the Arrival of the Europeans.* (Translated & edited by Robert D. Craig.) Honolulu: Institute for Polynesian Studies, Brigham Young University, 1976.

Delaney, John. *Strait Through: Magellan to Cook and the Pacific, An Illustrated History*. Princeton University Library, 2010.
Dening, Greg. *Mr Bligh's Bad Language*. Cambridge University Press, 1992.
--. *Beach Crossings: Voyaging across Times, Cultures and Self*. Melbourne: Miegunyah Press, 2004.
Druett, Joan. *Rough Medicine: Surgeons at Sea in the Age of Sail*. New York: Routledge, 2001.
Duff, Roger (ed.). *No Sort of Iron: Culture of Cook's Polynesians* . . . Christchurch: Art Galleries and Museums Association of New Zealand, 1969.
Dunmore, John. *French Explorers in the Pacific*. 2 vv. Oxford University Press, 1965–69.
--.*Storms and Dreams: Louis de Bougainville, Soldier, Explorer, Statesman*. Auckland: Exisle, 2005.
Duyker, Edward. *Nature's Argonaut: Daniel Solander 1733–1782*. Melbourne: Miegunyah Press, 1998.
--, with Per Tingbrand (editors and translators). *Daniel Solander: Collected Correspondence*. Melbourne: Miegunyah Press, 1995.
Edwards, Philip. *Story of the Voyage: Sea-narratives in Eighteenth Century England*. Cambridge University Press, 1994.
Ellis, William. *Polynesian Researches* . . . London: G. Robinson, 1782.
Evans, Jeff . *Maori Weapons in Pre-European New Zealand*. Wellington: Reed, 2002.
Ferdon, Edwin N. *Early Tahiti, As the Explorers Saw It, 1767–1797*. University of Arizona Press, 1981.
Finney, Ben R. *Polynesian Peasants and Proletarians*. Cambridge, MA.: Schenkman Publishing, 1973.
--. *Hokule'a: The Way to Tahiti*. New York: Dodd, Mead, 1979.
--.*From Sea to Space*. Palmerston North: Massey University Press, 1992.
--.*Voyage of Rediscovery: A Cultural Odyssey Through Polynesia*. University of California Press, 1994.
Fisher, Robin and Hugh Johnston (eds). *Captain James Cook and His Times*. London: Croom Helm, 1979.
Forster, George. *A Voyage round the world in His Britannic Majesty's sloop Resolution* . . . London: B. White et al., 1777.
Forster, Johann Reinhold. *Observations made during a voyage round the world* . . . London: G. Robinson, 1778.
Frost, Alan. *The Precarious life of James Maria Matra, voyager with Cook* . . . Melbourne: Miegunyah Press, 1995.
--, with Jane Samson (eds). *Pacific Empires: Essays in Honour of Glyndwr Williams*. University of British Columbia, 1999.
Furneaux, Rupert. *Tobias Furneaux, Circumnavigator*. London: Cassell, 1960.
Gladwin, Thomas. *East is a Big Bird: Navigation and Logic on Pulawat Atoll*. Harvard University Press, 1970.
Gunson, Niel (ed.). *The Changing Pacific: Essays in Honour of H.E. Maude*. Oxford University Press, 1978.
Hale, Horatio. *Ethnology and Philology*. Philadelphia: C. Sherman, 1846.
Hawkesworth, John. *An Account of the Voyages Undertaken by the Order of His Present Majesty . . . by Commodore Byron, Captain Wallis, Captain Carteret and Captain Cook, in the Dolphin, the Swallow, and the Endeavour* . . . London: Strahan and Cadell, 1773.
Henry, Teuira. *Ancient Tahiti*. Honolulu: Bernice Bishop Museum Bulletin 48, 1928.
Herda, Phyllis, with Michael Reilly and David Hilliard (eds). *Vision and Reality in Pacific Religion: Essays in Honour of Niel Gunson*. Christchurch: Macmillan Brown Centre for Pacific Studies; and Canberra: Pandanus Books, Australian National University, 2005.
Hetherington, Michelle. *Cook & Omai: The Cult of the South Seas*. Canberra: National Library of Australia, 2001.
--, with Howard Morphy (eds). *Discovering Cook's Collections*. Canberra: National Museum of Australia Press, 2009.
Hooper, Steven. *Brief Encounters: Art of Divinity in Polynesia 1760–1860*. Wellington: Te Papa Press, 2006.
Horwitz, Tony. *Blue Latitudes: Boldly Going Where Captain Cook Has Gone Before*. New York: Henry Holt, 2002.
Hough, Richard. *Captain James Cook: A Biography*. London: Hodder & Stoughton, 1994.
Howarth, David. *Tahiti: A Paradise Lost*. London: Horvill, 1983.

Howe, Kerry R. *Where the Waves Fall: A New South Sea Islands History from First Settlement to Colonial Rule.* Sydney: Allen & Unwin, 1984.

--, (ed.). *Vaka Moana: Voyages of the Ancestors, The Discovery and Settlement of the Pacific.* Auckland: David Bateman with Auckland Museum, 2006.

Howse, Derek. *Greenwich Time and the Discovery of Longitude.* Oxford, UK: Oxford University Press, 1980.

Irwin, Geoffrey. *Prehistoric Exploration and Colonisation of the Pacific.* Cambridge University Press, 1992.

Jennings, Jess D. (ed.). *The Prehistory of Polynesia.* Harvard University Press, 1979.

Joppien, Rudiger, with Bernard Smith. *The Art of Captain Cook's Voyages.* 3 vv. Melbourne: Oxford University Press, 1985–87.

Kaeppler, Adrienne, et al. *James Cook and the Exploration of the Pacific.* London: Thames & Hudson, 2009. (Exhibition catalogue.)

Lamb, Jonathan, with Vanessa Smith and Nicholas Thomas. *Exploration and Exchange: A South Seas Anthology 1680–1900.* Chicago: University of Chicago Press, 2000.

Lewis, David. *We, the Navigators: The Ancient Art of Landfinding in the Pacific.* Honolulu: University of Hawaii Press, 1972.

Lincoln, Margarette (ed.). *Science and Exploration in the Pacific: European Voyages to the Southern Oceans in the 18th Century.* London: Boydell with National Maritime Museum, 1998.

Lippmann, Lorna. *To Achieve our Country: Australia and the Aborigines.* Melbourne: Cheshire, 1970.

Lummis, Trevor. *Pacific Paradises: The Discovery of Tahiti & Hawaii.* London: Sutton, 2005.

McCall, Grant, with John Connell (eds). *A World Perspective on Pacific Islander Migration.* Australia: University of New South Wales Centre for South Pacific Studies, 1993.

Macarthur, Antonia. *His Majesty's Bark Endeavour.* Sydney: Angus & Robertson with the Australian National Maritime Museum, 1997.

Mackay, David. *In the Wake of Cook: Exploration, Science & Empire.* Wellington: Victoria University Press, 1985.

McCormick, E.H. *Omai: Pacific Envoy.* Auckland University Press and Oxford University Press, 1977.

McFadgen, Bruce. *Hostile Shores: Catastrophic Events in Prehistoric New Zealand and their Impact on Maori Coastal Communities.* Auckland University Press, 2007.

McNab, Robert (ed.). *Historical Records of New Zealand.* Wellington: Govt. Printer, 1908.

Magra, James, aka James Matra. (Anonymously published.) *Journal of a Voyage round the World, In His Majesty's Ship Endeavour . . .* London: Becket and De Hondt, 1771.

Marra, John. *Journal of the Resolution Voyage in 1771–1775.* New York: Da Capo, 1967.

Mitchell, Hilary, with John Mitchell. *Te Tau Ihu o te Waka: A History of Maori of Nelson and Marlborough.* Wellington: Huia Press, with Wakatu Incorporated, 2004.

Mitchell, T.C. (ed.). *Captain Cook and the South Pacific.* Australian National University Press, 1979.

Moerenhout, Jacques-Antoine. *Voyages aux îles du Grand Ocean . . .* Paris: Bertrand, 1837; *Travels to the Islands of the Pacific Ocean* (translator Arthur R. Borden). University Press of America, 1993.

Nussbaum, Felicity A. (ed.). *The Global Eighteenth Century.* Baltimore: Johns Hopkins University Press, 2003.

O'Brian, Patrick. *Joseph Banks: A life.* London: Collins Harvill, 1987.

Oliver, Douglas L. *Ancient Tahitian Society.* 3 vv. Australian National University Press and University of Hawaii Press, 1974.

--.*Return to Tahiti: Bligh's Second Breadfruit Voyage.* University of Hawaii Press, 1988.

Olsen, Penny. *Feather and Brush: 300 Years of Australian Bird Art.* Melbourne: CSIRO Publishing, 2001.

Parkin, Ray. *H.M. Bark Endeavour, Her Place in Australian History, with an Account of Her Construction, Crew and Equipment . . .* Melbourne: Miegunyah Press, 1999.

Parkinson, Sydney. *A Journal of a Voyage to the South Seas in His Majesty's Ship the Endeavour . . .* London: Stanfield Parkinson, 1773.

Prickett, Nigel. *Maori Origins, From Asia to Aotearoa.* Auckland: David Bateman with Auckland Museum, 2001.

Reed, A.W., *Taonga Tuku Iho: Illustrated Encyclopaedia of Traditional Maori Life.* (Revised by Buddy Mikaere.) Auckland: New Holland, 2002.

Richardson, Brian W. *Longitude and Empire: How Captain Cook's Voyages Changed the World.* University of British Columbia Press, 2005.

Rigby, Nigel, with Pieter van der Merwe. *Captain Cook in the Pacific.* London: National Maritime Museum, 2002.

Robertson, George. *Discovery of Tahiti . . . written by her master George Robertson.* (Edited by Hugh Carrington.) London: Hakluyt Society, 1948 (second series, No. XCVIII).

--.*Account of the Discovery of Tahiti . . .* (Edited by Oliver Warner.) London: Folio Press, 1955.

Robson, John. *The Captain Cook Encyclopaedia.* Auckland: Random House, 2004.

Rodger, N.A.M. *The Wooden World: An Anatomy of the Georgian Navy.* London: HarperCollins, 1986.

Salmond, Anne. *Two Worlds: First Meetings between Maori and Europeans 1642–1772.* Auckland: Penguin, 1991.

--.*Trial of the Cannibal Dog: Captain Cook in the South Seas.* London: Penguin, 2003.

--.*Aphrodite's Island.* Auckland: Penguin, 2009.

Scarr, Deryck. *A History of the Pacific Islands: Passages Through Tropical Time.* New York: Routledge, 2000.

Sharp, Andrew. *Ancient Voyagers in Polynesia.* Sydney: Angus & Robertson, 1963.

Shopen, Timothy (ed.). *Languages and their Speakers.* University of Pennsylvania Press, 1987.

Simmons, D.R. *The Great New Zealand Myth: A Study of the Discovery and Origin Traditions of the Maori.* Wellington: Reed, 1976.

Smith, Bernard. *Imagining the Pacific in the Wake of the Cook Voyages.* Melbourne: Miegunyah Press, 1992.

Sparrman, Anders. *A Voyage Round the World with Captain James Cook in HMS Resolution.* London: Robert Hale, 1944.

Steiner, Franz Baermann. *Taboo.* London: Cohen & West, 1956. This valuable study has been reprinted as *Taboo, Truth, and Religion,* in volume 1 of the *Seclected Writings* of Franz Baermann Steiner series. (Edited by Jeremy Adler and Richard Fardon.) New York: Berghahn Books, 1999.

Strang, Herbert. *Captain Cook's Voyages.* Oxford University Press, 1923.

Thomas, Nicholas. *In Oceania: Visions, Artifacts, Histories.* London: Durham, 1997.

--.*Discoveries: The Voyages of Captain Cook.* London: Penguin, 2003.

Thrower, Norman J.W. *Captain James Cook and His Voyages of Discovery in the Pacific.* University of California Library, 1970. (Exhibition catalogue.)

Villiers, Alan. *Captain Cook, the Seamen's Seaman.* London: Hodder & Stoughton, 1967.

Whittell, Hubert Massey. *The Literature of Australian Birds.* Perth: Paterson Brokensha, 1954.

Williams, Glyndwr. *Buccaneers, Explorers and Settlers: British Enterprises and Encounters in the Pacific 1670–1800.* London: Variorium Collected Studies (Ashgate), 2005.

--.with Alan Frost. *Terra Australis to Australia.* Oxford University Press, 1989.

Wilson, James. *A Missionary Voyage to the Southern Pacific Ocean, Performed . . . in the ship Duff.* London: T. Chapman, 1799.

Wilson, Timothy. *Flags at Sea.* London: National Maritime Museum, 1986.

Wood, G. Arnold. *The Voyage of the Endeavour.* Melbourne: Macmillan, 1944.

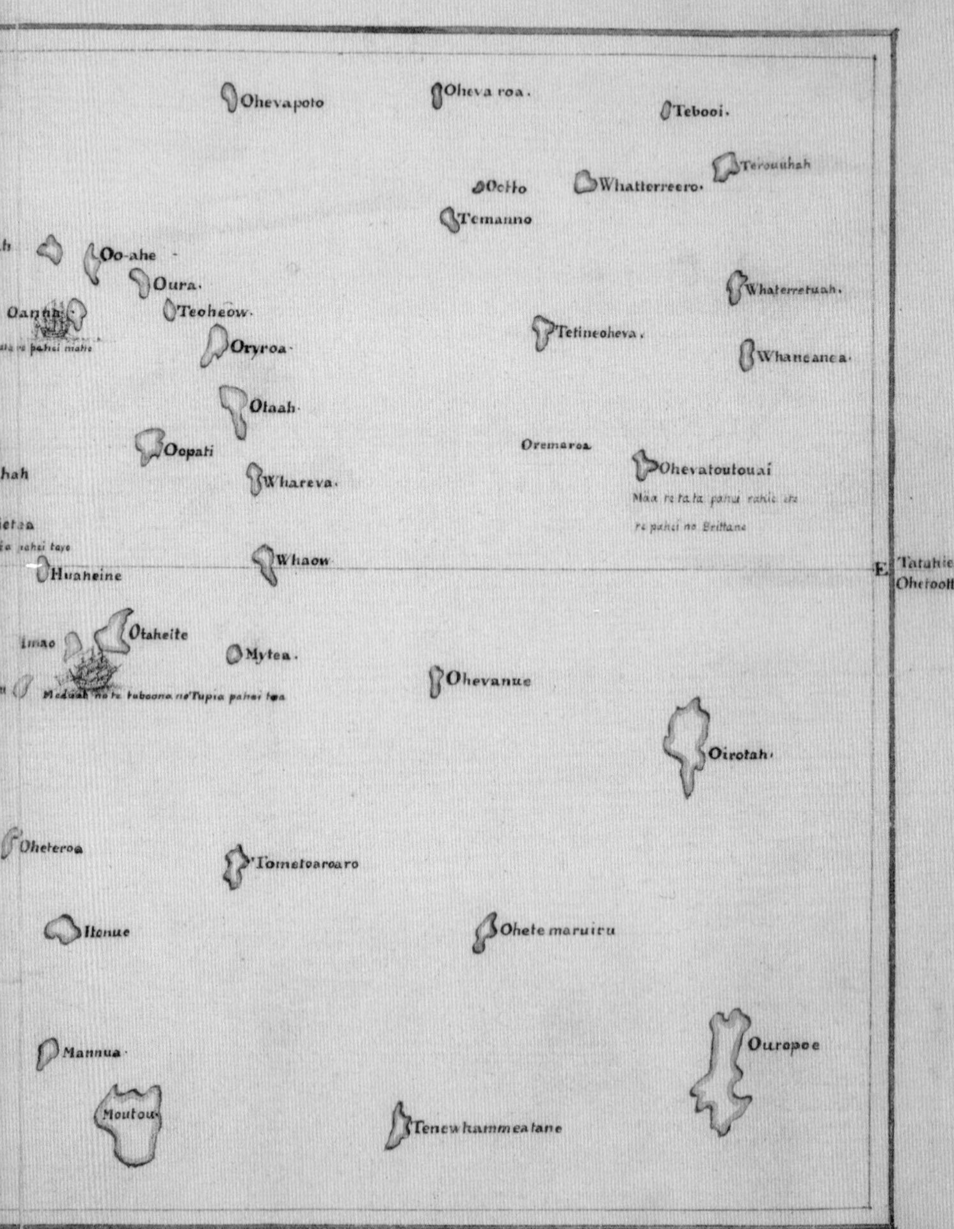
Ohevapoto
Oheva roa.
Tebooi.
Terouuhah
Ootto
Whatterreero.
Temanno
Oo-ahe
Oura.
Teoheow.
Oryroa.
Otaah.
Oopati
Whareva.
Whaow
Huaheine
Otaheite
Mytea.
Whaterretuah.
Tetineoheva.
Whaneanea.
Oremaroa
Ohevatoutouai
Ohevanue
Oirotah.
Oheteroa
Tometoaroaro
Itonue
Ohete maruiru
Mannua.
Moutou
Tenewhammeatane
Ouropoe
E
Tatahieta
Ohetoottera